政协委员
传记丛书

中国政协文史馆◎编

本书执行主编◎谢柏梁

学术指导◎中国戏曲学院

根深叶茂

葉少蘭

张正贵◎著

中国政协文史馆◎编

本书执行主编◎谢柏梁

中国文史出版社

《罗成》，叶少兰饰罗成

《龙凤呈祥》，叶少兰饰周瑜

《监酒令》，叶少兰饰刘章

《赤壁之战·壮别》，叶少兰饰周瑜

《太白醉写》，叶少兰饰李白

《打侄上坟》，叶少兰饰陈大官

《御碑亭》，叶少兰饰柳生春

《九江口》，叶少兰饰华云龙、袁世海饰张定边

《白蛇传》，叶少兰饰许仙、杜近芳饰白素贞

叶少兰为全国人大会议演出《吕布与貂蝉》后与关肃霜合影

《奇双会》，叶少兰饰赵宠、梅葆玖饰李桂枝

《凤还巢》，叶少兰饰穆居易、谭元寿饰洪功

《四进士》，叶少兰饰田伦、尚长荣饰顾读

《拾玉镯》，叶少兰饰傅朋、刘长瑜饰孙玉姣

《游园惊梦》，叶少兰饰柳梦梅、杨春霞饰杜丽娘

《得意缘》，叶少兰饰卢昆杰、黄孝慈饰狄云鸾

《借赵云》，叶少兰饰赵云、张学津饰刘备

《群英会》，叶少兰饰周瑜、郑岩饰蒋干

《八大锤》，叶少兰饰陆文龙

《柳荫记》，叶少兰饰梁山伯、许嘉宝饰祝英台

叶少兰与父母、兄弟姐妹。后排从左至右：大哥叶蓬、三姐叶金娣、叶少兰、二姐叶凤珠、大姐叶黛森。前排从左至右：母亲刘淑卿、小妹叶玉珠、父亲叶盛兰

叶少兰与兄嫂姐妹。从左至右：小妹叶玉珠、大姐叶黛森、大嫂艾美君、大哥叶蓬、叶少兰、三姐叶金娣、二姐叶凤珠

全家福。叶少兰、许嘉宝与儿子叶明、儿媳陈昆、大孙女叶译聪

全家福。叶少兰与儿子叶明、儿媳陈昆、大孙女叶译聪、小孙女叶译阳合影

叶少兰接受本书作者采访

前言

中华民族历来重视从历史中汲取智慧。政协组织人才荟萃，全国政协委员是中国社会各个领域、各个界别有代表性、有社会影响力的杰出人士，为阅历丰富、成就斐然的政协委员立传，是一件很有意义的事情。2013年2月22日，中国政协文史馆举行委员传记中心成立仪式暨委员传记工作座谈会，全国政协副主席孙家正在讲话中指出：“他们都是国内顶尖的杰出人士，他们每个人本身就是一本书，一座挖掘不完的矿山。知人方可论世。他们的个人经历折射出社会的变迁、历史的进程以及时代的风貌；他们跌宕起伏的人生给后人无尽的启迪。”

从数以千计的全国政协委员中精心选择传主，组织专门力量帮助他们收集“亲历、亲见、亲闻”的资料，挖掘他们的精彩人生并以传记形式出版，是新形势下创新和推进人民政协文史资料工作的重要举措。

文史资料特指人民政协征集的以“三亲”为特色的历史资料。1959年4月29日，时任全国政协主席的周恩来特地为60岁以上的政协委员举办茶话会，“希望过了60岁的委员都能把自己的知识和经验留下来，作为对社会的贡献”。人民政协汇聚了我国现当代政治、经济、军事、外交、文教、科技、民族、宗教、华侨等各个领域有代表性的人物，请他们口述亲身经历和所见所闻，从不同侧面、不同层次记述历史，是政协组织的优势所在，这些视角各异的记述可以在历史研究中发挥互相比较、互相印证、互相补充的作用。文史资料的内容涵盖各个领域，能够具体、翔实、生动地展示历史的曲折进程，使历史如多棱镜和万花筒般呈现在世人面前。半个多世纪以来，各级政协共有40多万人次参与这项工作，征集史料80亿字，编辑出版50多亿字，从一个特殊的角度延续了中华民族尊重历史、重视历史的传统，并发挥着“存史、资政、团结、育人”的社会功能。

新的形势下，文史资料征集内容的深度和广度不断延伸，征集手段和工作成果也趋于多样化。中国政协文史馆将依据人民政协的界别特色，每年遴选一批政协委员，借助规范的口述历史手段，组织专门力量立传。这种由专门机构计划和组织委员传记写作，在文史资料征集工作中还是第一次。我们希望更多的政协委员能够关注这项工作。

向广大读者提供优秀的人物传记是我们的责任。优秀的人物传记记录和反映了杰出人物的生活史和事业史，可以高扬探索的精神、创造的激情和人性的力量，实现立德、立功、立言的目标。优秀的人物传记的写作，必须具备鲜明的立场、蓬勃的热情和采集第一手资料的功夫，能够从浩繁的资料中科学取舍和整理，再通过一定的表达技巧，达到吸引读者、教育读者、感化读者、提升读者的目的。为此，我们选择兼具专业素养和文字能力的作者，能够将传主亲历、亲见、亲闻的历史写成彰显个性色彩和具有丰厚内涵的传记，使读者能够从传主的人生阅历、奋斗和体验中得到借鉴和启示。但愿我们的努力能得到广大政协委员和各界读者的认可。

中国政协文史馆

2014年6月

目录

上辑／人生历程

第一章　世家之后

这天清晨，在北平西四路口，一辆匆匆赶路的洋车惊动了路边树上的雀子，它扑腾着翅膀，惊奇地望着坐车赶路的人。那是一个眉目端庄的年轻妇人，隆起的小腹撑起她上衣的前襟，此刻她正微微笑着，轻轻地和身边一脸焦急的母亲说着话。在阜成门内的白塔寺中央医院（后改名人民医院）门前，洋车戛然而停。第二天，在医院洁静的产房里，伴随着一阵响亮的“哇哇”哭声，一个男婴呱呱坠地，这一刻，是1943年10月6日（农历九月初八）上午9点50分。

另一时刻，在北平海北寺街8号院里，孩子的奶奶正手脚勤快地招呼着得到消息前来贺喜的一代京剧名丑、京剧教育家萧长华先生：“我家老四添了个男孩，您看看给起个什么名？”人生在世，最大的福分莫过于安泰一生。萧长华微一沉吟便道：“就给孩子起名金泰吧，叶金泰。”这叶金泰，就是本书的主人公叶少兰。

现在很多看韩剧上瘾的年轻人或许会问，这孩子怎么被起了一个韩国名字，为什么名字里会有个“金”字呢？这还得从叶氏一门说起。

叶氏门庭：梨园磐石一柱天

叶氏一门，原籍为安徽太湖县小石镇村，本是贫苦农民，至叶中兴、叶中定一代始入梨园，后随徽班进京。叶中兴工文武小生，乃清末著名小生演员。叶中定工花脸，有“活孟德”之美誉。自中兴弟兄始，至今叶家已有五代凡数十人投身京剧艺术，算得上是梨园行里的“望族”。若论起对京剧艺术的贡献，叶氏家族更当被首推，堪称梨园肱股磐柱。

叶春善与富连成

论及叶家之功在梨园者，不得不提到叶春善与早年间在北京东琉璃厂西南园胡同一个培养京剧艺人的科班——富连成。

据台湾著名戏曲理论学者丁秉燧先生记述——

叶春善，字鉴贞，原籍安徽太湖县。父亲叶坤荣，是老嵩祝科班出身的花脸，他在四喜班中也是位台柱演员。叶春善幼入小荣椿科班，学做工老生，与杨小楼、程继仙、郭春山、郭际湘（艺名水仙花）等为同科学艺的师兄弟，出科后历搭四喜、福寿等班演出。虽然本工是老生，但他对旦行、净行及丑行的戏也会，并兼通昆曲，可以称得六场通透。当时除了演戏外，他也教学生，而且稍有名气了。在光绪二十七年（1902）叶春善因赴吉林演出时，为巨绅牛子厚所赏识器重，坚嘱其组织科班，叶再三推辞，先不敢膺此重任；牛子厚一直恳请了两年，至光绪三十年（1904）叶深感知遇才首肯进行。起社名：喜连成，初期只招收了陆喜明、陆喜才、赵喜魁、赵喜贞、雷喜福、武喜永共六人，这六个学生，即是世称的喜连成之六大弟子，社址设在北京城南的琉璃厂西南园，房屋只有三间，一切节俭，由叶自己又任教又当伙计。牛子厚自吉林汇来开办费，叶春善也都存在银号内，不肯提用。后来生徒日多，食指浩繁，才陆续提取；那四百银圆一直用了一年多，其樽节精神，令人钦佩。在光绪三十一年（1905）学生渐多，叶春善一个人精力有限，难于兼顾教戏和行政一切事务，遂开始聘请萧长华、宋起山、苏雨卿、唐宗成等数位教师入社。如此惨淡经营，到了光绪三十三年（1907）第一科学生已经有五十多人，这才在广和楼正式出台演唱。挑帘即红，每天满座，唱了一年，于是故都人士便全知道有个喜连成科班了。清末民初鼎革之交，吉林牛子厚以家务纷繁，势难兼顾，打算把喜连成科班送与叶春善。他却固辞不肯，介绍让与外馆沈玉亭、沈仁山昆仲，改社名为富连成。这时已有两科学生，按“喜”字与“连”字，进行排名，后从第三科起，才排“富”字，再后就是“盛”、“世”、“元”、“韵”几个字了。到第七科“韵”字辈时，富连成社也就基本结束了；实际还有个“庆”字科，未及毕业。①

叶春善

牛子厚何以如此看重叶春善，非他任科班班主不可？却有一段“退还包银”的缘故。1902年，叶春善应牛子厚之邀赴吉林演出，因

① 叶少兰：《岁月：叶少兰从艺六十年之感悟》，文化艺术出版社2011年版。

富连成社旧址

未赶上客车，一向不愿耽误演出的他便于一运货的油罐车上找到了一席之地。时值隆冬，朔风凛冽，叶春善未至吉林便染上了风寒，嗓音喑哑不得出声。想到拿人钱财却不能演戏，叶春善在深感不安的同时与人借了一些钱，凑上自己随身携带的一部分钱，将自己的包银还给牛子厚。这在梨园界是从未有过的事情。牛子厚由此窥出叶春善为人忠厚，在深为赏识的同时不但不收包银，还让叶春善留下在后台当个"管事"。叶春善由此将派戏、把场和后台的其他事务料理得分毫不差，有时应些二、三路活，亦一丝不苟，其老实忠厚与卓越的组织才干，让牛子厚由此认定他是委托办科班的不二人选。

叶春善持社严明，富连成社立有二十句话的社训，从文笔上估计，即使不出自叶春善之手，也是他亲自敲定。具体内容如下：

自古人生于世，须有一技之能。传于我辈门人，诸生须当敬听。

我辈既务斯业，须当专心用功。以后名扬四海，根底即在年轻。

何况尔诸小子，都非蠢笨愚蒙。并且所学功课，又非勉强而行。
此刻不务正业，将来老大无成。若听外人煽惑，经久荒废一生。
尔等父母兄弟，谁不盼尔成名。况值讲求自立，正是寰宇竞争。
至于交结朋友，亦在五伦之中。皆因尔等年轻，哪知世路难行。
交友稍不慎重，狐群狗党相迎。渐渐吃喝嫖赌，以至无恶不生。
文的嗓子一坏，武的功夫一扔。彼时若呼朋友，一个也不应声。
自己名誉失败，方觉惭愧难容。若到那般时候，后悔也是不成。
并有忠言几句，门人务必遵行。说破其中厉害，望尔日上蒸蒸。

富连成社亦有八条内容极明确的“社规”：一、要养身体。二、要遵教训。三、要学技艺。四、要保名誉。五、戒抛弃光阴。六、戒贪小利。七、戒烟酒赌博。八、戒乱交朋友。其对社员学艺和艺德方面的要求可见一斑。

另一方面，叶春善对于有损学生和班社利益的事情，眼不容沙、疾恶如仇。他在招第二科“连”字科时，曾经对祖师爷唐明皇发誓：“我们要替祖师爷传道，谁要是在培养学生时谋钱得利，就天诛地灭！”

有一次，科班的几个厨子克扣学生伙食，私自将香油与肉偷盗回家。叶春善闻知怒不可遏，决定按班规责打这几个厨子，他愤怒地说：“孩子们整天价这么累，吃不好怎么成？况且他们正在发育时期，吃不到喝不到怎么长好身体？没想到这几个黑心的厨子竟然在这些孩子们身上打主意，真是罪该万死。不给他们一点颜色看看，往后还不知会干出什么伤天害理的事情呐。”据叶盛长回忆，打厨子那天，几个厨子“一看我父亲面色铁青一脸怒气，师生们也是个个怒目圆睁咬牙切齿，知道今天这顿打是绝对轻不了的，直吓得浑身哆嗦连声求饶：‘叶社长，饶了我们这一次吧，下次再也不敢了。’父亲哼了一声说：‘这是你们自作自受！你们做出这种昧良心的事，不打你们能够平

富连成社社长叶春善先生与富连成社毕业的“连”“盛”字科学员合影

得了众人的公愤吗？科班里的规矩对谁都是一样的，我叶某只能秉公而断，一视同仁。’”①

叶春善一生勤俭，平日里粗茶淡饭，身着土棉布衣裳。据说他的家里只有一张很粗大的床，一张破藤椅，直到临终前，始终穿着粗布衣服和一双粗线袜子。但对于学生的成长和成才所需花费，他却毫不吝啬，可谓不惜工本。他曾多次邀请名家名师来富连成教学排戏，并有针对性地收徒、传艺。麒派创始人、京剧大师周信芳年少时曾带艺入富连成，坐科学艺三年。叶春善看出这孩子日后必成大器，对他分外培养。有一阵子，不知何故，年幼的周信芳不能吃青菜，只能以肉下饭。叶春善生活虽已十分拮据，但为培养人才，仍紧缩其他开支，千方百计为周信芳买肉吃。周信芳后来曾拜叶春善为义父，成为梨园一段佳话。当时，裘盛戎在富连成科班学艺，叶春善认为，若要教好“小裘”，非“老裘”

① 叶盛长：《梨园一叶》，中国戏剧出版社，1990年版第249页。

出马不可！为了更好地培养裘盛戎，叶春善以富连成的名义请裘盛戎的父亲裘桂仙来社专教裘盛戎的戏，并付给不低的薪酬。

富连成在戏曲人才的教育培养方面有一大特点，那便是量体裁衣，因材施教。在这方面，叶春善和富连成总教习萧长华颇费了一番心血。他们依每个学生的特长与天赋条件为他们安排教学，并在观察中及时修正调整，以求最大限度发挥每个人的潜质。叶少兰曾感慨："谁能想象，后来成为'四小名旦'的毛世来，最初不是学旦行的。而名丑詹世辅一开头倒是学旦行。我父亲最初没学小生，袁世海最初也没学花脸，完全是由萧爷爷和祖父他们慧眼识材，这才成就了这些杰出的艺术家！"

叶春善尤其重视剧目的积累，富连成社自成立以来，保留、整理、创作了大量的京剧优秀剧目，尤以"三小戏"和武戏的严谨整齐，形成了自家风格；以连台本"三国"戏如《赤壁鏖兵》，以及《四进士》《独占花魁》等深受观众喜爱。喜连成与富连成演过多少出戏？没人能说清。冯牧曾回忆道："那时候，只需花很少的票价，就可以在那座还保持着古老格局的剧场欣赏到七至九出戏，而且常常在半个月之中极少有重复的剧目。可以说，我所看过的数量多得惊人的京剧剧目（包括许多现在早已失传了的剧目），我所获得的有关戏曲的知识，基本上都是来自富连成的日夜不停、风雨无阻的辛苦而又魅人的演出。"据叶少兰介绍，祖父为保证剧目建设和演出需要，曾汇集、收藏了大量剧本。仅叶盛章和叶盛兰无偿捐献的叶春善的"叶氏藏本"就有线装二十九函，约三百余册，剧本、总讲等更是达近千出戏，为京剧剧目的保留作了杰出贡献。

叶春善为了实现"每一科都要出几个挑大梁的"的愿望，数十年里呕心沥血，将全部身心投入了富连成。他积劳成疾，61 岁便离开了人世。从培育戏曲人才和保留、发展京剧剧目上来说，叶春善居功甚伟。据说，为叶春善送葬的那一天，整个北京城都被惊动了，人们自发地身披白孝。当时大栅栏最大的布店瑞蚨祥，因为叶春善的去世，白布居然售罄。除了他的学生以外，成千的北京百姓加入到为他送葬的队伍中，从前门大街到珠市口，整条街上店面全关，店门口都摆放着供品和茶水，以寄托对这位德高望重的京剧教育家的哀思。

最终，叶春善“20年后，甭管哪个班子，没我的学生就开不了戏”的预言变成了现实。作为中国京剧史上规模最大、存在时间最长、培养人才最多的科班，富连成从成立到解散的44年中，共培养了“喜、连、富、盛、世、元、韵、庆”七科半学生近700人，门徒遍及全国各地，可谓桃李满天下，其中许多人成为京剧艺术的一代宗师。新中国文艺界的旗帜、京剧大师梅兰芳，就曾带艺进富连成（喜连成）坐科深造，借台唱戏，入“喜”字科，艺名为“梅喜群”。而具有全国性声望的演员，如：侯喜瑞（创立了净行侯派）、马连良（创立了老生马派）、于连泉（即筱翠花，创立了花旦筱派）、谭富英（形成了老生新谭派）、裘盛戎（创立了净行裘派）、叶盛章（创立了武丑叶派）、叶盛兰（创立了小生叶派）、袁世海（创立了净行袁派）等，及著名京剧艺术家马富禄、李盛藻、高盛麟、李世芳、毛世来、谭元寿等皆出自富连成社。富连成和它培养出的京剧人才为中国京剧艺术的继承、发展，做出了不可磨灭的历史性功绩，在京剧史上占有光辉的一页。

代有人才

叶春善膝下五男四女。其去世后，长子叶龙章辞退东北军军需官职务秉承父业，执掌富连成科班，继续教授“世”字科以下学生。除叶龙章继任社长外，叶春善其余四子均为富连成班中弟子。老二叶荫章随唐宗成学“武场”（即打击乐），成为著名的司鼓艺术家。老三叶盛章初学花脸，后在萧长华建议下改学丑行。除萧之外，先后向他传授技艺的有郭春山、宋起山、勾顺亮等教师。他技精识广，武功超常、武丑戏突出，擅演《九龙杯》《佛手橘》《藏珍楼》《时迁偷鸡》《三岔口》《铜网阵》等，后在尚小云帮助下创演《酒丐》。在中国京剧史上，以武丑行当组班挑大梁者，唯叶盛章一人。开创了叶派武丑艺术，是文武丑行中首屈一指的大艺术家。老四叶盛兰，即叶少兰的父亲，开创了小生挑班唱戏的先河，创立了叶派小生表演艺术，成为京剧史上小生艺术行当承前启后、继往开来的一代巨匠。老五叶盛长工文武老生，先后向李盛荫、王喜秀、张连福、雷喜福、王连平、刘喜益、苏连汉和宋继亭等求学问艺，马连良亦亲授其若干剧目。叶盛长出科后搭班演戏，与诸多名家合作，日渐成熟。他天资聪颖，文武兼擅，转益多师，能戏颇多，后主攻做派老生戏。他做工精细，表演入微，台风潇洒之风貌，向为内行所称道。

叶春善四个女儿皆未从事京剧工作，但亦皆与京剧结“缘”：长女玉琪，嫁名小生茹富兰；次女玉琳，许配老生演员宋继亭；四女蕙蓉与萧长华之子萧盛萱结婚。另有一义女叶萍，嫁与马富禄之兄长。

叶门至第四代，仍坚守于京剧阵地而不改其志，亦颇多梨园英杰。这一代共计八男二女共十人继承祖业。如叶盛兰之长子叶蓬，对余、杨两派声腔颇有研究，曾得杨宝森、李少春之亲授，所培养的学生不乏佼佼者，如当红的老生艺术家于魁智等便是。

叶氏一门数代扎根于梨园沃土，其根深则精华得矣，则叶自茂矣。常言说将门出虎子，及至叶盛兰次子叶金泰、即本书之主人公叶少兰者，投生于如此梨园世家，家学渊源自当不可言喻耳。

盛兰之风：德馨艺绝两拂云

“叶盛兰”，是闪耀在中华文化丹心谱和民族艺术功勋簿上熠熠生辉的名字。他是京剧叶派小生艺术的创始人，京剧史上唯一一位以小

叶盛兰先生便装照

生行当挑班的名角，国家京剧院（原中国京剧院）艺术风格的奠基者之一，享誉海内外的著名京剧表演艺术家。当然，他也是梨园叶氏门庭第三代中的佼佼者，叶春善的四公子，本书主人公叶少兰的父亲。

艺之精绝

叶盛兰出生于 1914 年岁末，原名端章，字芝如。幼入北平师大平民小学读书至三年级，即坐科于富连成科班，入“盛”字科，循例易乳名叶端章为叶盛兰。初练基本功，归入旦行，以《二进宫》《彩楼配》等开蒙，按阶而上，习昆曲《金山寺》，及至富社独有之文武大戏《南界关》，遍学青衣、刀马旦、花衫戏。尽管叶盛兰旦角戏学得很好，然其英挺阳刚之男儿本色更为鲜明和突出，其父春善先生与总教习萧长华商议命其改习小生。殊不知，此一改即成为后来小生王道和表演巨擘诞生的肇始与滥觞。

叶盛兰一变为小生演员，正是如鱼得水，得心应手。向萧长华学周瑜戏，向萧连芳学穷生戏，向曹心泉学昆曲戏，向茹富兰学武小生戏等，后遂父愿得拜“京剧鼻祖”程长庚之孙、时为小生泰斗的程继先为师，天赋佳禀、勤奋刻苦、基础深厚再加上名师亲炙，叶盛兰之技艺日渐超拔，富社于广和楼之日场、晚场演出，盛兰虽为配角行当，然大有人缘，绿叶之光华欲遮红花之艳丽，他当仁不让，成为了富社营业的顶梁柱之一。

出科后，挑班的旦角艺术家们皆以能得“绝世绿叶”叶盛兰相助为盼，大有“得盛兰者得天下”之势。他先后入筱派创始人、富社“连”字辈的师兄于连泉和“四大坤旦”之一章遏云的班社，演出《奇双会》《春秋配》《凤仪亭》《拾玉镯》等文小生戏，旦角小生，红花绿叶，相得益彰。“后四大须生”之首的马连良慧眼识才，盛邀师弟叶盛兰加入扶风社，遂兼顾章遏云之忠信社。叶盛兰除为马连良配演《清官册》《火牛阵》《四进士》《胭脂宝褶》等戏，在扇子生之外，大演《群英会》《黄鹤楼》《取南郡》《八大锤》《辕门射戟》《罗成叫关》《雅观楼》等翎子、袍带和武小生戏。同时又先后与华慧麟、言慧珠、新艳秋、吴素秋、李玉茹、张君秋等名旦合作《红梅阁》《虹霓关》《独占花魁》《得意缘》《游园惊梦》等。特别是 1934 年首次赴沪演《群英会》，一炮而红。尤其程继先传授、茹富兰加工，又经叶盛兰反复实践、精雕细琢的周瑜舞剑，上海观众趋之若鹜，谓其“活周瑜”。其与梅兰芳、马连良、程继先合演《龙凤呈祥》，程继先扮演周瑜，叶盛兰扮演赵云，师徒同台，传为佳话。叶盛兰还曾与“十全大净”金少山连演三天《飞虎山》，轰动上海。

叶盛兰身价亦与日俱增，有时几与主角并列排名。1939 年章遏云排全部《雁门关》，叶盛兰演杨八郎，风头之健超越主角。“叶盛兰唱小生而挂头牌，确实是史无前例；然而也是势所必至，不如此便别无他途。他的艺术高度，已使他很难搭班挎刀。浅水养不了大鱼，谁挑班都不愿有个“欺主”或“犯上”的配角。我看过叶盛兰跟筱翠花合演《红梅阁》，跟荀慧生、尚小云合演《得意缘》；连这三大名家都相形逊色，别人可怎么好？我说一句并非过头的话：如果没有叶盛兰的艺术成就，京剧小生这个行当很可能被行政命令取消了。解放以来，有多少貌似内行的力笨，打算以老生或武生取代小生，都未能得逞，就因为叶盛兰这座丰碑是推不倒的。”[1]

① 刘绍棠：《木秀于林——叶盛兰》，《戏剧电影报》，1992 年第 29 期

20世纪30年代末至40年代初，叶盛兰曾以反串旦角而领班。1945年夏，叶盛兰成立育化社，开创了京剧史上小生挑班的先河，先后演出了全部《周瑜》、全部《吕奉先》、全部《罗成》、全部《十三太保》、《水淹下邳》等。他的雉尾生、武小生戏取得了突出成就，“活周瑜”、“活吕布”之誉为各界所推崇，“叶派”呼之欲出。

著名编剧翁偶虹作为叶盛兰全部《周瑜》等剧的编创者，记录了叶盛兰挑班后第一场戏全部《周瑜》的盛况。

1945年8月的北京，在一个酷热的夜晚，叶盛兰挑班首演于今天的大众剧场——当时叫华乐戏院，剧是全部《周瑜》。时当暑夏，日落迟迟，从正阳门的两侧向南的大街上，走来许多臂搭直罗大褂或夏布长衫的观众，他们亲炙着火炎余威的斜阳，兴高采烈地边走边讲：“看活周瑜去！”陌生而又似曾相识的行列，涌向前门大街鲜鱼口。巷窄人多，车又交毂，在熙熙攘攘的嘈杂声中，触入耳鼓的还是那句“看活周瑜去”。

“活周瑜”上场了。前半部是叶盛兰从未演过的新戏《瑜乔配》《龙姑庙》，后半部是他素称拿手的《临江会》。叶盛兰以火一般的兴头、火一般的演技，在那火一般的暑夜里，演出了火一般的戏文。观众更以火一般的热情、火一般的感受，报以火一般的热烈彩声。前台与后台、台上与台下，真像一盆火似的炽热，迫使千余观众，一个个手不停挥地摇动折扇，就像千余只白蝴蝶，翩舞于戏院的每个角落，腾不出手来为“活周瑜”鼓掌。掌不鼓而以彩示意，彩虽喝而意犹未足。就在周瑜听小乔隔帘抚琴，从琴声中辨出小乔的妍媸，识破乔玄的机关，斜睨乔玄而若无其事地发出琅琅一笑，笑的声响，是那么温文而爽朗；笑的内容，是那么含蓄而犀利。观众席中，有人高喊：“活周瑜！”观众惊顾之余，旋即各自会心一笑。而在“龙姑庙除邪”一场，叶盛兰露了一套长久不用、系着剑胆（即剑穗）的单剑起打，最后制服假扮龙姑的女道士，夹训夹劝地唱了一段调底【二六】。从周瑜那雍容大雅的胸襟出发，念了一句“既愿改邪归正，我就放你去吧”的念白，“正”字重重一顿，“你”字轻轻上扬，“去吧”两字，蹙口而出，清脆有力，映以脸上的一派浩然之气，显示了周瑜的典型性格。这时，观众席中，又有人高喊一声：“好周瑜！”其他观众，也都心照不宣，不再顾盼。戏演到了《临江会》，就在那阴着锣鼓的【慢长锤】里，周瑜俯首敬酒，猛然发现关羽站在面前，在锣鼓切住的刹那间，双翎微颤。及至刘备介绍了关羽之后，盛兰叠袖转身，俯腰涮翎，用颈项上的功夫，使紫金冠上的珠饰琅琅作响，然后立身长腰，飒然亮相，双翎直立，如磁石吸铁；与此同时，用他那声裂金石的嗓子，念：“哦！这就是斩颜良、诛文丑的二将军么？”翎子始终是笔管般地直立着，使人感到此时周瑜的惊骇激情，从心头直贯翎尖。刹那后，翎尖又颤动起来，衬托着眉宇之间洋溢着的既钦佩又睥睨，既惊惧又镇静的复杂表情，神完气饱，妙入毫端。这明爽细致的表演，终于激动了全场观众的久郁未发之情，不约而同地放下扇子，鼓起掌来。在雷鸣般的掌声中，又突出了一声“周瑜活了”的呐喊，使观众忍俊不禁，目注台上的周瑜，以目代口，似乎要把这个称号贯入叶盛兰的耳中。直到演戏结束，在散场的观众行列中，仍然像交响曲似的飘扬出发自心声的“活周瑜”三个字。[1]

《群英会》，叶盛兰饰周瑜

① 翁偶虹：《“活周瑜”叶盛兰》，《北京艺术》1982年第8期。

叶盛兰首次赴沪时留影

翁偶虹又说："叶盛兰博得了'活周瑜'的称号，可是，谁又见过周瑜？怎能认为叶盛兰演的周瑜就是活周瑜？观众只是浸淫在他那表演艺术的魅力中，熨帖了心灵，透露了感受。有人这样评论过他：'叶盛兰是从心眼儿里演活了周瑜，我们也从心眼儿里承认他就是活周瑜。'"[①]1959年，庆祝新中国成立十周年之际，叶盛兰以摘帽右派的精神心理和几近极限的透支身体，在20多天里成功完成了献礼大戏《赤壁之战》中周瑜和《西厢记》中张珙的艺术形象塑造、排练和演出。"活周瑜"之名享誉菊坛，自不必说。《西厢记》的编剧、中国话剧艺术奠基人之一的田汉先生乃云："叶盛兰先生这次创作的张君瑞，就是我心目中张生的形象。这是我多年向往，而长久以来未在舞台上见到的。太光彩，太准确，太生动了！"张珙君瑞亦生矣！

早在挑班前，富连成师兄弟组班赴沪演出时，叶盛兰就已与叶盛章、李世芳轮唱大轴。数年后，又和李少春以双头牌方式轮流"送客"。以小生戏压台，上海京剧舞台上前无古人！从那时起一直到叶盛兰挑班，几乎年年赴沪演出。在20世纪30年代中期至40年代末的十余年中，叶盛兰在沪红极一时，名满上海。

与叶盛兰年岁相仿，从小看了他一辈子戏，后来成为文艺界重量级人士的著名剧作家、导演、社会活动家吴祖光对叶盛兰的表演艺术有着深刻的感性和理性认识。

---

① 翁偶虹：《"活周瑜"叶盛兰》，《北京艺术》1982年第8期。

以我大半生看戏的经历而言，长时期以来，著名的前辈小生我看过程继先、姜妙香、金仲仁……都是第一流的人才，但是在台上装龙像龙，装虎似虎，忽而文质彬彬，忽而威风八面，文武全才，唱、做、念、打无一不精的，我始终认为就是叶盛兰先生。作为小生，盛兰的优越性首先在于他的天赋条件，他的面貌、身材、五官、四肢，处处都符合小生的标准，再加上他有一个又宽又亮的嗓子，绘神绘色会说话的眼睛。除此之外，他有十足的深厚功底。先天和后天的完美绝妙的结合，成为我从未见过第二人的天才的小生。他扮演的周瑜、吕布的雉尾功夫把少年将军的威风气概演得刚劲生动、英气逼人。观众称他为“活周瑜”，我亦觉得没有超过他的。其中的一出《南界关》又名《战寿春》是残唐五代故事，叶盛兰扮演守将刘仁瞻之妻徐氏，反串正工青衣，最后一场是守城之战，十足的刀马旦大武戏。其激烈的程度是我看武旦戏从来没有过的，至今亦没有见过第二个人演这出戏，无论就青衣和刀马旦来说都是第一流的。盛兰表演书生和穷生都令人叹为观止。他的《鸿鸾禧》《西厢记》《奇双会》和从川剧移植演出的《柳荫记》都是声容并茂，令人观后难以忘怀。他的表演不仅在天赋的外形美观潇洒，主要是表现剧中人物的内心世界，所以具有强大的生命力。[①]

著名文艺批评家、曾为中国作家协会副主席的冯牧以刘勰《文心雕龙》中“吟咏之间吐纳珠玉之声，眉睫之前卷舒风云之色”和刘禹锡诗“芳林新叶催陈叶，流水前波让后波”来评述叶盛兰在继承和发展小生表演艺术中的丰采与成就。

我还在少年时期，刚刚学会看戏，就被他的艺术魅力所倾倒。我当时看遍了叶盛兰所擅演的几乎所有剧目。而他当年曾使我赞叹不

① 吴祖光：《无与伦比的叶盛兰》，《戏剧电影报》总第723期。

止、欣悦不已的其他许多剧目，比如《双合印》《战濮阳》《蔡家庄》《雅观楼》《翠屏山》乃至以刀马旦应工的独有剧目《南界关》等，现在几乎已经绝迹于京剧舞台，这是至今一直使我引以为憾的。而恰恰是这些具有不同艺术特色，同时被叶盛兰表演得光彩照人的剧目，才不断丰富着叶盛兰的艺术实践，使自己日益成熟起来，进而创造与开拓了一条在京剧小生行当中堪称独步的富有创造性的艺术道路。因此，当有人提出，他已经把京剧艺术的小生行当提高到了一个近于完美的境界，我以为绝非溢美之辞。……一种时代所赋予的机遇，使叶盛兰承担了这个历史重任，使他终于扮演了一个在京剧小生行当‘承前启后，继往开来’的‘集大成’者的角色。……当我后来多次欣赏到叶盛兰中年时期所上演的许多剧目以后，不能不使我由衷地感到：我少年时代曾经结识过的那位才华横溢的青年演员，终于能够以其多年来持之以恒的辛勤创造和不断探索，发展成为一个具有自己完整艺术表演体系的杰出艺术家。更确切地说，这位天赋超众的演员，通过对于前人所留下来的丰富经验的充分体验和融汇吸收，通过自己对于京剧艺术规律的独具匠心的长期探索，已经把京剧艺术小生行当的表演，提高和发展到了一个也许可以说是前所未有的境界和水平。他不但对于小生演员表演艺术中的几个重要方面，比如他的老师程继先所传授给他的‘五子登科’（嗓子、把子、翎子、扇子、褶子）的小生主要表演技巧，掌握得圆通自在、举重若轻，而且还能够做到把这些独特的技艺和他所理解的人物性格与思想感情融会贯通在一起，使那些优美的艺术技巧都成为表达人物心灵世界的一种综合手段，而不只是某些带有特技性质的艺术技巧的孤立表演。以至于我们每当想起如像吕布、周瑜、罗成、石秀、陆文龙乃至许仙、梁山伯、周仁这样一些历史和传说人物时，我们头脑中首先闪现的，往往就是叶盛兰所塑造而又为广大观众所认可的这些人物的优美而丰富的形象。……对于像我这样年龄的观众来说，在叶盛兰以前，我还从未有幸欣赏过如像叶盛兰这样的“唱、念、做、打兼备，文武昆乱不挡”不让前贤的小生演员；从未看到过像他这样的集“雉尾生、武小生、官生、穷生”等不同类型于一身，而又能够做到游刃有余的小生演员；从未看到过像他这样的把小生的发声方法运用得如此刚健精美、流畅自如，无论唱腔还是念白都使人感到悦耳动听、声情并茂的小生演员；也从未看到过像他这样的能够把众多各具性格的人物创造得同样有声有色，而又能够把人物的心理活动体现得如此淋漓尽致、精细入微的小生演员……叶盛兰在正当盛年之际，就以自己风靡剧坛的艺术成就开创了具有自己独特风格的京剧流派——“叶派”。从此以后，京剧界小生行当的演员，大都以叶盛兰的表演艺术作为自己的学习典范；实至名归，我想这应当被看做是衡量叶盛兰的艺术成就及其影响的一个经过历史检验而又绝非偶然的重要标志。①

叶盛兰（右）与张君秋（左）马富禄（中）合影

德之馨香

在叶盛兰五弟叶盛长的回忆中，这位兄长从小就是踏实刻苦、认真较真的个性。他

① 冯牧：《舒卷风云　吐纳珠玉——怀念叶盛兰》，《中国京剧》，1994年9月。

说："我四哥从小就特别要强，念私塾时，功课背不下来，他宁可不吃饭不睡觉，实在困得不行时就用拳头捶自己的头。到了科班依然是这个脾气，为了砸好武功底子，他从来不跟大伙一块儿睡午觉，每天中午，他都主动给自己加一遍功。"①

叶盛兰从小勤奋刻苦、个性要强，不但艺术上对自身要求极严、标准极高，而且生性耿直，极富正义感，对长辈极尽孝道尊敬，对同辈古道热肠，对恶势力则是嫉恶如仇。他与三哥叶盛章挑班在上海演出，一次遇戏院方面克扣除主演之外其余演员的饭费，叶盛兰非常气愤，与院方据理力争，以自己多演几出拿手叫座的戏为筹码，使搭班演员的饭费得以免扣。"我四哥所以会这样，是因为他自己搭过班，知道搭班人的难处。人们很佩服他对同行人的'义气'，私下里议论说：'四爷的作风很有点像梅先生。'这种评价并不过分，他的确是位很重情义的人。例如他的老师程继先先生作古以后，他每月必送生活费给师母，一直到为这位老人送了终为止。"叶盛兰是出了名的大孝子。他虽声名日隆，收入亦富，然而他每次演出回来的收入总是全数交与母亲，再由母亲从中拿出一部分给他。叶盛兰从不问多少，总是双手接过，道一声："谢谢娘。"及至叶盛兰成家立业，养十几口人时亦如此。这个情况曾持续很长时间，直到马富禄先生觉得师弟"财政吃紧"，亲自和师娘说："师娘，我跟您商量个事，盛兰已经成家立业，今后的收入，我出个主意，您娘儿俩刀切菜（各为一半）。"此后情况才有改变。盛兰的父母后来把他的奉敬积蓄起来，为富连成购置了一所房产，开辟了新社址（即今虎坊桥晋阳饭店之前身），为"盛"字以下的几科学生，改善了学习和住宿条件。

叶盛兰不仅积极参与每年岁末的"大义务合作戏"，奉献拿手戏，为救济贫困同行尽心尽力，知道谁家有老人故去，哪怕是底包演员，

---

① 叶盛长：《梨园一叶》，第 273 页。

他亦会主动地送去奠仪，这是其多年养成的习惯。一日，叶盛兰正在家中闲坐看书，只见家人领着一位中年男士进门。叶盛兰定睛一看，来人正是自己的师兄、著名武生钱富川。他赶紧让座，并吩咐家人看茶，细问师兄来意。钱富川愁眉苦脸，为难地说："四弟啊，我有犯难的事啦，不好张口啊！""师哥，跟我您还客气，有什么事您说。"原来，钱富川的母亲刚刚故去，一时半会儿凑不出办丧事的费用，找叶盛兰来帮忙。"师哥，别着急，咱们想办法。"叶盛兰虽唱戏能挣钱，但家庭负担较重，基本上也是唱一场，吃一场，并无太多积蓄。而且，那时给长辈特别是父母办丧，讲究颇多，耗钱费时，开销不菲。于是，叶盛兰一边好言安慰钱师兄，并上门亲自祭奠；一边出面邀请，召集有名的师兄弟为富川师兄唱"搭桌戏"，[①]选定的剧目就是叶盛兰最有票房号召力的《群英会》，解了钱师兄的燃眉之急。

叶盛兰与母亲合影

1947年除夕前夕，《天津时报》刊登出这样一则特写报道："叶盛兰上海施财行善，救得一家五口；于大沽口一

① 搭桌戏，戏曲行话。指若干演员为救助某一同业而举行的演出，收入全部赠予该人。

家五人，海上遇险便逢凶化吉，实乃善有善报！”这是怎么一回事呢？

叶盛兰与夫人、儿子合影

话还要从叶盛兰在上海演出完《御碑亭》说起。那是个寒冷的夜晚，时值年节前后，叶盛兰夫妇正在上海大中华饭店收拾次日启程回北京过年的行装。突然，“咚咚咚”，一阵急促的敲门声响起，这么晚了，会是谁呀？甫门一开，只见一对40多岁、衣着清贫的中年夫妇站在门前，他们的脸上带着贸然打扰的抱歉神气，用带着一丝希望的羸弱声音问道：“请问，这里是叶先生的房间吗？”在他们的身后，三个饥寒瑟瑟的孩子正怯怯地望着门里人。盛兰的夫人赶紧把这一家五口让进门来。谁知，他们进门后，刚一看见叶盛兰，竟“扑通”一声跪了下来，口里大呼：“四弟救救我呀！”这可把叶盛兰夫妇吓了一大跳！他们赶忙将来人搀扶起来，“使不得使不得，快起来，有什么事尽管说！”来人坐下来，稍喘了一口气，才开口说道：“师弟，实不相瞒，我是富连成‘连’字科演武戏的，可惜身残体弱，又得了病，现在已没办法搭班唱戏了。如今我疾病缠身，食宿无依，一家人只得在街头流浪，走投无路！本来都想去投黄浦江了，前几天看见师弟演出的戏报，今来叩请师弟，不知能否给我一条求生之路…”言到无奈痛楚之处，几不能语。叶盛兰听到这里，打断这位“师兄”的话说：“我明白了，投江的话可别再说。”他站起身，紧走几步，打开行装，将那一期在上海多场演出的全部收入全数拿出，一边递到来人手中一边说：“这是这次演出的收入，这些钱你先拿去吃饭、看病，找个暖和的地方住着。”“这……”来人接过钱款，哆嗦着双唇，不知说什么好。临走时，这对夫妻又转过身来，对叶盛兰说道：“千恩万谢呀！师弟，就在几天之前，本来都想要跳黄浦江了，因看到戏报，才来求师兄弟，哪想到您会周济这么多呀！……”第二天，同行众人听说此事，有的说：“何必给那么多呢，意思意思就行了。”有的说：“这上海滩上，千奇百怪的冒名顶替、假借名义的诈骗伎俩多了去了，你呀就是心太实，这次恐怕是被骗惨了。”叶盛兰却慨然道：“我虽不记得他，但人命关天，非同小可，咱们梨园行素有怜贫互济的传统，救人要紧，怎能考虑那么多！”真个是侠肝义胆，豪气干云。同一时间，又有一位叶盛兰的师兄在上海做了一年配角，全家人的日常吃饭在上海有名的回民馆“洪长兴”，赊账一年，年节到了要还账，怎么办？又找到叶盛兰帮忙。叶盛兰之前已经将一期的包银给了那位不相识的师兄，只得又把送给叶夫人的一对金镯子和其他的一些饰物典当了，为这位师兄还了他一家的全年饭费。

不日，一行人乘坐“太平号”轮船返京，岂知这“太平号”上却潜藏着巨大的危机！原来，这是一艘暗营走私的客轮，不仅人员超载，二等舱通道更是货物成堆，箱桶盈塞于道。恶性事件就在“电枪”喷烧冰冻水管、火星四溅的一瞬爆发了！熊熊燃烧的机油卷起冲天的大火，气浪、火光、烟雾瞬间在全船弥漫，警报声大作。惊慌失措的旅客拥向甲板，呼救声哭喊声，顿时嘈杂鼎沸。人们扶老携幼，有的把携带的箱子扔向大海，准备跳下；有的不知从哪儿找来木板，紧紧地抱着，想投海逃生。一位富连成“盛”字科的老旦演员抱着块木板想跳海却又不敢，“世”字科名丑阎世喜直吓得懵懵懂懂，整艘船乱作一团。人们撕心裂肺地呼喊声消失在茫茫夜海，真不知往何处逃生！

大难临头，此时叶盛兰和妻儿们亦在甲板呼号的人群之中。四岁的小少兰和他五岁的小姐姐吓得紧紧地躲进妈妈怀里，大气都不敢出。而他们的妈妈却在甲板上焦急地寻找着丈夫的身影。叶盛兰干什么去了呢？

原来，那时轮船有个“规矩”，凡发生事故，不拘大小，首先反锁统舱，以防人流涌出踩踏。成百的人们被反锁在甲板下统舱之内，唯有从甲板缝隙里向外呼号。而这里面，就有随叶盛兰南下上海演出，忠心跟随他多年的白友人、李秀亭等演职员们。此时的盛兰一心只想着救出这些梨园同行们，早顾不得妻儿的安危。他找到船长交涉，要求船长无论如何打开统舱放人。正当胶着之际，海面上驶来一艘快船，却是一位富豪来接自己的子弟。叶盛兰情知机会不容错过，立即上前言道：“还请救一救这船上的许多人。”那位富家子认出了叶盛兰，便说：“叶先生，我只能把您带上，您就赶快上船吧。”叶盛兰却毫不犹豫地拒绝道：“不，谢谢您，但我绝不能走。船上尚有妻儿、小女，有我的同仁兄弟。我的意思是，请您带上船长，或由他派的人，到岸上请求派船，营救这条‘太平号’，有四五百条人命啊！”最终，一位轮船负责人随小艇而去。

甲板上海风飕飕，滴水成冰，寒风中，叶盛兰光着两只脚，只穿着一双拖鞋，身上的单衣被风吹得猎猎作响，他东奔西跑，一会儿安抚那位老旦千万别跳海，一会儿又连声为阎世喜“叫魂”，随后又跑到统舱处关照同仁，恨不能有三头六臂，解救大家于危难之中。最终，叶盛兰一家五口大难不死，救济船于大沽口救下了全体旅客。《天津时报》真是一语道破天机：扶危解难之人自有皇天庇佑！

参加革命

新中国成立前夕，中共地下党很快与北平梨园公会联系上，当时会长正是叶盛章。随之，革命的种子撒进了当时北平的梨园界，包括叶盛兰在内的一批京剧著名艺术家留守北平，等待着大喜日子的到来。

解放初期的一天，叶盛兰正在长安大戏院演出，一位年轻的干部走进后台。此人正是后来的中国戏曲学院院长、教育家史若虚。他当时在北平军事管制委员会文化接管委员会旧剧处工作。向叶盛兰做了自我介绍后，他转达了裴东篱同志希望叶盛兰参加革命的期望，并介绍了当时的文艺政策。原来裴东篱早年上大学时常看富连成和叶盛兰

梅兰芳、叶盛兰等接待外宾并合影。前排：梅兰芳（左四）、叶盛兰（左二）、言慧珠（左一）后排：袁世海（左二）、马少波（左三）、许姬传（左四）、张云溪（左五）

的戏，一来二去，与叶盛兰成为了至交。这次与史若虚的会晤对叶盛兰产生了重要而深刻的影响。他向往党的文艺政策的指引，向往能够使京剧艺术继往开来、繁荣发展的创作演出环境。1951 年 11 月，由田汉与史若虚共同介绍，叶盛兰毅然放弃自己月收入千余元的私人班社，参加了当时的中国戏曲研究院实验工作一团，拿固定工资（开始是每月按“800 斤小米”的标准，折合 60 元人民币），成为当时挑班的著名艺术家中带班参加国营剧团的第一人。不能不说，叶盛兰思想觉悟很高，同时也做出了很大牺牲，但他心情愉快，精力充沛，很快投入到京剧艺术事业的工作中。他担任了一团团长、艺委会副主任和北京市京剧联合会副主任等职务。

参加国营剧团的第二年，正值“抗美援朝”战争最激烈的时候，叶盛兰毅然报名参加了中央直属文艺团体第一个赴朝慰问的代表团，表现了他的爱国情怀。当时参加慰问团的还有李和曾、杜近芳、萧盛萱、曹韵清等人。慰问团先赴丹东做短期军训。叶盛兰是眼睛一千度的高度近视。一次演习遇敌机隐蔽一项，他跳出车厢，眼镜掉落顾不得捡，翻入稻田隐蔽，可见当时的气氛。即使演习，大家亦闻到了硝烟的味道。等跨过鸭绿江，所见之处，一片焦土，满目疮痍。慰问团晚间行车不开灯，时有翻车危险。夜间隐蔽于残破的民房中，吃干粮喝冷水，裹着大衣和衣而卧。等到了目的地，慰问团住在山洞里，空气稀薄得连蜡烛都点不着，半夜常能憋醒，睡在石头垒成的“铺”上，鞋不能在铺下乱放，不注意就会被水冲走。

当时，正是上甘岭战役最艰苦的时候。在这空气稀薄的山洞里和木板搭的舞台上，叶盛兰竟然演出了文能唱破喉、武能脱层皮的全部《罗成》和《群英会》带舞剑，特别是连演了三场出国前虽已彩排而尚未公演的大武戏《八大锤》！志愿军各级指战员对慰问团和叶盛兰的精彩表演给予热烈欢迎。三个月的慰问圆满结束，叶盛兰回到北京。当周总理得知叶盛兰赴朝慰问演出的情况后说：“叶盛兰在这时候

叶盛兰先生（左四）与卓别林（左一）等人合影

过了鸭绿江，了不起呀！”

1955年1月，中国京剧院成立。同年，在第一批评选中，叶盛兰被文化部评为一级演员。当时中国京剧院被评为一级的艺术家只有三位，其余两位是李少春和叶盛章。同年，叶盛兰随中国艺术团首次访问前南斯拉夫和当时尚未建交的法国、比利时、荷兰、意大利、英国等国家。访演期间，中国艺术团演出了叶盛兰与杜近芳的《白蛇传·断桥》《双射雁》（根据《穆柯寨》改编）、《拾玉镯》，还有张云溪、张春华的《三岔口》，徐菊华的《雁荡山》，王鸣仲的《闹天宫》，杜近芳、赵文奎的《霸王别姬》等戏，受到了热烈欢迎。世界喜剧大师卓别林特地从瑞士赶到巴黎观看演出。艺术团在法国的开幕式演出由著名影星钱拉·菲利普做主持人。钱拉·菲利普是电影《红与黑》中于连的扮演者，该片与他的众多作品曾风靡世界。他看了叶盛兰的表演之后，极其崇拜，与叶盛兰促膝交谈，一见如故，成为好朋友。后来，钱拉·菲利普访问中国，在北京要求与叶盛兰见面，并向周恩来总理称赞说："叶先生是中国京剧的小生，我就是法国的小生。上帝给了他一条金嗓子。"周总理也风趣地说："叶盛兰是中国古典男高音。"

访演期间还出现了两个小插曲，体现出叶盛兰艺术之精绝和坚决捍卫党和国家尊严的坚定立场。《雁荡山》是一出哑剧的大武戏，剧中翻、打、扑、跌，技巧繁杂，难度极大。一次演出，主演身体不适，团里可着了急。叶盛兰主动提出："救场如救火，我来吧。"谁也没看过叶先生排演这出武生应工的大武戏，都抱着好奇的心情一看究竟。真是不看不知道，一看吓一跳。叶盛兰不仅完完整整地演下来，武功精湛，处处圆满，很多地方还有他自己新的处理，不但技巧提高了，戏的质量又提升许多。这下，大家无不惊叹，无人不服。以至几十年后，当年与盛兰同去的著名武生演员王鸣仲见到叶少兰还提到这次演出："你父亲，好嘛，说来就来，神了！"另一个小插曲则是中法当时尚未建交，巴黎还有台湾蒋介石集团的所谓"大使馆"。叶盛兰意外地收到了一封策反信。他处之泰然，毫无畏惧和动摇，马上把它交给了领导，表现了鲜明的政治立场。作为艺术家的叶盛兰为新中国突破层层外交封锁，开拓新中国的外交建设，特别是为传播中华文化和京剧艺术作出了重要贡献。

童年"金泰"：宣南文化圈的小戏迷

说起叶金泰，那可不得了。刚过满月的小孩子就随着大人们走南闯北，没几岁就跑遍了京剧的大码头，什么天津、上海、济南，每个地方都去过好几次。所以，叶少兰常说，他们兄弟姐妹都不是那种大门不出二门不迈的孩子，很早就出过远门，确实长了很多见识。那些时候，火车上、轮船里，母亲紧紧地抱着尚在襁褓中的小金泰不知走过了多少山山水水……

小金泰出生刚四个月，母亲便抱着他又踏上从北京去上海的旅程。现在北京到上海坐高铁只要五个多小时，那时去一趟得要整整两天时间。金泰还太小，总不断地哭闹，还要喂奶。母亲睡不了卧铺，只能抱着金泰两天两宿始终坐着。那时，到南京后要先下火车换轮渡，等过了长江后再重上火车。正是腊月底，快过春节的时候，南方的冬天更透着一股湿湿的冷。轮渡上三教九流、士农工商什么样的旅客都有，人、物不分处，各种行李箱子、商品杂物甚至是建筑材料等跟着人们一起在江上晃荡。旅乘环境和现在比相差太远，既拥挤又凌乱。金泰的母亲就怕一不小心小金泰被什么人或物品给碰着伤着，她想出了个办法：改变方向，紧紧抱着金泰，脸朝着窗户跪在木凳上一动不动，用身体护着孩子。当时，与金泰母子同行的还有长一辈的赵小楼和他的女儿、后来成为一代名旦的赵燕侠，他们也是初去上海。赵小楼眼见着处于恶劣环境中的这对母子，也有些着急。他二话没说

襁褓中的叶少兰与母亲

婴孩时的叶少兰

张开双臂，连坐都没坐，在船上一直这样紧紧地护在金泰母子的身后，用身体保护着他们。当时还是少女的赵燕侠也帮着金泰母亲抱抱襁褓中的小金泰。同行艺人间的仗义和互助是很令人感动的。

大年初一的上海，一派喜庆的过年景象。跳财神的、放爆竹的、敲锣打鼓和耍狮子的，吹吹打打，热热闹闹。小金泰伏在母亲肩头，滴溜溜转着大眼睛，怎么也看不够。叶盛兰去上海演出，常登台的有天蟾舞台、黄金大戏院还有牛庄路上的中国大戏院。可小金泰最喜爱的还是天蟾舞台，他常常吵闹着要母亲带他去看“天蟾边的大鱼”。天蟾舞台边有个饭馆，墙上嵌着个橱窗大小的透明大鱼缸，这是金泰儿时最喜欢的海洋世界。各种鱼游来游去，看得小金泰心旷神怡，后来成为他最难忘的回忆之一。

又是一年，盛兰携妻儿赴沪演出，在黄金大戏院贴出《群英会》的戏码，而这次饰演黄盖的就是一生充满了传奇色彩的“十全大净”金少山。小金泰被母亲抱着来到后台，母亲将他抱到正要化妆的金少山面前，“来，叫三大爷！”“三大爷！”金泰亮开嗓子，稚声稚气地叫了几声。“哈哈哈，好啊！”金先生十分喜欢这个机灵的小鬼头。“一会儿来看你三大爷演戏。”不一会儿，戏开场了，母亲指着台上的黄盖，告诉小金泰这就是刚才见过的三大爷。小金泰瞪着眼睛一看，哇！这气势，是刚才还在开玩笑的三大爷吗？金少山头句定场诗“二十年前摆战场”还念的声音很轻，待等第四句“不觉两鬓白如霜”，只觉声若洪钟，震耳欲聋。“哇”的一声，小金泰被这突如其来的声音给吓哭了，闹得母亲只能赶紧把他抱出戏园子，哄了半天才平静下来。还有一次更厉害。金泰跟着妈妈高高兴兴地进后台，看见金三大爷正背对着他在镜子前往脸上画着什么，金少山听见背后有动静，猛一回头，一张还没画好的五颜六色的大脸盘正对着毫无防备的小金泰，“呀！”金泰尖叫一声忙往妈妈怀里缩。这一吓可不打紧，把金泰吓得竟发了高烧。从此金泰见了金三大爷就往妈妈背后躲，很长时间都不敢再进后台了。

叶氏一门根繁叶茂。在叶金泰出世的那一年，一大家人仍然挤住在祖父叶春善的老宅，海北寺街8号院。由于人口众多，居住紧张，金泰的父亲叶盛兰便买下了宣武区棉花五条甲3号的四合院。金泰一岁以后，便随父母、姐姐、哥哥搬进了这里。

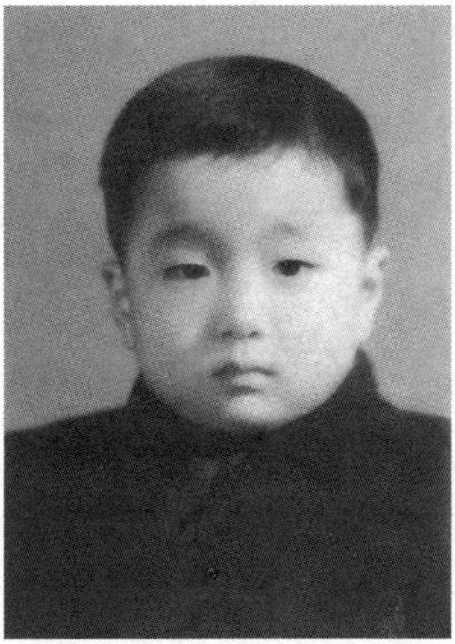

三岁时的叶少兰

金泰所住的南城，是北京“宣南文化圈”的重要所在地。在“京华四大文化”（宫廷文化、士大夫文化、宗教文化、民俗文化）中，宣南地区是老北京民俗文化的荟萃之地，是文、商、艺、匠等“五行八作”最集中之所，是最接老北京“地气”的地方。宣南亦是“梨园之乡”，住城南这一带的京剧界艺人很多，有山西街的荀慧生、椿树下二条的尚小云、棉花下六条的赵桐珊、棉花八条的马富禄、棉花七条的杨盛春、棉花六条的陈少霖、西草厂的萧长华、袁世海、永光寺街的姜妙香、徐兰沅和大吉巷的李万春、在“棉花地”界内的孙盛文、孙盛武、李德彬等。小小的金泰就在浓郁的京味儿文化的熏染下慢慢长大，每天，急管轻弦伴着他睁开朦胧睡眼，皮黄悠悠又催着他堕入甜美的梦乡。

从小，叶金泰就有一双善于观察的眼睛。随着父亲出门演出，他便在后台看化妆、看开箱、看取放行头，看名角演戏。幕前幕后那些最讲究的戏活儿，一点一点被他看进了心里。那时，在小金泰的眼里，老北京胡同里的京味儿文化莫不和戏台上的京剧有某种神秘的联系。就说卖驴油灌肠的吧，那一声响堂的吆喝：“驴油……嘿……灌肠儿……”

声音清亮又打远儿，真是字正腔圆、韵味醇厚，仿佛隔着墙就能闻见灌肠的香味。等小金泰跑出门一看，那卖灌肠的小贩身上穿得干净利索，脚踏千层底洒鞋，“这可不就是个正工老生嘛”，金泰心想。他爱这干净的小贩，更爱那一碟童叟无欺、分量十足、外焦里嫩的驴油灌肠。至于红白喜事，金泰也喜欢凑在路边看看热闹。在每顶轿子前头，总有人数不等的“銮驾”，穿着绿尼或绿布的半长大氅，头戴红缨帽，腰上系搭包，轿夫们快慢有度，在金泰眼里，简直就和戏台上的绿龙套、小太监没两样。对自己的这些“发现”，金泰心里很得意。至于吹糖人、捏泥人、做江米人和要鬃人的手艺人们所做所要的“戏出人”就更是取材于戏台。金泰有时待在边上一看便入了神，有一个“姜太公钓鱼”的五彩江米人是金泰的最爱，那眉眼间的神气简直好极了。

日复一日，父辈们发现，叶家的二小子，对京剧越来越灵醒了。叶盛兰则发现，自己不知道什么时候多出了个小尾巴，只要自己练功或者进戏园子，这小家伙总一步不离地紧跟着，不管是什么戏，他都削尖了脑袋想要往戏园子里钻。有时候，叶盛兰去上海演出不方便带金泰进后台看戏，小金泰便能嘟着小嘴一天闷闷不乐。叔叔大爷们看他这样喜爱，便在舞台一侧拨通电话，让小金泰在旅馆里把父亲的戏听了个够。

这一天，叶盛兰前脚刚进屋子里准备吊嗓子，就见金泰后脚搬了个小板凳跟上来，凑到父亲跟前，一屁股坐下，双手托腮，一本正经地听着。这样听了大概 20 多分钟，突然，小金泰站起来向屋外跑去。“这孩子敢是听烦了吧？”叶盛兰心想。不料，片刻过后，小家伙居然拿着两只筷子跑了进来，重新往凳子上一坐，一边兴奋地抬起头继续听盛兰唱，一边用筷子敲起板来。一会儿，又用筷子比划起胡琴的样子拉起来，忙得不亦乐乎，那劲头别提多大了！

光看、光听、光拉还不过瘾，小金泰寻思着，怎么样自己也能演一回呢？叶家的南屋有一张老铜床，床的四角带着竖柱，上有横梁架子可以支帐子，床上还有三面镜子。这天，他和哥哥叶蓬，还有表哥刘玉林一起，把家里柜中的大床单、小床单、睡觉的小花被、父亲的练功服统统搬出来，把大床单挂起来当成幕布，还拿两块小床单挂在床的横杆上当“挑帘”使用，经这么一番打扮，大铜床俨然变成了一个小戏台。场地有了，服装怎么办呢？不是有父亲的练功服嘛，金泰个子小，就找来别针把衣服别起来，再不够穿，就把小花被当戏装披在身上。至于鞋子，哥几个也有主意，他们私下里规定，只要勾起脚趾头，就代表穿上厚底了，不勾脚趾头不算。这些问题都解决以后，最后就剩照明了。

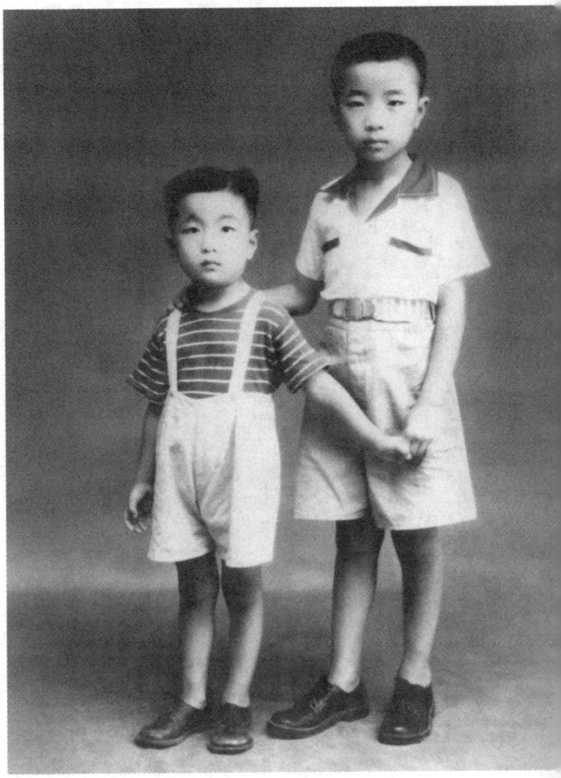
叶少兰（左一）、叶蓬小哥俩合影

那个年代的戏园里对灯光挺有讲究，靠前面的戏或主演未上场之前，灯光是不开足的。单等主角上场才全开。怎么办呢？有办法！先关上里屋灯，暗下来，就算压光了。掩上门，开外屋的灯，只开一点门缝儿，透一点光儿，就像是前面演的垫戏的光了。等到“主角”上场，立刻开门同时开里屋的灯，屋里亮了，就算满台长光了。谁演开场，灯就不亮，谁演第二的戏，门就开一半，灯光就渐亮。金泰他们虽然人小，志气可大，都争相要演主角。有那么几次，主角还真让小金泰当成了。演出顺序一定下来，孩子们就扯着嗓子喊开了，“开戏啦！开戏啦！”冲进屋，拉着姨爷爷、姨奶奶和姐姐们的手，催促着他们搬上小板凳到南屋的大床前看戏。等到小金泰最后要上场前，孩子们就大喊：“爸爸出来啦！”或者喊：“梅兰芳出来啦！马连良出来啦！”于是门也开了，里外屋的灯也全亮起来了，金泰披着小花被在床上昂头而立，光彩夺目，就像真成了好角儿。台下大人们赶紧哗哗鼓掌，大声叫好，乐得前仰后合。这在自家床上煞有介事地模仿台上的戏，成为金泰玩得最起劲的童年游戏。

说起叶金泰上幼稚园的往事，也非常好玩。那年，到了小金泰该上幼稚园（新中国成立前幼儿园的称呼）的年纪了。早在几天前，金泰就从母亲嘴里听到了“幼稚园”这个词，在小金泰心里，这个词又新鲜又有意思，“幼稚园，幼稚园”，他把这个词在嘴里起劲地重复着，好像在牙齿间滚动一颗甜滋滋的果糖。这天晚上，父亲对他说：“金泰啊，明天就带你去上幼稚园了，到了幼稚园，可要好好听老师的话。”他点点头。晚上钻进被子里，小金泰还在琢磨着幼稚园是个什么样。第二天一大早，金泰早早地就起了床，母亲为他换上一身干净的衣裳，他便跟着母亲出了门。

叶金泰所上的幼稚园——师大第一附小幼稚园，坐落在新华街师大附小的一个四合院里。走进校园大门往右拐，进到里院，是孩子们上课、活动的地方。在小金泰的印象里，幼稚园老师们似乎都像妈妈一样温柔。去的第一天，老师就拿着一个白布蓝边的围兜蹲在金泰面前，一边帮金泰系上一边对他说：“来，每个小朋友都要把这个围上。”金泰低头一看，嘿，围兜的下半部还有两个半圆的兜，自己的小手正好可以放进去。围兜的胸口绣着三个字“幼稚园”。老师还要求每个小朋友回家都要让家长在自己的左胸口那儿拿一个小别针别一条小手绢，平时擦嘴擦鼻涕用。在小班里，金泰最喜欢上的就是劳作课。那时候还没有现在小朋友们玩的橡皮泥，只有土和水混成的胶泥，捏个苹果、鸭梨或者香蕉，是他最得意的事情。

每天早晨和傍晚，都是金泰的老姨爷或老姨奶接送他上下幼稚园。那时候，小金泰看见什么都有一股好奇心。在从幼稚园回家的路上，常会有从口外往裘家街送煤的骆驼队经过，叮玲当啷的驼铃声伴着这些大家伙们由远及近而来，小金泰每次都很困惑：也没看见有人给骆驼喂吃的呀，骆驼的嘴怎么总在嚼呢？它们到底在吃什么呢？他心里一边琢磨，一边学着骆驼的样子，小嘴巴呱唧呱唧地也那么嚼着，好像还嚼得挺香。老姨爷纳闷了：“你在吃什么呀？”“我在学骆驼呢！”金泰一本正经地说。

小班升中班以后，小金泰转到了永光寺幼稚园。在小金泰看来，这个“新”的幼稚园有一个小黑门，四合院也很大。院子里有跷跷板，平时小朋友们可以在这里做游戏。院子北屋廊子上有间小木屋，东房里有间小洗漱间，墙边排两排矮的白色痰盂，是给小朋友方便时候用的。这里总是又整齐又干净。在这个小院里，金泰最爱和小朋友玩丢手绢，有时候也嘻嘻哈哈地玩老鹰捉小鸡，甚至坐在小椅子上围成一圈拍巴掌玩，在金泰眼里都是莫大的乐趣。

在解放战争时期，北平被围了城，城里也增添了不少警戒人员。有一天，金泰幼稚园放学了，他坐在座位上左等右等，眼看着天要黑了，可是老姨爷还不见踪影，心里一着急、一害怕，不由“哇”地一声哭起来。他一边抽搭着鼻子一边想：“怎么还不来接我呀？”他坐不住了，跑到幼稚园门口。老师不让他出门，他只能不停地把小脑袋伸出门外看。却原来，离幼稚园比较近的南口，国民党兵已经开始戒严，哨兵横枪叉腿站着。老姨爷虽然来了，却被挡在了外面。老人家好说歹说，好话说了一箩筐才过了关，赶紧把小金泰接回了家。

还有一回，小金泰从家里出来上幼稚园的时候，发现家住的棉花五条东口也戒严了，大兵站岗堵着胡同口。老姨爷带着他走到近前，真巧，里面有一个站岗的国民党兵却是他们的老熟人——家里胡同口拉洋车的，原先在胡同东口的庙里住着，也是个穷苦人出身，在金泰还是个娃娃时就常常逗着小金泰玩。他一看是叶家的小金泰，立刻乐呵呵地将他们爷孙俩放了过去，小金泰这才得以顺利过关去了幼稚园。

除了上幼稚园，金泰最喜欢做的事就是跟在母亲的身边。母亲去西单菜市买菜，有时也把金泰带了去。菜市里很干净，菜农们都认识小金泰，金泰就“叔叔好，阿姨好”地喊一溜圈。从菜市出来，旁边挨着一个“栗子王”，栗子又油亮又好吃，是金泰的爱物。三毛六一斤的栗子，有时候母亲也会为他买上一点儿。

从西单那儿过了马路，再往前走一点，就到了北京百年老字号天福号的酱肉铺子。切肉的案子在一处高台上，一边有台阶，顺着台阶走上去就可以看到一个很大的大树墩子，比八仙桌还高，金泰每次都得仰着脑袋看。树墩上搁着一把刀，一个精明干练的瘦老头——这是切肉的掌柜，腰上系着一条雪白的围裙。在金泰的印象里，自己每次走进铺里，便会看见这清瘦的老人家手起刀落，“当”的一刀，从案上切下一块物件，然后一步一步地走下台阶，来到自己面前，把一块儿香喷喷的酱肝递过来。“拿着，尝尝。”掌柜说，脸上的皱纹像涟漪一样，荡出一个深深的笑容。老人喜欢金泰，经常逗着他玩上一会儿。

再往前走，到了绒线胡同口上，有一个叫作“荷兰号”的面包房。这里的面包质量很好，在那时已经用上了纯奶油。这里有两种面包深得小金泰的欢心：一种是奶油小圆面包，上面沾着榛子仁，咬着又香又甜。另一种的模样像半圈花瓣，又像一个四指的手掌，中间夹有奶油和果子酱。这两种面包，小的五分，大的一毛。小金泰趴着橱窗看，母亲也会笑眯眯地买上一些。

多年以后，已经长成大人的叶少兰还能隐隐约约地回忆起那些香喷喷的栗子，手上拿着酱肝的老人，香甜的面包，包括北京小胡同里灌肠、豆汁、面茶的叫卖声，这些最朴实的笑容，童叟无欺的诚信，成为滋养他心灵的一方净土，让他铭记了一辈子。

随着年岁的增长，小金泰已经到了该上小学的年纪了，叶家的大人们开始关注起北京师范大学第一附属小学的招生考试来。北京师范大学第一附属小学是当时北京宣南地区数一数二的小学，倘若叶金泰能上这样的学校，对于孩子的基础教育将极为有利。这天是北师大第一附小招考的日子，一大早，叶盛兰就带着小金泰、三大爷叶盛章带着叶金生（叶钧）前去考试。学校的主楼是一幢全木质的建筑，据说是清朝末期留下的，有两层高。木质的楼梯古香古色，走起来很宽敞，小金泰隐隐觉得闻见一股木头的清香。很多家长带着适龄的小朋友在楼下的楼梯口等候叫名字，然后由引领的学生带至二楼考试。二楼的教室一个挨着一个，每间教室里都在进行着考试。考试的项目很丰富，有算术、唱歌、识字、回答问题等。对于聪明的小金泰来说这些都不是难事，他顺利地通过了初试。

过了初试，还要进行复试。复试前，家里人想着给小金泰理理发、洗个澡，换身干净的衣服。以前，金泰每次理发都是跟着母亲。金泰的母亲常去的是长安戏院斜对面的报子街中央理发馆，或者是西单的万国理发馆，这两家都是北京挺有声望的大理发店，母亲理发的同时也就顺便给金泰剃个头。复试前，金泰正好去了外祖父家，家人就带着他在家附近的大沟沿胡同的一个小理发店里理了发。谁知，这次理发就出了事。小理发馆在卫生方面十分不讲究，理发的推子没有经过消毒。理完发之后，小金泰觉得自己脑后右边头发下角的地方非常痒，他忍不住常常用小手不停地抓。逐渐，那儿出现了一块圆形的癣。等到了复试的前一天，家里人才发现了这个情况。因为附小复试里有一项是检查身体健康，看一看孩子的身体发育情况和眼睛、皮肤、口腔等方面的清洁卫生，顺便考一考个人卫生常识。为了顺利通过考试，金泰的母亲和姑姑情急之下想出了个主意，给小金泰带上帽子。她们反复叮咛金泰，一定要在检查卫生的时候用帽子把癣给盖住，千万不能让老师发现。小金泰瞪着两个大眼睛，似懂非懂地点点头，牢记在心。第二天，叶盛兰和叶盛章带着金泰、金生去参加复试，高高兴兴地上了楼之后，各项考试都很顺利。等快到检查身体和卫生一项的时候，小金泰突然想起了妈妈的嘱咐。他瞅瞅老师，老师的眼睛真严肃。他不会发现我帽子里的秘密了吧？他赶紧用手整整帽子。可是，帽子今天不知哪儿出了问题，好像怎么整也合不到金泰的心坎上。他不时地左整整，右弄弄，脸上一副紧张的神情，小手忙个不停。等到全部检查完之后，金泰庆幸地往外走，突然，考评老师叫了一嗓子："回来！"小金泰吓了一跳，他慢腾腾地走了回来，手还不住地往下拽着帽子。原来，金泰不停地弄帽子的动作引起了老师的注意。老师把帽子一摘，看到了那块癣。"这不行呀，开了学，怕是会传染给其他的小朋友。"结果，金泰的复试没有通过。

家里人一商量，金泰到了上学的适龄期，不能因这样的意外而耽误学业，于是上了宣武门外的惠文三小。金泰成了小学生，心里甭提有多高兴了，剃着学生头，其实就是小平头，穿着新做的粗布衣裳，背着绿色的帆布小书包，天天美滋滋地盼着上学。别看他才七岁，却已经像个小大人似的，与那些调皮淘气的孩子迥然不同。或许是受到父亲的影响，金泰小的时候是个特别让大人省心的孩子，从来不打架、不骂人，从来不闹腾，有点老实，还有点胆小，谁跟他说什么他都相信，经常被大孩子吓唬。金泰的认真劲在他的小学校也是有名的。每天早上起来，他总是快手快脚地收拾好自己，然后跟在姨奶奶屁股后面催着老人家送他上学。有时候时间紧迫，他宁愿不吃早饭也要准时地赶到学校，生怕迟到了。在那些早退溜出来玩的孩子里从来也看不见小金泰的身影。等放学一回家，金泰第一件事就是掏出作业本开始写作业。无论是动笔的、手工的、还是要让家长签字的，都能严格按着老师的要求完成。他做功课总是一笔一画的，虽然字写得稚嫩，但是认认真真。有时候作业题弄不清楚，金泰总是跑到姐姐跟前，一问，再问，非把题目弄明白了不可。做完功课以后，他还要反复检查，不仅自己看，还要找姐姐帮着检查。姐姐要是不在家，他能急得直哭，非要等姐姐回来检查一遍不可。轮到金泰做值日，那就更是件大事。当时学校做值日有两项内容，一项是轮班值日，站在班级门口检查每个同学的指甲剪没剪、手绢带没带，还有一项是早上打扫教室。每次轮到小金泰时，前一天晚上，他一定让姨爷爷、姨奶奶把洗得干干净净的抹布整齐地摆放进小书包，第二天必定起得早早的，来到学校教室扫地、擦课桌，常常是累出一头汗，却非常开心。一滴露珠能够折射出太阳的光辉，在这小小的人儿身上所具备的品质里，是不是已经能看到日后那位时间观念特别强，做事认真执着的叶少兰的影子了呢？

上学一段时间后，学校开始组织发展少先队员，平常表现好、学

叶少兰（左一）七岁时与哥哥叶蓬合影

习认真的孩子才能首先被选到。小金泰就怕自己不能第一批入队，当老师在课堂里报头一批入队的名单时，他的心里一直“咚咚咚”地敲着小鼓。“叶金泰！”老师叫到了自己。嘿！小金泰开心地恨不得跳起来，心里那个美劲就别提了。放学了，他一溜烟跑回家，兴高采烈地把这个好消息告诉给父母。家里人自然十分高兴，立刻去请裁缝给金泰量尺寸做白衬衫。等到入队的那一天，戴上红领巾时，小金泰又激动又兴奋，强烈的荣誉感浮上心头。从此以后，他做事更加认真，他开始以一个少先队员的标准来严格要求自己啦。

“抗美援朝”的战役打响以后，很多单位和知名人士开始通过各种方式踊跃捐献飞机大炮。受到社会上这股热情的影响，学校里每个教室的讲台旁都摆上了一个铁桶——捐款箱。这是教育和培养孩子们爱国心的好机会。老师在课上说，每个小朋友都该想一想，自己要怎么为祖国出一份力呢？“为祖国出一份力，那该多好呀！”在金泰心里，他最最佩服的就是杨根思、黄继光、邱少云这些叔叔了，他们为了保卫祖国献出了自己的生命，他们多么勇敢呀！他们是金泰心里伟大的英雄！那时候，为了配合国家形势的需要，市面上出现了很多描写抗美援朝故事的连环画，比如《一车高粱米换一车美国兵》等，金泰特别迷恋这些书，书里那些英雄人物的英勇事迹，让小小的金泰敬佩不已。榜样潜移默化的影响力是巨大的，小金泰燃起了向这些了不起的英雄叔叔们学习的心。以前，金泰每天在上学的路上都要买一块烧饼和一个麻花或是一个油饼当早饭吃。现在，为了捐献飞机大炮，金泰每天是烧饼麻花二选一或是吃半个油饼，总要捐出另一半的点心钱。后来，他干脆不吃早点了，省下钱，捐献。有时，还问母亲多要一两毛钱，全部扔进铁桶里。每到这时候，小金泰就特别地心满意足。

父亲叶盛兰跟随慰问团从朝鲜战场回来了，他带回了上甘岭山洞中被敌机炸掉的小石、刻着豪言壮语的用炮弹壳做成的笔筒、还有志愿军在缴获的照明弹降落伞布上给叶盛兰写的感谢信。叶盛兰用这些从战场上带回来的珍贵物品把古玩替换下来，放在文物柜最显眼的位置上。而这些“宝物”也成为小金泰爱不释手的稀罕物，更增添了他对英雄的仰慕崇拜之情。

到了小学四年级，有一天，金泰突然从惠文三小失踪了。同学们都挺舍不得这个同学，纷纷打听：金泰怎么不来上课啦？他上哪去了呀？却原来，金泰转入了中国戏曲学校学戏。个中缘由，后文再述。且说金泰到了中国戏曲学校以后，等到抗美援朝胜利、志愿军回国时，北京各个单位都组织人员到火车站欢迎志愿军战士凯旋归来。中国戏曲学校也组织学生到了丰台火车站。同学们都化着彩妆、穿着戏服，火车一来，就像在剧场演出一样，在站台上开了戏。半个多世纪过去了，叶少兰依然记得当时演的是《打韩昌》，自己演一个兵卒。他怀着崇敬之情，看着一列列火车载着坦克、军车和最亲爱的战士们在站台停靠。他跟所有的老师同学一样情不自禁地跑上火车，跟志愿军战士拥抱握手，请他们留言签字。

这种从小所受到的教育和熏染，使小金泰的这块“白板”上点缀着英雄主义的情结和爱国主义的思想，对他在日后创作中塑造艺术角色的形象走向产生了重要影响。正直忠义的火苗随着经年累月燎起一片赤诚，甘为高贵品质和终极价值而义无反顾、笑对生死的悲情崇高的境界，成为叶少兰日后的偏爱和为之宣述演绎的永恒主题。

第二章　梨园新蕊

学戏之初：一曲《探庄》始登堂

“这孩子几岁了？”

“虚岁七岁了。”

“我看你每次练功或者上园子（剧场），金泰这孩子都跑前跑后地跟在你屁股后头，挺有心啊。”

“他倒是从小就前后台地跟着。要说爱戏，他像着了魔。在上海大中华（旅馆）他能跪在椅子上用电话听一出戏！从四岁他就天天坐在门槛上听我吊嗓子，弄两根筷子，又拉又打。”

“他要这样有心胸，要不就让这孩子也学戏吧。”

“谁知道他能不能吃苦呢？要是您觉得金泰是这块材料，就拜托您受受累，您给开蒙，就让他学戏吧。”

“好，就这么办，我给开蒙，那咱还是从《石秀探庄》开始吧。”

叶盛兰和茹富兰这对郎舅间的一问一答，就这么开启了我们的主人公学戏的历程。

茹富兰，原名文藻，字子峰，北京人，出身梨园世家。其祖父茹莱卿，是京剧著名武生演员，杨小楼、梅兰芳、程继先、马连良都曾受其教益；后改琴师，曾长期给梅兰芳操琴。其父是京剧著名武生演员茹锡九。茹富兰幼承家传，11岁带艺入富连成科班，从“小生泰斗”程继先习小生，武生戏则受教于“国剧宗师”杨小楼，艺兼程、杨两派风范。在科期间以演小生戏为主，出科后，遂专攻武生。他幼功坚实，武技娴熟，功架优美，台风大方，戏路宽博，且演出一丝不苟，虽双目高度近视，但开打出手准确无误。他的表演既不失武生行当的威猛骁勇，又能充分展示小生行的潇洒儒雅，颇具儒将风度。五十岁后，因眼疾日重，几近失明，遂脱离舞台，先后在华南戏曲学校和中国戏曲学校任教。受教于茹富兰的京剧演员不可胜数，除了叶氏父子，富连成科班后几科的小生、武生演员，中国戏曲学校毕业的许多小生、武生演员都曾一招一式地跟他学过戏。比如，现代京剧《红灯记》中李玉和的扮演者钱浩梁、现代京剧《平原作战》中赵勇刚的扮演者李光等都曾得其教诲。

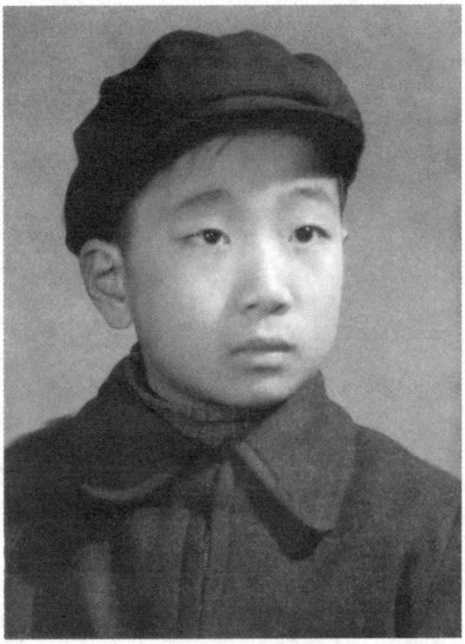
七岁时的叶少兰

茹叶两家是世交，茹富兰、叶盛兰又同为富连成科班坐科学艺的师兄弟。自叶春善长女、叶盛兰的大姐叶玉琪嫁茹富兰后，两家更是亲上加亲。茹富兰改称叶盛兰“师弟”为“四弟”，而叶盛兰改称茹富兰“师哥”为“姐夫”。“四弟”自改小生，深羡“姐夫”在武小生的表演、功架、武功方面的精深造诣和戏路的宽博。郎舅传艺，互相切磋，自不成问题。但叶盛兰科班课业、演出严格而繁重，茹富兰则更是常年搭班，演出更为频繁。怎么办？

> 事有凑巧，一次高庆奎邀请茹富兰赴外地演出，因为“公事”没有谈成，茹富兰一时闲居家中。良机天赐，叶盛兰主动向茹富兰求教。茹富兰家住粉房琉璃街内的响鼓庙，叶盛兰每天须很早起床，先到天坛墙根喊嗓，随后到茹家学戏。盛兰勤奋学艺，他大姐也很受感动，大力支持，每天不等天亮就把一明两暗的中间堂门下了闩。盛兰来了，悄悄换过衣服和练功鞋，先到后院压腿，等候富兰起床、洗漱，二人打把子，然后说戏。这时，他大姐已买回早点放在“话匣子”（留声机）后边专等他们练完功吃。叶盛兰学完戏，匆匆吃过早点赶回科班再练早功，从不“误卯”。这样坚持两年之久，一日不辍，辛勤刻苦程度不言而喻。①

自此，叶盛兰在武小生戏方面更为精进，为后来创立文武兼备的京剧叶派小生艺术奠定了重要基础。

梨园子弟学艺原是件极苦的事情，所谓“天将降大任于斯人也，必先苦其心志、劳其筋骨”，况行内素有“打戏”的传统。师不严，生乃惰，倘不能真教和真学，幼年的基本功不扎实便会对以后产生极其不利的影响。亲子教学，“打戏”难于下手，更不免出现长辈心疼，晚辈撒娇或不当回事的情况，故而梨园行绝大多数的从业者素有将自己的子弟送入科班习艺之传承习惯，以严师促其成才。像谭鑫培的儿

---

① 引自李滨声、李舒、朱文相：《叶盛兰与叶派小生艺术》，北京出版社 1992 年版，第 31—32 页。

子谭小培、杨月楼的儿子杨小楼幼入小荣椿科班学戏，谭小培的儿子谭富英幼入富连成科班学戏等，皆可为例。所以，叶盛兰能得姐夫茹富兰这样舞台演出和教戏经验都很丰富的名家为金泰开蒙正是求之不得的好事。那么，为什么茹富兰说，“还是”从《石秀探庄》开始呢？那是因为叶盛兰向茹富兰请教的第一出武小生戏就是《石秀探庄》，如今金泰也将要向大姑爹学习这出戏，这就叫缘分不浅，同出一源。

书归正传。在发生前文对话的那一天，叶盛兰因将要排练、演出武小生戏《八大锤》全剧，故特地请茹富兰过府研究。他二人先在屋里交流切磋，当说到“刺术”一场时，说着说着就不由地站起身来比划。屋里空间不够，就到当院中施展开来。早在屋里时，小金泰就已一声不吭、聚精会神地站在墙角听着看着。一看到父亲和大姑爹往院子里走，他立刻意识到这是要去研究身段动作了。他一溜小跑，去往放服装、把子、道具的南屋，进门抱起双枪就往院子里跑。此时，茹富兰正在院子里边念锣鼓经边空手做着身段，他望望院子四周，想要拿点什么当作双枪的替代品，一抬眼，正看见小金泰抱着双枪跑了过

《石秀探庄》，少年时的叶少兰饰石秀

来。他呵呵一笑，亲切地摸了摸金泰的脑袋，然后就有了本章开头的那段二人的对话。

其实，叶金泰学上京剧，可谓“瓜熟蒂落，水到渠成”。还没正式学戏的叶金泰对于京剧是发自内心的喜爱，像前文那样听长辈们说戏已经不是第一次了。他的耳朵就像两扇小雷达，只要是和戏有关的事情，他都爱跑去听，不管是练功、吊嗓，还是教学、说戏，他都不声不响地站在一旁，竖起耳朵，听得专心致志。熟悉金泰的长辈都知道，只要叶家一说戏，墙根下准站着个听得入神的小人儿。要说对戏的认识，那他可真是从娘胎里就开始受熏陶了。因为出生成长在梨园世家的缘故，亲戚朋友大多是梨园行的，自己的父亲和长辈又都是京剧名家，平时来家里串门的客人俱不是一般的角色，“谈笑有鸿儒，往来无白丁”，聊天的话题亦多半与京剧艺术有关。谁随便说个轶事掌故，唱两句或走个身段，可能就是日后珍贵的梨园史料和不传的艺术诀窍。当然，金泰向来守规矩，讲礼貌，从不随便插嘴，也不来回走动，但只要谁提出需要用什么刀枪把子道具，金泰就一溜小跑儿直奔南屋，很快就能取来，很少出过错。

在金泰七岁这一年，京剧已经成为他生活里主要的一部分。七岁时，家里请来一位姓王的先生和段富环先生在周日或寒暑假的时候，给包括金泰在内的亲朋的孩子教武功打基础，特别是练基本功。每天晨曦初露，窑台儿（陶然亭）的护城河旁就可以看见叶金泰和他的小伙伴们一起训练基本功的身影。在城墙上压腿、踢腿，随后是搬腿、撕腿、打飞脚、翻跟头等。春天，如花的柳絮沾上他们被汗水濡湿了的额头；冬天，大地结了一层厚厚的白霜，土地冻得邦邦硬，一个“小翻”翻下去，手腕子被砸得生痛。那些个路过的买卖人，常觉出这些练功的孩子的可爱来。你别瞧这一溜儿小光头练功练得苦，可每个人都是双目圆睁，你看我翻，我看你练，岁数虽小，却个个有要强的争劲。一张张小脸紧绷着，牙关紧咬，眼里透出倔强的光来。个个不服输，谁也不叫苦。头儿里看个个都穿着棉袄，等到过个一时半晌再看，全都脱成了小褂。逢到冷天，身上还能呼呼地冒热气呢！

白天，要从这群孩子里一眼把叶金泰认出来可不容易。别看叶盛兰是大名鼎鼎的著名小生演员，可他的教子信条却是“艰苦奋斗方能成才”。小光头，粗布衣袜，一双练功黑布洒鞋便是叶金泰每天练功的行头。可到了天擦黑的时候，人们便能在那墙根一眼发现金泰的身影了。原来，要强的金泰为了超过小伙伴们，常常练“私功”，找找先生要求的劲头和不如别人走得好的地方。

那时每天上学和放学的路上，都会有一个孩子背着书包，踢着腿，做着各种身段，或是唱一口腔、念两句词。上了小学的叶金泰对京剧的痴迷之心，可以用虔诚二字来形容。有时放学做完功课后，孩子们都去剧场看大人演戏。段富环先生带着他们在演出前的舞台上练功，练完功正好看叶盛兰等父辈们的演出。

茹富兰答应给金泰开蒙以后，寒暑假、周末和平常较早放学后的时间，就是金泰向大姑爹学戏的时间了。比金泰大半年的叶钧也到大姑爹家和金泰一块儿学戏。小金泰常算准时间，穿上练功的灯笼裤，用包袱皮裹着练功的千层底布鞋，拿把雨伞就出门了。路上要出棉花五条，走裘家街，再穿过西草厂和前铁厂，才能到海北寺街8号院。这里是当年金泰的祖父、父亲住过的地方，也是金泰的出生地。若是下午，茹富兰准是午休之后，换好了一身中式裤褂，裤脚绑好了腿带，白色的袜子，圆口千层底布鞋，为了教戏方便，拾掇得非常利落。因为茹富兰极爱干净，而且房间里是地板，等到了大姑爹家，金泰便脱下路鞋，换上练功鞋。

这时，茹富兰往往已端坐在八仙桌旁等着，桌上放着手绢和沏好的花茶。那是一张平时吃饭使的半洋式的八仙桌，四面都有个可以放东西的小抽屉，一面靠墙，其他三面各放三把椅子。茹富兰和金泰、叶钧各坐一把椅子。茹富兰教戏按照传统的方法，先带着学生念大字，就是将《石秀探庄》这出戏中唱念的台词用普通话诵读一遍，为的是让学生知道自己唱念的是什么字什么意思。念完大字，开始说曲子。每次茹富兰教戏前，总是拉开自己跟前的小抽屉，从里边拿出两个鼓楗子，按台上的尺寸，像打鼓一样以鼓楗子用力敲击桌边，边打着锣鼓点，边按演出的调门唱曲牌。茹富兰当时年岁已不小了，虽然身份很高，而且面对的是小孩子，但依然是满宫满调，按照演出的标准唱曲子、念锣鼓，一字一句地示范唱念。茹富兰的嘴里极其讲究，[1]又非常耐心，总是不厌其烦地示范并纠正两个小家伙嘴里的毛病。老人家在艺术上非常严肃，在教学上又认真耐心、一丝不苟，一招一式都马虎不得，常常是用大手抓着他们的小手，手把手地教他们。等到《石秀探庄》这出戏教完之后，小金泰发现，大姑爹坐的那一边桌边上已经不平整了，被长时间敲击出了一块凹进去的槽来。金泰有时还摸摸那个凹陷的小槽。

唱完曲子之后，茹富兰就给他们在窗台上练腿功。他跟两个小学生说，“唱这出戏没腿可不行。”因此，压腿耗腿这门基本功就成了每次茹富兰严格要求他们的“必修课”。压腿时，茹富兰边讲基本要领边给他们纠正姿势。他强调压正腿要勾脚面，不许猫腰圈腿，压旁腿时，举手拖掌，膀子身体一条线，亮出胸脯，要立腰长身勾脚面，不允许腆肚子、撅屁股。正腿旁腿都得耗，[2]边耗茹富兰边给金泰他们按摩腿部，揉舒筋韧，疼爱小辈之情溢于言表。耗完一条腿之后，就开始悠这条腿，防止存筋。[3]悠腿时，一手扶着窗台，一手叉着腰，依然保持身体的要领，勾着脚面，来回地悠。等两腿耗完悠完之后，就开始踢腿，一共四种：正腿、斜腿（也称十字腿）、旁腿、骗腿。每种

---

① “嘴里”是梨园界的行话，嘴里讲究意为某人唱念的咬字、归韵、行腔规矩地道而有章法，水平高。

② “耗”即长时间保持压腿的姿势不变。

③ “存筋”即腿的筋和韧带失去弹性而僵化。

腿踢一个来回。踢正腿时，两手叉腰，身体不许晃，勾脚面，上步踢腿，腿往脑门踢。踢十字腿时，腿往另一边的太阳穴的方向踢，两手正反莲花上下分手进行配合，既练腿又练上下身的协调。踢旁腿时，身子要平，往同侧耳朵的方向踢。踢骗腿时，双臂平举，双手打开，从十字腿起在身前画一个月亮门的形状，用脚去找手，切忌手找腿。还得打出响来。踢完腿后，茹富兰帮着他们搬腿，比如朝天蹬等。每次搬完腿，茹富兰总得再嘱咐金泰他们几句，有时是强调要领和细节，有时则是鼓励他们一下。

这天，像以往一样，在帮金泰他们搬完腿后，茹富兰强调道："在台上搬起'朝天蹬'的时候，讲究左右腿一样，都能搬到头顶，平太阳穴，那才好看，才算练到家。"边说着，边用两手同时向上示范。小金泰当时就愣在那里，两只腿都要搬到头顶？他看着大姑爹的手势，心里不明白，想问又不敢问，就这么疑疑惑惑地走回了家。回到家里，金泰搬着小板凳，一个人坐到墙角里发起呆来。家人觉得很奇怪，这孩子今天怎么了？怎么不声不响地坐在那里愣神呢？小金泰呢，他两手托着腮，眼睛眨巴着望着窗外，琢磨着大姑爹的话：要左右腿都一样，都搬到头顶平太阳穴，大姑爹两手同时向上，那就是说要两条腿都搬起来呀！可两腿这么都搬起来，人可怎么站呢？就算是坐着，又怎么能坐得稳呢？这功夫究竟要怎么练呀？……如今，叶少兰想起小时候的这段"困惑"，也会忍俊不禁，觉得十分有趣。他说："我小时候绝不是什么'少年聪慧、学什么都快'的'小神童'，尽管也有人那么说过。学《石秀探庄》时，堂兄叶钧就比我学得快学得好。在戏校跟雷喜福先生学《挡谅》时，表兄刘玉林也比我学得快学得好。可是我从小就不甘落后，愿意向他们看齐，希望能赶上他们，自己也明白，我有学戏较慢这个弱点，但我总相信，勤能补拙。"

那时，人们在南城蜿蜒的胡同里总是能撞见这样一个孩子：他的嘴里念念有词，他的眼神无焦距地飘在很远的地方，他的心里敲着有节奏的“心板”，他小声地哼唱着，默背着身段、唱词和要领，由于专心背戏，常常走过了家门，走错了道路，甚至撞在行路人的身上。

就这样，小金泰一边上着小学，一边向大姑爹学戏。一直到上戏校前，整整学了两年。是的，两年，叶盛兰也是一边在富连成坐科，一边向姐夫整整学了两年……可谓，芳林新叶比陈叶，锦盆少兰赶盛兰。

后来，叶少兰在戏校学戏，中国戏曲学校也邀请了茹富兰到校教学，叶少兰不但在大姑爹的课堂学过戏，还继续到家里求学，比如学习武小生戏的重点剧目《雅观楼》。等到叶少兰毕业留校做教师时，又和茹富兰同在一个教研室，经常照顾、接送大姑爹。当叶少兰在戏校要教授《雅观楼》时，对京剧事业和小生艺术极负责任的茹富兰又让少兰到家里再重新下挂《雅观楼》。茹富兰这位为京剧的教育事业作出了卓越贡献，特别是辅佐、教授盛兰、少兰两代小生大家，为京剧叶派小生艺术的创立发展立下了汗马功劳的艺术家，将以他应有的地位永载于京剧史册。

叶盛兰经常对儿子语重心长地说：“学戏、练功要是没有恒心，没有信心，不豁出个四两半斤的绝练不出来！要舍得吃更多的苦。在训练上别人心疼你，自己可不能心疼自己。先生饶了你，自己却不能饶过自己。要想有出息，你心里就得咬牙。这点志气都没有，还想要成角儿、成名吗？”

叶金泰虚岁十岁时进入了中国戏曲学校。他把自己的乳名“金泰”改为“强”，学名叶强。

戏校生活：初踏氍毹窥门径

1953 年叶强入学时，中国戏曲学校还被叫作中国戏曲实验学校。我们有必要先介绍一下该校的历史，以便读者有一个整体的认知。1949 年 10 月 2 日，中华全国戏曲改革委员会成立。10 月下旬更名为文化部戏曲改进局，田汉任局长，并提出将四维戏剧学校三分校归属戏曲改进局的建议，后报请政务院批准。1950 年 1 月 28 日，戏校被命名为戏曲改进局戏曲实验学校，局长田汉兼任校长，并委派史若虚为教务长，校址暂设东城区北池子草垛胡同。1950 年 5 月迁至西城区赵登禹路新校址。1951 年 4 月，戏曲实验学校划归中国戏曲研究院，王瑶卿任第二任校长。1952 年 11 月更名为“中国戏曲实验学校”。1954 年 5 月中旬归属文化部，定名为“中国戏曲学校”。1955 年迁至宣武区里仁街新建校园。

叶强入校时，学校已经开学，当时的校址正位于赵登禹路上一个大的王府里，前后三进院子，内部很不规则。刚进门的左边大院子，上面罩着大席棚，被学生们称作“旧练功棚”，学生们常在那硬邦邦的土地上跑圆场，翻跟头。对面的院子被称作“旧礼堂”，上面加盖了顶，下面铺了比较粗糙的地板，有个小舞台。紧里边有一个院，带廊北房的中间是会议室，两边的两个厢房分别是史若虚校长和王誉芝秘书办公的地方。从史校长办公间拐过来是不带廊的西房，这里有一排矮一点的厢房。挨着北边第一间是一个很小的回民饭厅，其他房则用来办公或当作教室。南边是一个已经没有水的老式水池，池中间矗立着两个汉白玉雕的仙女。池后面有一个用石头和土堆成的假山，旁边一个斜廊通向一间小亭子。最靠校门的北房有个小四合院，是饭堂，里面摆上八仙桌，四条板凳一围，学生们就在此用餐。从旧礼堂的右边穿过一个小院就是学生们的宿舍。那时候，戏校要求全体学生住校，北京的学生也不例外。宿舍里分双人床和单人床。叶强由于进校晚，就住在东房，睡一个单人床。跟叶强住一屋的有从北平四维戏剧学校时就已学戏的大师哥，也有和叶强差不多大的同学。很有意思的是，叶强向张盛禄老师学习《取荥阳》的老生戏时，给老师搬把椅子放在床边坐下，

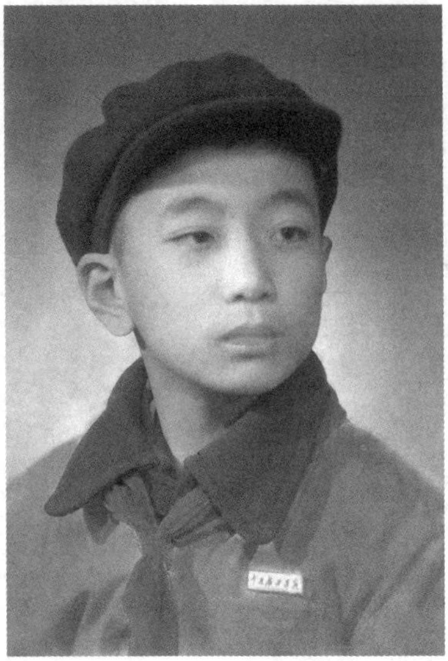

十岁时的叶少兰

学生们站着，就在宿舍里学戏。

当时，学校校址的实际情况就是这样，没有固定教室，学戏的地点也不固定，有时在宿舍，有时在食堂，有时在过道廊子上，甚至有时就在院子里，哪儿有空地就在哪儿学。叶强向雷喜福老师学老生就是在会议室外一米多宽的廊子上。学生们给雷老师搬把椅子坐着，因为廊子不高，学生们在廊檐下的台阶上站成一排。叶强向耿世忠老师学老生时，是在进门右拐饭堂的院里站着学。如果一下雨，就在饭堂里上课。叶强第一次向阎庆林老师学小生戏则是在假山旁的小亭子里。那时候，戏校的学生们都是站着学戏，给老师搬好椅子，沏好茶开始上课。学戏的时间没有固定的钟点，可长可短。老师说一声“今天就教到这儿了”，便可散学。至于书面教材或剧本更是没有，教学方法全凭老师口传心授。与旧时的科班相比，这时的戏校虽已废止体罚，对打学生严令禁止，但在教戏老师身上，还是带有一些“严师出高徒”与师道尊严的传统。倘若嘴里不清楚，或者荒腔走板、不搭调、忘词，那都要接受惩罚，或罚站或严厉批评。

倘若要说叶强在戏校里受到过什么特殊“照顾”，那便是人们都不免认为“你和别人不一样，你是门里出身，你就应当学得快，学得好，别给你家大人丢脸！”凡教过叶强的老师第一次和他见面时基本上都要说：“叶强啊，你爸爸说了，对你只能更严，该打您就打，该骂您就骂，该说您就说，咱们都不是外人，孩子交给您，尽管严格要求，没错。”这压力与动力的双刃剑，最能催人奋进。

“通天教主”的一记拐棍

叶强在戏校最初学戏时，由于还没有小生师资，所以正课是老生行，先跟雷喜福学《挡谅》，后来又跟耿世忠学《鱼肠剑》《搜孤救孤》，跟贯大元学《碰碑》。雷喜福是富连成（当时还叫喜连成）科班第一期“喜”字的“六大弟子”之一，大家都尊称他“大师兄”，是老生行教学的绝对权威，早年曾留在富社任教。连、富、盛、世、元字科诸班老生学生，如后来冠绝梨园，同为“四大须生”的马连良、谭富英，及名须生李盛藻、叶盛长、谭元寿等均曾受业于他。雷喜福教授的《挡谅》是一出唱功戏，他要求严格，教学上极为认真。叶强因为岁数小，理解力和记忆力比起同班年岁大的同学自然略差些，因此常担忧自己学得不够快，怕自己唱腔记不住。而雷喜福平日不苟言笑，不怒自威，小叶强对这位大爷辈的老师多感害怕，但父训犹在耳，他也只得心里咬牙。

说起这出《挡谅》，倒有一段趣闻。初踏氍毹的叶强挨了“通天教主”王瑶卿校长的一记拐棍，这是怎么一回事呢？却原来，在梨园界素有“通天教主”之称的王瑶卿校长对戏校里的一班梨园子弟的发展十分关心。这位王校长，早年曾被选入清廷升平署任民籍教习，即所谓的“内廷供奉”，实为皇家演员，常与谭鑫培、杨小楼等合作，为慈禧太后和光绪帝演出。他创立了王派旦角表演艺术，四大名旦等无数名角皆深受其益，时人称谭鑫培与他为“梨园汤武”。

这天清早，王校长听说学校今天的实习演出有叶盛兰家的孩子叶强演《挡谅》，是雷喜福教的，王校长挺高兴，就到礼堂来观看。只听一句“战鼓儿咚咚下校场”的闷帘【导板】过后，叶强扮演的康茂才提刀上场，本应台口亮相，却不料小家伙十分铆劲，啪啪几大步直冲到了台沿儿边上，再往前一步就要下台了。可叶强这时却毫不察觉，在他心里，以为上课老师所说的站在台口亮相就是要尽量往前站。他张口继续接唱【碰板】“气得豪杰怒满胸膛”，突然，“咚”的一声，靴子尖上被什么东西点了一下，接着一句低沉的提醒：“往后点儿！”他不禁抬眼往台下一望，呀！老校长正坐在第一排拿着拐杖看着他呢！叶强的脑子里“轰”的一下有点发蒙，心里暗想：“我也没出错呀。”脑子里想着嘴里却不停唱。没一会儿，“咚咚”，又是两记拐棍捣在靴子尖上，叶强的脑子飞速思考起来，“这是要我往后站站吗？还是？”然而在台上问不得、停不得，带着疑惑的心情，叶强不确定地往后蹭了蹭。这一走神一紧张，坏了，忘词了。这下不得了！在【长锤】锣鼓及胡琴过门中，任凭他怎么思索，就是想不起唱词。下面该唱什么，全蒙啦！他急得鼻头沁出了细微的汗珠，眼神也不由得飘忽不定起来。这一切，被叶强身边他的表兄刘玉林看在了眼里。他与叶强同时学的这出戏，今天叶强实习，他跑头旗龙套，举标子正好站在叶强身边。紧急时刻，这位表兄果断出手相救，在胡琴过门拉完前及时提醒了叶强，给他救了场。事情总算有惊无险，最终叶强把这出戏顺顺当当全唱了出来，基本没出错。但他心里很明白，这些肯定瞒不过王瑶卿老校长的眼睛。

今天或许有人会不明白，给小孩教戏，何必赶进度？为什么不教得瓷实点再登台呢？出了错，有什么好处呢？其实，这是在富连成社时就总结出的一条成功经验，所谓“千学不如一看，千看不如一练，千练不如一演”，就是要在不长的时间里，让孩子早登台，尽快体验台上的感觉，趁学得差不多的那股“热乎劲儿”早见观众，及时发现问题，从而更好地指导下一阶段的学习，尽快地总结提高。这样做，完全符合“实践出真知”的道理。而这第一次实习演出，也的确给叶少兰留下了一生难以磨灭的深刻印象。叶少兰后来在回忆起这段往事时，十分感慨地说：“那两下拐棍，足足让我记了一辈子。作为一名初学者，第一次登台就得到王瑶卿老校长的关照和教训，真是我天大的幸运！”

小“许仕林”哭了

叶强学的第一个小生角色是什么呢？《天水关》中的王子。那是在学老生戏的同时，由教旦角基本功的老师毕鑫茹教与叶强的。后来，阎庆林调来戏校教学，戏校才总算有了小生师资。叶强转而向阎老师学习小生。说起阎老师，可不是一般人，他的父亲是大名鼎鼎的著名武旦演员阎岚秋，曾和杨小楼、余叔岩、尚小云、程砚秋等大师级的艺术家同台，因其艺术出众，故艺名为“九阵风”。阎庆林深受家学熏陶，武戏极好，能演猴戏，曾坐科斌庆社，是“庆”字科的高材生。他还是与梅兰芳合作多年的小生大家姜妙香的大弟子，能文能武，在小生表演艺术方面很有建树。因其年轻时就患有风湿性关节炎，晚年愈加严重，不但走路受影响，手也严重变形，所以从事了京剧教学工作。他为人和善，作风正统，教学极有耐心，由于和叶强父辈的关系，对小叶强非常喜欢，要求也非常严格。叶强向阎庆林学习了《祭塔》《穆柯寨》《枪挑穆天王》《十三妹》《罗成叫关》《岳家庄》《玉堂春》《棋盘山》《打严嵩》等戏。

叶强向阎庆林老师学的第一出戏是《祭塔》，学完后实习演出，是他第一次以小生行演员的身份正式登场，而这个第一次因为附添了另一个“第一次”，显得机趣无限，并让小叶强深获裨益，在后来叶少兰的印象中回味无穷，难以磨灭。

那天在后台化妆完毕以后，叶强走到盔箱师傅那儿要求勒头。师傅一看，这个小许仕林的年龄不过十岁多，个子还没发育起来，师傅“嘿”一声把他抱到箱子上。临勒头前，师傅嘱咐他：“你自己感觉着点儿，要是勒紧了，就吱一声，我再帮你松松。”“嗯。”叶强嘴上答应着，可他心里却想：不勒紧，眉毛掉下来多难看呀！万一到台上“拣盔头”出错了可怎么办？这么想着，他眼一闭，牙一咬，师傅分明勒得有些紧了，可他愣是没吭声。

熟悉京剧的人都知道，《祭塔》是一出旦角的唱功戏，剧中白素贞有一大段半个多钟头的【反二黄】唱段，而饰演许仕林的小生是一个配角。在旦角引吭高唱的时候，小生没有唱念动作，就是干坐在旁边“听戏”。叶强坐着坐着，只觉得头顶的纱帽壳硌在脑门和后脑勺上越来越重，仿佛有千斤一般，压得脑袋直想沉到胸部，周身的汗滋溜溜地冒出来，胸口发闷，连胃里也开始翻江倒海起来。耳听旦角的

《奇双会》，叶少兰饰赵宠

《虹桥赠珠》，叶少兰饰白咏

唱腔，只觉得刺耳非常，“怎么没完没了，什么时候完呀？”他想吐不敢，想下台又不能，只能咬着牙硬扛着，别提多难受了。

叶强求助似的瞅了一眼侧幕，发现后台把场的梁大爷[1]正站在侧幕竖起一根手指向自己比划。“这是什么意思呢？”其实，当时梁大爷是在暗示叶强一些应场的小窍门。勒头紧时，可用手指顺着耳朵后或顺太阳穴往所戴的盔头里撑一撑，会好受些，能解解围。可那时初上舞台的叶强哪里能悟到一根手指的这层含义呢？过了会，实在受不住了，他又看看梁大爷，梁大爷还是一根手指跟他比划，梁大爷越比划，他越闹不明白一根手指真正的意思。“是让我把纱帽往上推推吗？可那样不就掭盔头了吗？”实在是稀里糊涂，脑袋生疼，一不小心没忍住，“哇”的一声，小许仕林在台上哭了起来。只见侧幕的梁大爷三步两步，赶紧冲上台，把叶强抱下台来，一边哄着说道：“孩子，头勒太紧了，那咱也别哭啊，留神把妆冲成花脸。别怕，往后就好啦！”说着，赶忙给叶强松了松纱帽，又给他喝点水，搌了搌汗，叶强这才感觉好受些，微微定了定神，这才重新走着台步回到了台上。

有趣的是，这出勒头的小插曲却丝毫没有搅戏。上得台去，旦角的【反二黄】唱腔还在那热火地唱着呢。这位仅比叶强大几岁的小白素贞，处变不惊，雷打不动，展现出了成熟演员的良好素质！至今每想起那天演出《祭塔》的那位女同学，叶少兰仍感到十分佩服。

此后，叶强在各种演出中摸索出了经验，知道了根据戏的需要，什么戏应该怎么勒头。如是武戏，自然要勒得紧上加紧，特别是戏中需要耍翎子的，甩甩发的，那绝不可以掉以轻心；而唱文戏，勒太紧非但没必要还会自寻难受，影响发挥。很多年以后，叶少兰在排戏和练功的时候，都忘不了勒上个布网子或鬏网子，成为多年习惯，可谓“吃一堑，长一智”，受益终生。还有一个很有意思的现象是，当时为了怕台

① 梁连柱先生，富连成“连”字科的前辈，戏校里凡说戏排戏派活儿，都归他管。

上搽头，不仅唱花脸的同学，戏校里的不少学生干脆都剃了光头，只为让短头发茬能“咬得住”网子，搽不了盔头。戏校里还传闻剃光头有利于保养嗓子，能清火化痰，最起码少生病。因此关注那时候的戏校毕业照就会发现，一群半大孩子，几乎八成都是光脑袋。

记了一辈子的教训

说起来有意思，叶盛兰以《罗成》一剧红遍大江南北，而叶强第一次学习《罗成叫关》却是由阎庆林老师教授的。老师教得细致，学生学得瓷实。但就在实习汇报演出这折《罗成叫关》之后，一向和善的阎庆林老师却严厉地训斥了叶强。这一训斥，给叶强留下了他艺术道路上至关重要的宝贵财富。

实习汇报当日，叶强从化妆开始就分外地认真，台上的身段动作、唢呐二黄唱腔完成得很圆满。阎老师在一旁把场，关切地注视着台上。就在叶强唱到剧中【西皮娃娃调】的首句“十指连心痛煞了人”时，阎老师渐渐紧锁双眉，面有愠色。唱完了戏，叶强觉得今天发挥得不错，等待着老师的鼓励。谁知阎老师阴沉着脸，严肃地说：“‘十指连心痛煞了人’这句是怎么唱的？你这小孩，知不知道台上不该翻场，这叫没有戏德，懂不懂！”说完便扬长而去。叶强愣在那里，没想到一向和蔼的老师会发这么大的火。原来，在唱到这句时，叶强没有按照阎老师教授的唱腔来唱，而是按照其父叶盛兰的唱法唱了。因为伴奏的乐队也是同学，自然是按照阎老师教的来演奏。唱奏不一导致了台上不和谐情况的出现，偏偏在这时叶强下意识地瞧了乐队一眼。这一瞧不打紧，犯了梨园界的大忌讳——翻场①。

---

① 翻场，即演出者认为同场演员或乐队有所失误，当场对其予以斥责，严重时，会导致演出中断。

按说，对于十二三岁的叶强来说，对父亲的崇拜加上长期的家学熏陶，叶盛兰的艺术在其脑海中已留下了根深蒂固的印象，他在台上不自觉地流露出来，似也可以原谅。由于唱奏不一致，台上看乐队一眼，也可理解为是下意识而为之。但几十年后，叶少兰回忆此事时却喟然言道："当时太小不懂事，随着时间的推移，舞台阅历的增长，越想这件事，越受到震动，越觉得这个问题的严重性。"他分析说："汇报演出是检验老师教学成果和学生学习情况的关键时候，此时学生不按老师教的唱是极不尊重老师的行为。因失误而出现的舞台表演上的纰漏，会大大影响对老师教学能力的评价。因为自己的失误而向同台的乐队翻场是没有戏德的行为，非常影响合作者之间的关系。"

叶强回到家后，将这件事禀明父亲，父亲严厉地教育了他。一日，阎庆林老师过府看望叶盛兰。阎老师并没有提及此事，而叶盛兰则郑重其事地带着叶强向阎老师赔礼道歉。这件事的教训和其教育意义长期在叶少兰的心中萦绕，他说："以后的几十年舞台演出，别说是我出错，即使是同台的演员、乐队出现了问题，我也绝不会翻场，这是一个演员的职业道德和基本素质。后来我在教学时，也是这样要求学生的。把经验告诉他们，少走弯路。"很多年来，只要叶少兰去看望阎老师，都会提及此事，并向老师检讨一次，一直到阎老师过世。"文革"后恢复传统戏，叶少兰要首演《罗成叫关》，演出前特意到阎老师家中去汇报，并请示能否先按其父叶盛兰的路子演出。阎老师非常干脆地说："按什么路子唱都不重要，最重要的是先把小生行唱起来！"由于现代戏和革命样板戏大行其道，小生行当在京剧乃至戏曲舞台上彻底消失了十几年，开始恢复传统戏之时，这个行当是最羸弱的。阎老师这种没有门户樊篱之见，只为小生艺术事业存亡发展着想的赤子之心，让叶少兰深为感动，一辈子也难以忘怀。

难忘师恩母校情

1955年，中国戏曲实验学校拟与沈阳戏曲学校合并组建中国戏曲学校。合校前，要盖新的教学楼了。新的校址选在宣武门外里仁街，筹盖山字大楼。当时，戏校的学生们被组织参加义务劳动，即在工地上做些力所能及的工作。所以，后来戏校毕业生对山字楼有很深厚的感情。到20世纪90年代末，中国戏曲学院重新选址。山字大楼要拆除时，叶少兰想起年少的自己也曾为这栋楼添砖加瓦，并在这里学习成长，楼边的一棵大树还是他亲手栽种的，心中非常不舍，去看了很多次，留下了许多照片。

中国戏曲学校搬入新校舍后，从管理到教学等各方面更加系统化、科学化。从沈阳过来的一批老师，如赵桐珊、王连平、萧连芳、孙盛文等，充实了戏校的师资力量。此后，叶强除了继续跟阎庆林老师学戏外，也开始跟萧连芳学习小生戏。萧连芳是富连成“连”字科的高材生，旦角小生两门抱。他曾经教授过李世芳、毛世来、江世玉等人，叶强的父亲叶盛兰也曾受其教益。叶强向萧老师学习了《豆汁记》《打侄上坟》《九龙山》《八大锤》《蔡家庄》《得意缘》《借赵云》《双合印》等戏。

那时候的戏校教学是全方位的，除了给学生打好文武两方面的基础之外，还开有锣鼓经课、服装道具课、曲牌课。比如，曲牌课是由富连成科班“富”字科的名丑高富远教授。所有的京剧曲牌，包括龙套唱的曲牌全学。那时，学生们跑龙套，都要求满宫满调地唱曲牌。不似现在的舞台，光是唢呐吹奏。再比如，服装道具课，当时请傍过大角儿的华师傅教授。华师傅是服装方面的专家和老前辈，也是从沈阳戏校过来的。他专门给学生讲如何扮戏、穿服装、区分行当行头、叠放、出箱入箱等。

在20世纪50年代末60年代初，中国京剧院陆续来了一批艺术家支援戏校教学，有陈盛泰、萧盛萱、林盛竹、鲍盛启、雪艳琴（黄咏霓）等。50年代末，姜妙香也开始在戏校代课。60年代初，姜先生调入戏校教学，成为了戏校的正式教员。叶强又向姜妙香学习了《辕门射戟》《黄鹤楼》《临江会》《奇双会》《群英会》《监酒令》《玉门关》《龙凤呈祥》《四郎探母》《白门楼》《宇宙锋》《凤还巢》《连升店》《飞虎山》等戏。叶少兰深情地回忆了德艺双馨的恩师姜妙香和他的教诲：

我的父亲叶盛兰多年来一直很尊敬姜先生，特别欣赏姜先生的艺术。当他知道我在学校要跟姜先生学戏后，高兴极了，非常支持我跟姜先生学戏，一再嘱咐我，要认真学到姜先生宝贵的艺术财富，创造好的学业。我虽然年纪小，但从小在父亲的影响下，也一直很景仰姜先生，所以能有这个好机会，自然也就产生了急迫的学习心情。后来每当我从学校回家，父亲经常要听我汇报在校的学习情况，关心我向姜先生学的每一出戏。姜先生教学特别认真，对学生一视同仁，教我唱腔时，从来是像在台上一样满宫满调，从没有低八度教唱，一堂课四十五分钟全是如此。不仅教学生唱时如此，带着学生唱时也是满宫满调。有时候姜先生要求学生唱调底，他自己唱调面，一为让学生歇一会儿，二为学生能听得真切。我那时年纪虽然小，但也很心疼他老人家。但先生说："我们不是讲按情行腔嘛，调门低了，不适宜表达情绪，而且会影响你对唱腔的理解，所以我自己累一点没关系。"老先生只要一坐那儿，甭管是教《监酒令》《玉门关》这些唱功大戏也好，还是身段繁重的《群英会》《黄鹤楼》《回荆州》也好，他都不厌其烦地唱出来，身段全都要走出来，从不敷衍我们这些孩子。如果我们错了，姜先生就带着我们重新来，如果哪个学生不怎么用功，或总是学不会，先生从来不发脾气，总是和颜悦色、亲切地启发你。现在回忆起来，姜先生这种对事业的忠诚，勤业敬业的精神太让人感动了。

……姜先生对唱念是非常讲究的，他的演唱艺术真正达到了炉火纯青的境界。其水平之高是我们当代小生演员仰望和攀登的一个高峰。他非常讲究尖团、讲声韵、讲嘴里的劲头。我到今天还一直在琢磨姜先生唱腔的劲头。姜先生嘴里有劲头，可他的嘴又特别地松弛。一些含有幽默成分的台词，或者是一些幽默的表演，姜先生在唱念的时候，看他的两腮和嘴形，没使那么大劲，很从容、很松弛、很美。小生形态的美，是姜先生非常强调的。无论是唱、念、做，他都特别强调这一点。给我们排戏、教我们唱念时老是告诉我们："要放松啊！"有一次姜先生对我说："叶强啊，咱们是放松了使劲。"我听了后有一种豁然开朗的感觉，这句话太有哲理了！原来以为台上不使劲哪成啊，哪能松松垮垮的呀，不管是表现雉尾生的英武气，还是表现扇子生的温文潇洒，你都得有股子劲啊。但是先生告诉你，是要使劲，但不能使拙劲，不能板，不能僵，要放松了。要这个劲头，但还要潇洒，还得自如，特别要保持小生的温文尔雅的劲头和形象。所以我觉得姜先生这句'放松了使劲'特别的点题。这句话我牢牢地记在心里，直到现在我还常用这句话。

……《凤还巢》这出戏，我在学校时跟姜先生学得比较扎实。后来演出场次也比较多，所以我印象特别地深。想起姜先生在表演和教我们《凤还巢》中"洞房"一场时，向娘子赔礼的表演："啊娘子，娘子，娘、娘、娘子"，出于对新婚夫人的疼爱之情，又坦诚地表示"也是下官礼不端"，用哄慰的神态和方式，拿着水袖左一出步，右一出步，然后两个手转着水袖，跳跃式的小滑步走到夫人面前，那身段和表情真是奇美无比。直到今天，我在演出中还在模仿。那时姜先生已经70多岁了，可表演时仿佛化身为剧中的人物，竟像小孩似的透着可爱。真是太美，太精彩了！

……姜先生对唱法是非常讲究的。包括他对气息的运用，对劲头的把握，行腔上的技巧，都是很高超的。记得我在学《玉门关》的演唱时，姜先生向我传授唱法上的20字口诀。姜先生说："我告诉你20

个字，你记下来，咱们的唱离不开这20个字。就是：气字滑带断，轻重疾徐连，起收顿抗垫，情卖接撤扳。”姜先生将这20个字亲自写下来交给我，并认认真真地给我逐字讲解。他说：“为什么把气放在第一位，气是最重要的。包括运气、气息、气口等都是最重要的。”所以听姜先生的唱腔，就可以体会到，哪怕《监酒令》的一句【导板】，一句【回龙】，【娃娃调】的一个【导板】，你看他行腔中对气的运用都很绝妙。姜先生说：“字，就是字要正，字正腔圆。吐字上，字头、字腹、字尾，都要讲究。”这不是后来人讲的，这是姜先生讲的。先生说：“你头一个字没咬准，后面的字也不准。”先生说：“滑，你听咱们的唱，有很多滑音，这用工尺谱也是谱不出来的。”“断，要断得舒服，不能干墩，不能干斩，跟刀切似的，一下就断了。不仅要断得干净，还要舒服、自然。在很多腔中，断跟断还不同。”姜先生对每一个字都解释得非常细致，还拿《辕门射戟》中的【二六】举例说明，哪些地方该‘轻’，哪些地方该‘重’，在什么地方‘顿’一下，在什么地方“抗”一下，等等。我回家以后，跟我父亲说起了姜先生传授了我20个字，并为我详细地加以讲解，父亲听后很是感动，对我说了一句话：“姜先生待你可不薄啊！”我父亲也知道这20字，但我第一次听到这20字，是姜先生教给我的。后来，我父亲就继续和我聊起这20字，并多次深入地为我分解这20个字的含义。他还列举了很多姜先生的好腔来加以说明。他说：“如果能把这20字全都包含进去，又都能体现出来，那唱可就没问题了。”

此后，叶强又陆续向茹富兰学习了《雅观楼》《八大锤》等戏。每当叶强在戏校学完戏，父亲叶盛兰总要检查他的功课和学习情况。一般都是在晚上或周末，叶盛兰没事的时候就对叶强说：“你走走（表演一下），我瞧瞧。”所以，《罗成叫关》《辕门射戟》《白门楼》《临江会》《群英会》《雅观楼》《八大锤》《奇双会》《借赵云》《打侄上坟》、

《战濮阳》等很多戏，叶强都在家里又重复向父亲学了一遍。

那时候，为了让学生有更多的锻炼机会，戏曲学校经常会安排学生实习演出。能进行实习演出的场地很多，比如，教学楼四楼，不仅两头的401、432是两个大教室，中间亦有两间大教室。这些教室不仅平时能够打把子练武功，晚上还能安排演出，拴上幕条，前边围上矮的挡板权当舞台。此外五楼还有一个像小礼堂似的舞台。遇到实习的年级多时，一个晚上可以同时有四台戏实习彩排。“那时候大家那股拼命学、拼命练的劲头真让人怀念。”至今叶少兰每每想起，仍是感叹不已。

叶强一直是一个爱看戏、爱琢磨的人，如今更是如饥似渴地“追着”看戏。长安大戏院、人民剧场、北京工人俱乐部、吉祥戏院里名角儿们演的戏，他就更是想方设法也要看到，也会想法子蹭戏。人民剧场认识的人多，容易进去。其他剧场可不太容易。为看戏，叶强使尽了浑身解数，有时候他说自己是后台的工作人员，有时候他装作某个演员的熟人，甚至有一次还戴上帽子，捂上大口罩，装成大演员的样子企图混进后台，这样的招数也常常被人发现。为了能看上好戏，叶强对门口卖票的人连连央求，有时也真能让他进去。有时候，剧场里白天演了一场戏，晚上的戏比白天更好，叶强还想看。怎么办呢？他与管理人员玩起了捉迷藏，曾藏在剧场卫生间或后台，一直熬到晚上开戏。当然，遇上特别的好戏，叶强也宁肯花一块二、一块六甚至两块钱去看，为的是能安稳专心地坐在座位上看清台上每一个细节，不被打扰。那时，北京京剧团的张君秋与武汉京剧团的高盛麟“走马换将”，张君秋去武汉演出，而高盛麟则到北京演出。叶强在人民剧场看了高盛麟的《挑滑车》《铁笼山》《拿高登》，又希望能在北京展览馆看到高盛麟与裘盛戎、谷春章合作的《连环套》。为了看这出戏，叶强求了很多人，怎奈演出前几天这场戏的门票就已售罄，每天等退票的人无数，叶强也加入了等退票的大军，从下午直等到了晚上，终于等到一张退票。看到好戏的时候，叶强会一边看一边做笔记，手心、手背、胳膊上黑乎乎地能写一大片，倘若因为回去坐车或者骑车手出汗使字迹模糊了，他得后悔好几天。有时候看了一个精彩的身段，他就用脑子记着，看完戏就赶紧跑回学校的业务教室里想把这个动作还原出来：怎么翻身？往哪边起范儿？是怎么走的？自己做不上来的就找一同看戏的人问：“这点是怎么走的？”那时，叶强把去看好戏叫作“受刺激”。看别人演得好，心里就想，哎哟，我怎么就不行呀！于是更加用心看，用心学。

在戏曲学校里，叶强度过了他快乐的四年时光。然而时间像一列加速前行的列车，人生总是多遗憾而少长久，叶强不曾察觉，一场厄运正不露声色地悄然接近他和他的家庭。

初经风雨：是谁规定了“命中注定”

1957 年，中国大地上风云骤变，掀起了一场反右运动。

1959 年，叶蓬毕业去了东北鞍山市京剧团，家里边的孩子只剩下叶强。由于父亲被打成右派，叶强自然受到牵连和影响，甚至是冷嘲热讽与歧视。叶强，这个从小守规矩、懂分寸的孩子，何尝在学校和老师同学起过冲突？他不迟到、不早退，不惹是生非，从来不打架、不违纪，他不与他人结怨，他人却为何与他为敌？他不明白，他困惑，他委屈。他感觉自己似乎被一双无形的大手所扼制，他感觉似被裹挟在一张有形无形、神秘诡谲的大网中，防不胜防，无援无助。他变得沉默，心中充满凄凉。为何自己得不到那应该得到的公平？是谁规定了这“命中注定”？戏校中，越来越多的人在对待叶强的态度中包含着强烈的政治因素，好像只有表现对叶强的歧视，才能表现某些人的政治立场和觉悟。1957 年以前，叶强每学期成绩单上操行一项都是“优”。1957 年以后，任凭叶强怎么勤奋努力、小心翼翼，操行却

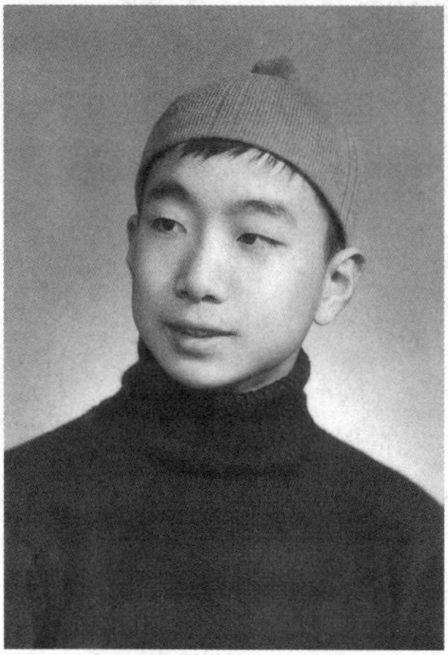

15岁时的叶少兰

永远是“中”，评语中总有“不努力”三个字。这个挥之不去的“中”像一贴狗皮膏药，怎么也甩不掉。云泥之别，百般滋味，使叶强十几岁的年纪便“少年识得愁滋味，不赋新词愁更愁”。

一日，课堂上，一位教文化课的教师疾言厉色地叫道：“叶强，站起来！”叶强在纳闷间，应声起立。随即，这个青年老师开始无端指责起叶强，言辞滔滔，皆指向“莫须有”之处。叶强“蒙”了，他左思右想，实在想不出老师为何这样教训他。他沉默地望着老师。渐渐地，老师的言辞越来越不堪入耳，“身为人师，行为世范”的古训早已抛掷脑后，指责变成了挑衅和谩骂，并开始侮蔑咒辱叶盛兰的人格。终于，被压抑许久的委屈化作怒火，青春期的冲动寻到了突破口就再也遏制不住了，叶强反驳着不实之词与老师你一言我一句地顶撞起来。没过多久，学校认为叶强“大闹课堂、攻击老师”，令他停课。不几日，戏校领导参加叶盛兰的批斗会，叶强顶撞老师一事在其发言中成为批判叶盛兰的绝佳子弹。人们这才回过味来，原来这是一出“引蛇出洞”的闹剧，以14岁的“小叶”来批判攻击43岁的“老叶”！人生如戏，如之奈何？

如果说对个人品德操行的编排只是披着“政治”羊皮的一干人等对叶家父子实行打击的一小方面的话，那么，对他们的京剧表演艺术和能力的彻底否定才是直射这对以舞台为生的父子的最刻毒的利箭。这种否定，对叶强来说，却是从“四功”之首的“唱”开始的。

在梨园界，青春期男孩的变声被称之为“倒仓”。旧时科班闻倒仓如谈虎色变，多少少年得志、在学戏期间便已享名的科班学员（称为“科里红”），就因为变声期后嗓音的音高、音质、音色不复从前，不得不改行从事武戏或乐队、甚至在这片舞台上销声匿迹。受迷信色彩的影响，当时在戏校男生间还盛传不能接近女生，跟女生多说话嗓子就会没了，所以男生们刻意不和女生说话。女生受封建意识的影响，自然也处处回避男生。无形中，男女同学关系非常紧张。一位唱武生叫余小玲的男同学，在和女生打一套把子“双刀枪”（双方各持双刀和枪进行互打的武功套路）时，为了表现他对女生的态度，本应该在对打套路时用木刀从对方脑后削过，他竟直接往她的脑袋上削。学校一看，这样发展下去可不行，于是特意组织集体活动，让同学们互相熟悉，比如上颐和园玩，给大家买冰棍，一起玩“丢手绢”的游戏，两个女生两个男生坐一条船等，让大家互相熟悉，彼此说话，促进团结。还是在赵登禹路的老校址时，有部分学生住在报子胡同，叶强半夜起床解手，就看见一些师兄跪在院子当中，口中念念有词，不时伏地叩拜，十分虔诚。一打听，原来是变声倒仓的师兄们敬拜北斗，希望变声期无灾无恙，嗓子回来，日后能成名成角。刚入校一两年的叶强当时暗自思索，等我倒仓时，我也得好好拜拜北斗。然而，他在变声期所遇到的事可没有拜北斗、不与女同学讲话那么轻松。

叶强的变声比别的同学来得晚一些，而且变声期时间比较长。对一个有追求、要上进的学生来说，倒仓时间过长，嗓音长时间不稳定是一件很苦的事。而周遭环境的蓄意合谋，就更是给予这个尚未真正成年的小伙子以精神上强烈的打击。不知从什么时候起，戏校里悄然出现了一则传言：“叶强做扁桃腺手术把嗓子做坏了，以后再也好不了，他再也不能唱戏了。”有时候，谣言之所以能让人相信，就是因为它故意在谎言里掺入了一些真实的信息。叶强变声期嗓音不稳定是真，做过扁桃体手术是真，可这两者间并没有什么联系。

叶强小的时候，因为经常发烧导致扁桃体特别肥大，为身体考虑，医生建议他把扁桃体割除。当然，由于扁桃体距离嗓子太近，这桩手术潜藏着伤及声带、毁坏嗓子的风险。叶强的母亲，这位在困境中一心护子的坚韧女性，为如何代儿子做出正确的选择而辗转反侧，饱受折磨。她遍访名医，多方打听、判断手术的风险程度。最终，在医生“岁数越大，手术后发生意外的可能就越大”的判断下，她压抑着心中挥之不去的惴惴不安，下定决心，趁叶强年岁尚小，及早割除扁桃体，加大保险系数。为此，叶母专门找到国内顶尖的耳鼻喉科专家、既在同仁也在协和做医疗工作的徐荫祥院长为叶强主刀，做割除扁桃体的手术。事实上，徐荫祥大夫的手术做得很成功，叶强并没有因为手术毁坏嗓子。

可是，这样的事实，在谣言风起的时候又如何言说？很快，顺应着谣言，一个突如其来的“好运”降到了叶强身上。说是好运，是因为受到父亲的影响，有很长一段时间，学校的各种演出从不派叶强汇报小生的正戏，一般就来个家院、校尉之类的龙套角色。可这一次，戏校实习汇报演出，领导突然下了命令，换下正学习和排演《拾玉镯》的同学，临时要求叶强来饰演这折戏中的小生角色傅朋，并郑重其事地说这是培养。叶强得知这一消息的时候，心里有些纳闷：“这出戏自己以前在课堂上虽然学过，但从没有实习演出过呀。不管怎样，这是难得的踩台毯的机会，我一定得把他演好！”可是，直等到正式会演前，叶强也没有等来响排。学校只是请赵桐珊老师给他简单地排了排，既没胡琴也没锣鼓，这哑排如何能跟琴师对腔呢？演出那天，叶强一上台，一张嘴，就感到调门比平常高出很多，起码在六半调（升 F 调）以上。对于正在变声期的叶强来说，定这样的调门显然出乎他的意料之外，唱得费劲是可想而知的。最终，戏虽正常演下来，但效果极差。叶强非常懊恼，却也无可奈何。

谁知，一波未平，一波又起。第二天，学校里突然冒出了好几篇大字报，统统针对前一天叶强的演出，异口同声地批判叶强嗓子如何如何差，演戏如何如何不行，署名的竟是几位老师。原本学生的汇报演出，好与不好都是教与学的展示，好则鼓励，不好则帮助，但是用大字报的批判形式来上纲上线，则过于“隆重”了。类似这样的事例和“待遇”，年轻的叶强不知经历了多少。今日回过头来看，恐怕只能找到一种解释，就是有些人想方设法地想把叶强从学戏的孩子中甄别出来，以他嗓子不灵为借口，不让叶强继续学戏，以此达到打击叶盛兰的目的。多年之后，已是京剧小生艺术大家的叶少兰在回忆这段往事时，淡然一笑，言道:“那一时期，也有人给我父亲叶盛兰贴大字报，说他舞台上演得不是玩意，都是骗人的把戏，根本不行。所以贴我的大字报就算不了什么了。”那个时代就是如此，“老子英雄儿好汉，老子狗熊儿混蛋”是一种“积极、正确”的价值判断标准。

倘若这时候要问有什么是比人心更值得信任和托付的，恐怕只有那句老戏谚——“功夫不亏人”。又一次，叶强在心中暗暗地、狠狠地咬牙了。

每天，天还没亮，别的同学还在温暖的被窝里酣睡，叶强就摸着黑出了门，倘若在冬天，还得顶着凛冽的西北风。从陶然亭公园西南角一截断墙处翻进去，走到城墙根下喊嗓子。四下里黑咕隆咚，杳无人迹。叶强因小时候曾在这一带练过功，对四周的环境十分熟悉。听老先生说，借着老城墙的“墙气”喊嗓能出嗓子，声音实，听得真，气口、劲头易掌控。他按照老先生教授的规矩，离多远，先喊什么后喊什么都按章而行，先念话白、引子，再放开嗓子喊“咦、啊、呔 ”等等。念定场诗，念“啊嘿”、“来也”，练长音、高音，就这样，每日里坚持不懈。喊嗓回来以后，叶强会想方设法地求学胡琴的同学或教琴的老师用课余时间帮助他吊嗓子。

叶强至今还难以忘怀，在那段艰苦的时间里，父亲是怎样为他拨

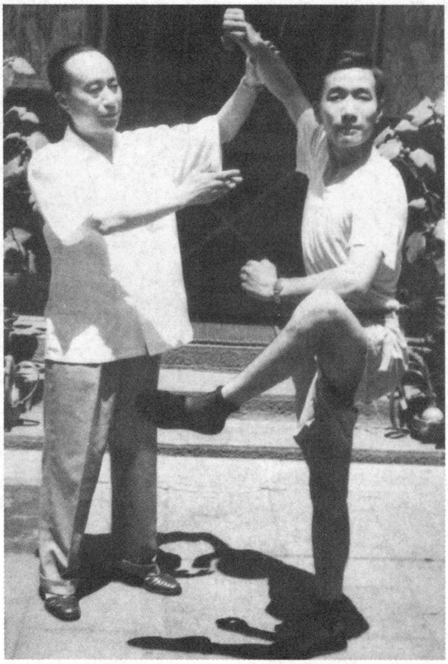

叶盛兰在烈日下给叶少兰说戏（摄于1961年）

散迷雾，指点迷津。开始时，叶强并没有掌握很好的训练方法，以为铆上劲练、喊、往高调门抻就好，结果效果越来越差。有一天在家中，叶盛兰吊完嗓子后，请徐少琪先生也给叶强吊上一段唱。在听完叶强唱的《罗成叫关》中“勒马停蹄站城道”一段【二黄】唱腔之后，叶盛兰教导道：“变声期要顺着来，调门别太高，不可强努，音要顺着气走。唱通了，别唱横了。练养要结合。”

1961年，叶强在家中南屋对着留声机，放着父亲的《柳荫记》唱片练嗓子。叶盛兰在北屋打开门，一直注意地听着。随后，叶盛兰把叶强叫到跟前：“金泰，你不是没嗓子，主要是你唱的时候声音太紧。要练牙音、膛音，要把声音推前颚上，要放松了使劲，咱们唱的时候，有些使劲那是假的，是做戏、是耍神气，千万别真的使拙劲。”说完，叶盛兰轻声给他做示范，一遍又一遍，特别是亮音和底音，不断地为叶强纠正发音的方法与位置。叶盛兰屡次说：“小生的小嗓太细、太粗或大小嗓脱节，都不行。要把声音往前推，推到前齿的地方，借助面门共鸣音，借上气，托上气，让气托腔走，别跟嗓子一个地方较劲。难听了就不是京剧小生了。”在父亲的指导下，叶强一步一步地找对了正确的方向，演唱方法也发生了质的变化。

面对重重阻力，叶强只能自己给自己制定目标、创造条件。上台的机会少了，他把自己关在业务教室的时间却大大地增多了。练腿功，压腿、耗腿、踢腿，把腿抻开，正斜旁骗四种腿，“朝天蹬”、“三起三落”和探海、射雁，等等；练枪花，迎面花、双枪的背拱花、左右手串指花、平转双枪托月花，等等。武戏中的高难技巧，叶强每天都要不厌其烦地重复训练无数遍。除以武的为主，文戏也绝不偏废，各种身段组合兼而有之，起霸、走边、圆场、踩泥、翎子、甩发、水袖、扇子，等等。这样的练功，有时候到了如疯如魔的地步。《八大锤》枪花中的“串指”，叶强每次一练就是两百个，常常是绕到150圈、180圈，枪掉在了地上。每当这时候，他总是毫不犹豫地拾起枪来，从头开始。嫩软的手指破了皮，出了血，一滴一滴地沾在枪杆上。待到练得轻绕如飞，他的手指已经结出了硬硬的茧子。为练翎子，练甩发，他更是毫不惜力，常练得头晕脑胀，甚至呕吐。没有上台演戏的机会，他就自己一遍一遍地拉戏。拉《探庄》，就腰里系上大带（鸾带），头上勒头戴顶罗帽；拉《八大锤》

叶少兰16岁时练劈叉

叶少兰16岁时练“朝天蹬”

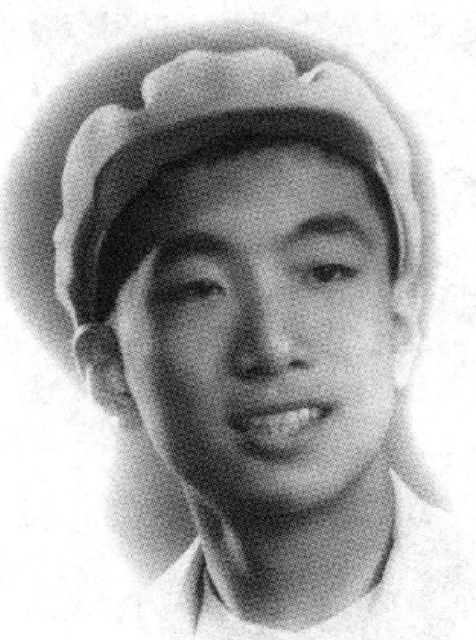

17岁时的叶少兰

的“车轮战”，就穿箭衣，脚上着厚底靴，头上勒顶紫金冠，插上翎子挂狐狸尾。练唱功也是放开嗓子，一遍又一遍。

任何角色，任何可以登上舞台的机会，此时在叶强眼中都化成可以锻炼提高自己的一次宝贵的实践。跑龙套，他勒头、吊眉、唱曲牌，借此练化妆、唱法、嗓子、行腔吐字和胆量；来家院等群众角色，他便穿上靴子厚底练脚步；做一兵一卒，他也争取打“档子”，练刀枪把子、武打翻跃、武功和基本功。他练的比别人多，比别人苦。他的心里吞着一腔苦水，只有挥洒的汗水才能减轻这心头的重压。这是一种自己与自己的拼搏、较量。“烈火焚烧若等闲”，十几岁的孩子在这不寻常的时代熔炉里，渐渐地练出了毅力，练出了信念，“有货，不愁客；功夫，不亏人！”

指导学生排练武戏的耿明义老师将叶强的遭遇看在眼里。练功厅里那沉默而又倔强的身影，是最坚定而无声的呐喊。“这孩子渴望演戏，渴望上台啊！”如何才能给他一个上台的机会呢？老人心里有了主意。不久后，在参与《猎虎记》中“开打”的表演学生名单里，赫然出现了叶强的名字。

叶强所在的这个班，在学校以演武戏闻名。他们班演出的《雁荡山》《虹桥赠珠》《嘉兴府》《艳阳楼》《白水滩》等均甚为抢眼。班里的武生、武旦、武丑、武花脸等行当在学校师生中口碑极好。按说，在班里打得好、打得冲的人很多，怎么会选上叶强呢？何况他一个文质彬彬演小生的，能应付得了“大开打”里那些个较难的技巧吗？人们心里存了疑问，单等看叶强会有什么表现。

叶强呢，也是心潮澎湃，还有点打鼓。这个上台演出的机会，得来不易呀！在老师不动声色望向他的眼睛里，蕴藏着多少鼓励和同情啊。老师的用心良苦，他懂！他不能给老师丢脸，更不能让别人看笑话！

要说叶强的这场“大开打”并不容易，他必须得打一套与总兵见面的“大刀双刀”，后面还得紧跟大档子的跟头过人。排练那天，班里的同学都来观看。只见舞台上的二人你来我往，大靠武生杨连城同学飞快的大刀片，左边削头，右边削头，“刷刷刷”，贴着脊梁背，齐着脖梗子削。那厢叶强更是不含糊，十分铆上，协力配合，手持双刀，快上加快，说是风驰电掣一般，也不夸张，手里、脚下干净漂亮。台下很多人都露出意外之色，“真没想到他一个唱小生的，居然有此一功，不简单！”

倘事情真这么顺顺利利下去，倒不失为美事一桩，可老天偏不遂人愿，好事亦多磨。有一次，“大刀双刀”走抢背、斜场踩子扑虎滚堂均无碍，跟头过人砸翻却出了险象。那应“砸”叶强的同学不是别人，却是班里最好的跟头将武花脸李景春。此人外号“老牛”，论块头有虎背熊腰之壮骨，论跟头更是冲劲、牛气十足。叶强虽是有了些功夫底子，然对武戏的实践机会和舞台经验毕竟少了些，抬眼一望，以为对方上冒（早）了，不觉心一慌，脑中一片空白。说时迟那时快，李景春已腾空而起，但听得一声闷响，叶强手中的刀“哐当”一声掉在了地上，肩头一阵骨断筋裂的钻心刺痛。他想上前拿起刀，想接着开打，然而胳膊声息全无地垂在身体一边，完全不听使唤。“怎么办？怎么办？”叶强只觉得太阳穴突突地跳动，耳边响起了【急急风】锣鼓的催促，脚下的步子比思维更迅捷，他咬着牙跑着圆场而下。后台的老师同学们早已看出端倪，耿明义老师一个箭步上前扶住叶强，“老师……”叶强面带愧疚。耿老师忙宽慰他道：“别说了，这是常事，没什么大不了，演戏的不出错，谁出错？难道看戏的出错吗？先看看伤哪儿了。”但是，衣服无论如何是无法脱下来了，只得以强力撕开。恰巧这天后台有一位比叶强小一班的高牧坤同学也来看戏，他是唱武生的，对这些伤病颇有经验，“这该是伤到了锁骨。走，得快带他去看骨科。”

话说那个时代，医院里的专家大夫多半都是京剧戏迷，南横街陶然亭医院的著名中医骨科大夫刘英海便是位酷爱京剧之人，戏校武戏学生受伤，大都找他治疗。刘大夫与中国戏校和北京戏校的许多人都很熟悉。他给叶强做了仔细检查，确认是锁骨骨折，为手术之便，他推荐叶强去以骨科闻名的积水潭医院接受西医治疗。专家大夫们见叶强是学戏的，分外谨慎，在是否打石膏问题上便斟酌良久，他们深知演员疾苦，绝不能在骨头接上后留下后遗症，万一要落个左膀高右膀低可就坏了。巧合的是，当时的那位主治医生竟是叶盛兰的一位忠实戏迷，听说叶强也是学小生的，便决定不打石膏，在捏骨就位之后，直接用纱布绷带紧紧缠住肩膀。只有这样，才有利于随时矫正。但有一件，固定之后不能乱动，不能影响骨头的生长。却说这位大夫在接骨的方法上颇有些声东击西的巧招。他一边佯装和叶强聊着天，一边用手轻轻捏着那受伤的肩膀。突然，他抬起脚，“腾”地一下跺在叶强的脚上，在叶强“哎哟！”一声的电光火石间，这医生把手往上一提，伤的锁骨复位了。这一下真个是干净利落！

如此一来，叶强就成了班里吊着膀子的病号，伤筋动骨一百天，不能练功，那套“大刀双刀”也换了别人打。可古语有云：塞翁失马，焉知非福？上帝为叶强关上了一扇门，却也打开了一扇窗。养伤的这几个月，看京剧院和戏校各年级学生演的戏，成为叶强生活中最主要的内容，这不仅是叶强戏校光阴里难得的一段集中“充电”时光，更为他以后当导演打下了很好的基础。

那时候，他坚持看戏校的教学实习演出和公演，一边看戏，一边压腿，两厢不耽误。凡教学实习，同一出戏，总有四五名学生同时学，亦要陆续进行实习。这样就给了叶强一个直接的比较和鉴赏空间，孰优孰劣，各人特点，一目了然，很长见识。至于中国京剧院和北京京剧团名角们演的戏，叶强更是不放过任何良机。只要是有戏，知道在哪儿演出，征得老师批准，叶强都会提前出发。赶上路远，就借辆自行车，挂着胳膊，用一只手扶着车把骑。生旦净丑，文武昆乱，各个流派，无不涉猎。他时常带一杆笔，看戏时有什么心得体会就随手记下。回学校以后第一件事，就是把这些心得誊写在笔记本上，前后记了好几本。只可惜，“文革”一炬，毁于一旦，但这些戏在他心底的烙印却永远不可磨灭。

身份转变：教师·导演·演员

1962 年，19 岁的叶强从中国戏曲学校毕业。那一年，教小生的教员中，姜妙香、阎庆林、陈盛泰三位先生均抱恙在身，戏曲学校急缺小生教员。在这样的情况下，学校并未急于让叶强进入剧团，而是留校当了教师。

拜俞振飞为师

叶强毕业之后，为了培养青年师资，充实昆曲教学，在史若虚校长的提议与安排下，叶强去往上海，来到上海戏曲学校和上海青年京昆剧团（上海昆剧团前身），向俞振飞学习、进修昆曲艺术。俞振飞何许人也？他是发展了俞派小生艺术的京昆大家，自幼受其父、著名昆曲唱家俞粟庐的教诲，熏习俞派昆曲唱法，后辞去上海暨南大学文学院讲师工作，“下海”拜程继先为师，曾与梅兰芳、程砚秋、章遏云、新艳秋、言慧珠等同台演出。他京昆兼能，尤以高超精深的昆曲艺术享名于世，形成了儒雅、秀逸，富于书卷气的表演风格。他学识渊博，擅长吹笛，精通诗词书画，是一位戏曲界罕有的学者型艺术家。他曾任上海市戏曲学校校长、上海昆剧团团长、上海京剧院院长和中国文联副主席。

当代小生“三大家”——姜妙香、俞振飞、叶盛兰都属虎，姜妙香比俞振飞大12岁，俞振飞比叶盛兰大12岁，一庚寅（1890）、一壬寅（1902）、一甲寅（1914），并誉为“小生三只虎”。而俞振飞与叶盛兰同列程继先门下，同为当代京昆界小生中顶尖级艺术家，“两只绣虎”间绝无以邻为壑的对峙，有的则是同辈知音间的倾慕和尊重。叶强此去上海求教，父亲叶盛兰十分高兴，对他寄予期待。当时叶盛兰虽处境不佳，仍念念不忘发扬京剧小生艺术。叶强去沪前夕，叶盛兰谆谆告诫：“学京剧的，必须学昆曲，小生尤其如此。你一定要

“文革”后，叶少兰在上海向俞振飞老师学戏

好好向俞先生学习。”曾担任中国戏曲学院副院长的赵景勃教授回忆说：“我很清楚地记得，有一天我碰见刚毕业的叶强师兄，他那时穿着衬衫和西装短裤，我就问他毕业之后的打算。他说，他马上要去上海向俞振飞老师学艺。当时，我心里就特别羡慕。门里出身，不但学习的机会多，而且受教的档次也高。当然，我是很为他高兴的。”

俞老对这位远道而来的世侄爱护备至。叶强在沪虽说只待了两个月，然而在他看来，“两个月时间虽短，却是我人生中万分重要的一段经历。”叶强至今还清晰地记得自己拜俞振飞为师的那一天，“那真是一个既突然却又仿佛水到渠成的微妙契机”。说起来，叶强的拜师还与俞振飞夫人言慧珠的一句话有关。俞夫人言慧珠可不是一般人，她是“前四大须生”之一言派老生创始人言菊朋的女公子，也是梅兰芳大师得意的女弟子，是著名旦角表演艺术家和梅派艺术的主要传人之一，与叶盛兰有过很多同台合作演出。

那天，正是言慧珠的44岁生日。在上海五原路的家里，俞老夫妇和友人及很多弟子们聚会，为言慧珠祝寿。那一段时间，以俞老为中心的这种家庭聚会，每周必有，常常是利用休息日的时间，大家聚在俞老家，有学生、朋友，有早年拜师的弟子，也有昆曲界中“传”字辈的同仁，大家可以学戏问艺，也可互相交流探讨心得，更可互相推荐阅读报刊上看到的优秀文章。总之，这是一个在上海戏曲界、文艺界著名的“文艺沙龙”式的“party”。这样谈戏论艺的聚叙是自发松散的氛围，并不规定和强求规则，有空即来，随来随谈，有事即走，下次再来。但叶强那时却是每周日必到，对于这种熏习、长见识的机会非常看重，极为珍惜。话说这天的生日聚会也与往常一样，热闹又简朴，主要内容还是听俞老谈艺说戏。俞老那天小酌了几杯，心情舒畅，兴致极高，特别提出让叶强将京剧的程式身段组合做给他的昆曲弟子们看，有意让他们能学一学京剧的起霸、走边、趟马等，他还亲自拿起笛子为叶强打着节奏。言慧珠在一旁见俞老这样开心，对叶强爱护有加，加之她与叶盛兰也是艺术上的合作者，十分熟识，对叶强则更当亲近的晚辈看待，便半开玩笑地对俞老说道：“既然叶强这么认真地学，你又这么喜欢，何不再收个学生，就正式拜师吧。”俞振飞确实喜欢这个世侄，频频点头，连连说好。在场的众人也纷纷赞许，以得观俞师叶徒佳成之礼而欣喜。叶强心里自是又惊又喜，他很尊重俞先生，对俞派昆曲表演艺术倾慕不已，能更进一层拜师学艺，则再好不过了。这样，言慧珠的生日聚会，就变成了一段俞振飞收徒叶强拜师仪式的梨园佳事。仪式由言慧珠亲自主持，当时在场的各方友好人士，包括京昆艺术家、上海越剧界评弹界的知名人士等，纷纷给予见证。在上海期间，俞振飞教了叶强几出拿手杰作——《太白醉写》《贩马记》《游园惊梦》，四功五法倾心相授，毫无保留。叶强学后回京，叶盛兰看他不仅能演《太白醉写》，而且京剧的唱念表演皆有进步，颇感欣慰。

此后，叶强一直与俞先生保持着密切联系，多少年来从未间断。无论是叶强去上海，还是俞老到北京演出或出席会议，他们都要见面，总有说不完的话。俞老到北京常常是住在王府井金鱼胡同的和平宾馆。他非常爱惜艺术人才，对培养青年人极为重视，常放弃休息，挤出时间亲自给叶强说戏教唱腔。俞老就曾经利用来北京开会的间隙，在和平宾馆的房间里给叶强说了一出《百花赠剑》。在“文革”初期，叶强曾专程坐火车到上海，在已被查封的华山路华园寓所一楼门房里见到了久别的俞振飞老师。叶少兰回忆道：“那时俞老师身穿灰色旧棉中式上衣，戴旧线压发帽，瘦弱无神，见我到来，激动得简直说不出话来。我们师徒相拥对坐，掩面哭泣。先生身体不好，生活艰难，我看了非常难过。”回北京后，叶强想方设法为老师解决了所需的营养药针“酸磷三腺苷”，十二元五角一盒，每次需三盒，连寄了五个月。这对于当时挣 55 元工资的叶强来说，负担不小，但他心甘情愿，能为老师尽点孝心，是做学生的分内之事。“我始终不忘他是我的恩师，一日为师，终身为父！”

从 1962 年至 1964 年，叶强在中国戏曲学校担任四个班级小生行学生的教学任务。这一时期，是他教授小生传统戏最多的时期，也是他向父亲叶盛兰学戏最多的一个时期。对小生艺术的传授，父子俩都格外认真。叶盛兰亲自为叶强的教学质量把关，以前没有教过叶强的戏，如今也一招一式地传授给他，力求准确。叶强在戏曲学校教授的《吕布与貂蝉》《白门楼》《临江会》《罗成叫关》《奇双会》《得意缘》《八大锤》《雅观楼》《桃花村》《借赵云》《周仁献嫂》《柳荫记》等，均是其父叶盛兰的代表剧目。对于以前已经学过的戏，叶强也需要重新“下挂”，加工再学，像《八大锤》等剧，均是叶盛兰一边给他加工，他一边教学。在教排《雅观楼》时，大姑爹茹富兰也曾一招一式地为他重新加工训练。因此，叶强几乎可以说是学一出教一出。在大搞京剧现代戏之前，叶强教过的最后一出古装戏是《柳荫记》全剧。他在家里一招一式向父亲学梁山伯的表演，回到戏校，既教梁山伯，还负责全堂。教祝英台的是京五八班的班主任于玉蘅老师，他还曾专门到中国京剧院请杜近芳亲自辅导。

除了教自己的本工小生戏，这一时期，叶强也曾教过小生与旦角主演的《佘赛花》《凤还巢》《十三妹》，以及在上海得俞振飞和朱传茗传授的昆曲剧目《游园惊梦》等。为尝试创作新戏，他还曾经自编自导过一出《五童闹海》的京剧儿童剧，这也是叶强毕业任教以后的第一部戏，由五八班很优秀的短打武生刘福生、尖子老生耿其昌、尖子花脸张连祥来担任主演，武花脸常立胜演的龟帅也很有特点。该剧文武并重，京昆唱腔丰富，武生踢出手很有特色，演出后得到师生一致好评。

叶少兰与父亲叶盛兰在家中（摄于 1963 年）

马连良的鼓励

1963 年，学校为了配合教学，在史若虚校长的支持和组织下，举办了青年教师对外示范公演活动。学校里凡青年教员都跃跃欲试，叶强心里也早已有了自己选定的剧目——《八大锤》。这出《八大锤》，原本应该在他的毕业公演时汇报演出，当时由于叶盛兰的“政治原因”没有演成，现在终于有了实践的机会。

那天，演出甚为成功。不仅客满，观众更是给予了很高的评价。尤其值得一提的是，“后四大须生”之首、德高望重的须生泰斗马连良也在叶盛兰的陪同下，来到西单剧场观看了叶强演出的《八大锤》。说起马连良，叶强至今都甚为感慨：“马三大爷一直乐于奖掖后学，当初提携过我父亲，后来对我也十分地关爱。他很早就表示过要看我的演出。遗憾的是，我学戏那些年受政治运动的影响，一直‘演不上正戏’，也就一直不好邀请马先生。直到那年夏天的戏校教员示范演出才算有了机会。”那天，叶强还清楚地记得，在台下那么多热情的观众中，父母殷切的目光和马三大爷专注地、满含鼓励的目光像照耀在他身上的朝晖朗月，让他浑身充满了使不完的力量。“那场戏，我真是铆足了劲。”演出结束，全场观众热烈鼓掌，学校师生反响强烈，人们都说：“功夫不亏人！”看过戏的第二天，叶盛兰就让叶强到马三大爷家去接受批评指正。一见面，马三大爷就兴奋地对叶强说：“小子，看了你这出《八大锤》，可是真不错呀。看得出来是下了大功夫的。等将来有机会，三大爷带着你唱‘说书’[①]。早些年，我可是没少和你爸爸唱这出戏呀。”叶少兰回忆说：“马三大爷这句话，激励了我一辈子。这些话极为真诚，也使我非常感动。我不敢期盼着马三大爷带着我唱戏，我深知自己的表演水平和父亲相比，相差十万八千里，只是刚刚起步。但是有马三大爷的鼓励，我已经很知足了。这句话对我的鞭策与动力是非常大的。直到以后很多年，马三大爷当时的这句话都能让我加倍努力，也更充满信心！”

“贵人”雪艳琴

人生在世，有时如逐水的飘萍，在时代的大潮下常不得不做出一些顺势而为的选择。1964 年，戏曲界的形势发生了巨大变化，在那年夏天的“现代京剧会演”的大背景下，戏校的教学改革开始了，教学剧目也发生了颠覆性、根本性的巨变。作为脱离社会主义的时代精神、不能塑造工农兵的高大形象、“只能演才子佳人”、连声腔也是不能被广大群众所接受的小生艺术，陷入了被彻底取消的困境。戏校里已经不再教小生剧目，各大院团排演的现代戏中也没有了小生的位置。生存永远是第一位的，在这样的大形势下，许多小生演员结合自身条件，纷纷改弦更张，另谋发展。与梅兰芳大师合作一生的姜妙香如今在戏校里也只能教些唱段，所谓帮助学旦行的学生打一打基础。阎庆林由于多年哮喘，干脆自动称病回家，不来上班了。那时，叶强才走上工作岗位没几年，还很年轻，况且他工作上一向刻苦勤奋，教学上也还成绩突出，戏校自然不能把他罢免。但是，又能让他做什么

① 紧接《八大锤》之后的《断臂说书》一戏。

“文革”后复排《八大锤》，46岁的叶少兰饰演“16岁的陆文龙”

呢？这个棘手问题，不仅摆在学校领导面前，也让叶强沉浸在了久久不能平静的深思与选择之中。值得庆幸的是，这些年来，除了自己的专业以外，叶强并没有忽略对文艺理论的学习，上苍在命运的十字路口为有准备的叶强敞开了机括。排演现代戏绝不能忽视导演的作用，自己为什么不向导演方面发展呢？

说起来，叶强考虑往导演方向发展，还与他在尚未毕业时参与排演了一场大戏有关。如今，叶少兰仍然感激在他生命的这一阶段出现的一位贵人。这位贵人就是京剧舞台上男女同台的第一人、坤旦中成名最早、艺龄最长、位居“四大坤旦”之首的雪艳琴。雪艳琴是艺名，其本名叫黄咏霓。

雪艳琴到戏校任教时已54岁了。然而追溯起来，叶强与雪艳琴结缘很早。早在十年前，叶强就在中国戏曲学校的旧礼堂里看过雪艳琴与徐和才演出的《玉堂春》。那是雪艳琴加入中国京剧院的汇报演出，据说还是由时任院长的梅兰芳亲自推荐的。中国京剧院旦角方面的阵容相当强大，然而在叶强看来，雪艳琴却自有一番久经氍毹的熠熠光华，一曲《玉堂春》便征服了当时所有在场的人。大家说就这个《玉堂春》，雪艳琴月工资就值一个巴掌（500元）。进入京剧院后，雪艳琴与叶盛兰也有过多次合作。

1957年，反右的浪潮在京剧院暗叠云涌。对叶盛兰的遭遇，雪艳琴看在眼里，同情在心里。那时中国京剧院赴上海演出，叶盛兰通常在唱戏的同时还要接受“监督改造”。作为政治上“有错误”的人，行动十分受限制。一天，雪艳琴演出结束后，正从剧场往住处走，突然看见迎面走来一个独自啜泣的女孩子。这不是叶盛兰的大女儿吗？她赶忙迎上去，一问才知，这位21岁的女孩当时正在杭州广播电台工作，因为听闻父亲来到上海，特地前来探望，不料却被拒之门外，不准父女见面，不禁又气又急又伤心。雪艳琴平时虽然一向柔弱且内向，在这关键时刻，却动了慈母的心肠。她顶着压力，偷偷把叶盛兰的女儿留宿在自己的房间，想方设法使这父女二人见了面。对于这一点，叶家人每每提及，都感念在心。

1960年，雪艳琴来到戏校后，对待叶强就像是慈祥的妈妈，他们的关系可用亲如母子形容。雪艳琴明白叶强所受的不平之苦，总是处处提携叶强。那一年，为了给萧长华老校长祝寿，戏校剧场隆重举行教师演出。有傅德威、耿庆武合演的《四平山》，孙盛云主演的《恶虎村·走边》一折，姜妙香与萧盛萱的《群英会·蒋干盗书》一折，雪艳琴主演的《贵妃醉酒》为压轴，叶盛章主演的《三盗九龙杯·贺黄马褂》为大轴。这样有分量的一场演出，雪艳琴没忘记叶强，她特地约叶强陪演裴力士。那天演出，周恩来总理也专程来到剧场为萧老祝寿。接见时，雪艳琴拉着叶强的手，专门向周总理做了热情的介绍。雪艳琴的提携与周总理的鼓励，成为叶强心头光辉永存的温暖亮色。

1961年，中国京剧院一团编演了一出广受好评的新编历史剧《佘赛花》，由杜近芳和叶盛兰担任主演，苏维明、李世霖、孙盛武等担任配角。戏校有意给当时的五六班排演这个戏。按照教学计划，指定分派由雪艳琴老师和王盛如老师负责执教和排练。然而，这对雪艳琴来说，却是出了个难题。尽管她是位艺术成就极高的艺术家，但这出新编戏，她确实不会，让她教《佘赛花》实在勉为其难。雪艳琴在为难之际，想到了叶强。很巧合的是，在京剧院排演《佘赛花》的过程中，叶强却是全程追随的。这个喜欢研究喜欢看戏的孩子，对自己父亲的每一出新编戏都会留心学习，细心琢磨。他不仅记了小生的表演笔记，连旦角和小花脸的表演也一股脑儿记在了本子上。在教学计划还没定时，叶强就已经私下帮助想演这个戏的同学做过辅导了。教学计划正式确定后，雪艳琴找到了叶强，非常谦虚客气地对他说："叶强，老师跟你商量个事儿。老师年岁大了，分派我教《佘赛花》这出新编戏，我怕记不住。你对这出戏熟，咱们都不是外人，得请你来帮助我，咱们一块儿教行不行。"面对像自己母亲一样慈祥的雪艳琴，叶强赶忙一口答应下来："老师，我是您的晚辈、学生，您千万别客气、别着急。我年轻，这课我来上就是，但您仍是这个戏的老师。"

就这样，为了给雪艳琴助一臂之力，叶强没毕业，便"名正言顺"地指导排演了一出大戏。该戏由沈健瑾、刘仁慧学演佘赛花，孙宝铭、孙元申学演杨继业。后来由刘仁慧对外演出，取得了很不错的效果。

"文革"十年，雪艳琴也遭到了很大冲击。在所谓"清理阶级队伍"运动中也曾被限制自由。一次，戏校组织吃"忆苦饭"，雪艳琴等一干被认为有政治问题的人被集中在操场，强制并限时吃掉两至三个糠皮薯根做的黑色大窝头，吃不进就强迫用凉水往下送，倘若吃不下，就要背上"革命不积极"的罪名。看着60多岁的雪艳琴老师，叶强的眼里含着泪花，他把监督的一个"群专"叫到一边，假装严肃地骗说："这老太太可有严重的胃病，弄出了事你们可担不起责任！"这才使雪艳琴逃过了一关。

值得一提的是，雪艳琴也是叶少兰的妻子许嘉宝的恩师，传授过许嘉宝很多剧目。雪艳琴在世时，每逢春节，叶少兰和妻子都要给老人家拜年。老人家总像看到自己儿女般那么慈祥、亲切，眼睛里闪烁着疼爱的泪花。

后来，雪艳琴的儿子黄世骧与叶少兰在京剧“音配像”的工作中有了更多的演出合作。每当见到黄世骧，叶少兰总想起雪艳琴老师，总有一种说不出的思念与心酸。叶少兰后来在回忆自己由演员转而做导演的这一段历程时，感慨道：“1964年之后，戏校取消了小生戏的教学，自己没有了用武之地，为了生存发展，为了找条出路，我选择了导演作为发展方向。实际上，这与我毕业之前就参与排了《五童闹海》《佘赛花》《奇袭白虎团》《智取威虎山》《柜台》《抢伞》等是有很大关系的。”

20岁时的叶少兰

年轻的叶导演

1964年以后，戏校的教学剧目里，已经看不见传统的骨子老戏，只是在学校高层领导的坚持下，为学生打好唱功基础，有选择地保留了一些传统剧目中的经典唱段进入教学课堂。小生行的学生或学武生，或改老生。直到今天，叶少兰也很难说清楚自己由小生教员转行当导演究竟是一种无奈的身不由己，还是一种历史的机遇。人生路上，也许常常就是这样有失有得。不能再教擅长的小生戏了，他何尝不备感失落呢？向导演发展，一切必须从零开始，要成功并不那么轻而易举。“如果我当时意志稍有动摇，也可能随波逐流，得过且过。或许命中注定性格如此吧，我绝不甘心就此向坎坷的命运低头。我选择走导演这条路，虽然是受客观环境所推动，不得已而为之，但我绝不打算被动地、消极地硬着头皮去学。”如果说是命运的作用力把叶强推向了十字路口，那么从命运转折的一开始，叶强就抱定了全力以赴的态度，他那认真的劲头又一次要与命运一争高下了。

随着现代戏会演的进行，叶强给不同班级的学生“现趸现卖”教了不少现代戏。当然，叶强这一时期教给学生的现代戏应该算作是跨越行当，往往是教中带导。当时，由上海京剧院演出的《柜台》和《审椅子》在1964年的现代戏会演中反响强烈，很有影响，中国戏曲学校想将这两出戏作为教学剧目。在当年没有录像设备的情况下，戏校只能趁会演间隙，派教员到各有关院团收集资料，学习全剧，9月开学后再教给学生。叶强正是在暑假中被学校安排去上海京剧院学戏。两个月的时间掌握两出戏的方方面面，叶强总觉得时间不够用，脑子里绷着一根弦，高度紧张。好在这两出戏的主演——上海京剧院的言少朋、张少楼夫妇，叶强打小就认识，李玉茹与叶强也很熟识，他们很乐意帮叶强完成这个任务，将自己所掌握的演出技巧倾囊相告，使得这两出现代戏可以在戏校开花结果。叶强的教学任务也完成得非常顺利。随后，叶强还和杨韵青老师合作，移植创作了一出由地方戏改编的小戏《抢伞》。这是一出很适宜小班学生演出的儿童剧。在这出戏“边唱边舞”的段落及“行路”中，叶强设计了许多利用伞进行的舞蹈动作，颇费了一番心思，也取得了不错的效果。

这一时期，叶强排演的大型剧目主要是《奇袭白虎团》和《智取威虎山》。当时这两出戏还没有成为样板戏，《奇》剧中的主角还叫杨伟才，《智取威虎山》则是上海京剧院在1964年由李仲林主演杨子荣、纪玉良主演少剑波的那个版本。现代戏会演以后，叶强接受学校委派，利用暑假期间去剧团学习《奇袭白虎团》，再由他做导演，为京剧科的五八班和五九班排演该剧。在学习《奇袭白虎团》的过程中，叶强得到了尚之四导演的关照，尚导演于百忙之中向学演此剧的叶强做了细致的导演阐述。另外，在《奇袭白虎团》中饰演团长和政委的方荣翔、殷宝忠，见到叶强前来学戏，十分高兴。此二位本是裘盛戎、谭富英两位前辈的高足弟子，与叶强早就认识，且十分熟悉，叶强称他们为师哥。而殷宝忠还是叶强母亲娘家那边的一门亲戚，也是叶强的表哥。三人相见，分外亲切，他们热情地给予叶强具体的指导，毫无保留地对他倾囊相授。至于这出戏中挑梁扮演杨伟才的宋玉庆和饰演伪排长的周宝山，是戏校青年演员进修班的学员，与叶强同年毕业，彼此更为熟识，听说将由叶强在母校给学生们排这出现代戏，自然更是不遗余力，手把手地教予叶强。同样，因为叶强出身世家的人脉关系和在戏校九年学业结识的校友同窗之谊，当他来到上海京剧院剧组学《智取威虎山》时，也得到很多自幼相熟相知的先生与校友的大力帮助。他们虽然嘴上不说，心里却都希望叶强在全新的岗位上能事业有成。从他们无微不至的具体的帮扶中，叶强完全能感觉到他们的深情厚谊。

值得一提的是，当时叶强执导排演的《奇袭白虎团》，五八班是由耿其昌饰演杨伟才。他文武兼备，不仅嗓子好，武功基础也扎实，包括“插入敌后”一场奔袭路上的“台扑前扑”和翻越铁丝网的“三小翻一抢背”也能出色完成。后来在样板团样板戏《沙家浜》和《智取威虎山》当中，他的艺术能量均得到了充分发挥，光彩照人。而在本来就素以武戏见长的京五九班，饰演杨伟才的高牧春，亦取得了优秀的成绩。

中戏进修

1965 年，中央戏剧学院开办导演进修班，由各剧团、戏校从内部选拔、推荐人才，通过中央戏剧学院的严格考试，方能进入。回忆起这一段往事，叶少兰说：“我必须首先感谢的是中国戏曲学校的史若虚校长，当时戏校报名的人数不少，如果不是史校长极力地支持我、最终决定推荐我，我可能会失去这一次学习的宝贵机会。”中央戏剧学院的考试是非常严格的，主考者也大都是学院与戏剧界的权威人士。考前，叶强经过了十分艰苦的准备。

1965年秋天，志在当好导演的叶强考入了由中央戏剧学院主办的戏曲导演进修班，开始新一段的学习。这个导演进修班由京剧以及地方戏的在职人员组成。班里包括京剧、晋剧、秦腔、评剧、梆子、越剧、婺剧等多个剧种的从业人员，诸如北京京剧院的著名导演迟金声，中国京剧院的著名导演、演员曹韵清，著名京剧表演艺术家李玉茹、小王玉蓉等，那时他们仅仅40岁左右。从戏校毕业的王荣增和马名群也都是这一班的学员。叶强虽有三年教龄，但在全班却是年纪最小的。

导演进修班所开的课程十分丰富，有表演课、戏剧理论课、文学修养课和哲学课。师资力量亦很雄厚，授课的教师都是学院里的资深专家，除了主讲洪涛教授外，另有四名年轻的助教，后来都成为业界的权威专家：罗锦麟教授、郦子柏教授、王树元教授和张孚琛教授。如今提起这些教授，叶少兰从心里由衷地流淌出钦佩之情：“这些老师的学问水平都非常高。我喜欢上哲学、喜欢读哲学，与张卫华教授的启蒙与精彩生动的教学是密不可分的。沙鑫教授的文艺理论课也非常吸引人。从那时，我才算真正知道什么叫作九牛一毛，懂得了‘山外有山，天外有天，能人之上还有能人’的道理。之前我搞教学也算小有成就，常受到奖励，也包括班级间和学校间的教学汇报演出，我表现不错，就未免得意，没真正认识自己知识的浅薄。如今在这些老师面前，才感到知识的吸引力是无穷的。”

在进修班里，叶强系统学习了斯坦尼斯拉夫斯基的表演体系，学习了中外戏剧艺术表演理论，学会了从导演的角度进行剧本分析，还结合所学的理论创作小品，进行体会验证。当时课程安排得很满，同学间争先恐后，废寝忘食，完全不舍得匀出时间去自由活动。叶强感到，在这里他接触到了许多在戏校时从来没有接触过的、闻所未闻的新知识。他觉得自己仿佛一块干涸的海绵，急于要吸饱水分，他不知疲倦、如饥似渴地学习着。在课堂上理解不了的知识，他就拼命记笔记，记得极其精细，生怕遗漏掉任何知识点。晚上回到宿舍，他也顾不得疲劳，立即拿出笔记复习功课。他唯恐跟不上，总觉得自己有学之不尽，消化不完的东西。越觉得消化不了，他就越渴望能快点把那些倍感新鲜的知识掌握过来。有时一看就忘记了时间，等他从书本里抬起头来，已经是凌晨三四点。在思维上，通过在学院里学习哲学，学习辩证唯物主义和历史唯物主义，懂得了“一分为二”的方法论，他对自己也有了更清醒的认识，也开始能够常常用哲学的观点，从哲学的角度来判断事物，分析研究自己从小到大遇到的各种艺术问题；对以前一些百思不得其解的事也好像豁然开朗，思想上得到了很大飞跃。按叶少兰的说法，“这一年的学习胜过我以前读的十年书”。

可叹可惜的是，叶强在进修班时所记的不知多少本学习心得笔记，连同几年来他与上海俞振飞先生之间谈戏论艺、交流情感的书信，在“文革”中，随着叶家的几次被抄，全都不知了去向！叶少兰每每回忆至此，惋惜之情溢于言表：“那个时候，我还没结婚，与父母一起住，被抄家时，我所珍视的那些笔记全被抄走。在抄家最紧张的关键时刻，要不是张春孝师兄连夜帮助我抢运一些生活必需品，我和父母一家人的生活更不堪设想！我与俞老的那些信，也饱含着俞老师对我的真挚教诲，既有许多谈昆曲谈演戏的内容，也有在困难时期的感情交流。想起来真是痛心。这些笔记和信件的散失是任何东西都难以弥补的！”

“文化大革命”开始以后，进修班被迫中止学习，前后刚好是一年左右的时间。“虽然维持的时间并不长，但我还是得到了前所未有的巨大收获。中戏进修班对我来说不仅记忆深刻，而且对我从事导演，包括多方面的艺术创作和取得的成绩、进步，都起到了非常关键的作用。那是从感性到理性的升华，即使考虑艺术问题时，也不再单单只凭直觉，停留在表面，而是去粗取精、由点到面、由表及里地找出矛盾焦点，在对立统一的辩证关系中寻求解释，寻求和谐完美。它指导了我的创作、表演和业务建设发展，对于我继承发展叶派表演艺术有极大的推动，我得到的收获受益终生”。

1966年，“文化大革命”爆发。原应1966年、1967年、1968年正式毕业的戏校京剧科的“五八班”“五九班”“六〇班”推迟毕业。1969年上半年，中国戏曲学校将因受“文化大革命”的影响延迟毕业的这三个班中的百余名毕业生组建成“红卫兵演出队”，叶强担任这支演出队的导演。这支“红卫兵演出队”不但年轻，在业务素质和水平上也非常突出。眼看蓬勃的工作即将开展，谁料好景不长，1969年下半年的秋天，中央一纸命令，下达了“红卫兵演出队也要接受贫下中农再教育”的通令。这一支刚组建的队伍，前景又在何方呢？

第三章　多事之秋

悲欢离合：人不长久月难圆

“人生只似风前絮，欢也飘零，悲也飘零，都作连江点点萍。”当政治的翻天巨浪打来，一个人或一个家庭能在多大程度上掌握自己的命运呢？叶少兰说，人的这一生，多遗憾而少圆满。曾几何时，父亲叶盛兰是撑在叶强和全家头顶的一片天。在叶强上戏校五年级的时候，谁也不曾想到，暴风雨会来得如此迅疾。而叶强也因为这场风雨的到来，过早地品尝到人生百般的滋味，并深刻地影响着他此后的艺术人生旅程。

风雨袭来

1957 年，神州震动，“浩劫”来临。随着反右运动的开始与进一步扩大化，1958 年运动后期，叶盛兰赫然被打成右派。消息一出，各界震惊不解，特别是文艺界、京剧界了解叶盛兰的人士更为诧异。叶盛兰因何获罪？

著名作家刘绍棠有一判断：“叶盛兰是 1949 年至 1957 年的京剧界

热点人物，热得比李少春、张君秋、裘盛戎的温度还高。电影《群英会·借东风》中，叶盛兰的表演，令人有‘天下之才一石，子建独占八斗’之感。于是，木秀于林风必摧之。”[①]其实，叶盛兰之火热，不仅在于其受欢迎度的炽烈，还有其火爆直言之个性与为京剧事业肝脑涂地之热情。有人称其为“角脾气”，也有人说：“是个角儿就都有脾气，那些跑龙套的倒是没脾气。”这倒颇让人玩味。实际上，叶盛兰是个绝对的性情中人。他为人耿直、较真，正义感强，敢怒敢言。“我四哥对谁有意见就当面说出来，从不背后给人使坏。了解他的人能理解他，不了解他的人往往对他产生这样那样的意见，可是他说过去就完，向来不记仇。”[②]叶盛兰对于京剧艺术可谓眼不容沙，在对自己高标准严要求的同时，他也绝看不得有损京剧事业发展和京剧从业者利益的事情发生。身处木秀于林之高地，兼具直言无私之秉性，无形中便得罪了一些人。

对党提出的戏曲改革创新，叶盛兰是全心全意赞成的，他以旺盛的创作激情和积极的事业心投入到新中国京剧事业的发展中，可说是对党所提出的“百花齐放，推陈出新”的文艺方针政策最好的拥护。但是，他也敏锐地感觉到，业界的一些人士在改革之道路上出现了“左”的过激倾向，无知、粗暴地去京剧化、去民族化，不仅想“去”京剧虚拟、写意、夸张、不受时空限制、程式舞蹈化的艺术特色，更想把脸谱、水袖、马鞭、髯口等通通去掉。当时的中国京剧院也涌动着这一思潮，而作为院长的梅兰芳实际空有院长之名，对于剧院工作并无太多实权。面对这种不符合艺术规律的情况，叶盛兰无私无畏，敢于坦诚地直言：“梅兰芳先生是中国京剧院院长，艺术上应多尊重梅兰芳先生，多听听梅兰芳先生的意见。”正是这句“工作上重视梅兰芳先生意见”的建议被指为“反对党的领导”！

另一方面，叶盛兰既是造诣极高的名艺术家，又是一团之长，他

---

① 刘绍棠：《叶之光合作用》。

② 叶盛长：《梨园一叶》，第287页。

感到自己有责任对自己所钟爱的艺术提出合理建议，对不正确和不恰当的言行发表意见。1955年初，叶盛兰参加了中国剧协主办的“戏曲的艺术改革问题座谈会”，并作了发言。发言的文字以《我的意见 我的希望——在“戏曲的艺术改革问题座谈会”上的发言》为题刊登在了1955年第一期的《戏剧报》上。这个发言代表了那一时期叶盛兰对于京剧艺术继承、改革和创新的总体看法，是一篇珍贵的艺术史料文献——

剧协召开这个会是非常必要的，我是一个演员，当然更是拥护这个会的。因为我新的事物知道得很少，所以今天来是抱着学习的态度的。

今天的演员，一方面要推动戏曲艺术的发展，另一方面又要继承祖先的遗产，责任是非常重的，因此感觉到发言有些顾虑，谈得过于激进就可能是粗暴，想改得比较慢一点吧，人家就会说你是保守。但虽然有这些顾虑，我还是应该把自己的意见谈出来，不管对不对，希望在讨论中得出一个正确的方向。我是一个京剧演员，同时又是一个剧团的领导人，在工作上，非常希望能有一个正确的方向：一个演员在舞台上表演，就如同作战一样，如果不知道“枪”应该怎样拿，没有一个准确的目标，那结果是不可设想的。据我的看法，京剧虽然是封建时代的产物，但这个东西原先却不是宫廷里面出来的，而是从民间产生的。由舞蹈到戏，由词到曲，它是一天天在发展的。因为时代在前进，表现生活的戏剧，也就不断地在发展和变化。京剧有它好的一方面，也有它不好的一方面。一方面，它是一种综合的艺术，有歌有舞。有人说：京剧可以“百看不厌”，因为观众不单可以欣赏戏的某一方面，而且可以全面地来欣赏艺术，有时一个戏看了几十次还想看。另一方面，京剧在封建时代掺入了很多毒素，成为一种替统治阶级服务的东西。后来更商业化了。因而艺术性和教育性也就大大地降低了。

解放以后，可以肯定的说，京剧已有了大大的改进。例如：基本動人，因爲他們的戲裏有生活，有感情，因爲他們的藝術是集體的藝術，而不是明星制的表演，每個人都有戲。我想我們在這方面應該接受新的理論，和新的表演方法，要虛心地向人家學習。但也要明確這一點，我們演的究竟是京劇，你要真的一字一板地機械地跟別人學習，那也是不行的。譬如說，我們在家裏喝酒，喝茶，就不像在台上表演的，因爲舞台上的喝酒動作帶有舞蹈性的。我們一方面要演得有生活，另一方面還要使舞台動作有舞蹈性。拿蘇聯的「天鵝湖」來說吧，怎麼走道兒會用脚尖呢？這就是因爲「天鵝湖」是舞劇，是一種舞蹈藝術。

但這不是說京劇就不用改革了，我只是說：它是古典劇，歌舞劇，有它獨特的風格，因此，改革時要照顧到這些特點。當然，形式主義的東西是必須去掉的。

關於音樂，我覺得我們的打擊樂聲音太響，可是武戲却又必須有强烈的打擊樂才能造成氣氛。從前好角出場，要打很久鑼，這是不合理的，但是不能因此就壓根兒不要它。我認爲打擊樂可以適當地減輕它的音量。在「柳蔭記」中，我提議打蘇鑼，音調就較低了。我認爲京劇的音樂太單調，要改革。各種地方戲都在改革音樂，我們也在改進，但不够大胆。唱時只有一把胡琴伴奏，嗓子好的還好，嗓子差的就很不好聽。在這方面，我們應該大胆創造，但是我不贊成加上外國樂器，因爲風格不對。

京劇角色的扮相化裝，我認爲過去也已有了很多改進，而且還要不斷地改，但是不要改得完全不像京劇。拿旦角的扮相來說，梅先生就改了很多。我們還應該吸收各種地方戲的長處。一般地說，應根據人物性格來化裝，如梁山伯一類小生，不抹眉心的那一條紅顏色；武生爲了顯得英武，還是可以抹上。

關於臉譜，我認爲羣衆批准的臉譜應慢一點改，像張飛、李逵、曹操等人物，如果改了，觀衆是否能接受，該是個問題。我認爲：曹操的臉譜，如果要好，可以由白慢慢地改爲淺白色，再加上一點粉色。

髯子我也同意改革，但必須有步驟有計劃地進行。「獵虎記」中的長髯子都改了短的，掛的也改成了貼的，這種大胆改革精神是好的，但是，看起來總有點不舒服，拿王泉奎同志來說，在這戲裏扮一個知府，全套的服裝都是舊有的，穿的是大蟒，動作起來就無法與短髯子相配。我認爲可以排一齣新戲，大胆地把裏面的音樂、服裝、扮相、髯子以及台步動作都改一改，作一次嘗試，使各方面都統一，能互相配合。如果只把髯子改了，其他方面還是照舊，看起來可能是不大調和的。把「秋江」裏面的老頭子，貼上短髯子，看起來是很好的，如果把「八蜡廟」裏的諸彪也貼上短髯子，那就不大合適了。在京劇裏，一切都是誇張的，許多東西都是配搭在一起的，因此必須根據具體人物，各方面同時進行改革。

我們演員感覺到劇本太缺乏，老戲、新戲都感到太少。由於劇本少，就不能進行新的創造。希望作家同志們多供給我們一些新的劇本，有了新的劇本我們的藝術就能作進一步的改革，得到進一步的發展。

田漢電賀第二次全蘇作家代表大會

蘇聯作家協會第二次全蘇作家代表大會

親愛的同志們：

蘇聯文學藝術一直是中國革命鬥爭與建設熱情的有力的鼓舞者，也一直是中國新文藝學習的楷模。

當此蘇聯與新中國及一切人民民主國家保衛世界和平、民主、社會主義鬥爭進入新的緊張階段的今天，適逢第二次全蘇作家代表大會召開，必能總結蘇聯作家偉大成就和寶貴經驗，予全世界文學藝術界以巨大指導作用，使千百萬支有力的筆鋒橫掃阻撓人類進步的一切落後的腐朽的反動的東西，爲各國人民的偉大鬥爭，爲人類永恒眞理的勝利而寫作。

謹代表全中國戲劇家對大會的成功致以兄弟的祝賀，並準備以最大力量爲實現大會的號召而奮鬥。

中國戲劇家協會主席　田　漢

我的意見、我的希望

——在「戲曲的藝術改革問題座談會」上的發言

葉盛蘭

劇協召開這個會是非常必要的，我是一個演員，當然更是擁護這個會的。因爲我新的事物知道的很少，所以今天來是抱着學習的態度的。

今天的演員，一方面要推動戲曲藝術的發展，另一方面又要繼承祖先的遺產，責任是非常重的；因此感覺到發言有些顧慮，談得過於「激進」就可能是粗暴，想改得比較慢一點吧，人家就會說你是保守。但雖然有這些顧慮，我還是應該把自己的意見談出來，不管對不對，希望在討論中得出一個正確的方向。我是一個京劇演員，同時又是一個劇團的領導人，在工作上，非常希望能有一個正確的方向：一個演員在舞台上表演，就如同作戰一樣，如果不知道「槍」應該怎樣拿，沒有一個準確的目標，那結果是不可設想的。據我的看法，京劇雖然是封建時代的產物，但這個東西原先却不是宮廷裏面出來的，而是從民間產生的。由舞蹈到戲，由詞到曲，它是一天天在發展的。因爲時代在前進，表現生活的戲劇，也就不斷地在發展和變化。京劇有它好的一方面，也有它不好的一方面。一方面，它是一種綜合的藝術，有歌有舞。有人說：京劇可以「百看不厭」，因爲觀衆不單可以欣賞戲的某一方面，而且可以全面地來欣賞藝術，有時一個劇看了幾十次還想看。另一方面，京劇在封建時代羼入了很多毒素，成爲一種替統治階級服務的東西。後來更商業化了。因而藝術性和教育性也就大大地降低了。

解放以後，可以肯定的說，京劇已有了大大的改進。例如：基本上清算了宿命和色情的成分；舞台形象也淨化了很多。從前好角兒講究擺「譜兒」，在台上唱的時候，後面有打扇的，還有給拿着金茶壺的，好像沒有這些就不够一個名角兒的氣派。那時的觀衆也助長着這種風氣，對於這些他們可以視而不見，甚至只閉着眼睛來「聽戲」，欣賞腔兒，板眼。從這些地方看來，可以肯定地說，京劇是大大地有了改進。

但今天京劇的觀衆成份已經變了，而且京劇也走上了國際舞台，我們是不是仍舊墨守成規把舊的一套永遠保留下去呢？我是擁護改革，主張向前發展的。因爲京劇雖然是古典戲，但爲了滿足今天人民的要求，使它能够教育人民，那就必須追上時代。京劇有它的特長，能歌能舞，但京劇的表演以及扮相、服裝、道具、音樂等等方面的缺點非常多。在反動派時代，京劇的藝術大大地衰退了，幸而有梅蘭芳先生、程硯秋先生這幾位出來改革，才使它能有些發展；他們能够發展它，就是因爲他們善於改革。

京劇的扮相動作等等當然是要改的，問題就是怎樣改？我們今天是否肯定它是古典劇？是否肯定它是寫意的藝術？京劇中的上馬、下馬、上船、下船、上轎、下轎、上樓、下樓、開門、關門等等動作，都是寫意的，因爲是寫意的動作，就與寫實的東西，例如佈景，有了衝突。是不是京劇能够完全寫實呢？這是一個問題。譬如戲裏用上眞實的佈景，眞山眞水裏面的人物却拿着一根馬鞭兒走路，這當然不合適，這就有了矛盾，但是不是就不用佈景呢？現在我可還不能解答。佈景能够介紹眞實環境，應該承認是好的。不過我們的表演與動作完全是舞蹈的寫意的，怎麼能跟它調和呢？因此我認爲肯定京劇的風格是很必要的，這些問題應該多討論，我建議劇協成立一個戲劇藝術委員會，專門討論這些問題，給我們演員指出正確的方向。

在表演方法上，應該學習蘇聯先進的經驗，對史坦尼斯拉夫斯基的表演體系，我們有必要進行學習。這當然不是說我們要按照話劇的路子來演戲。就拿這次我們排演「柳蔭記」來說吧，我向馬彥祥同志學習了不少東西，因爲在表演方法上，話劇也好，京劇也好，雖然有些不同，但是原理却是一個。也就是要現實，要眞實，要有思想感情。過去有的演員唱完了一段慢板，自己也不知道心裏有些什麼感情，祇希望觀衆叫「好」，要觀衆欣賞自己的腔兒，這些地方是應該改進的。

這次看了蘇聯國立莫斯科音樂劇院演的戲，我感覺到他們的藝術很驚人很上清算了宿命和色情的成分；舞台形象也净化了很多。从前好角儿讲究摆“谱儿”，在台上唱的时候，后面有打扇的，还有给拿着金茶壶的，好像没有这些就不够一个名角儿的气派。那时的观众也助长着这种风气，对于这些他们可以视而不见，甚至只闭着眼睛来“听戏”，欣赏腔儿，板眼。从这些地方看来，可以肯定地说，京剧是大大地有了改进。

但今天京剧的观众成分已经变了；而且京剧也走上了国际舞台，我们是不是仍旧墨守成规把旧的一套永远保留下去呢？我是拥护改革，主张向前发展的。因为京剧虽然是古典戏，但为了满足今天人民的要求，使它能够教育人民，那就必须追上时代。京剧有它的特长，能歌能舞，但京剧的表演以及扮相、服装、道具、音乐等等方面的缺点非常多。在反动派时代，京剧的艺术大大地衰退了，幸而有梅兰芳先生、程砚秋先生这几位出来改革，才使它能有些发展；他们能够发展它，就是因为他们善于改革。

京剧的扮相动作等等当然是要改的，问题就是怎样改？我们今天是否肯定它是古典剧？是否肯定它是写意的艺术？京剧中的上马、下马、上船、下船、上轿、下轿、上楼、下楼、开门、关门等等动作，都是写意的，因为是写意的动作，就与写实的东西，例如布景，有了冲突。是不是京剧能够完全写实呢？这是一个问题。譬如戏里用上真实的布景，真山真水里面的人物却拿着一根马鞭儿走路，这当然不合适，这就有了矛盾，但是不是就不用布景呢？现在我可还不能解答。布景能够介绍真实环境，应该承认是好的。不过我们的表演与动作完全是舞蹈的写意的，怎么能跟它调和呢？因此我认为肯定京剧的风格是很必要的，这些问题应该多讨论，我建议剧协成立一个戏剧艺术委员会，专门讨论这些问题，给我们演员指出正确的方向。

在表演方法上，应该学习苏联先进的经验，对斯坦尼斯拉夫斯基的表演体系，我们有必要进行学习。这当然不是说我们要按照话剧的路子来演戏。就拿这次我们排演《柳荫记》来说吧，我向马彦祥同志学习了不少东西，因为在表演方法上，话剧也好，京剧也好，虽然有些不同，但是原理却是一个，也就是要现实，要真实，要有思想感情。过去有的演员唱完了一段慢板，自己也不知道心里有些什么感情，只希望观众叫“好”，要观众欣赏自己的腔儿，这些地方是应该改进的。

这次看了苏联国立莫斯科音乐剧院演的戏，我感觉到他们的艺术很惊人很动人，因为他们的戏里有生活，有感情；因为他们的艺术是集体的艺术，而不是明星制的表演，每个人都有戏。我想我们在这方面应该接受新的理论，和新的表演方法，要虚心地向人家学习。但也要明确这一点，我们演的究竟是京剧，你要真的一字一板地机械地跟别人学习，那也是不行的。譬如说，我们在家里喝酒，喝茶，就不像在台上表演的，因为舞台上的喝酒动作带有舞蹈性的。我们一方面要演得有生活，另一方面还要使舞台动作有舞蹈性。拿苏联的《天鹅湖》来说吧，怎么走道儿会用脚尖呢？这就是因为《天鹅湖》是舞剧，是一种舞蹈艺术。

但这不是说京剧就不用改革了，我只是说：它是古典剧，歌舞剧，有它独特的风格。因此，改革时要照顾到这些特点。当然，形式主义的东西是必须去掉的。

关于音乐，我觉得我们的打击乐声音太响，可是武戏却又必须有强烈的打击乐才能造成气氛。从前好角出场，要打很久锣，这是不合理的，但是不能因此就压根儿不要它。我认为打击乐可以适当地减轻它的音量。在《柳荫记》中，我提议打苏锣，音调就较低了。我认为京剧的音乐太单调，要改革。各种地方戏都在改革音乐，我们也在改进，但不够大胆。唱时只有一把胡琴伴奏，嗓子好的还好，嗓子差的就很不好听。在这方面，我们应该大胆创造，但是我不赞成加上外国乐器，因为风格不对。

京剧角色的扮相化装，我认为过去也已有了很多改进，而且还要不断地改，但是不要改得完全不像京剧。拿旦角的扮相来说，梅先生就改了很多。我们还应该吸收各种地方戏的长处。一般地说，应该据人物性格来化装，如梁山伯一类小生，不抹眉心的那一条红颜色；武生为了显得英武，还是可以抹上。

关于脸谱，我认为群众批准的脸谱应慢一点改，像张飞、李逵、曹操等人物，如果改了，观众是否能接受，该是个问题。我认为：曹操的脸谱，如果要改，可以由白慢慢地改为浅白色，再加上一点粉色。

胡子我也同意改革，但必须有步骤有计划地进行。《猎虎记》中的长胡子都改了短的，接的也改成了贴的，这种大胆改革精神是好的，但是，看起来总有点不舒服。拿王泉奎同志来说，在这戏里扮一个知府，全套的服装都是旧有的，穿的是大蟒，动作起来就无法与短胡子相配。我认为可以排一出新戏，大胆地把里面的音乐、服装、扮相、胡子以及台步动作都改一改，做一次尝试，使各方面都统一，能互相配合。如果只把胡子改了，其他方面还是照旧，看起来可能是不大调和的。把《秋江》里面的老头子，贴上短胡子，看起来是很好的，如果把《八蜡庙》里的诸彪也贴上短胡子，那就不大合适了。在京剧里，一切都是夸张的，许多东西都是配搭在一起的，因此必须根据具体人物，各方面同时进行改革。

我们演员感觉到剧本太缺乏，老戏、新戏都感到太少。由于剧本少，就不能进行新的创造。希望作家同志们多供给我们一些新的剧本，有了新的剧本我们的艺术就能作进一步的改革，得到进一步的发展。

毫无疑问，这是一篇闪烁着真知灼见、有自己独立见解的发言，赤诚、合理、情真意切。可是，就是这样的一篇积极献言献策，支持戏曲改革的发言却被指为“反对戏曲改革”！

被戴上右派帽子的叶盛兰和他的一家自此之后的遭际令人不忍，

“文革”之后则更为艰难。右派帽子一戴上，随即而来的是降级降薪。叶盛兰从一级演员降为三级，工资只剩210多块钱。这些钱，除了养活自己的妻儿，还要养活叶盛兰的母亲、姨母、姨父和夫人家的几个亲戚共十几口人。叶夫人刘淑卿是家庭妇女，六个孩子中只有大女儿刚刚工作，其余都在上学，工资一旦减少，生活之千钧重担立压肩头，全亏了叶夫人持家有方。叶少兰回忆说：“那时母亲有个小账本，花了两分钱她也得记账，可见当时我们家精打细算到什么程度。”叶夫人除了天天料理家务，盯着几个孩子的功课和生活，还得照顾老人和亲戚。她宅心仁厚，曾于家庭开支中挤出钱来帮助更加困难的两个邻居的幼儿。当时，叶夫人的“粮食定量”最少，每月只有22斤。为了给叶盛兰和在戏校练功排戏的叶强补充营养，她常常瞒着父子俩节缩自己那点少得可怜的口粮。叶少兰说：“我母亲总说自己吃过了，可她瘦得皮包骨，营养极其不良。”叶盛兰对夫人的感激是无法形容的。到了晚年，叶盛兰曾开着玩笑对夫人说：“如果真要是有来世，我就变一匹马，我得好好伺候你。”

当时，中国京剧院一团的日常演出非常繁忙。李少春、袁世海、杜近芳均可以轮休，唯独叶盛兰不行。经常是一天之内日夜两场。曾有叶盛兰日场演完《佘赛花》，当晚又赶到人民大会堂演出全部《八大锤》的记录。当时演出，叶盛兰从上场门上场，观众欢迎；让叶盛兰从下场门上，观众仍鼓掌。大锣中上，观众们喊好；改小锣上，同样是彩声一片。后来居然改成单楗子“嘎巴”两下上场，依然是满堂彩。演出《满江红》，叶盛兰演崇祯皇帝，却被迫使用穷生上场的锣鼓，而且还把皇上正座，像《智取威虎山》中的反派座山雕似的放到斜场“偏椅”位置。这些人为的违背规律的方式并不影响戏迷们对“叶先生”艺术的热爱和尊重。“我们这帮人看戏，带有强烈的个人色彩，对演员的崇拜是不可动摇的。1957年戏曲界划了一批右派，叶盛兰先生也未幸免。当时杜近芳从国外归来‘贴’演《拾玉镯》，前

叶少兰与父母、三姐、小妹合影

边垫戏是叶先生的《辕门射戟》，这不欺侮人吗？我们那天去了有30多人，全在休息室聊天等候，前边儿的戏不看。叶先生出场，‘射戟’一上，我们30多人突然拥进场内，惹得观众都抻着脖子看我们，不知出了什么事。叶先生一出场，轰鸣般地叫‘好’，此后是一句一个‘好’。戏一完，30多人立即起堂撤出剧场，下边的戏不看了，又惹得观众都看我们。倒不是对杜近芳有意见，对她我们同样崇拜，只是想为叶先生拔闯，谁叫你把他划成右派呢！全体跑到剧场门口等叶先生卸了装出来。刚一露面，全体大喊：‘叶先生好！’吓得叶盛兰低着头匆匆跑了。这就是戏迷！”[1]

① 郭宝昌：《说点您不知道的》，中国戏剧出版社2004年版。

叶盛兰一边演戏，一边还要劳动改造。打扫剧场，为所有演员打水，各种杂活不一而足。即使如此，在演出的夹缝中，有人仍会时不时给他开会，“帮助”他“提高思想觉悟”。没有戏演呢，就回家写检查、写思想汇报。那时，叶强印象最深的就是父亲每天写不完的检查。叶少兰回忆说：“我永远忘不了钢笔在纸上发出的‘哧哧’的声音。父亲每天晚饭后第一件事就是铺开稿纸写检查。他是一千多度的近视眼，几乎是趴在桌子上写，一写就得大半夜。夏天，他热得满头冒汗；到冬天，家里的煤炉子火供不上，他也忍着寒冷，披着毯子或大衣，不停地书写那没完没了的检查。没话写了也得想办法写，上面还永远以‘不深刻’为由打回让他重写。”

上海演出之风波

1959 年 3、4 月间，中国京剧院一团到上海去演出。旅途时间很长，期间没完没了地给叶盛兰开批判会。同小组的一位净行演员实在受不了，忍不住向主持批斗会的小组长抗议：“‘婆婆’，咱让大伙歇会儿行不行？不让叶盛兰睡觉，大伙也得睡觉是不是？”火车停站频繁，每到一站，叶盛兰便被要求继续接受“劳动改造”——下去擦车皮。此举连铁路工人也看不下去，说：“还是别干了，安全第一。擦车是我们的事，这本来也用不着。别为了擦车，再耽误了上车。”

对于一个戏比天大、以舞台为生命的艺术家而言，对其最大的摧残莫过于剥夺他上舞台与观众见面的机会。在这样的情况下，有些人想出了“奇招”，制造了令人啼笑皆非的闹剧。

中国京剧院一团抵达上海演出，叶盛兰在广告牌上有“特殊的待遇”。比如演出《白蛇传》，原则上不登“许仙——叶盛兰”的字样。若要登，一应主配角的名字以红色字体标出，只在最后的一个小角上，以又黑又小的字体写着——叶盛兰。最为独出心裁的是，在当时普遍使用繁体字的情况下，主演姓氏“葉盛蘭”的“葉”字竟变成了“艹”头，下面一个“也”字。一次，贴出了观众极欢迎的《野猪林》，售票一空。离开演仅剩两三个小时，剧场外突然贴出大幅广告，言称“演员因病，原定演出停演，原票无效，特请观众退票”。而在剧场外一个不起眼的小角落里，一块孤零零的小黑板上，写着今晚演出《罗成》。设计这个局的人分明是在想：新的观众在两个小时之内无法得到消息买票，已经买了票的观众来到剧场也来不及退票再买，最后叶盛兰上台演出，台下寥寥几人，这是对这个右派多么大的“深刻教育”呀！我们不得不说，这种做法在今天看来确实很荒唐可笑。某些人实际上是陷入了两难，一方面，取消原定李少春、袁世海、杜近芳三大头牌的《野猪林》，更换的剧目必须过硬。他们想来想去，只有贴叶盛兰的《罗成》。因为，叶盛兰的《罗成》享誉菊坛，红遍大江南北，是票房“灵药”。甭管到哪，一贴该戏剧场准满座，而且是满坑满谷。而另一方面，叶盛兰是“戴罪之人”，不能让他再在“革命的舞台上大出个人风头”。于是，便出现了以上在时间选择、退票买票方式、广告说明等方面挖空心思、别出心裁的“奇招”，既“积极”地为观众着想更换了合适剧目，又能不让观众入场，通过这种方式警告叶盛兰“你不受观众欢迎”，“观众与你是划清界限的”，以达到“批评、教育、改造”叶盛兰的目的。在剧团内部，虽然叶盛兰还是领衔主演之一，可他不仅只能与群众演职员一起住在后台集体宿舍，而且还被安排睡在最次的一个嘈杂漏风的铺位。演出《罗成》前，叶盛兰第一个到后台，先要提着空水瓶到大街上的老虎灶（上海常见的出售开水的地方，双锅如眼，火口如嘴，故名老虎灶）灌开水，如此往返多趟，灌满多个暖瓶，以备演出前后使用。然后，赶紧打扫后台、化妆室、舞台，把一切收拾干净。最后小心翼翼地藏好一把扫帚，预备着散戏后打扫剧场。因为此前，叶盛兰曾因演出后找不到扫帚不能完成“革命工作”而被扣上“不认真接受改造”的帽子。

忙完这一切，他才能去往一个阴暗的角落里半靠着休息一会儿，然后借着昏暗的灯光独自化妆。叶盛兰是一千多度的高度近视眼，所以他化妆必须要较好的镜子和较亮的灯光。如今，他早已不能使用单间的化妆室，真恨不得要把整个脸贴在镜子上，费九牛二虎之力才能够完成妆容。其演出之不易可见一斑。

当时，见到《罗成》演出广告的观众，一传十，十传百，不到两小时，上海众多戏迷奔走相告，绕着四马路，买票的人排成长龙，把这场戏的入场票抢购一空。开戏之后不但场内爆棚客满，剧场外想等退票的也不计其数。不到三个小时，便以迅雷不及掩耳之势，让这件事发生了惊天逆转！

开演时，第二场的缓锣刚结束，观众已经开始热烈叫好。在罗成将要出场的【四击头】锣鼓中，现场观众的“叫好声”如潮水之势涌奔向舞台。等叶盛兰在【撕边】中迈步上场，观众简直“群情激动”，掌声、叫好声像钱塘江大潮冲上天一般。据现场观看过演出的老艺术家形容，那真如“天崩地裂”。其实，到“罗成叫关”的大段激昂唱腔和“淤泥河”大战的武打场面时，叶盛兰因整天的劳改，吃、睡没有保障，已然疲惫到极点。可是，像剧中身带棒伤、不许用饭饮水、单枪匹马大战苏烈二十万大军的罗成一样，他咬紧牙关，以超乎常人的顽强毅力奋力演出。随着叶盛兰精妙绝伦的演出，观众的叫好声此起彼伏，就差没把剧场的顶掀翻，火爆、热烈极了。

戏结束了，只见饰演李元吉、苏烈、罗春、大刀手等配角的演员和群众演员上台谢幕，而唯独不见主角。主演罗成的叶盛兰在哪呢？叶盛兰早已“习惯”了不上台谢幕，演完戏后，他匆匆地脱下了戏装，来不及洗脸，正准备拿扫帚扫地呢。可观众又怎么能答应他们为之倾倒的主演叶盛兰不出来谢幕呢？所有观众站起来，迟迟不肯退场，集体击掌，有节奏地呼喊着：“叶盛兰、叶盛兰、叶盛兰……”声势之浩大，使剧院工作人员十分震惊，赶紧把正在后台扫地的叶盛兰

《九江口》，叶盛兰饰华云龙、袁世海饰张定边

叫上台来。等叶盛兰走上台来，观众一看，叶盛兰形容憔悴，与舞台上的英武形象完全判若两人。有的观众忍不住掉下了眼泪，有的喊着："叶先生啊，你要保重啊！"叶盛兰一个劲地鞠躬再鞠躬，一次又一次地谢幕。叶少兰回忆说："父亲多次对我讲：观众才是我们最真诚的朋友和最亲密的亲人！"

周总理的关怀

1959 年 3 月 25 日至 4 月 5 日，中共中央在上海先后召开政治局扩大会议和八届七中全会，毛主席和中央领导同志都在上海开会。中国京剧院一团当时也正在上海演出，并受命为中央全会演出。有一天下午，一团在上海锦江饭店小礼堂为中央领导同志演出折子戏专场，压轴戏是叶盛兰的《石秀探庄》，大轴戏是李少春、袁世海、杜近芳主演的《长坂坡》。《探庄》结束，叶盛兰照样卸了妆就赶紧打热水、扫后台。全场演出结束后，主要演员谢幕，周恩来总理等中央领导同志上台接见演员时，发现谢幕与被接见人员中唯独没有叶盛兰，当即便询问此事。剧院领导做了些解释，周总理却表示一定要请叶盛兰出来。正在扫地的叶盛兰闻讯后放下扫帚，赶忙往台上走，但是站在人们的身后不敢向前。周总理非常亲切地走到叶盛兰面前，热情地与他握手，并说："盛兰同志，你好啊！"叶盛兰被"同志"两个字震惊得不知所措，打成右派以来，剧院里不分长幼、级别，所有人都是直呼其名，更别说有人叫他同志。谁想，这么长时间以来，第一次称叶盛兰为"同志"的竟然是敬爱的周总理！周总理紧接着问："身体状况怎么样？"叶盛兰万分激动地回答："身体还可以，就是心血管有时候不太好。"周总理又说："你在舞台上的精气神还是那么好。你的艺术，像今天演的《石秀探庄》，你一定要很好地传授给下一代。"最后，总理再次说道："盛兰同志，一定要保养好身体。你一定要把你的艺术传下去。"剧团于演出后的第二天乘火车返回北京。在疾驰的列车上，剧院正式宣布给叶盛兰摘掉右派帽子。在叶盛兰的一生中，不知道有多少次往返于京沪之间，而这次的往返经历的"戏剧性"却是绝无仅有的！后来据有关人士透露，为什么一定要这么急呢？因为周总理对挑班艺术家叶盛兰率先参加国营剧院，为新中国艺术建设积极整理传统戏和创作大量新编戏、践行戏剧改革、艰苦战争时期不怕牺牲赴朝慰问演出等情况非常熟悉。这完全是在周恩来总理的关怀下，具体落实他的指示。

回到北京后，中国京剧院很快召开了全院大会，正式宣布：为叶盛兰摘掉右派帽子。

"摘帽"之后的叶盛兰虽然在精神上有些纾解，但实际上"帽子"拿在手中，其分量并未减轻。然而，《赤壁之战》《西厢记》《桃花扇》《玉簪记》《佘赛花》《花灯记》《九江口》《金田风雷》《桃花村》《卧薪尝胆》《蝴蝶杯》《白毛女》等剧目，竟是叶盛兰在1959年前后的几年中创作完成的。他遭受政治戕害最甚的时期竟然成为了其创作剧目的井喷期，这不能不让人肃然起敬并去思考探求这位艺术家当时的内心世界。外在的压迫与周遭的磨难，并不能抑制这位视艺术为生命的艺术家对京剧事业那坚毅的执着和责任。在当时的情况下，他正是以艺术创作来救赎自己屡遭伤害、饱受折磨的委屈、脆弱和不解的心。

特别是在1959年，当时为国庆十周年排演献礼剧目，中国京剧院与北京京剧院联合排演新编历史剧《赤壁之战》和《西厢记》，马连良、谭富英、李少春、袁世海、张君秋、裘盛戎等众多名角联袂出演。著名艺术家中只有叶盛兰一肩独挑两角:《赤壁之战》中的周瑜和《西厢记》中的张君瑞。叶盛兰在身体不佳的状况下，20天的时间内，要背新词、创作练习新唱腔、熟悉新调度、新身段、新锣鼓、排

《西厢记》，叶盛兰饰张君瑞、张君秋饰崔莺莺

练并演出，而且必须要成功。这对于一般人来说，简直是不可能完成的任务。然而叶盛兰，不但圆满完成了，而且创造了京剧艺术的奇迹与辉煌。后来，在《西厢记》中饰演崔莺莺的张君秋曾动情地对叶少兰说：“我们能休息，盛兰却不能。他每天要两边跑。上午、下午、晚上，从护国寺人民剧场刚排练完，马上又赶往虎坊桥工人俱乐部，一天三班。他身体还有病啊！我们真是心疼他啊！”

叶少兰回忆说：“父亲那时有心脏病，即使打着点滴，还在让我协助念剧本。在家吃饭，脑子里也没有半点空闲，边吃边想戏。甚至他到洗手间，我也给念过《壮别》的戏词。他太疲劳、太紧张，夜里失眠，睡不好觉，老觉得脑袋上的血管‘嘭嘭’地在蹦。排戏时，要两边跑，两个排练场全耽误不得，每天都必须按时完成排练计划。我父亲身体是超负荷运转。每天回到家，身体像‘散了架’似的，常要去挂急诊、打吊针，早已超出了常人所能承受的极限！在那么紧张的时刻，父亲那么劳累，还曾两次带着我去挂过急诊。我发高烧，母亲身体不好，大半夜公交车早没了，父亲就千方百计找来出租车。半道上我难受，他还让车停下，跟司机直说好话。这样把我送到东绒线胡同的北医第二医院。经大夫诊断，让我打点滴。我印象最深的不是看病，是我打点滴时，父亲还在编腔背词。他趁夜半无人手拿剧本坐在医院的长凳上，借急诊室外微弱的灯光，心里念叨着周瑜的戏词，还时不时看看输液的快慢。此情此景，真是叫人心酸。看着父亲疲劳的样子，我心里不忍，眼里含着泪说：‘爸爸，我不输液了，咱们回家去吧。’父亲说：‘傻孩子，不输液怎么退烧啊？’说着还把他穿的风衣盖在我身上，说：‘出点儿汗就好啦。’”

《赤壁之战》的编剧之一翁偶虹所记述的与叶盛兰交流言语的文字，让人深深感佩：“‘西厢’‘赤壁’，轮流演出，盛兰纵横驰骋，‘翎’‘扇’交替；人不卸甲、马不离鞍地转战剧场。十几场之后，我发现他的嗓音有些失润，暗地里慰嘱他注意休息。他似有所诉却又不甘示弱地说：‘我请医生检查了，嗓子已然充血。没有关系。欣逢十年大庆，我应当而且必须为六亿神州，竭尽绵薄之力，略表寸草之心。我的嗓子就是一坏到底，也是值得的。何况我功底较深，还能对付。’他就是以这样认真负责、任劳任怨的态度坚持演出。”[①]

“深入人心的东西是永远不会磨灭的”

叶派小生名剧《周仁献嫂》中有一句唱词“世间哪有真情理，世人哪有真是非。”而在现实生活中，毕竟还是好人多，良善多。在当年那样紧张的政治气氛和叶盛兰极端困厄的处境下，他依然感受到了人们内心中难以泯灭的良善，感受到来自普通人的真情与温暖。

“文革”中，叶盛兰是重点挨整的批斗对象，抄家抄到最后，全家人坐在地上吃饭，因为桌椅板凳也都没了。叶盛兰在北京京郊小汤山的文化部五七干校下放，叶强下放在沙岭子，最小的女儿也去了北大荒，叶夫人患病一个人在家，下不了床，做不了饭，精神几近崩溃。一家人天南海北，难有团聚之时。那时，叶盛兰到医院看病连挂号都很难。尽管他戴上大口罩，围上大围巾，把帽子压得很低，护士在窗口内一看挂号单上“叶盛兰”三个字，马上打退回去。即使能挂上号，多数医生也难免敷衍了事。想批假条？医生顾虑重重。所以，叶盛兰后来得了极度严重的糖尿病而不自知，就是长期得不到有效治疗给耽误了。眼看自己的病越来越重，被逼无奈，叶盛兰想了个办法，用自己的“字”——芝茹来挂号。他不写叶盛兰，改写叶芝茹，如此便一路绿灯，得到了医生的认真对待，还批准了他的病假。医生说：“根据病情，你再不休息可就危险了。”可是，干校怎会让叶盛兰休息呢？

---

① 翁偶虹：《霜叶红于二月花—叶盛章和叶盛兰的艺术成就》（下），《人民戏剧》1981年第9期，第45页。

叶盛兰与孙辈们在一起，叶光（左一）、叶明（左二）、叶芳（左三）

一次，在批斗会正如火如荼地进行中时，叶盛兰突然呼吸困难，面色苍白，急病发作。众目睽睽之下，独有一位以往与叶盛兰交往不多的武戏演员，快速上前背起叶盛兰就走，一路小跑，直跑到公安医院急救室进行诊治。从始至终，这位正直无畏的演员只是反复嘱咐着一句话："您别紧张，坚持住。"面似无情，心却像送自己亲人般那样焦急。还有一次，叶盛兰到广安门中医院和龙潭医院中医科看中医门诊，挂号用叶芝茹的名字。大夫看着挂号单又看看他，半晌不言语。叶盛兰心里可犯起了嘀咕，生怕戏法被拆穿。结果那两位老大夫，不问别的，认真号脉，又全对症下药开了药方。临别时再三嘱咐，"一定多多保重"，像话里有话。经过几次接触，叶盛兰病情有所好转，老大夫和他熟悉起来，便敞开了心扉。两位大夫说的话全差不多："其实在您头次来，就认出来您是盛兰先生。当时不好挑明说，想必是您有您的难处才改名的，这种事现在不少见。我虽不是戏迷，但早先看过您的演出，印象深刻。要不，怎么认得出您来呀。”叶盛兰没想到两位素昧平生的普通观众通过他的艺术记住了他，还有勇气敢于救助他。叶盛兰演过太多书生落难得贵人相救的戏了，但那毕竟是戏，岂料竟真真发生在了自己身上。真正的贵人就在老百姓当中！真正的艺术知音就在老百姓当中！“文而不媚，武而不粗，穷而不厌，儒而不俗”，这是总结叶派小生艺术特色的16个字，非常精辟。但这既不是叶盛兰自己总结的，也不是专家学者的评论，而是来自普通的戏迷观众。还是与看病有关。有一次，叶盛兰因病住院治疗，病房来了位外科专家。叶盛兰患的并不是外科病，就在纳闷之际，这位外科医生作了自我介绍。原来他是叶盛兰多年的戏迷，看过许多叶派戏，久而久之，就提炼出了这16个字。听说叶盛兰正在住院治病，便特来探望并很真诚地请教，问：“是不是这么回事？”叶盛兰欣喜不已，钦佩非常，连连道谢。他感到这位知音的确说得很透彻、准确，十分符合自己多年的艺术追求，也很符合叶派艺术的标准，当即记了下来。叶少兰回忆说：“那些年，凡我父亲住院的时候，常有喜爱叶派的戏迷朋友，闻讯前去探望。从此例，也说明父亲的为人及他的叶派艺术，与广大观众是多么的心心相印，多么的深入人心。父亲故去的追悼会上，八宝山来了两千多人，有一半是素不相识的观众。”

1966年8月底一天晚上发生的一件事，更让叶盛兰、叶少兰两代人终生难忘。据叶少兰回忆：“那天，天已经很晚了，听到有人轻轻叩门，我们都很紧张，我小心地开门一看，是一张黑黝黝的脸，穿工作服，工人模样。来人夹着一个红布包裹，悄声轻问：‘这儿是叶盛兰先生的住家吧？叶先生好吗？我是铁路工人，我们很惦记他，大伙儿托我来家看看。请代为转告，叶先生一定多多保重吧。’说完，这位没留下姓名的工人师傅，把那个红包袱往我手里一塞，随后消失在沉沉夜幕之中。我和父母回室内打开包裹一看，是父亲以前灌制的八张戏曲唱片。破‘四旧’高潮过后，已极为罕见了。父亲看着唱片，非常感动，一字一顿地说：‘深入人心的东西是永远不会磨灭的。’敢这么做的人，毕竟极少数，却预示着未来，反映着人性的不可泯灭！我父亲和我们全家人，正是通过与此类似的‘严冬’中的一丝温暖，企盼并相信春天一定会到来！”

春天到来了。但叶盛兰已经快走到生命的尽头。

他去世时，在上衣口袋里装的只有十元钱。那还是住院之前发薪金时，叶盛兰跟夫人说：“你给我也拿上十块钱，也压压兜儿，过过瘾。”直到临终，叶盛兰也没有说上几句与家人告别、交代后事的话。他想的、说的、放心不下的还是京剧。叶盛兰的五弟叶盛长回忆：

我亲眼看到，即使是在他卧床不起的时候，他也在关注着京剧事业的发展和对后代的培养。他不止一次拉着我的手不无遗憾地说：‘老五，小生行可不能绝了啊，老先生们有多少好东西没传下来呀，就是我身上会的这点儿东西，也应当给后辈们留下呀，可惜我……’每说及此，他的眼睛里都充溢着辛酸的泪水。有一次，他在一阵昏迷过后刚刚苏醒时问我：‘你还记得《南界关》这出戏吗？’我说：‘还记得上来。’他说：‘那好，等有功夫你把这个本子整理出来，让张春孝、刘秀荣他俩排出来，这可是出很好的戏呀！’我安慰说：‘四哥您放心，我一定把这个本子弄出来。’他还特别关心李维康和耿其昌等后起之秀，他无限感慨地说：‘这些孩子们的条件多好啊，可他们会的还少，得多教他们。下次你把他们的录音给我带来，我想听听。’尤其令人鼻酸的是在他病情恶化、不得不用输液和输氧的办法维系他那危在旦夕的生命时，他还抓紧给学生说戏。……令我终生不能忘怀的是在他临终的前一天，我们痛苦地察觉到他的生命已无回春之望了，所以就抓紧时间请他留下几句遗言。为了不刺激他那已很脆弱的神经，他的儿子叶强把录音机支在床头，强捺悲痛，故意佯装轻松的样子趴俯在他耳边轻轻地说：‘爸爸，咱爷儿俩聊聊天儿，您想说什么就给我说点儿什么。’我四哥听到语声，慢慢睁开眼睛深情地望着自己的爱子，吃力地开了口，用微弱的声音断断续续地说：“我，听说李小春要到美国去演《闹天宫》……很好，他还真有点儿他舅舅李少春的意思……我还记得点儿老先生们演猴儿戏的要诀，你……把它录下来，让小春听听……’接着，他就用仅剩的一点气力，艰难地把那些宝贵的艺术录到了磁带上。转天，他的精力更衰竭了，说话都困难了，他见我在身旁，就一把拉住我的手，郑重地说：‘老五，你侄子叶蓬学的是杨宝森派老生，唱功上是有了一点意思，可身上还得下功夫练，我把这事托付给你，你要好好儿给他说说……’我哽咽着说：“四哥，您放心，我一定按您的嘱咐办。’他听了后，惨然地笑了

叶盛兰

叶少兰为父亲扫墓时留影

笑，没过多久，他就慢慢闭上了眼睛，此后再也没睁开。”[①]

1978年6月15日1点50分，叶盛兰逝世，终年65岁。

6月26日上午，在八宝山革命公墓礼堂，举行了隆重的追悼会与遗体告别仪式。治丧委员会成员有：周扬、贺敬之、周巍峙、赵起扬、张东川、吴雪、史若虚、朱丹南、罗扬、阿甲、周加洛、李和曾、袁广和等多位文化艺术界的领导同志。周巍峙主持追悼会，阿甲致悼词。两千余人怀着沉痛的心情参加追悼会，情真意挚地向这位杰出的艺术家挥泪告别！

红氍毹上歌弦舞袖，精于斯，老于斯，逝于斯。

困厄沙岭：练筋锻骨眼迷惘

1969年，中国大地上发生了一场规模浩大的“迁徙”热潮。伴着“广阔天地炼红心，继续进行斗批改”的“革命”口号，城市青年的“上山下乡”运动开始了。戏校里刚有点儿生气的“红卫兵演出队”，也收到了以江青和康生为首的十几名中央首长联名签署、必须坚决照办的“重要批示”：“红卫兵演出队，也要下放部队农场，一面劳动，还可练功。”一百多人竟能得到十几名中央首长的联名签署批示，这在当时是件相当轰动的大事，队员们在感到“幸莫大焉”的同时，并没有意识到他们所要面对的，将是人生路上的一场劫难。

沙岭子，位于河北省张家口农村地区，是京包铁路沿线的一个小地方。由中国戏曲学校部分“文革”毕业生组建的“红卫兵演出队”，劳动之地正是这里的六十五军农场。

① 叶盛长：《梨园一叶》，第287-290页。

在演出队举行的动员大会上，一位在文化部文艺领导小组工作的军代表给大家做了“生动的”动员。这位军代表文质彬彬，戴一副眼镜，看上去像个老老实实的知识分子。在他的描述中，沙岭子是一个山明水秀、风景如画的地方。“那里有池塘，有鸭子，还有小树林……”真是“远山叠翠如含笑，春水绿波映小桥。绿荫深处闻啼鸟，看此处风景甚妙。”似乎是个“空有丹青难画描”一般的好去处。演出队里，都是二十几岁的青年学生，听着这样的描述，他们兴奋异常，生活在他们面前展开的似乎是幅玫瑰色的图景。

叶强当年亦不过27岁，作为演出队的“导演”，他自然要跟着这支队伍下往农场。可是，一块愁云却压在他的心头。他想到了自己年迈多病的父母。当时，叶强的哥哥姐姐们早已离散在各地，家里除了自己，只有一个年，16岁的妹妹陪在父母身旁。岂料，祸不单行，叶强还未及动身，16岁的妹妹竟也得到通知，被下放至黑龙江建设兵团。这天，叶强坐在父亲身边，试探性地问道：“爸，我听说样板团中一些艺术家适合上山下乡的子女，都经过关系，进了在京部队的宣传队，有的一家有好几个子女都送进去了。咱们能不能也想想办法，把小妹送进部队，留在北京照顾您和我妈妈。不然，我再一下农场，您二老身边没人，万一有病灾之祸，可真麻烦了。”然而，听了这话，叶盛兰却默默无语。他呆呆地望向叶强，眼神空虚得没有焦点。好一会儿，他才轻轻地答道：“咱们和人家不一样啊，我不是也得去干校劳动去吗？只是你妈妈她可怜。按规定，就让小妹去吧。家里的困难克服吧……”仿佛一声悠悠的叹息，消失在落寞的空气里。世态如此，如之奈何！叶强16岁的小妹，也只得由三姐陪同着，前往派出所去销户口。两声爽利的“呲呲”、一声冷漠的“行了”，就在漫不经心间，户籍卡进了字纸篓，从小到大生长在首都北京的女孩子就这么给“销了”。没有登记，没个回执证明，一个大活人在户口簿上就这么“消失”了。姐妹俩滚烫的热泪洒在了派出所冰冷的地上。小妹走的那天，是母亲和三姐送她上的火车。据说，那一天站台上人挨人，人挤人，家家户户都是父母甚至爷爷奶奶兄嫂姐姐送十几岁的孩子。但听发车铃声一响，一片哭声，震天动地。杜甫《兵车行》里曾有“爷娘妻子走相送，尘埃不见咸阳桥。牵衣顿足拦道哭，哭声直上干云霄”的诗句，在新中国的北京火车站，今天竟也出现了杜夫子诗中的情景！

动员会过后没几天，演出队的全体人员便在戏校的山字楼圆形水池前集合，清一色地穿着下发的国防绿军装。由北京军区第六十五军军直工兵营的一位高个子姓费的连长带队，经军代表挨个点名，随后整队出发，坐汽车直达永定门火车站，登上了开往沙岭子的列车。这些年轻人到此时，或许还满心以为这不过是一段短期的旅行，顶多半年三月就能回归故土。因此，每个人都未准备太多的行李。车厢里虽也时有笑语，但一股隐隐的不安却笼罩在每个人的心头。他们即将奔赴的是一个怎样的所在呢？

火车驶入一片旷野之中，车窗外的绿色渐渐淡去。刚开始，视野所及的远方似乎还残留着一点浮翠，慢慢地，淡远的长天下只剩一片凄凉的黄雾。下了火车，又换乘卡车，摇摇晃晃地走在崎岖的山路上，每一个人都已经明了，绿柳垂荫不过是一个不堪一击的谎言，等待他们的，将是塞上的漫漫荒沙和刺骨的凛冽寒风。车到沙岭子，一行百人被安排住进了北京军区第六十五军军直工兵营接管的、原地区监狱管理所的几排旧房。这里没有水管之类的进水设备，没有厕所，一切的一切，都等着这些年轻人来“创造”。他们扔下行李做的第一件事，就是平地修操场。紧接着，第一个大的工程就是挖水沟埋水管。由于害怕冬天水管上冻，埋水管的水沟要挖得一人多深。水管虽然接通了，但供水却只能保证食堂做饭之用，各屋的生活用水，还得靠扁担去挑，洗衣服在当时也是极不容易的事。再后来他们开始修建男女厕所，再再后来是砌猪圈。至于轮流淘茅房、起猪圈、垫猪圈，

叶少兰 1969 年下放沙岭子劳动时所照

更是隔三岔五就要干的活。一个学丑行的演员将当初动员会上的讲话编成一个“哏”，闲暇时候就拿腔拿调惟妙惟肖地学将起来，成为年轻人中间一个乐此不疲的“笑话”。

在沙岭子的头一年，这个由“红卫兵演出队”组成的学生连有过一些“演出”机会。这些演出随机性很大，常常是在营地劳动的时候，在田间干活的时候，卡车一来，一声哨响，一声令下，百来号人立即丢了手头的活儿，爬上卡车，即刻出发，开赴某个地点为人民演出。行动仓促，质量也就很难保证。演出或者公差，凡是到张家口或宣化，往北往南都是 30 里，不管寒冬腊月，卡车上能够有个篷儿就是天大的优待。不过，这样“令行禁止”的待遇却是别的学生连所没有的，因此颇赢得了一些艳羡的眼神。后来，全国政治的旋风越刮越紧。阶级斗争年年讲、月月讲、天天讲，花样繁多、五花八门的运动在沙岭子地区如火如荼地开展起来。造反派开始掌握了沙岭子的生杀大权。一张大字报写着“枪毙反革命分子某某某”，不走法律程序，不容申诉，几个年轻的生命就瞬间消陨在天地之间。随着大抓“五一六”反革命分子运动的恶性深入，被看管、关押的人越来越多。要演戏，这个角色被关押，那个角色被批斗，人凑不上，演出也就慢慢停了。运动、劳动，成为生活的唯一主题。

在这段时期，叶强曾有一次回京的机会。当时，“大演革命现代戏”风靡全国，《沙家浜》和

《红灯记》都出现了新编的版本。沙岭子农场的领导为排演这些革命剧目，派叶强和金桐两个人一起回北京，要求他们向北京样板团的同志学习，用三天时间把任务完成，拿出新编戏的演出剧本和方案。叶强负责《沙家浜》全剧的学习与导演工作。需要强调的是，在那个年代，样板戏的演出已经是十足的政治化行为，对演出要求非常的严格。舞台上的一束灯光，一道彩片，一件服装，甚至于演员的一句台词，一个唱腔，一个动作，一个神态，一个走位，都不能动、不许动！谁要是走错了，那就是政治立场问题，严重的会被直接打成“反两条路线的反革命”。在这个意义上，所谓的“学排《沙家浜》”实际上等于在用人力完成一件摄影机才能完成的工作。三天的时间记住所有的细节，其紧张程度概可想见。原本，叶强在样板团里有许多熟人亲友，向他们开口要资料应该也是完全可行的。但他或许太过谨慎，既怕样板团有“保密纪律”、不敢给别人找麻烦，又担心完不成任务，因此终日来提心吊胆，如履薄冰，三天里拼命记笔记，有不清楚的地方便追在演员身后问这问那，用这个“笨法子”最终顺利完成了任务，回到沙岭子随即就排演了新的版本。

在沙岭子，叶强他们所承担的劳动强度与难度，远远超过了一个正常人所能承担的上限。今天的叶少兰在回忆沙岭子的这段“锻炼”经历时，只能用“不堪回首”来形容。据说，沙岭子原先有过一个劳改农场，由于要磨“劳改犯”的心气，故而让他们种水稻。这其实是一种极端冰冷残酷、非常折磨人的活。在这缺水的河北，这无霜期特别短的塞上蛮荒之地，硬种水稻，只能是“与天斗，其苦无穷”。不知什么缘故，等叶强他们来沙岭子时，虽然劳改农场早已荒废，他们居然也步了劳改犯的后尘，开始在洋河滩上种起水稻来。播种时节，尚是春寒料峭，不想耽误农时，就得踩着尚未解冻的冰碴子插秧。插秧时，往往要用脚先把冰泥踩软，再插秧苗。而等到了开镰收割，水田里又已结上了冰，仍然得踩着冰碴子下地干活。无论插秧还是收割，都得踩在湿冷的冰泥里，“扑哧”一声，能直没到小腿肚子，人也就陷在地里寸步难移。到收割时，由于地底冒出的水蓄在地里放不掉，稻子就湿漉漉的。镰刀磨得再飞快，照样割不下几根，只能硬揪。上身穿着棉袄，两腿却泡在冰水里。天冷难熬，常常上下牙冻得“咯咯”作响，嘴唇青紫，五指冻得合不拢。有些人的手上裂开了深深的血口子，手脚全都冻僵了。有些人实在受不了，在秧田里拣几块破塑料薄膜裹住腿脚。然而，塑料薄膜又怎能挡得住这刺骨的寒气呢？

这些苦楚全是心照不宣的。在收割动员会上，上面的人还把“两层冰，一层水，中间夹着热大腿”当作一种“坚忍不拔”的精神来提倡，可提倡这种精神的人自己却不下地。当然，热大腿是不存在的。下去不大工夫，腿也就全冰凉了。由田里向外背稻子时，每人发条绳，垛十几捆稻，小山似的背着走，从后面看不到头顶。若是遇上绵绵秋雨，肩膀上压着六七十斤的湿稻子，脚下踩着泥泞，摔倒了要是身边没有人帮着拽一把是绝起不来的。感冒发烧是常事，叶强就是在那时候落下了腿病和关节炎的病根。随着时间的推移，这种要命的腿病给他带来了更多的痛苦。多年以后，当叶少兰重新登上舞台，很多观众或许不曾知道，他是在强忍着腿痛的情况下，咬着牙坚持演完了《群英会》和《八大锤》两出极重腿功的戏。受过这样的折磨，以后倘没有咬牙的坚持，纵然是一个功底再深的人也绝演不了。

在劳动方面，叶强秉承了自己严肃认真的性格。他本就是一个极重规矩、极遵纪律的人。无论学习劳动，不迟到，不早退，不缺勤，活儿也一点儿不比别人干得少。农活里也有行当，种稻这一行大概算是“武行”。虽然过去叶强从没干过，但临学现干，从育秧、插秧、挠秧，到收割、背稻，再到打场、扬场、走板、入仓，居然也件件不含糊。走板、入仓时，只见他麻利地拽起一百多斤重的麻袋“啪”地上肩一扛，再走上两三米高的跳板，松去口，呼啦啦往下倒。一天往返无数趟，足能背好几吨重的粮食。至于到张家口去拉水泥，那副狼狈邋遢相估计该算个“丑行”，至少也是个“穷生”。腊月天零下二十几度，刮着小刀子一样的风，几个年轻人满脸污垢，一身露出棉花的破袄，腰里系条绳，捂上顶棉帽子顶风坐在呼啸的卡车上，那副扮相，“真跟土匪似的。”连《打侄上坟》里的陈大官和《鸿鸾禧》里的莫稽的扮相都不如。在叶强的那个班，他与同志们的关系处得很好，再加上他劳动认真，据说有一次被狗咬伤了手掌也没有告假。因此，班里凡阶段性的嘉奖，一定会有叶强的名字。

可是，这样的日子毕竟太过寡淡了，听不见弦歌，看不到舞台。回头望，中国戏曲学校里的生活恍如云天里的仙阙，又像捉住了一个荒诞的古代的梦。向前看，像如今这样单调的生活，简直一眼望不到头。眼里见到的是土地昏暗的黄色，可是叶强的心却不能像土地一样安定。他感到，在岁月的缝隙里，在时光的关卡中，他的生命力，正一点一点地被剥夺。难道自己就一再这样继续赋闲下去吗？

几天之后，在沙岭子弯弯曲曲的羊肠小径间，一个身穿破棉袄、腰扎稻草繨子、周身溅满稻田泥水浆点、身心极度疲惫的青年人正疾步行走。在一个渺无人烟的僻静山沟里，他停了下来。侧耳细听，四周空阔、沉寂，偶尔的飞禽鸣叫，表明这还是个有生命过往的鲜活世界，周围确实已经再无人声。他放心地舒了口气。这个青年，就是叶强。今天，他是来这里练功喊嗓子来了。在当时，以叶强的身份，练功喊嗓是一件极其危险的行为，倘若被造反派的人发现，重则上纲上线遭受批斗，轻则也要受到批判和处分。所以，他只能偷偷地练。倘若说他此举有什么特别明确的目标，恐怕也不尽然。他心里当然也和别人一样有诸多难解的问号：时局已经到了这种时候，以后还有盼头吗？这样每天偷偷地练习，能保持功夫和状态，嗓音能精进吗？即便小嗓真的练出来了，以后没了小生戏，哪儿唱去呢？可是，父亲的声音又总是在叶强心中响起：“别自欺欺人，别耍小聪明。外界条件能变，自己却不能扯自己后腿。”自强不息，或许是这无望的日子里对

叶少兰在沙岭子的荒郊野地练功

心中郁闷的最好排解。

日子无声无息地过下去，白天和黑夜交替着来临。有时候，叶强觉得，在白天，自己有颗夜的心。夜里，凄凉零乱的梦萦绕在他的周围。夜风卷起沙岭子的走石，却吹不散他心中的荒凉。一条铁路可以远远望见。在练功之余，他常坐在小河沟边，看着铁路在天地间延展成一个硕大的惊叹号。火车带着轰隆隆的声响打破虚空，又一头扎进那未知的荒野里。眼前仍是一片土黄色。暮色压在他的肩头，极目苍茫微明的云天在他身后伸展出去。在天地间，自己只是沧海一滴，太仓一粟，有谁会来关注自己的命运呢？他想念父母，想念流落在外的家人，想念同在河北的许嘉宝，自己什么时候才能与他们相聚呢？

这时候，叶强的一大安慰是看妹妹从黑龙江给他寄来的信。从信中得知，妹妹在北大荒，已按照“建设钢铁长城”六字排序排进了建设兵团三师，即“钢”字师。北大荒荒山野地，没有正经的庄稼田。开始，她们的工作是无目的又漫无边际地拔草。夏秋之际，北大荒的蚊虫尤其厉害，在水泡子草垫子里割草的人，无一不是体无完肤。妹妹信中还说，生了病的人根本得不到有效的医治。有的青年同学，从此就长眠在那片黑土地了。16 岁的女孩，天真未泯，却也知道应该怎么响应号召，好好接受工农兵的再教育，好好改造世界观，彻底铲除资产阶级思想。也因此，叶强的妹妹一直表现突出，历经艰辛、百经磨难，“文革”结束后回到北京学医，在前门医院妇产科工作了多年。

有一天，叶强又接到妹妹的来信。妹妹信中的言语还是那样单纯。特别她说：“在不远处的山坡上，堆上了几座小坟头儿……”禁不住让叶强心头战栗，两眼泛红。同一时间，还接到了一封母亲的来信。信中说，父亲叶盛兰带病在干校劳动，家里只有叶强的母亲一人，单丝独线，无可依傍，身边一个亲人也没有。古人有倚闾望儿之说，他的母亲却只有病卧在床，儿女们远在天边，精神接近崩溃的边缘。病重之时，她无力起身做饭，常常饿着。虽然叶家姑姑和舅妈也

母亲刘淑卿与叶少兰兄弟姐妹六人

偶尔去家探望，为她熬一点粥，但终不能多加陪伴。炎夏暑热，叶母挣扎着起身倒水，怎奈壶内空空。在床上病痛难耐之际，竟将所盖毛巾被的一头蹬破了。叶盛兰从干校回家，则带病全力照顾自己的妻子。一生从未照顾过别人的叶盛兰，在这最艰难的时刻，也熬药、熬粥、洗衣服，一点一点地边学边做，差幸勉得温饱……信上的字变得模糊，叶强再也无法控制自己的情绪，捧着母亲的来信痛哭流涕。难道父母生养了六个子女，到了关键时刻竟一个也不能留在身前吗？远望铁路，眼中的火车成了急急赶路的游子。叶强决定不再犹豫，一定要请假回去，为父母料理一下，尽自己做子女的一份责任！

他擦干泪水到连部找到费副营长（即带领演出队来沙岭子的那一位，那时他已晋升副营长），以母亲生病没人照顾之由恳请批假，由于他政治身份特殊，经领导反复研究，最终同意批假三天。叶强归心似箭，下了火车就风尘仆仆地往家里赶，一口气登上四楼，一边急切地用钥匙开门，嘴里一边喊着：“妈，妈，我回来了！”是时，叶老太太正晕晕沉沉地蜷卧在床上，门外熟悉的声音让她的心里一阵激灵。多少次朦胧的梦里，她听见儿子归来的声音，真是望断了秋水，想断了肝肠。现如今这声音，是真？是幻？她软软地支撑起身子，急切地向门口望去。门开处，叶强看到了一幅怎样的场景呀！凄凄惨惨戚戚。清锅冷灶的小屋里，母亲正支着身体看着他，原本瘦弱的母亲此时更显消瘦，发染秋霜、愁锁眉角，眼窝深深地陷下去。那眼睛里，初时似有恍惚，渐渐地射出欣喜若狂的光来，然而这光转瞬间又被泪水所淹没了。母子二人抱头痛哭。叶强的哭里带着一个儿子某种程度上的愧疚。叶母的哭里，有委屈，有倾诉，更有一种绝处逢生的喜悦与欣慰。李逵探母，四郎见娘，人生有时候比戏更令人嗟叹。等二人平静下来，叶强便急急地为家里忙碌起来，烧水、收拾、服侍母亲洗脚擦脸。叶老太太呢，带着一种孩子般的喜悦的满足，眼神一刻不离地看着儿子忙前忙后。这一天余下的时间里，叶母的精神格外的好。为了庆祝母子团圆的这一天，叶强扶着母亲，下楼乘上 8 路汽车，到东风（即今东安）市场的五芳斋吃了顿饭，这也是叶强的母亲这么多月以来第一次正经地吃上一顿像样的饭。那时候，叶强每个月的工资是 55 元，这些钱，他都是让母亲保存着。叶母除去自己的一些用度，还想着每月为儿子存上一点钱。叶强回家时，就发现母亲还穿着一件老的长毛绒大衣，衣服已经很破旧了。为了让母亲高兴，叶强用自己的一二百块钱为母亲买了个华达呢的蓝色的大衣面，再找到一位姓范的裁缝师傅为母亲做了一件“皮猴”（一种内里是皮的、连着帽子的大衣）。这位范师傅原先是上海做西装的头把手、特级技师，1956 年支援北京，他做的衣服，剪裁等方面都是极好的。叶母拿到衣服，心里的欢喜自不用说了。儿子归来，她在精神上得到了很大安慰，家里总算有个人照顾了。

那时，北京市京剧团有一位金紫光院长，他是文艺界的老领导，原北方昆曲剧院的院长，也是延安老革命、戏剧家。金院长对叶强很关照，为了给叶强增加在北京多待几日的机会，特意给沙岭子连部去函，邀请叶强来北京市京剧团为李元春主演的《转战沂蒙》这出新戏做导演。对这样一个难得的机会，叶强当然极为珍惜。《转战沂蒙》从内容上来说，叙述的情节与电影《南征北战》是一样的。金紫光与他的夫人黄丽共同为这出戏创作了剧本。从演员阵容上来看，北京市京剧团当时有着相当不错的新老演员阵容，除了一些极为优秀的老艺术家以外，京剧团里还有一个由充满朝气和求知欲很强的年轻人组成的青年团。这出戏就将由这个青年团与主演李元春合作完成。从金紫光院长，到负责青年团的团长刘景毅，副团长李少楼，还有中国戏校武戏教员和这出戏的武戏排练张松林对叶强的遭遇都很同情，对他的导演工作也给予了很大的支持与理解。为了把这出新戏排演好，剧团的每一个人都非常努力。叶强给他们上了表演课，第一项就是分析剧本，探讨京剧在现代戏中的表演问题，不受时空限制、善于表现现实主义和浪漫主义相结合的题材的京剧该如何承载现代的内容；演员应当怎样为技术技巧找到生活根据，怎样将四功五法有机地化到现代人物中去，如何让表演技巧为人物服务；如何安排舞台调度；京剧演员的表演和布景怎样发生关系，等等。叶强将自己在中央戏剧学院所学的导演知识和新的见解融合到京剧的创作中，让北京市京剧团的演员们听了很感兴趣，觉得很新鲜，很受启发。演员们一起挖掘、设计新的表演手段，排练热火朝天，每个人的情绪都很高涨。

值得一提的是，这出戏的伴唱阵容很豪华，有李慧芳、梅葆玥、李淑君、童葆苓，等等很多名角。连年的政治运动让她们一度远离舞台，因此，她们渴望参加业务工作，如饥似渴、格外地珍惜这么一次舞台实践的机会，排练起来格外认真卖力。主演李元春要翻打、下高，最后腿都磕青了。最有意思的是，这出戏负责声音效果的是梅兰芳的小儿子，也就是当今梅派的掌门人梅葆玖。据说，梅葆玖从年轻的时候起就喜欢接触各种电子设备，早在十几岁时，就为梅兰芳录音和拍摄了许多演出资料。他还会拍电影，毛主席首次在长安大戏院看梅兰芳的戏，梅葆玖就拍了前面的《三岔口》和梅兰芳的《霸王别姬》。在“文革”中不许男扮女装，梅葆玖没有了演戏的机会，大艺术家变成了“打工”的音响师。可是，梅葆玖却心胸开阔，也不拿架子。就拿《转战沂蒙》来说，每次开戏前，他都要登上梯子去挂音箱。他对音响“业务”的专业程度让大家都对他十分信任。为了这出戏的音响效果，梅葆玖专门拿着介绍信，到八一电影制片厂将各种效果录音一点一点地录下来。回到剧团以后，叶强就和梅葆玖一遍遍地听这些素材。一边听，一边剪辑，一边熟悉戏的节骨眼，一边讨论在什么地方应该用什么样的素材去渲染什么样的气氛，包括声音的大小，由远及近的效果，怎么出夜间狗叫的声音，怎么出战场气氛，等等。梅葆玖对情节进展熟悉以后，每次响排，他就把音响的器具准备好，他和叶强之间定下了各种暗号。比如，叶强一挑大拇指，梅葆玖就“轰轰”地播放炮声，一竖食指，便是狗“汪汪汪”的叫声效果，再换一个手势是枪声，或者是风声、雷雨声、炮声、军号声……梅葆玖掌握得非常严实，有时候排练场的演员们为他出色的音效配合而鼓掌。叶强和他两人配合得也非常默契。谁能想到，后来经常在一块合作演出《奇双会》《凤还巢》《御碑亭》等戏的两位当代的京剧大家，他们的首次合作竟是幕后工作，一个是导演，一个是音响师。经过大家的齐心协力，《转战沂蒙》经彩排演出，业内外对这出戏的评价与反映相当热烈。叶强也打心眼里感谢这个团，感谢金紫光院长。正是他们，让他在“中戏”学到的那些知识终于得到了一个可以充分运用的机会，给了他一个久盼的工作的锻炼。叶强也与这个团结下了很深厚的感情。

这一切，叶强的父母看在眼里，自然是高兴在心头。由于当时用于排演的新路剧团练功厅和前门外广和剧场离叶强家都不算远，叶强每天都是骑自行车往返。不管多晚一到家，立马帮着母亲做家务。家里添了人气，儿子的归来就是最好的良药，心里高兴的叶母，因为得到了安慰和照料，身体逐渐有了好转。

然而，在这看似顺畅的表面下，叶强的心里却是喜忧参半。喜的是，这次他有机会为专业剧团导演大戏，自己所学的导演才能终于有了用武之地，成功办成了一件好事。忧的是，剧团终究不是他的久留之地，他的所属关系，仍然在那黄土连天、风沙遍野的沙岭子的大学连里。他渴望工作，渴望从事专业业务，可前途却依然隐于一片云山雾障之中，看不见今后的出路在哪儿。带着北京市京剧团的鉴定和表扬信，怀揣一颗忐忑不安的惶惶之心，叶强再次辞别自己年迈多病的双亲，匆匆踏上了返回沙岭子的归程。他不知，沙岭子的形势此时也已经发生了微妙的变化。

从 1972 年上半年开始，从没开春一直到年底，整个沙岭子大学连实际上已经处于半闲散的状态。此时全国的政治气候从黑云压城逐渐地露出了一线青天，纠错平反已成为早晚的事。在沙岭子，这种纠错平反主要集中在抓“五一六”运动期间大学连里几十个蒙受不白之冤的人身上。在谎言绝难持久、形势稍有逆转的情况下，当时被错整的人纷纷上告上访。虽然大学连领导极力控制局势，严禁人们回京，可此时发布的“不批准”命令早已成一句空谈。不仅是蒙冤之人，未挨整的人因为长时期的憋闷，也纷纷告假。一时间如大坝决堤，一泻千里。不仅是沙岭子大学连，整个中直文艺系统的大学连情况亦皆如此。地里的活早已无人去干，只能上交给部队战士耕种。早晨出操也只闻吹哨声，不见人影，后来连哨声也消失了。等到叶强到达沙岭子时，整个连队几乎已成一座空营，仅有二三十人，不足刚来时的一小半。静悄悄的，一派萧条之境。

这是否意味着，一个新的季节又要开始了呢？

兰嘉之恋：烈火中的患难夫妻

有佳人兮，囹圄成殇；终年不见兮，思心难偿；四海罹患兮，非我独怆；何日解忧兮，慰余彷徨；尺素代语兮，呕心劳纺；愿言配德兮，携手相将。

正当叶强在沙岭子刺骨的冷水里接受“劳动改造”的时候，河北省保定，有另一人也在经受着这场史无前例的“运动”带来的冲击。她，就是著名京剧青衣演员，后来成为叶少兰妻子的许嘉宝。

许嘉宝是什么时候打动了叶强的心的？我们不得而知。然而可以肯定的是，这个话不多的女孩子早在戏校的时候就是一个不服输、韧性极强、艺术天分很高的好学生。1956年考入中国戏曲学校的她，进校的时候虚岁十一，个子不高，虽说是上海人，却没有一点儿城市女孩子的娇气。在别人眼里，她安静而老实，总是收拾得干净利落。进校时，许嘉宝被分配学青衣行当。据说，她那时的嗓音并不出众，却

在中国戏曲学校学习时的许嘉宝（摄于1965年）

14岁时许嘉宝在《贵妃醉酒》中饰杨玉环

是同学中喊嗓最勤的人。起早贪黑的练私功，使她很快成为年级里比较优秀的学生。在戏校里她有幸碰上了雪艳琴、李香匀、荀慧生、赵桐珊（芙蓉草）、罗玉萍、华慧麟等众多艺术家、教育家做她的老师。1958年刚有电视，1960年电视台就录放了她唱的《宇宙锋》，1962年还录播了她《白毛女》“红头绳”一场。她既擅长传统戏《贵妃醉酒》《霸王别姬》《四郎探母》《天女散花》《宇宙锋》《女起解》等梅派经典剧目，同时对现代戏和新编的创作剧目亦胜任有余，在学校实习演出中广受好评。1964年现代戏会演，她排过《芦荡火种》中的阿庆嫂，在《奇袭白虎团》中演过崔大嫂，又参与排演一出描写朝鲜战争的《松骨峰》，还在戏校会演时获了奖。早在1960年，叶盛兰就在电视里看过许嘉宝演出的《宇宙锋》，并对叶强夸道：“这个孩子将来有出息，扮相好，身上好，唱念规矩。”这样一位敬业扎实又出类拔萃的青衣演员，或许早就在叶强的心目中留下了美好的影子。回望戏校时光，叶强与许嘉宝都是戏校中刻苦用功的学生。1962 年，叶强在上海向俞振飞、朱传茗学习《游园惊梦》以后，回校和迟景荣一块儿在课堂上还教过许嘉宝所在的班。一个是教演皆能的温文小生，一个是勤业求学的蹁跹青衣，教、学之间，他们对彼此的了解加深了。1963 年暑假，学校将留校的各年级学生组织到一起进行暑期实习演出，叶强与许嘉宝第一次合演了《奇双会 · 写状》。两人一块排戏、一块背戏，一块将炎炎夏日的悠悠时光变成了夏练三伏的课堂。

1965 年，许嘉宝以优异成绩从中国戏曲学校毕业，一毕业就被分到了位于石家庄的河北省京剧团。却原来当时河北省省委书记刘子厚非常喜欢京剧，早就在戏校的毕业公演上相中了许嘉宝这个出色的青衣，为了建设河北省京剧团，充实力量，刘子厚通过史校长的关系，在许嘉宝还未毕业时就将她“内定”了下来。许嘉宝刚进剧团，刘子厚就“钦点”她汇报演出了传统剧目《玉堂春》《霸王别姬》和《贵妃醉酒》。青春丽质，别样芳华。很快，许嘉宝成了河北省京剧团的台柱子。20 岁水一般清嫩的年纪，姣好的扮相，突出的业务条件，内外行的承认与赞赏，让这个以戏为天的姑娘初踏社会便沉浸在为艺术事业努力奋斗的喜悦中，浑然不觉一股老戏班所固有的狭隘与嫉妒情绪正如带着毒刺的藤蔓在她身边蔓延滋长。她更不可能觉察到当时全国“山雨欲来风满楼”的政治气候。许嘉宝就像还沉睡在一个香甜的梦中，不知自己正走在悬崖边上，下临无地，只等有人从背后一推，即能堕入深涧。

1966 年，席卷全国的“文化大革命”爆发，河北省委书记刘子厚立即作为“河北省最大的走资派”被打倒。“城门失火，殃及池鱼”，被刘子厚“钦点”的许嘉宝很快也受到审查。1966 年末，当时还是“自由身”的许嘉宝串联回到北京，来中国戏校服务站看望正为大串联学生分发住宿棉被而忙得满头大汗的叶强。一年多不见的老友重聚，格外亲热。交流以往，互诉衷肠，心心相印，彼此关情。没有花前月下，没有咖啡美酒，两个年轻人在浓云密布的氛围下同心携手正式确定了恋爱关系。

然而，第二波更大的冲击很快到来。许嘉宝回到石家庄，大喇叭里已经出现了“打倒许嘉宝”的叫喊。私心与嫉妒之毒伴着政治的疾风，各种“帽子”向她纷至沓来。她被隔离审查，为刘子厚等省委领导汇报演出传统戏的事实被定性为“作为‘大走资派刘子厚的黑尖子’，居然为走资派大演黑戏”。激烈的政治环境激起了人们趋利避害的本能，落井下石、深文周纳、罗织罪名，批判言论以令人炫目的速度上纲上线到骇人的地步，竟说她“与生俱来就是旧上海资产阶级的大小姐”，竟敢对抗“革命旗手”的文艺路线，胆敢“反对毛主席的文化大革命”，是“刘子厚用来攻击无产阶级专政的走卒”。许嘉宝就像随风飘浮的柳絮，像无家可归的羸鸟，茕茕无助，处处有网罗，步步是漩涡，滔滔者天下皆是矣。她颤抖、迷惘，她变得更加沉默，别人亦不与她说话，除去交代写材料之外，她如同惊弓之鸟，天天等待着她的是大会小会的批斗、谩骂、侮辱、殴打、恐吓、监视，如影随形。她被关在黑屋子里，没有自由。别的演员演出，而她只能去打扫卫生、扫地、倒痰盂，担水、烧水、打水，一天劳动不断。正是在这个时期，她因为过度劳累与沉重的打击，身体严重恶化，感染上了肝炎。

许嘉宝被批斗的具体情形，身在北京的叶强无从知晓。却是从许嘉宝被打成“反革命”开始，两个从相识到现在从没通过信的年轻人开始真正以通信恋爱了。许嘉宝的信总是很简短，素白的信纸上短短几行，怯怯的，瑟瑟的，苦楚似乎被隐藏在字里行间的空白里。叶强拿着这样的信，往往要捧着悟上很久。1969 年，叶强被下放沙岭子。他与许嘉宝虽同在河北省，却如海角天涯，并蒂黄连——两头苦。这个时候，叶强所在的六十五军农场也开始了打击“五一六”分子的运动，农场里贴出了大字报，“反革命许嘉宝”几个大字赫然在目，许嘉宝的种种“罪状”更是被大书特书。军宣队的干部们虽然没有直接点叶强的名字，但农场的大喇叭里却一遍遍地警告："现在咱们农场里有人与反革命分子有联系的，到现在都不知道划清界限吗！"除了这样警告性的提醒，叶强更是受到了审讯与质疑。审讯的内容无非包括"你和反革命分子有联系，你们是不是一块共谋反革命的活动？是不是还在酝酿着什么攻击无产阶级文化大革命的阴谋？"种种质疑，接踵而来的罪名，叶强感到捏在脖子上的无形大手又一次加重了分量。可在承受巨大压力之余，他的心里又不禁暗暗担心，自己这儿的形势尚且如此严峻，不知嘉宝那里又会怎样呢？恰在这个时候，叶强收到了许嘉宝的来信。第一次，许嘉宝在信中说了那么多。第一次，她在信中用上了非常严重的恨恨的语气。许嘉宝在信中说："我知道你因为我也受了很大的压力，我不想连累你。我现在是反革命分子，是有重大错误的人，我的情况很严重，你应该和我划清界限。我们的关系到此为止，从今以后你不要再给我写信，不要再联系我了。我并不知道自己将来的结果会在哪里，现在看来我是绝无什么希望的了，大概也不会有出头的日子。我每天都在检讨，虽然现在我也不知道我到底应该怎样去做深刻的检查，又该检查些什么，但我不愿拖累你。为了你的前途和未来，你和我划清界限吧……"信纸凹凸不平，似乎有眼泪滴在上面，又被风吹干了。

叶强坐在椅子上，瞪着信纸发愣，心里好像被谁捅了一刀，看不见的疼痛弥散在血液里。夜里，他躺在床上翻来覆去睡不着，与许嘉宝相处的一幕幕像电影一样从他眼前流过。那个留着短发、一声不响的女孩子，那个干净利落、眼睛里有着不服输劲头的女孩子，那个善良的、透着谦和之气、从来与人无争的女孩子，那些他们一起排戏的炎炎夏日，那些一起成长一起练功学戏的朝暮晨昏，那个一起推心置腹畅谈事业理想、朴实上进的好同学，她怎么能是罪大恶极的反革命呢？即使是把她投到监狱去，即使判她多么严重的刑罚，叶强心里明白，那也只可能是冤狱。他在心里呼喊：我了解她，我是因为了解她我们才有感情，我是因为了解她我才爱她的呀！在那个无法无天、人妖颠倒、草菅人命的恐怖时刻，什么事都可能发生。他想立即爬起来给许嘉宝写信，告诉她，人要有良心。她越这么说，自己就越不会这么做。他想告诉她，我时时刻刻在关心你，我对你没有任何的看法，我不相信你有任何罪行，自始至终我都相信你的善良和清白。他看见窗外的月光，月光让他感到一丝寒意，他想到许嘉宝此时不知做着怎样凄清的梦，不知白天受了多少苦，夜里流了多少泪。她从小就是个不爱说话的女孩子，此时心中又不知隐忍了多大的痛苦！她受尽批判、欺辱和攻击，孤身一人，没有朋友没有家，身边连个说知心话的人都没有，是最容易走向想不开的绝路的，这个时候的她是多么需要帮助和温暖，多么需要我的关爱、支持和鼓励呀！她唯独就跟自己有这么一种感情的维系，要是再把这条联系割断，她到哪里去申诉？她还有生存希望吗？自己岂不是成了无情无义、无是无非、不负责任的

《四郎探母》，许嘉宝饰铁镜公主

《霸王别姬》，许嘉宝饰虞姬

罪人吗？想到死，叶强打了个冷战。十年“文革”中，有多少人因为忍受不了非人的折磨与冤屈而被逼上了绝路啊！更何况许嘉宝还是一个刚刚20岁出头的女孩子。叶强打定了主意，天一亮就给许嘉宝回信，自己一定要在此时此刻加倍地安慰她、在精神上和心理上给她温暖和信心，让她有活下去的勇气！

可是在当时没有通信“隐私权”的恐怖氛围下，看信和回信也成了一门颇不简单的“艺术”。在许嘉宝方面，她写出的每一封信都要经过看管她的工宣队、军宣队和“革委会”的层层审查，信里不能叙述她的遭遇、生活和环境状况，更不能抒发不平、抱怨或委屈，只有进行自我反省、检讨、认识错误的信件才能经同意批准而发出。因此，领悟许嘉宝信外的意思成为叶强每次收信后的必做功课，他明白每封信背后都藏有许嘉宝无法言说的痛苦，从她反省的错误中，叶强一点一点琢磨，现在对她的批判到什么程度了？她又遇到了哪些困难？悟出了问题，叶强就立马着手写回信。他也明白，自己的信是不能直接到许嘉宝手里的，“革委会”的“领导”、“造反派”一定也会审查。如果不能通过，这些信就会被他们销毁，或做什么“证据”。可是，他的担忧太深，他想叮嘱的太多。怎么注意身体、注意休息、别生病，怎么能够正确对待今天这场运动，怎么克服目前种种困难，怎么熬过对她的种种折磨、用什么方式来调整、争取一切可能来保护自己……最让叶强担心的是，自己所在的地方已经有受批斗的人因为受不了折磨而对造反派出言不逊，或者大包大揽所有强加给自己的莫须有罪状，其结局是受到更残酷地摧残。许嘉宝从没经历过这种大运动和大阵势，会不会也吓蒙了，糊涂了，会不会也“胡说八道”，为求解脱而给自己上纲上线呢？真是不堪设想。叶强觉得自己有责任帮着许嘉宝分析，怎样在不给自己无限上纲的前提下做出愿意接受审查和表示愿意反省的良好态度，从而减轻折磨。可是，怎样措辞才能既让许嘉宝明白自己的这番心意，又能让军宣队的领导接受从而把信交给她呢？为了这，叶强真可谓绞尽了脑汁。白天，他一边在地里劳动一边动着脑筋想写信的结构。晚上，他除去正常学习以外，总要抓紧时间多看一些、学一些《毛泽东选集》和报刊上的文章资料，发现可用到信中的就赶紧记录下来。夜里，他整宿整宿的睡不着觉，脑子里盘旋的除了如何回信，就是许嘉宝。不夸张地说，为了写这些信，叶强有时到了魔怔的程度。他时时刻刻为许嘉宝担惊牵挂。挠秧、割秧，打稻子，种菜，甚至跑到山沟里练功，他时时都想着许嘉宝那儿的事：也不知自己的信接着没有？他总是提心吊胆，生怕许嘉宝出什么事，受了什么折磨，又出现了什么新的情况……为了将自己总结出的“交代经验”表达得更清楚，他常常用“有某个同志的自我检讨作的非常好，他……”相类似的举例做开头，将自己所精心寻到的毛选、文章中的话有机地融合，以另一种隐晦的方式表达自己的意思，以期启发、鼓励许嘉宝。由于每写一封信都要考虑方方面面，叶强的信从不少于十页二十页，叠起来非常厚，每封信都像“小褥子”一样快把信封撑破了。正是这些特殊年代的特殊“情书”，让身处困境的许嘉宝看到了希望的暖人曙光。她在“文革”过后对叶强说道：“那时候我觉得自己没有希望了，要不是你写信给我力量，真说不好我会走上什么路。正因为你给了我希望，所以我决心要活下来。”

单单写信，并不足以慰藉两个年轻人的相思之苦。叶强决定，前去探望许嘉宝。借着三天探亲假的后两天，叶强辞别父母赶到了石家庄。河北石家庄的造反派十分不欢迎叶强的到访，他们把他安置在一处废旧的职工浴室里。这个浴室位于离剧团不远的一片菜地中，废旧的洋灰池显出简陋破败之象，一排木板凳落满灰尘，墙上挂衣服的钉子则现出时光的狰狞之锈。浴池边搭着的两块木板，便是叶强的安身之处，别说是床，就是被褥都没有。石家庄的夜颇凉，浴室四面通风，这一夜该怎么过呢？当时，许嘉宝正住在京剧团的职工宿舍。因为生性简朴加上“身份”特殊，她随身的行李不多，只有单薄的一床被褥。她不顾叶强的反对，将自己仅有的被褥枕头尽数抱到浴室，自己则在硬板床上铺一层报纸过夜。据说，当时竟有两个人分站她的床头床尾监视。许嘉宝去浴室探望叶强，也必须得领导批准，并有人跟着。两人虽见了面，却是什么贴心话也不能说，“脉脉不得语”，只能用眼神表达心意。许嘉宝明显地瘦了，憔悴了。她看向叶强的眼神虽然温柔，却含有浓得化不开的落寞忧郁。叶强的心颤抖了，他决心去找许嘉宝的上级领导说说道理。

仿佛是愣闯辕门一般，叶强以百折不挠之毅力费尽周折，千方百计之下总算问明白了河北省文化局一个齐姓领导的所在，登门拜访。一进门，叶强就感觉自己仿佛是杨子荣进了杀气腾腾的威虎厅，一位面色阴沉的瘦高个“领导”端坐当中，以审讯犯人的姿态斜睨着叶强，旁边矗立着若干打手般的人物，面露狰狞之貌，有着与那“八大金刚”相似的嘴脸。果然如叶强事先所料想到的，这位齐某见“反革命”的亲属来了，丝毫不掩饰自己的蔑视之情，好像是面对十恶不赦的罪人，还未等叶强开口，便施施然道：“你知道许嘉宝是什么人吗？她是有严重问题的反革命分子！就这种情况你还来看她？你现在唯一要做的就是划清界限、站稳立场，你要是我们单位的早就扣下你了，明白吗？”言下之意，颇有点法外开恩、静等跪谢的情态。对这样的冷嘲热讽，叶强心里早有准备，他早在心中想好了策略：要以了解情况的方式开始，待等别人说不出具体的罪行，自己就可以趁机介绍许嘉宝的为人，表示关心并提出建议，争取对许嘉宝从轻处理。岂料这位“领导”的水平远远低于叶强想象。他不仅对叶强说的道理无言可对，竟至发展到说什么事情都结结巴巴，理屈词穷，最后竟以“我的痔疮犯了得赶紧去看病，不能再跟你浪费精力”为借口溜之大吉，让身旁的“八大金刚”不客气地“请”出了叶强。叶强好不容易争取到的这次见面就这样无疾而终，还留下了“领导给你面子生病接待你，还缠着啰唆不知好歹”的罪名。遇到这样的“领导”，叶强哭笑不得，但他并没有放弃希望。也是他的诚心所致，他又想方设法见到了省革委会下边主管文化的造反派的“领导”杜某某。岂料这是一位完全被“文革”洗了脑的“机器人”般的人物。这位30多岁的年轻人原是学校的知识分子，通过造反谋得了文化界权力的高位，他就像一台卡带的留声机，脸上的肌肉神经质地颤抖着，仿佛得了癔症一般反复对着叶强喊、背革命口号——“凡是反革命都要踏上一万只脚，永世不得翻身”。叶强看着他，就像看一个穿着大人的衣服要威风的孩子。他知道，向上申诉的路已经断了。凡此种种不平的遭遇，叶强对许嘉宝只字未提。他还是照样笑着面对她，继续给她生存的信心。

在那样的年代，几年一次的见面，小褥子一样的鸿雁传书，混合着艰苦的劳动、呼啸的批判和触目的大字报，叶强和许嘉宝以一种艰苦离奇又极特殊的方式交换着感情，谈着属于他们的恋爱。回忆起这段人生经历，叶少兰感慨地说：“我们的恋爱是在烈火中的恋爱。现在想起来，我和嘉宝从相识直到她去河北，我们没通过信，更没有一起看过电影、溜过公园，至于喝咖啡、观光旅游，休闲娱乐活动，常人所应有的恋爱阶段的欢乐温馨的往来，我们一概没有。我们的恋爱非常单一，非常残

叶少兰、许嘉宝在大同参观云冈石窟时合影

叶少兰、许嘉宝合影（摄于1983年）

酷，却又非常纯洁，非常诚恳、真挚。我们的爱情是在日积月累的思念中建立起来的。我们彼此都认识到我们感情的无条件和真诚，我们在最痛苦困难的时候看见了彼此的真心真情，我们感受到自己在对方的人生中所占有的分量。我们的谈情说爱没有绚丽的色彩，但却是我人生当中感到最有价值的东西。这是永恒的感情，在我的人生中刻骨铭心，永志不忘。”

1972年，两个历经千辛万苦的年轻人在北京登记结婚。当时，叶强和父母一起住在龙潭北里第四层楼的两间小房子里，叶强的小房间就成了他和许嘉宝结婚的新房。房里只有一张用旧的双人床，一张旧书桌。没条件置办家具，叶强自己给桌子上了漆，铺上塑料布，配上玻璃板，再把大红的喜字贴在床头，就这样布置了新房。新婚前一天，叶强和许嘉宝去四联理发店理了发。叶强穿着以旧改新的蓝色中山装上衣，许嘉宝穿一身用叶妈妈送的料子做的新上衣，两个人跑到中国照相馆照了大二寸的便照当作结婚照。叶强到当时的东风市场买来各种色样的糖，去东单“春明食品店”买了小泥肠、鸭蛋、松花蛋、盐水鸭等熟食，叶盛兰的学生张岚方、马连良的公子马崇恩两个人在小厨房里炖上牛肉，就这样准备了第二天的喜宴。据说张、马二人因为太过劳累睡着，牛肉还被炖糊了。新婚当天，叶强的姑姑、三大妈等叶家亲戚都来贺喜，不大的小屋里挤满了人。有的送《毛泽东选集》，有的送《毛主席语录》或领袖像章。叶少兰至今还记得，自己的三大妈送了一套红艳艳的茶具，四个茶杯、一个茶瓶、一个茶盘；马连良的夫人由马小曼代表来贺喜，送了一个很漂亮的暖水杯；梅葆玖送了一个上面绘着两只展翅而飞的天鹅的暖瓶；魏喜奎、周桓夫妇送了锦绣镜框，里面一个大公鸡，取"金鸡报喜"吉祥之意。这些，在当时都是非常稀罕的物件。小屋里支上桌，摆上菜肴，人们围在桌边，清贫却热闹地度过了这喜气洋洋的一天。"在这典型的艰苦环境里，我感到的却是全身心的幸福。"叶少兰如是说。

1976年，许嘉宝和叶强在北京军区战友京剧团团圆了。从此，她作为叶少兰生活和艺术上最志同道合与最亲密的人，陪伴叶少兰度过了38年的岁月。在叶少兰的心目中，许嘉宝身上具备很多优秀品质，"她无论是人品、艺德还是艺术造诣都无可挑剔。"

许嘉宝虽然是上海人，成长在大都市，却很恪守传统。"一生勤奋勤恳勤俭，为人极其淳朴厚道"是她给许多人留下的印象。按说，一个女演员讲究一些吃穿打扮是再正常不过的事情。可是，在叶少兰的记忆里，他却从没看见许嘉宝买过什么名牌衣饰，更很少见她描眉画鬓。穿着打扮方面，许嘉宝的要求只有"大大方方、干净得体"八个字。出席一些重要场合也仅是着淡妆。她的朴素真纯，在女演员中极其难得。

在舞台上，许嘉宝有着与叶少兰一样"戏比天大"的使命感。叶少兰说，"嘉宝很敬业，她的艺术天赋极高，作为一名优秀的旦角演员，她在艺术上取得了令人瞩目的成就。我们一起排演《吕布与貂蝉》《柳荫记》《周仁献嫂》《白蛇传》《平贵别窑》等戏，她的演唱韵味醇厚，表演细腻入情，为演出增色不少。我俩舞台上的默契，源于我们对流派对剧目对角色有着共同的、深入的理解，也饱含着嘉宝的智慧和勤勉。"翁偶虹曾这样赞许嘉宝："我看戏六十余年，总结每个时期演员的奋斗与成功之路，以坚厚的艺术基础和完美的传统剧目的精华，融化发展于新编剧目之中，'敢将十指夸针巧，不把双眉斗

《平贵别窑》，叶少兰饰薛平贵、许嘉宝饰王宝钏

画长’，为京剧的艺术之宫，添砖添瓦，制定自己的奋斗之路，循级而进。战友京剧团的首席旦角许嘉宝，就是其中的一个。她具备着青衣、花衫、古装、刀马，各种风格的艺术素养。《小刀会英雄传》中的周秀英，做表适度稳妥，声容并茂，以意象美学意识来塑造人物。《美人计》中把孙尚香‘非天下英雄不嫁’及‘慧眼识英雄’的内心，从传统的过于雍容华贵而冲淡了潜在情愫的束缚之中解放出来。孙尚香这样华贵稳重的人物，更适合于梅派表演，这个新型的孙尚香，仍然是掌握了意象美学意识的飞跃。她再次塑造的人物，是《吕布与貂蝉》里的貂蝉，《周仁献嫂》里的冯素蕙，《梁红玉》里的梁红玉，《柳荫记》里的祝英台，这些人物角色坚定了她的奋斗之路，她把整个的艺术精力，放在塑造新人物的志愿上。”[1]而翁偶虹先生对其在《吕布与貂蝉》中的貂蝉的饰演尤为激赏。他分析道：“貂蝉这个人物的内心世界与外在形象的结合，确较难于其他人物。貂蝉之于吕布，并

① 引自翁偶虹：《俏也不争春　只把春来报——许嘉宝的奋斗之路》。

不是美人英雄的相慕相爱（吕布根本谈不上是个英雄）；貂蝉之于董卓，也不是梨花海棠的强压枝头。她是以眉宇间的虚颦酿父子之疑，以眼波中的流盼泻暴政之恨。委蛇周旋，布刀弓于歌筵妆榭。掌握不住这个分寸，增一分则太浓，减一分则太淡。貂蝉之美，绝非‘淡妆浓抹总相宜’的。如何塑造这个人物，如何在传统的基础上进一步挖掘、塑造这个人物，才能达到‘推陈’之‘新’，为此她作了较为成功的尝试。”[①]作为战友京剧团的主角，许嘉宝在剧团创排的许多新编戏中均担纲主演，在塑造人物的推陈出新方面，均给人留下深刻印象。特别是在新编戏《梁红玉》中，有很多极吃功夫的武打场面，集中体现了许嘉宝文武兼擅的全才素质。“梁红玉的内心世界，无异五味迭更，七情瞬变。表现在舞台上的音乐形象与体态形象，当然要遵从京剧的艺术规律，寄托于唱、念、做、打、舞等传统程式，才能演出了有血有肉的特定环境中的特定人物。遥师梅派艺术风范，塑造新型巾帼英雄，以漱石砺齿的

《天女散花》，许嘉宝饰天女

① 引自翁偶虹：《俏也不争春　只把春来报——许嘉宝的奋斗之路》。

口劲，表现舌剑唇枪的对白；以莺燕关关的声腔，表现激昂悲壮的独唱；以渔阳三挝的腕力，表现桴鼓指战的豪情；以运斤如风的武功，表现八战八克的战绩。”[1]在博得了观众热烈掌声的背后，她所付出的汗水、艰辛，是常人无法想象的。著名艺术家关肃霜、阎世善，著名京剧导演郑亦秋三位老师为许嘉宝排练《梁红玉》一剧之后，异口同声地说：“许嘉宝真是一个出类拔萃的好演员。”

许嘉宝不仅在舞台上与叶少兰比翼齐飞，在导演方面也给予了叶少兰很多灵感。提到这，叶少兰不由地赞叹道：“嘉宝对艺术的悟性非常强，她对很多戏都有自己独到的心得。在排练演出中，她很善于动脑筋，总是在不断地思考。许多好点子、好设计，常常出自她的提议。包括有些身段要怎么运用，调度怎么安排更好，她艺术实践经验丰富，艺术功底扎实，艺术手段多，因此保证了她提的建议会得到采纳。不仅我导的戏，其他导演和其他合作的演员，也很乐于吸收她的想法。”在获得成功之后，许嘉宝却从来不炫耀。难怪翁偶虹先生曾认为许嘉宝的身上有一种“俏也不争春，只把春来报”的谦逊品质。在叶少兰的记忆中，许嘉宝一辈子从没跟人红过脸，从没有和人争吵过，“温良恭俭让”这几个字在她身上几十年如一日地体现着。“她说话总是非常和蔼，待人诚恳。竞争性强的特点在戏曲界是客观存在的，而她却以一种宽容大度、不争不抢的态度对待每一次演出分配。在剧团，同志们都知道，从来没见过许嘉宝去争什么、抢什么，她从来不计较那些虚名。无论大小演出她都极为认真，从不懈怠。无论到人民大会堂或中南海还是各地的大剧院、部队的礼堂、厂矿农村，即使每年末火车站送老兵迎新兵的小队清唱，她也一样全力以赴。在战友京剧团，几乎所有人都佩服她的德才兼备。她的确很谦虚，什么时候都爱听意见，爱与旁人交流，旁人的长处，她总能看得到也总

---

① 引自翁偶虹：《俏也不争春 只把春来报——许嘉宝的奋斗之路》。

爱学。这就是嘉宝。她的谦逊与她的聪明，是相辅相成的。她很懂得摆正自身位置，从不拿自己当个‘角儿’。凡我们一起出外的场合，接待方总会把她和我安排在一起，可她总是和群众演员坐在一块。她以她的艺术和品质赢得了同仁的赞扬，也确定了在剧团的领先位置。她在舞台上和我心中的光彩，无法磨灭。”

“敢将十指夸针巧，不把双眉斗画长。”忆及许嘉宝对自己的照顾和对这个家的付出，叶少兰不禁泪湿眼眶。在叶家几十年，许嘉宝对叶少兰父母所尽的孝道是有口皆碑的。在叶少兰的心中，有两件事像隽永的画一样烙印在他的记忆中，让他刻骨铭心。

1976 年夏天，唐山大地震波及北京，大地像得了哮喘的病人，不时发作的余震让空地上搭起了许多防震棚。一天，天空下着连绵的小雨，叶少兰心里记挂着住在龙潭湖小区楼房里的父母，他们今天也要搬进楼下的防震棚里。叶少兰早早下班赶去探望。刚进小区大门，一眼就看见许嘉宝俯身弯腰，正背着自己的老父亲在及脚腕的泥水里蹚水而行，母亲则在一旁为他们撑着雨伞。傍晚昏黄的路灯俯照着这在细雨中踽踽而行的三人，那情景既凄凉又震撼。叶少兰看着许嘉宝，这个在平时形象优美、在舞台上颇有成就、光彩夺人的女人，在这艰难的时刻，以柔弱的肩背承载起自己年迈瘦弱的老父，毫无怨言，亦完全不顾“什么形象”。四周的一切仿佛突然安静下来，一股酸楚涌上了少兰的心头。脸上湿湿的，已经分不清是雨水还是泪水。“不管怎么说，嘉宝那时还年轻，也是个挺有成就的女演员。我俩结婚才几年，毕竟她也是形象很优美的女人哪。她能这么做，实在不易呀！”

1978 年 6 月 15 日，病影幢幢风烛残年的叶盛兰，于北京病故，走完了他带着光耀、忍受屈辱的一生。叶家子女无不万分悲哀，恸哭不已。然而，趁逝去的老人身体还软，及早为他穿上已备好的服装却也是刻不容缓的事情。可众人痛不自胜，焉能动得了手？由谁来穿呢？谁也没想到，这时许嘉宝忍着悲痛毫不犹豫地坐到病床边，在护士的帮助之下，慢慢地扶起叶盛兰，将老人的遗体靠在自己的肩头，就那么头靠着头，仿佛说着告别的悄悄话一般，轻轻地、温柔地为公公换上了寿衣。“那一幕，我永生难忘。我们叶家兄弟姐妹们也会永远记得！”

叶盛兰去世以后，龙潭北里的家中只剩下叶少兰的母亲一个人。许嘉宝深知婆婆的不易，对婆婆的事，更是事事上心。那时，她和叶少兰工作地点在八大处。然而，每天不管工作多忙多劳累，只要能赶上公交车，许嘉宝就一定会赶回龙潭湖的家中照顾婆婆。她一个人挑起了家里所有的粗活累活，常常操劳到深夜。第二天，又早早起床为婆婆悄悄做好早餐，再赶回八大处上班。几十年来，许嘉宝与婆婆安危冷暖，共度时艰，婆媳关系真比亲母女还要亲！老太太 80 多岁以后，因为考虑到老人行动不便，需要人随时在身边照顾，许嘉宝和叶少兰商议，将老太太接至家中和他们一起生活。当时，家里已经请了照顾老人的保姆。可是，许嘉宝却一点没有忽略对老人的关心。几十年来，对婆婆的喜好习惯，她早已深知熟记，她知道婆婆极爱干净，老人怎样才能过得舒心愉快，她最为了解。因此她总是事无巨细，事必躬亲。无论吃穿用度，她几乎样样操办，实在太忙的时候，则必事先一招一式地指点保姆做好，尽量避免差错。叶老太太操劳大半生，到老年落下了多种老年疾病，多次住院治疗。每次，都是许嘉宝和叶少兰的小妹去陪房护理。当时医院设备简陋，陪护的人没床位，许嘉宝便带上一张凉席，睡在水泥地上。这样的坚持，直到她得了癌症以后也没有停止。老太太晚年时，患上了严重的老年性耳聋，听不见声音，因此平常少言寡语，不大爱讲话。为了解决这一问题，叶少兰曾请人从日本专门给母亲买了最好的助听器，可老太太却很不适应，一戴上就晕晕乎乎。许嘉宝怕老人家如此下去会患上老年性痴呆，想要和婆婆多说一说话，却又不能每次总是大声喊叫。怎么办呢？聪明的许嘉宝日想夜想，终于想出了点子。她用过期的年历卷了一个助听纸筒，二尺多长，一头大些，另一头较小，用大的这一头说话，小的那一头对着婆婆的耳朵，这个小发明，既能让老人听清，又不用喊叫，还挺拢音。用这个土造的纸喇叭，娘儿俩像说悄悄话，叶老太太心里高兴，话也渐渐多了。直到后来许嘉宝得了癌症，每当回到家中，她还不忘拿着这个纸喇叭进房间与婆婆聊天说话，变着法儿逗婆婆开心。有了许嘉宝，叶老太太生活有了滋味。叶老太太逝世时，享年93岁，可谓长寿。这里面，有许嘉宝太大的功劳。尤其值得一提的是，叶母逝世时，医院里的许嘉宝已是癌症晚期，下床都十分困难，可听闻噩耗，她却坚决要回来给婆婆磕个头，再尽尽最后的孝心。叶少兰不会忘记那一天由两个人搀扶着进门的许嘉宝。有这样的儿媳，相信叶家二老的在天之灵必能得到慰藉。

作为妻子，许嘉宝几十年如一日，毫无怨言地给了叶少兰最坚定的支持。“在我心里，嘉宝是典型的贤妻良母。她为我，为我的父母，

叶少兰、许嘉宝在美国华盛顿合影（摄于1985年）

叶少兰、许嘉宝在英国伦敦合影（摄于1986年）

付出了大量心血，做出了许多牺牲。她早年一门心思为事业，后来一门心思支持我。我有今天的成就跟她有直接关系。可以说，没有她的理解与携手奋进，便没有我能达到的一切！”叶少兰如是说。叶家父子两代人为了叶派艺术所做出的艰苦努力，许嘉宝眼见心知，她深深理解叶少兰的肩上承载着怎样的使命，传扬叶派小生艺术的事业有多么任重道远。或许许嘉宝可能取得更高的成就，然而，为了让叶少兰专心致志地致力于叶派艺术的继承和发展，她放弃了很多，牺牲了很多。她以自己的双肩挑起各种生活的重担，为叶少兰挡住了众多业务之外的纷扰。她的确承载了太多！排演《梁红玉》期间，上午刚从排练场回来，身上满是汗水的衣服尚顾不得脱，厨房里就响起了叮叮咚咚的做饭声。下午繁重的排练结束后，夜深人静时，浴室里还传出哗哗的洗衣服声。打理孩子，照顾老人，她不声不响，以女性特有的韧性把一切事情承担下来，克服了种种困难，她对丈夫的体贴，令人动容。她常说："少兰是真太辛苦了。为了戏可以不吃不喝，血液里的细胞都是京剧的。我现在主要任务就是照顾好少兰，让他能在舞台上再拼搏一下，带好学生，把小生这一行传下去。"如果听到观众说："叶少兰又长进了！"许嘉宝心里就比什么都高兴。叶少兰有心脏病，演戏却极认真卖力，许嘉宝为此也替他"提拉着心"。为了叶少兰的事业，许嘉宝就要牺牲点个人的事业。她觉得这样做值得。“我做好‘后勤’工作，少兰的压力就轻一点。”叶少兰在台湾演出时病倒又失眠，许嘉宝比叶少兰还着急。喂药、热粥，侍奉左右。叶少兰的社会活动很多，为此患有轻微的神经衰弱，睡觉时有一点动静便容易惊醒。往往许嘉宝忙完家务，叶少兰已经上了床，为了不惊醒叶少兰，许嘉宝常常在客厅的沙发上一坐就是一夜，可她却说：“看到少兰睡着了，比我自己美美睡了一觉还高兴。”

许嘉宝所做的一切，叶少兰历历在目，牢牢在心。许嘉宝的辛苦，没有人比他更清楚。“有人说她既照顾我，又照顾老人孩子，每场戏还那么精彩，人很皮实。其实我心里清楚，她不是皮实，她是为了我，为了这个家，为了京剧事业在硬撑。有好几次，在演出《霸王别姬》和《天女散花》时，她都曾悄悄地对我说：‘我实在太累了，真有点儿快顶不住的感觉。到‘舞剑’和‘耍绸’时就好像一点儿力气也没有了。可不管怎样，也不能撂台上啊。等演完了这几场，我得缓缓，也得到医院检查检查。’”谁知，这一检查就出了问题。

恶运再一次降临到他们的头上。正当许嘉宝盛年之时，她被查出得了乳腺癌。患病八九年，她不得不离开自己心爱的舞台。她与叶少兰合演的《白门楼》中的貂蝉，成为向观众告别的绝唱。那时候，她已经非常消瘦，能看出病容了。然而，即使是身患绝症，许嘉宝也绝不愿叶少兰为自己分心。她很“固执”地坚持自己去医院，冬天，她穿上厚厚的羽绒服，带个马扎，天蒙蒙亮就悄悄地出了门，有时候排队挂号需要等很长时间。叶少兰感慨地说：“她为我、为我们家付出了那么多，可临到自己身上却不愿麻烦人。”

为了挽救许嘉宝的生命，叶少兰想尽了一切办法，尽了最大的努力。他遍访名医，遍寻最好的特效药，为治好妻子的病投入了很大的资金。“这些年来，我参加过不少演出，由于很多治病的进口药价格昂贵，光指望工资收入是绝对不可能的。没别的办法，我拼命多工作筹集资金，以取得收入为妻子医病，花多少钱，我也不会犹豫，即使倾家荡产，也在所不惜。”许嘉宝刚开始知道这些后，她总是阻拦叶少兰这么做。“她往往阻拦我。她一怕花太多钱，给家里添太多负担。二怕用过以后也未必能有理想效果。其实她最怕我太辛苦，怕我太劳累，怕我自身的病会因此加重。那些极珍贵的药品和特殊营养品，她常常收着舍不得用，直到最后阶段，病情危重，她才忽然‘痛快’地接受了这一切。她对我说：‘我知道自己快不行了，难为你做这么大努力，我应对得起你为我做的这一切。你不放弃，我自己也不应放弃。不管怎样吧，真希望这些好东西能发挥作用。’这样的好妻子，我不能不挽救。”为了找到最好的治疗方法，有时候，哪怕得到一点消息，叶少兰也会亲自登门求助。“我要像她对待我那样，去回报她！”

天妒贤德。2009年，许嘉宝病逝。失去了自己最亲密的爱人，叶少兰心中的痛苦恐怕难以为外人尽知：

叶少兰、许嘉宝在青岛海边合影（摄于1986年）

叶少兰、许嘉宝在家中

嘉宝故去以后，很长一段时间以来，我一想到她就心酸不止，家里的很多陈设还是嘉宝在时的样子，仿佛她时时刻刻都还在我的面前，在体贴关照我的一切。我不会忘记，当我遇到许多事情，坎坷不顺，很生气很憋闷时，往往是嘉宝帮我走出困惑，替我分析，替我想办法。就像以往排戏时那样，我是导演，很多地方却是她拿出了最好设想。她给予我的启迪，不光在事业上，于人生态度上更因她的大度，使我心胸开阔。连主治医生都感叹地说道："她的病，按症状来说，如没坚强的心态保障，生命绝难维持得这么久！"

她即使在养病中，即使起不了床，即使做化疗理疗，还是千方百计地想为我做些什么，惦记着我。有时候我演出回家很晚，一开门却看见她还在桌前等我，看见我回来，她起身去厨房为我做夜餐，我看出她已很疲乏，劝她多休息，她却固执地不让我说下去。我吃夜餐时，她就坐在边上看着我吃，眼神里是满足的笑意。她虽是病人，却从来没有愁眉苦脸的时候，也绝没变得暴躁怪癖。我每次外出，她总要送我到电梯口，还总要关切地问："该吃的药带没带？保暖水杯拿没拿？"这些，她都是头天晚上准备好。譬如水杯她总是亲自洗干净，放上适量茶叶，杯盖则要斜放在杯口上，既能保持卫生，保证不进灰尘，又不至闷坏茶叶。她总是那么精细地爱着生活，这么精细地爱着我。她当然希望我能多陪陪她，却又绝不愿耽误我，她总是强打精神。每次送我出门，她总要做一些热情的动作，拥抱我，或者爽朗地笑几声，那意思好像是说："你看我怎么样？还挺精神，还挺不错的吧？"有好几次，她送我到电梯口，眼睛一刻也不离开我，那依依不舍的神情很明显，她是怕以后见不到我。可她眼里不舍，嘴上却说着让我宽心的话，我越看她这样，心里就越发难过，抑制不住泪湿眼圈，可我在她面前必须强忍着。好几次，我坐在汽车里止不住落泪，我知道她的病症已很重了，来日无多。我俩心里明白，只怕见一面少一面了。奈何奈何，却有必须要干的事。这对于我，能不倍感心酸吗？直到她故去后很长时间，她的音容笑貌仍常常萦绕在我心头。她的很多生活习惯，我都保持着，衣服怎么挂，挂在哪儿，我都保持原样；桌上和柜子里的东西怎么放，我都按她生前的习惯。现在，每次出门前，我都把保温杯洗好，放好茶叶，像她生前做的那样。每次下楼，到电梯口我还会情不自禁地回头，就仿佛嘉宝仍在那里，饱含深情地向我挥手。我也知道，这是种心理上的错觉，斯人已逝，现实残酷，但这种错觉却是我无法摆脱的。我也曾经多次梦见过她，在梦里，她与我像过去一样高高兴兴地说话聊天，也像是在边散步边探讨些专业问题，可一觉醒来，又记不清我俩到底聊了些什么，只能空余惆怅。

回望许嘉宝伴随自己走过的一生，叶少兰满含感情而又肯定地说道："嘉宝是我人生中最重要的人，甚至比我自己还重要。什么时候，我都可以说，在这个世界上，她是我最敬佩的女人！"

烈火中煅烧出的爱情，最真挚，最宝贵，最永恒！

第四章　艺术新生

军绿荣光：第二次艺术生命

1971年的下半年到1972年，中国京剧院、北京京剧团、上海京剧院、中国戏曲学校等单位纷纷前来沙岭子的“红卫兵演出队”挑选自己需要的演员和演奏员。据说，这些人手里持有国务院文化部文艺组的“尚方宝剑”，连军里的首长也高接远迎地将他们奉为上宾。“演出队”里被挑选出的人无不像中了头彩，兴高采烈。有的去了“五七艺校”（即中国戏曲学校）做教员，有的一跃进入样板团，有的借调往北京军区战友文工团京剧队。每当院子里传来汽车的轰鸣，人们总要互相眨眨眼，说上一句：“这回，不知谁又找到‘落劲’了。”落劲者，原指练功翻跟斗的落地要领。有了落劲，就能站稳脚跟。每离开一拨人，演出队里必然会引起一阵不小的躁动，一股焦躁失望的情绪在留下来的人群中蔓延。这些多半失了希望的心现在又一次次地被撩动起来，仿佛黑暗中的一点星光，只把这黑暗映衬的更加让人难以忍受了。连每天见面时的问候里也多了一点无奈、酸楚的意味。

前来选人的单位，从表面上来看，遵循的是一条“业务标准”，实

30岁时的叶少兰

际上，暗里还有一把犀利的政治钢筛——将那些在反右和“文革”中疑“有问题”的人毫不留情地筛落。

和别人一样，叶强的心中也膨胀着一股焦急的情绪。他虽然没到有关部门上访过，也从没写过反映情况的信，可他心里抱着的希望并不比别人少。他在戏校里当过导演，排过大戏，他专业基础扎实又有丰富的教学经验，在沙岭子劳动期间也排过《沙家浜》，还为北京市京剧团排过《转战沂蒙》，自己的业务能力，几家样板团和艺校了解得很清楚。按常理讲，他的原工作单位是中国戏曲学校，只要“五七艺校”有意愿调他回去，他自然可以回戏校当教员。他的心里隐隐地期待着，做好了这种准备。每一次“五七艺校”前来选人，几名演员和演奏员先后被选中，唯独叶强榜上无名。有一次，他看见前来选人的艺校负责人竟然是和自己从小一起长大的大师哥，故人相逢，岂能不叙叙前缘？叶强的眼睛热望着他，盼着他走到自己跟前，和他说上一两句久别重逢的话。岂料，这位大师哥走近叶强时，却仿佛与他不认识一般，故意扬起脸看向别处。从头至尾，这位大师哥没有表现出一点故友之谊，仿佛一位“大将军”，视余人为草芥。穿着没红领章帽徽的军装，比有领章帽徽的军人还透着威风。这位师兄就这么装聋作哑地走了，叶强的一腔热情化了空，用“冷水浇头怀抱冰”形容毫不过分。望着这位师兄的背影，他真是奇怪：“怎么台上从来没见他这么威风过呢？”

这一年，沙岭子的秋天格外地长。衰草秋风，枯阳残月。有时候，叶强思忖：老年间艺人们说“搭班如投胎”，还真是不假。从艺的人，谁知道撞上什么“落劲”呢？自从接受“红卫兵演出队”专职导演这份工作，自己的命运就仿佛与这支演出队有了千丝万缕的关系。现在这支队伍行将解散，自己的归宿又在哪里呢？

当时，他们唯一能做的事，只有等待，无穷无尽地等待。

冬天来了，沙岭子被皑皑白雪覆盖，阒寂无声。就在回京的消息早已断绝，大家对分配的事已缄口不言、不爱再说时，却于无声处响惊雷！1972 年 12 月初，叶强与一拨儿“站到了最后一班岗”的七八十人，终于听到了中央下达的正式指示：演出队现有的成员全体整顿，休整之后，集体参军入伍，到北京军区政治部战友文工团工作！这真是做梦也不敢想的天大喜讯！霎时间，不仅是“红卫兵演出队”，整个沙岭子地区的大学连全都沸腾了！留在大学连的人们奔走相告，在京逗留的人也都以最快的速度返回。在为他们高兴的同时，其他大学连的学生也纷纷相互鼓励：“咱们也前途有望，离出头之日不远啦！”确实，在所有大学连的分配上，叶强所在的这个连先行了一步。到 1973 年春，所有的大学连，全部分配工作，中直文艺院校的毕业生，都走上了新的岗位。

经过一周多的休整，“红卫兵演出队”坚守到最后的 70 多人全部到位，精神面貌也焕然一新。北京军区政治部战友文工团二队（也就是京剧队）的队长方生同志亲自来沙岭子看望大家。他对大家非常热情，也十分理解每个人想及早穿上军装的迫切愿望。他挨班挨屋地了解情况，对运动中胡批乱整的不实之词，他表示绝不相信，也绝不留尾巴。他希望大家放下思想包袱，要注意自己的身体健康，以最好的精神状态加入战友文工团。他的话像一阵春雨，滋润了很多人心中几近干涸的土地，大家把自己心窝里的话纷纷向他倾诉，仿佛是和亲人交谈一般，许多人都流下了心酸与感激的眼泪。那几天，营地里简直像过年一样，人人满面春风，个个笑得合不拢嘴。除了打点行装，他们纷纷外出采购土产，到张家口市买核桃栗子、皮褥子、熏兔肉，到宣化陶瓷厂门市部去买瓷器，买宣化葡萄酒和葡萄干。在那个物资匮乏的年代，这些东西在北京也不多见，每个人都想给北京的父母及亲人们带回一些礼物。

出发那天，原本应该坐卡车到沙岭子火车站登车。可是大家议定，除了把行李包裹都装上卡车，所有的人一律列队步行前往。他们沿着再熟悉不过的山坡小路，越过沙丘，穿过葡萄园和白杨树苗圃，绕过沙岭子化工厂。一路上，乐队的同志兴高采烈地敲响了京剧所特有的锣鼓，吹响了激越昂扬的唢呐曲牌。一会儿是【急急风】接【四击头】，一会儿是【九锤半】转【走马锣鼓】，一会儿是【紧长锤】，招惹得附近的老乡和放羊娃好奇地向他们张望，以为哪儿开戏了呢！叶强走在行进的队伍中，听着那熟悉的锣鼓和曲牌，仿佛看见自己和身边的这些战友们在今后的舞台上所展现出的生龙活虎的勃勃生机。是啊，告别了沙岭子，他们这些人，真的是要开戏啦！暖暖的太阳照着这吹吹打打、热闹喧天的一群人，已压抑得太久的心绪一旦迸发，就是这样火爆，就是这样无所顾忌！走了个把小时，才抵达那个只有慢车才停靠的小站。

到车站为叶强他们送行的人很多，大家与炊事班和工兵营大车班的战士，十分亲热地互道珍重。附近大学连的熟人们也都到了，其中有后来成为著名影视剧导演的郭宝昌、滕文骥、王亨理和著名小提琴演奏家于夫华等。他们平日就与“红卫兵演出队”这一连非常要好，时常来往，这天当然也是特别地高兴。不少人拿着相机拍照留影，就连小站上的铁路员工都情不自禁地说：“不易啊，总算盼到了这一天！”六十五军政治部和大学生办公室的领导带着几位干事，也来送站，还给每人发了路上吃的东西。当时，沙岭子小站热热闹闹，充满了欢声笑语。40 多年之后，叶少兰回忆起这段往事，眼里仍像有芒星闪烁。他说：“在我半辈子去站台候车的无数次中，从沙岭子回北京、即将参军入伍的这一次，是最为激动的一次。我永远也忘不掉那一天，那个小站，那些欢笑的人群，这是我记忆里最为珍贵的回忆。”

叶强尤其记得，当自己从战友京剧团领到了军装，缀好领章帽徽，第一次穿着崭新的军装回到家里时，父亲、母亲和全家人流露出了怎样的惊喜！叶强刚走进门，不知谁“呀”了一声，原先坐着的一家人纷纷站起身来抢到门口，把叶强围在中间。母亲一把拉住叶强的手，一边不住左右打量，一边哽咽着说不出话来，叶盛兰则忍不住红了眼圈，嘴里反反复复说着：“好，好呀……”这军绿就像明媚的春光，照退了人心中的阴霾，让叶家人觉得眼前一亮。

叶少兰、许嘉宝夫妇合影

叶少兰、许嘉宝夫妇合影

叶家人的感慨感叹感触，是谁都能理解的。当初，叶盛兰仅仅得到一套“样板服”，就那么珍惜备至，结果还是被剥夺了工作机会。抚今追昔，叶强如今能穿上军装，成为中国人民解放军中的一名军官，有了发挥才干的新岗位，他怎能不珍惜？这身军装，不仅使他，也使叶家人在精神上、政治上、心情上都感到莫大的安慰、抚慰、欣慰。人人都说参军光荣，从那时起叶家终于也挂上了“光荣军属”的牌子。对于叶家而言，这块牌子所给予的不仅是一份全社会公认的光荣，更是人格尊严，是直起来的腰杆子，是以多年屈辱换回的清清白白！人生在世，还有什么能比这更金贵？

叶强进入战友京剧队的头几年，生活上面临着很大的困难——工作重、孩子小、夫妻分在两地。这些难处，被北京军区战友京剧团的张非团长和李留奎副团长看在眼里。一天，叶强偶尔路过团长办公室门口，听见张团长正在给军区文化部打电话，张团长在电话里反映了叶强目前的困难："他每天城里城外的长途往返，两口子的工资又不高，全加起来不到100元，实在是内外交困。我看许嘉宝是名优秀的旦角演员，如果调到我们团，必定大有用武之地，可以使我们的演出阵容得到加强，也解决了他们的实际困难……"团领导的体恤，让叶强心里万分感动。

1976年，经过组织努力，尤其是在军区徐信参谋长和政治部李宣化主任的全力支持与促成下，北京战友京剧团与河北方面协商，河北省京剧团终于同意将许嘉宝的档案调往北京。临行之前，许嘉宝突然收到通知，让她去团领导办公室取回"属于她的东西"。她带着疑惑来到办公室，一个硕大的麻袋摆在她的面前，一个分管工作的同志面无表情地指着麻袋说："这里面都是这几年你的批斗材料，既然你去北京了，这些属于你的东西你也一定得带走！"语气斩钉截铁，毫无回还。许嘉宝只得带着原单位"最后的馈赠"心情复杂地来到了北京。然而，当这麻袋资料拿到军区，首长看也不看，只说了一个字"烧！"部队锅炉房里的熊熊烈火烧走了最后的阴霾。据说，战友团的朱宝光队长在锅炉房里足足烧了有大半天！就这样，许嘉宝也终于扬眉吐气地穿上了军装，成为战友京剧团的一名主演。她不仅在艺术上获得了更广阔的舞台，叶强一家三口也终于得以团聚。提起这段往事，叶少兰感慨良多："部队在掌握党的政策方面较地方某些单位确实更为实事求是和公正。特别是部队的一些老首长，如洪学智将军、杨得志将军、秦基伟将军、杜平将军、王海将军等，他们在朝鲜战场上就是我父亲的老朋友。此次我和嘉宝能够双双加入部队文工团，穿上光荣的军装，成为双军人家庭，对我，对我父亲，对我们全家都意义重大，这绝不是简简单单得到一份好工作的问题。对于部队，我的父亲母亲和我们全家，都甚为感激，说我们真是遇到了好领导，遇到了贵人！"

进团之后，叶强充分发挥了他在戏校就已显现出来的导演特长，在军队这一片新的土地上导演了许多优秀的剧目。《格斗》是他在北京军区导演的第一部作品，主要表现侦察兵在大比武中艰苦训练，不怕苦累，不怕牺牲的故事，是部队演出的一折小戏，也是央视恢复新编现代题材的第一部戏，在电视上录像转播时引起不小轰动。那天，叶强也早早地坐在电视机前。随着“格斗”两个大字的打出，电视屏幕上出现了“导演：叶强”。这一刻，叶强心里长舒了口气。第二天，亲朋们纷纷向叶强道喜祝贺，他的辛苦与努力终于赢来了回报。叶强在北京军区排的第一部大戏，是与金桐合作导演的《风雨龙山》，这是一部表现共产党员在矿区开展革命斗争的现代戏。此后，叶强排有一系列反映现代题材的戏曲，比如展现部队训练场景的《烽烟口》，描述干部和战士关系的《出发之前》，描绘农村改革发展大好图景的《初晴》，描写农村农业生产题材的《稻草问题》，歌颂南昌起义的《八一风暴》，反映“四人帮”垮台时的《大喜的日子》等，都是他独立导演的剧作，演出后均获好评。这些戏中，演的场次较多的是《八一风暴》，很受战士们的欢迎。当然，《沙家浜》《杜鹃山》作为经典的革命样板戏，也是这一时期叶强重点导演的剧目。

在与中国京剧院一团合作演出《谢瑶环》《白蛇传》《群英会》之后，叶强依照金紫光、黄丽夫妇的剧本，导演了《鉴真大师》。这是一出规模很大的新编历史剧，得到了中央领导和有关方面、特别是钱学森、赵朴初两位先生的高度赞誉与肯定。随后，叶强又导演了由“编剧圣手”翁偶虹创编的《小刀会英雄传》，由许嘉宝、李岩主演，同样获得了很大成功。

军营是育人的特殊学校。在这所学校的培育下，叶少兰得到了突出的全面发展。作为一个导演，他不仅需要分析剧本、理论阐述，还要给每个演员做出示范。不仅在唱念做打各方面和主配演的戏都要精通，还得懂得音乐，熟悉乐器，了解舞美、灯光，这对他无疑是一个综合的训练和提高。部队也由此给予其应有的殊荣：他先后被北京军区授予社会主义精神文明标兵、部队文职干部先进代表、北京军区第五次党代会代表，荣立了二等功，当选为出席党的十三大代表和全军第二届百名英模代表，先后两次受到了邓小平同志的亲切接见。

从 1972 年起，叶少兰在部队迄今已经待了 40 多年。曾经有很多人问他："叶老师，您是演小生的，有这么高的艺术成就，却在军队剧团工作。部队文艺有部队文艺的特点，您怎么能适应？这么多年，您就没有想过离开军队，换到更为适宜的地方吗？"在叶少兰看来，在这个问题上替他"遗憾"的人，或许是好心，但的确没有真的理解他。

我的自身经历，父亲遭遇的惨痛磨难和父亲对我的殷切期望都让我明白，这身军装来之不易。能穿上军装，是我一生最重要最有意义

叶少兰夫妇与儿子叶明在苏州拙政园合影（摄于 1981 年）

的一件事。军装所给予我的，不仅是荣誉、责任、身份等，更有四十多年来的知遇之恩。看看我这么多年来取得的艺术成就，假如不是依托军旅的支持，若真是换个地方，情况恐怕未必乐观。这是早被证实的客观事实。这身军装在我眼中非常神圣。部队不仅给了我第二次艺术生命，也给了我做人的尊严！这么多年来，我是带着一种感恩的心为战友表演、为艺术献身。直到今天，我对部队的崇敬和初衷不改。

可以说，是军绿，激发了叶少兰的艺术青春；是军绿，使这位钟爱民族文化艺术的戏剧表演艺术家续写了京剧表演艺术的精美华章！

“盛兰”重生：春雷一动起蛟龙

到目前为止，本书已经出现了我们的主人公的三个名字：叶金泰、叶强、叶少兰。其实，这中间，曾有过四次改名的历史，名字的更替史不仅与主人公的命运紧紧相连，也意味着新的希望与重生。从呱呱落地时长辈们寄寓着安泰一生期望的“叶金泰”，进入中国戏曲学校之后抱着自强不息之梦想自己所改的名字“叶强”，临毕业前，按照母亲的意愿，为表承继父志而改名的“叶少兰”，不久后面临文革大潮，在时代的强权下不得不顺势而为改回的“叶强”，直到本章所述的1979年“文革”后第一次《谢瑶环》演出的登台，在一代京剧大家袁世海的动议下，再次更名的“叶少兰”，每一步，他肩负希望，怀拥抱负，走得辛苦。终于，他走入了叶繁兰茂的时代。从《谢瑶环》的演出开始，他——叶少兰之名响彻梨园，传遍华夏，氍毹踏遍几十载，成为当代京剧小生艺术的又一座高峰。

重踏氍毹的起点——《谢瑶环》

1979 年，为纪念中国现代戏剧的奠基人、著名文艺家田汉，中国京剧院决定复排田汉先生在 1961 年创作并由杜近芳首演的新编历史剧《谢瑶环》。复排阵容可谓强大，除了导演郑亦秋以外，杜近芳饰演谢瑶环、张雯英饰演武则天、刘元汉饰演武三思、李世章饰演徐有功、陈真治饰演来俊臣、谷春章饰演武宏、刘鸣啸饰演蔡少炳、夏美珍饰演苏鸾仙。在由谁演出该剧第一男主角——袁行健的问题上，叶盛兰先生的多年合作者、著名京剧表演艺术家杜近芳站了出来，出乎所有人的意料，她选择邀请叶少兰来完成这一重任。

杜近芳是王瑶卿、梅兰芳两位京剧艺术大师的弟子，著名京剧旦角表演艺术家，当年中国京剧院一团的“四大头牌”之一，长期与叶盛兰合作并受其教益和提携。力邀叶少兰前来演出，杜近芳是顶着一些压力的。首先，叶少兰并不是中国京剧院的演员。其次，这些年来，叶少兰一直没有出现在舞台，没有进入公众的视野，对他舞台上的演唱和表演，京剧院的一些领导和同仁都心存怀疑。剧院领导专门找杜近芳谈话，希望她考虑到这不仅是她本人的戏，也是中国京剧院的戏和纪念田汉先生的重要活动，为了保证艺术质量，请她慎重。杜近芳却非常坚持，她说：“我保证演出效果，保证叶少兰的嗓音能适应演出！”为了让叶少兰尽快调整进入舞台的演出状态，杜近芳还特别向叶少兰介绍了自己的练声方法和用嗓经验，并推荐他到同仁医院的一位著名嗓音专家那里请教用嗓卫生和声音保健方法。

能得到父亲的多年合作者、著名艺术家杜近芳的邀请，能与许多父亲的老同事、老战友及自己的师兄师姐们同台演出，叶少兰自然觉得非常的兴奋。在感受幸运的同时，也感受到了压力。一方面，这么多年来，他的心中始终怀揣着一个坚定的信念，由父亲所树立起的那座丰碑始终在召唤着他，他曾在“文革”荒芜的沙岭子里冒着极大的风险练私功、练嗓子，他曾在窗户上钉着被单的房间里用汗水染湿了氍毹。他的心里憋着一股劲，一口气，他需要一个证明自己的机会。另一方面，长期的导演工作也为叶少兰提供了一个很好的平台，在排演《沙家浜》《杜鹃山》《智取威虎山》等大戏、样板戏和小型现代戏的过程中，叶少兰除了不间断地做案头的理论工作外，还要思考剧中每个角色的唱念做打，不仅自己要研究透和训练到位，同时在排练场还要给演员做示范并教会演员。比如在执导现代戏特别是样板戏时，叶少兰必须要根据“样板”来做示范，要经常通过形体、动作和身段来启发演员，所以他在排练场所得到的锻炼要比真正参与演出的演员还要多。长期的导演工作使他对表演艺术有了更深的理解和掌握，同时保持了较佳的身体状态。但是，长期脱离舞台演出实践的导演工作，在一定程度上也使他失去了获得舞台实践经验的机会，特别是在嗓音上丢功厉害，加强训练是势在必行的。在叶少兰看来，“中国京剧院一团是我父亲曾经工作、战斗过的地方，也是建立了叶派艺术辉煌成果的地方。我竭尽全力，要把这次机会当成一个至高无上的任务去完成”。

在杜近芳的带领、指导和众多中国京剧院艺术家的团结帮助下，《谢瑶环》这出戏恢复得很快。第一次的排练非常圆满。叶少兰在舞台表现娴熟，这让中国京剧院一团的演职员们放了心，叶少兰心里也有了底。回忆起《谢瑶环》的排演，叶少兰慨然言称，有两件事他必须要感谢杜近芳老师的热情提携和全力扶持。一是，由于长期脱离舞台，当时叶少兰的嗓音没有完全恢复，调门很低，为了保险起见，调门降到了趴字调还要绵一点。杜近芳老师为了让叶少兰台上不紧张，能正常发挥，主动提出迁就叶少兰的调门。所以叶少兰至今回忆起来，仍然很感动：“这是杜老师的主戏，而且杜老师调门高，以唱著称，调门对演员非常重要，很可能因为调门矮了，该有好的地方没了，或者非常出彩的演唱变得平淡了。杜老师真是高风亮节，一片诚心地希望我成功。”二是，这出戏在创排之初准备由叶盛兰与杜近芳合作演出，后来由于叶盛兰生病，未能实现。所以，在杜近芳后来的演出中，减去了结尾处袁行健祭奠时本来准备由叶盛兰唱的四句唢呐腔。但是此次，杜近芳却坚持要少兰唱唢呐，杜近芳对叶少兰说：“你要唱唢呐，你一唱，别人就想起你父亲，想起《罗成叫关》了。”叶少兰感激地回忆说：“唢呐腔火爆而激昂有力，能强烈突出叶派的演唱特点，演唱起来自然会产生非常好的效果。作为杜老师的主戏，却在结尾处让配演的我大唱唢呐腔，足见杜老师对我的培养，扶持我推动叶派艺术。”在感激的同时，叶少兰更感受到一种使命和责任。他说，“我当时心里就想，我一定要唱好。不单是为了自己，更是为了叶派艺术、为了小生艺术，为了杜近芳老师和当时的中国京剧院一团的老师、同事对自己的信任和鼓励！”

《谢瑶环》是一出新编古装戏。唐朝年间，江南农民在太湖聚义，武则天钦命女官谢瑶环为右御台史，改名谢仲举，赐尚方宝剑，巡按江南。一日，武三思之子武宏与来俊臣之异父弟蔡少炳，于苏州伍员庙中强抢民女萧慧娘。江湖义士袁行健路见不平，与众奴厮打。适逢女巡按乔扮男装，私访民情至此，劝双方至官衙申诉。堂上，袁行健举发武宏罪状，武佯称慧娘为其所买奴婢，谢秉公而断。武、蔡不服，大闹公堂，迫使谢动用尚方宝剑，斩蔡少炳，杖责武宏。谢见袁行健气宇轩昂，豪侠尚义，心生爱慕。于是花园定情，二人遂结成姻缘。武三思、来俊臣为替子、弟报仇，诬告谢通敌谋反，并擅改圣上口谕，矫命南下，将谢拘审，最终被酷刑至死。武则天盛怒，诛来俊臣、武宏，撤武三思天官尚书之职，追封谢瑶环为定国侯，礼葬吴江东岸。袁行健往太湖劝慰农民返乡归来，见谢之丰碑耸立，感怆良久，遂拜别亡妻，浪迹江湖而去。

此次排演《谢瑶环》，叶少兰在具体设计上提出了一些新的想法。比如，袁行健的出场，原先为二道幕前一个打上，用【软长锤】锣鼓，抖袖，起唱【摇板】，是较一般化的处理，但符合配角设置。叶少兰保留了在二幕前上，他尊重原创的格局，同时也有自己新的想法和处理。叶少兰设想先有个小缓锣，营造些气氛，而后起【紧长锤】，再用【撕边】引出袁行健登场，这一上场的设计就显得既有分量又醒目。上场后一亮相，奔台口之前，叶少兰先是右手抓水袖，左手撩褶子，又背右手盘左腿，亮靴底，台步由慢变快直扎左台口。叶少兰以这些健朗分明的身段动作，先把义士形象亮出来。随后一个小趋步，翻右袖抬膀，一亮，再起右手反翻袖，横向往舞台的中间走，拧身背右袖左手上翻袖，“仓”，又在重锣之中，一个亮相。而后鼓师重犍子“嗒嗒”，抖双袖起【闪锤】，唱“三尺剑一囊书满腔肝胆”，虽还是唱【摇板】，叶少兰要求自己的这几句【西皮摇板】不能是一般的水唱，要唱足唱响，借鉴《黄鹤楼》周瑜上场的“水军冲破千重浪”的气势，唱出人物个性。这就把有武艺根底的袁行健这位义士的傲岸风貌和凛然正气表现出来，并为后面的唱段台词及抱打不平的剧情做了恰当的铺垫。他的这些设想，不但得到了杜近芳老师、郑亦秋导演的充分肯定，更得到

《谢瑶环》，叶少兰饰袁行健（2012 年摄）

了鼓师赓金群的大力支持。赓金群是叶盛兰多年合作的老伙伴，他曾给叶盛兰司鼓过《罗成》《打侄上坟》《佘赛花》《吕布与貂蝉》《水淹下邳》《辕门射戟》《八大锤》《石秀探庄》《雅观楼》《九江口》《蝴蝶杯》《桃花扇》《玉簪记》等许多戏。叶少兰清楚地记得，20 世纪 50 年代的时候，父亲在西单剧场演出《周仁献嫂》就是赓先生打的鼓。如今，自己看父亲的戏和赓先生打鼓的事情仿佛就发生在昨天，尚宛然在目，谁知马上演出的《谢瑶环》就是赓金群先生打鼓，这让叶少兰有着无尽的感慨和分外的兴奋。赓先生非常关爱和扶持叶少兰，对于他设计袁行健出场的一些想法给予了大力配合。叶少兰回忆说："赓先生的锣鼓特别有劲，尤其是加锣和捂锣，催着演员提神，节奏、劲头让演员特别舒服，十分托人。老话说，'鼓要好把人打活了，鼓要不好把人打死了。'赓先生的鼓怎么打怎么舒服。他打出同样的锣鼓点，却有不同的效果和处理，根据情节和演员的需要，总能打出不同的情绪来。"

接下来的"伍员庙"一场，袁行健拜伍子胥神像，在"伍将军哪"叫板后，原创当中，有段自抒胸臆的【流水】板唱腔。叶少兰觉得此处用【流水】板式显得分量不足，便建议将其改为唱【娃娃调·二六】以加强力度。他认为，"袁行健使谢瑶环产生印象是从伍员庙开始，故需渲染得更加充足。他跪拜伍员神像时的自言自语，既能揭示出他的胸怀抱负，又能让谢瑶环听到后对他引发出'这男子器宇好轩昂'的钦佩，同时，也向观众交代出他们从此结识的背景。只有在这里铺垫瓷实，才能为后面情节的发展，即谢瑶环将其留下，花园定终身，委以重任，乃至最终发生谢瑶环惨遭酷刑致死的悲剧提供足够的依据。这里的渲染，实际上对谢瑶环精神境界的升华，也起到了至关重要的作用，是一处很好的'根'的所在。"这一想法又得到了前辈们的支持。

"花园相见"一场，是一幕很好的"生旦对儿戏"场次，与前面

《谢瑶环》，叶少兰饰袁行健（2012 年摄）

的场次反差很大，高雅深邃，情长唯美。叶少兰根据自己多年做导演的习惯，分析人物和剧情，提出了建议，充实加强谢瑶环演唱中的感情表演成分，得到杜老师的支持与赞同。叶少兰回忆道，在杜近芳那段著名的【南梆子】唱腔中，借鉴了昆曲艺术载歌载舞的特点，伴随唱腔，通过身段表情舞台调度等来强化意境，比如借鉴了昆曲《游园惊梦》中杜丽娘与柳梦梅的一些表演，贴切而合适。他进一步分析说，当听到谢瑶环由衷地叙述自己的身世和情感的词句时，袁行健内心的感动与冲动、震颤与爱慕，也是不言而喻的。杜老师的这段唱腔，演唱得极其动听、极其感人，真挚地表露着谢瑶环的爱恋情愫。与其他场次相比，这场戏是真正还谢瑶环以本色的唯一一场戏。她这一场，唱念台词，说的都是心里话，反映出真实的内心世界。所以，这场戏要演得非常纯真，感情色彩是极为浓郁的。这场戏，也成为全剧的华彩乐章。

在为作者田汉恢复名誉、平反昭雪的追悼会举行过一个多月之后，1979 年 6 月 14 日晚，作为国庆三十周年献礼演出的节目，中国京剧院一团在人民剧场演出了京剧《谢瑶环》。

那一天，叶少兰早早地来到后台，坐

在化妆桌旁。桌上，是他最熟悉不过的眉笔、粉底、胭脂、锅烟子，他望着它们，有点生疏，有点犹豫。还是青少年时，自己曾经成百上千次地看父亲化妆，也曾自己扮妆。那些再习惯不过的画眼眉、打冲天红、吊眉勒头，那些再熟练不过的化妆程序，曾几何时成为梦中残影。他望向镜子，镜中的人已过了而立之年，时光改变的又何止是年岁呢？由于十几年脱离舞台，叶少兰对于传统戏的扮戏，特别是对于颜色的浓淡深浅和底彩的厚薄掌控，心中恍惚、没底了。起先，为了保险起见，包括《谢瑶环》首演在内的前几场戏，他请自己的哥哥叶蓬为他化妆。后来，若干场戏之后，仿佛找回了当年的感觉，他又拿起了笔，自己扮妆，他像回到了学生时代，通过彩排、演出找扮相。从此以后，叶少兰研究化妆的笔再也没有放下过。直到今天，叶少兰虽已古稀之年，但化上妆后，仍要比实际年龄小许多。他的妆好是出了名的，他和许多比他年轻几十岁的旦角演员演戏，观众并不觉得有什么年龄差距。北方昆曲剧院的一位老生演员说："我看了这么多艺术家的戏，勒水纱出月亮门形状最好看的就是谭元寿、叶少兰，真漂亮！"叶少兰花甲之年排演新编历史京剧《洛神赋》时，据北京京剧院梅兰芳京剧团的一位副团长介绍："每逢叶先生化好妆走出化妆间，团里的年轻演员全跑过来，盯着叶先生看。好多年轻旦角演员就在一块议论：'这妆是怎么画的呀？这哪像六十开外的人啊？'个个花痴般地看着叶先生。"此是后话。

书归正传。叶少兰扮好妆后，从包裹里，拿出了一件自己带来的非常陈旧的胖袄，袄子上全是汗碱。由于叶少兰长期不演戏，他并没有自己的"三衣"[①]，只能从家里拿来了这件仅存的胖袄，而这件胖袄竟是其父叶盛兰演出时常穿的。叶家经过"文革"破四旧，怎么还会保存有这样的胖袄呢？叶少兰后来分析，很可能是父亲演完出以后，天气突然转凉了，因为没带更多的衣服，叶盛兰就随手抄起一件胖袄

① 三衣，是京剧服装中水衣、胖袄、护领、小袖、大袜、彩裤及靴鞋等物品的统称。

穿着御寒这么带回了家。由于是一件陈旧的胖袄，混着破衣烂棉引不起注意，也就幸存了下来。这件胖袄对于叶少兰来说极具纪念意义，看见它就好像看见了父亲在演出和练功，就能想起父亲对自己的教诲与要求。所以，叶少兰十分珍视这件胖袄。如今，父亲的气息萦绕身畔，他即将穿着父亲的胖袄重踏舞台，他感到又激动又安心。

他穿上彩裤，试了一双合脚的厚底靴，准备停当后，走到服装案旁。中国京剧院专门管穿服装的童师傅给他准备了白箭衣、白团花褶子和白将巾。童师傅一边麻利地抖落戏装，一边神秘地说："少兰，你知道这衣服是谁的吗？"叶少兰上下打量着这身服装，露出疑惑的表情。童师傅哈哈一笑，说道："这是李少春先生《野猪林》头场穿的。"叶少兰一听，"哦"了一声，他惊奇地左看右看，上下打量，忍不住用手摩挲着，又欣喜又兴奋。只见童师傅又一指旁边的学士巾说："这是你父亲用过的。看见没有，最好的东西都给你拿出来了。"叶少兰更是惊讶，拿在手里来回地仔细端详，注视良久，激动非常。父亲的胖袄、学士巾和李少春先生的戏装使他百感交集，温暖非常，好像前辈艺术家在保佑着自己，"这不就等于抱着我上场吗？"他感受到一股源自内心的力量，心里更踏实了。

那天的剧场过道里、后排靠墙、侧幕条坐着站着的，满坑满谷，而以内行人士居多。特别是侧幕里的副台，站满了人，绝大多数是中国京剧院一团的老人，当天有事没事的都来了。叶少兰清楚地记得："当时我从后台走到侧幕条，大家都用期待的眼神看着我，一种热情的、善良的眼神，我感到大家对我抱有无限的期望。"该到叶少兰上场了，观众静坐而待。上场后，少兰得到了礼节性的碰头好，随后台下则是鸦雀无声。时人有文描述其刚一上场的风姿："他演袁行健，踩着【紧长锤】的锣鼓节奏上场，头戴白色将巾，身穿白素花褶子，双眉微皱，二目拢神，右手轻轻地扯一扯褶子的右下襟，左手一抓水袖，在'九龙口'的位置上站住，引肩跟背，头部和肩膀微微一个颤动，凝眸一望，目光深邃，英姿勃勃，襟怀落落。他亮相时，通过眉宇之间的神气，使观众看出了这个人物的精神气质。”[①]

当叶少兰开口唱【西皮摇板】的第一句“三尺剑一囊书满腹肝胆”过后，台下在一片安静中发生了小小的骚动。人们忍不住交头接耳、议论纷纷：“哦，这是叶盛兰的儿子吧？”“看看唱的怎么样？”“在台上和他父亲还真像呀！”“嗯，这是叶派……”待等第二句“几年来踏遍了塞北江南”唱完，台下的观众仿佛愣了神，静寂的空气中飘浮着惊愕与不敢相信，突然，好像有谁喊了“预备齐”一般，如潮的掌声汹涌而来，淹没了整个剧场。“好！好啊！”人们喊道。就在这时，不管是侧幕条边齐刷刷地站着的许多关注叶少兰的人，还是坐在台下瞪大眼睛注视着叶少兰的亲友、许久不见叶派剧目的观众，很多人都掉下了眼泪。“也该人家了！”侧台的人群中发出了一声这样的感叹。这一感叹是对叶盛兰的遭遇、叶少兰的出演和两代人坎坷经历的复杂感慨。著名剧作家吴祖光曾十分激动地回忆道：“京剧舞台上出现了奇迹！我第一次看到青年的小生演员叶少兰在锣鼓声中出台亮相时，真是大吃一惊，几乎不相信自己的眼睛。怎么？是已故的叶盛兰死而复生了？声容笑貌，举手投足，和当年的小生泰斗叶盛兰一般无二，不差毫厘。真教人不能置信人间会有这样的事情！”[②]著名京剧表演艺术家吴素秋回忆道：“‘文革’后，中国京剧院由杜近芳女士恢复演出田汉先生改编的《谢瑶环》。当时缺乏小生主演，近芳想到曾经与她合作多年的老搭档，已故的叶盛兰先生，由此也就想到了他的儿子叶少兰。那时少兰已调入战友京剧团，中国京剧院把他借来助演这出戏里的袁行健。由于这个角色不太重要，叶盛兰先生没有演过。少兰只好借鉴他父亲的演唱方法，塑造这个对他来说

① 逯兴才：《叶少兰——京剧小生的希望》，《人民戏剧》1982 年第一期，第 19-22 页。
② 吴祖光：《无与伦比的叶盛兰》，《戏剧电影报》总第 723 期。

极为生疏的人物。此时少兰嗓子极好，上场头两句唱腔满宫满调，音色优美，吐字有力，韵味十足。由于当时观众对他不熟悉，没有给他鼓掌。这段唱唱完了，他赢得了极为热烈的‘满堂好’。在座的侯宝林夫人王亚兰女士激动地说：‘这不就是当年的叶盛兰嘛！刚才唱头一句的时候，就应当给他叫好儿！’演过这出以后，所有人都发现了这个人才。”[①]叶少兰的演出，让观众产生了“恍如盛兰在世”之感。京剧叶派小生大师叶盛兰晚年远离舞台、后又不幸早逝的悲剧是许多戏迷观众心中难遣的遗憾，大家在对已故大师深深怀念的同时，在叶少兰身上看到了叶派小生艺术后继有人的希望，其激动、兴奋之喷薄热情也就不难理解。“盛兰谦虚宽广，真诚善良，而天赋之厚、功力之深，在一部梨园史上应是空前的人物，而遭遇如是惨重。如今出现了这样一个克绍箕裘的麟儿，为他的父辈争光。”[②]再之后的戏，叶少兰简直就不能动。唱一句、动一下，台下就是一片叫好声。特别是“花园”一场，他和杜老师的表演可以说是受到了观众疯狂的欢迎，欢呼的热浪似乎能掀翻人民剧场的顶棚。

演出结束后，兴奋的观众久久不愿退场。叶少兰的心中也是五味杂陈，非常感动。他说：“观众喜爱我，其实是对我父亲的怀念，对叶派艺术的热爱。我心里非常清楚，我跟我父亲的方方面面都差得很远，而且又是这么多年头次登台，要恢复舞台实践，达到这个戏和这个人物的艺术标准，达到舞台表演的成熟要求，还有很大的差距。但是我感受到了大家对我极其热情的鼓励和抬爱，我一定要努力奋斗。观众的热情，就是后来不断激励我的强大动力。”

---

① 吴素秋：《博学广纳 继承创新——赞叶派艺术家叶少兰》，《中国戏剧》1996年8月总第471期，第26-27页。

② 吴祖光：《无与伦比的叶盛兰》，《戏剧电影报》总第723期。

“今天儿子给您送票来了”——首演《群英会》

自叶少兰在排练场排演《谢瑶环》开始，有一双关切的眼睛一直注视着他。这位十分爱才、无论是《谢瑶环》的响排、演出都亲自到场的艺术家，正是叶盛兰多年的合作者、著名京剧花脸表演艺术家袁世海。说起来，袁先生与叶家有着很深的交情，他是“富连成”科班“世”字科毕业，与叶盛兰不仅是师兄弟更是多年的合作伙伴，并同为当年中国京剧院一团的四大头牌。如今，看着四哥（叶盛兰）的二小子子承父业，在《谢瑶环》中表现不俗，袁先生打心眼里高兴。在《谢瑶环》演出前，袁先生就提出建议，即将叶强之名改回“叶少兰”，并得到大家的赞成。这既是梨园世家之习俗，寄寓着继承父志、开启艺术新生之意，也是京剧界所素有的演员之名要“打得响”的惯常之例。子承父业，天经地义。戏迷观众也乐观其成，一望便知。但同时，对演员也会产生压力，内外行始终会在脑海里判断“你是否当得起这个名字”。

《谢瑶环》的成功演出，袁世海看在眼里，喜在心上。他马上向剧院提出复排经典传统名剧、三国大戏《群英会》，并力邀叶少兰出演周瑜。

对袁先生这样的提携，叶少兰心中既惊又喜，既感且佩。他知道，《群英会》是京剧艺术宝库中精品里的精品。该剧在小生艺术中是高规格、高层次、高标准的经典剧目和精品剧目，它不但是父亲叶盛兰的代表作，也是京剧小生演员的试金石，对小生演员的成熟度和实力都有极高的要求。一想到自己将饰演《群英会》的周瑜，并和父亲多年的合作者、以“活曹操”著称的袁先生合作，他感到一种至高无上的荣誉。袁先生此举，无疑是对自己最大的鼓励、信任和培养。

虽然叶少兰曾向父亲叶盛兰认真系统地学习过该剧，在排演《群英会》时，袁世海还是主动把叶少兰叫到家里说戏。他将叶盛兰当年表演此剧的精华与叶少兰一起回顾，并提点少兰在全剧重点的地方应该注意什么，无论是周瑜的唱念，还是身段，袁先生都给予了悉心热情的指点。袁世海对艺术有着极其严谨的态度，他要求每一位演员在排练时要像正式演出一样一丝不苟、认认真真，并以身作则，排练时身段动作全部走出来，念白唱腔也都满宫满调地唱念。排演中，袁世海嘱咐叶少兰一定要舞剑。"这是你父亲看家的东西，是盛兰最有代表性的表演，也是最受观众欢迎的表演。你必须要演、要继承下来。这戏减哪儿也不能减舞剑。"他鼓励少兰说，"你现在还年轻，一定要抓紧锻炼，舞剑一定要舞好。"因为叶少兰年轻有武功，而且有《八大锤》的底子，袁世海又热情地建议，在舞剑的结尾可以加上"探海转灯"的技巧，以增观感，呈豹尾之效。

《群英会》公演前，叶少兰提前来到当时中国京剧院所属人民剧场的售票处。"同志，我要订两张《群英会》演出的票，请您帮我选七排中间最好的两个座位。"售票员一听，心想，离演出日子还早呢，

《群英会》，叶少兰饰周瑜、孙岳饰鲁肃、张学津饰诸葛亮

《群英会》，叶少兰饰周瑜、孙正阳饰蒋干

怎么现在就来买票，抬头一看，这不是叶少兰吗？他为什么要买这么好的票呢？便好奇地问："您这票是买给谁的呀？"叶少兰轻轻地说："我要请我父亲来看戏。"在接过叶少兰郑重递过的票钱时，这位售票员双眼湿润，差点哭出声来。想必，关于叶盛兰当年《群英会》的演出盛况与后来的遭遇，这位售票员是清楚的。转天，叶少兰来到八宝山革命公墓第十室，站在父亲的墓碑前，向父亲汇报了自己演出《谢瑶环》的情况。随后，他说："中国京剧院一团要恢复演出《群英会》了，等演出时，请您老人家到现场给我把场，我演给您看，向您汇报。今天儿子给您送票来了。"然后，他把两张戏票恭恭敬敬地放在了骨灰盒前。首演那天，叶少兰特地早早地和剧场的场务人员打了招呼，说明情由，请他们千万不要让不知情的观众占了座。场务人员非常感动，当即表示他们会负好责任。演出前，叶少兰不放心，又在边幕扒开了缝仔细地往台下瞅，那两个座位果然一直是空着的。这一场演出，叶少兰演得格外投入、卖力，仿佛冥冥中台下有一双眼睛在关切地、严肃地、欣慰地注视着他。父亲饰演周瑜的英姿是否又浮现在他的眼前呢？他此时心中的万般滋味，恐非外人所能洞晓。《群英会》在人民剧场连演了很多场，取得了极好的剧场效果。

《群英会》"舞剑"，叶少兰饰周瑜

前辈襄助 再演《白蛇传》

紧接着，中国京剧院一团排演全本《白蛇传》。杜近芳饰演白素贞，叶少兰饰演许仙。这出戏，叶少兰在戏校曾经学过，当时学的就是中国京剧院一团杜近芳、叶盛兰的演出版本。做青年教师时，为给学生教学，父亲叶盛兰也曾给他说过《白蛇传》。后来他还为很多剧团排演过这出戏，但是自己从来没演过全本。这出戏不比《谢瑶环》的袁行健，是一出旦角、小生并重的对儿戏，对小生演员"褶子生"技艺掌握的要求极高。为了演好全部《白蛇传》，叶少兰想到了李金鸿。

李金鸿是中华戏曲专科学校"金"字科的高材生，著名的武旦表演艺术家，后改唱小生。20世纪50年代至70年代为中国京剧院一团演员，长期与叶盛兰、杜近芳等合作。70 年代中期以后在中国戏曲学院教学，是一位著名的京剧教育家。他早年曾经和叶盛兰合演过《虹霓关》。改小生后，《柳荫记》中的四九、《佘赛花》中的佘英都是其创造首演，虽是配角，但演得出色。譬如，四九念白的声音、语气，是在京剧程式上的生活化，合适自然，别人很难达到他的水准。叶盛兰一度身体不好，李金鸿曾接替叶盛兰唱《群英会》《佘赛花》等戏。由于他长期和叶盛兰合作，对其表演艺术非常熟悉。在《白蛇传》中，李金鸿饰演鹿童，对叶盛兰饰演许仙的表演非常清楚。他还曾一度向叶盛兰学戏。据叶少兰介绍，李金鸿是真心实意地、一招一式地和叶盛兰学小

《白蛇传》，叶少兰饰许仙、杜近芳饰白素贞

生艺术，特别好学，非常谦虚。叶盛兰下午休息的时候，李金鸿总是帮着照顾，随侍左右，有时候还到南屋找叶少兰。“叶强，刚才叶先生是这么说的，咱们一块来来。”两人对着大的穿衣镜一块复习研究。在叶少兰的印象里，李金鸿好像天天理发似的，留着矮的小背头，头发茬始终是那么整齐干净，特别利落漂亮。

当时的社会并没有送礼的风气，人们的经济水平普遍也不高。为表尊敬和诚心，去李金鸿家前，叶少兰特地到商店挑了一个特大号的西瓜。好不容易让服务员把西瓜装进网兜里，网兜实在太重了，他只能悠着往前走，悠两步歇一下，再悠两步再歇一会，就这么着提着西瓜到了李先生家所在的红土店，一直提上楼去。李金鸿听到敲门声开门一看，门外的叶少兰提着西瓜，满头大汗，让进屋里一问，原来是请教《白蛇传》来了。李金鸿二话没说，一一和叶少兰谈了他当时看叶盛兰演出的印象。经过李金鸿的指点，叶少兰受益匪浅，对父亲叶盛兰在许仙这个人物上的很多塑造处理方式有了更多更具体的感悟。

在《谢瑶环》《群英会》《白蛇传》的演出中，叶少兰获得了巨大成功。无论是叶少兰的亲朋，还是叶盛兰生前的合作伙伴、老同事，以及许许多多的老观众，在百感交集的同时都给予了他最大地肯定与支持。对自己这几出戏的演出，叶少兰感慨地回忆道：“首先，我必须要感谢杜近芳先生、袁世海先生、李金鸿先生以及许多关心、鼓励我的前辈艺术家们，如果没有他们的提携与帮助，我不可能取得那样的成绩。”对当时观众的热情与肯定，叶少兰至今想起来仍十分感动、感激：“我当时曾认认真真地思考过，观众之所以那么热情，有几点原因。一是对我父亲叶盛兰先生一生忠诚于京剧艺术的爱戴与敬重之情，对这位使京剧小生艺术走向辉煌的艺术大师的怀念之情。二是小生艺术断档十多年来，内外行对于京剧小生特别是叶派小生艺术有着渴望，呼唤优秀的小生演员。同时也表达了他们对叶派表演艺术的喜爱和推崇。三是观众们看到了叶派小生艺术后继有人的欣喜之情。同时，我深知自己还有许多地方没有做到最好。如果说我只达到了 70% 的水平的话，那么同行和观众真是给了我 110% 的鼓励，这点我心里是非常清楚的。我绝没有骄傲的思想，我恰恰觉得应该珍惜机会，由此应该更为刻苦努力。”

让人唏嘘不已的是，《谢瑶环》首场演出结束后，叶少兰回到家里，与母亲、妻子团坐，一看钟，时针指处赫然为 1979 年 6 月 15 日的凌晨 1 点 50 分。叶老太太哭了，又喜又悲。莫非是苍苍上天的眷顾，亦或是梨园先师的灵验，是叶氏列祖的庇佑吗，这一定是盛兰精神的烛照！原来，叶盛兰先生正是 1978 年 6 月 15 日凌晨 1 点 50 分，即一年前的这个时候仙逝的。冥冥的不期然中。仅仅一年后，在叶盛兰逝世一周年的祭日上，他的儿子以“叶少兰”之名和叶派小生表演艺术，与他生前的团队和合作伙伴共同在其千万次献艺的氍毹上，为他的周年奠祭献上了最恰如其分的祭礼和最至诚至真的心香，真正告慰了这位为京剧事业和小生艺术而生、而活、而逝的艺术家的在天之灵！叶少兰的母亲刘淑卿在泪眼中喃喃地说：“你爸爸一辈子，直到临终时都惦记着小生艺术的发展，他的夙愿总算实现了。是你爸爸保佑着你呀！”

发扬叶派：青出于蓝胜于蓝

中国京剧院一团先后排演的《谢瑶环》《群英会》《白蛇传》引起强烈反响之后，杜近芳准备继续和叶少兰排演《连环计》（又名《吕布与貂蝉》），并有许多改编的想法，邀请戴英禄、邹忆青对剧本进行了整理。正当要上马排练之时，叶少兰突然接到通知要回战友京剧团继续做导演排戏，这使得中国京剧院的同事们和叶少兰都有所不解，也就中断了一出有可能会继续产生热烈反响的“杜叶”版的精品剧目。叶少兰又回团继续做导演工作，排了两出新编历史大戏《鉴真大师》《小刀会英雄传》。

从1980年开始，北京军区战友京剧团几乎是以一年一部大戏的进度，先后整理排演了叶派代表剧目《吕布与貂蝉》《周仁献嫂》《水淹下邳》《罗成》《柳荫记》等，基本都是以叶盛兰在中国京剧院一团的演出本为依据，再根据叶少兰等主创的理解和时代、观众的需求进行整理加工。几乎每一出戏，叶少兰都是主创团队中的灵魂人物，不管是主演、导演、剧本整理、唱腔整理、舞台美术设计、服装设计等，他都参与其中，往往既是主演又是导演，或是身兼数职，以极认真严谨的创作态度和百倍的工作热情投入到叶派剧目的整理、创作和复排中。1983年，八一电影制片厂将《吕布与貂蝉》拍摄成彩色戏曲电影，使该剧传扬海内外，受到更广泛的欢迎。

一战北京：“这个戏好，你们都要看。”

1981年，《吕布与貂蝉》排出后，演于北京民族文化宫。巧合的是，当晚正是亚洲杯足球决赛第一次在北京举行，而且中国队杀入决赛，与科威特队争夺冠军，中央电视台现场直播。鉴于此，团里的领导紧急磋商，虽然演出票已经全部售罄，但是足球运动这么狂热，大家担心会出现观众退票或是不到现场看戏的情况。然而令人感到大为惊讶和兴奋的是，演出当晚，北京民族文化宫场内不仅座无虚席，剧场门口竟有上百人在等退票，从西单十字路口一直到绒线胡同，到处都散落着等退票的人，还有的人干脆站在很远的地方截人问票。剧团也发现很多京剧界和戏迷中的球迷都放弃了那天的足球赛，来民族宫一睹《吕布与貂蝉》的真面目。接下来的几场演出同样场场爆满。团里的演职员们极其兴奋，叶少兰也感到非常欣喜，不由得更增添了对

《吕布与貂蝉》电影剧照，叶少兰饰吕布、许嘉宝饰貂蝉

京剧事业的信心和发扬叶派小生艺术的前进动力。

1981年9月，由中共中央军委主席邓小平亲自决策和领导的、主要由中国人民解放军北京部队和空军部队参加的一次现代化的军事大演习（代号“802”会议）在河北张家口举行。这次军事大演习，是新中国成立以来我军举行的规模最大、投入兵力最多、现代化程度最高的一次实兵演习，简称“802”军事演习。中央的领导、地方的省、部、军级领导到现场观摩演习。当时，北京军区政治部接到通知，要为此次军事演习准备慰问节目。团里高度重视，挑选了最好的节目参加慰问。歌舞团精心安排了一台综合性的歌舞晚会，京剧团则上报了广受观众欢迎的由叶少兰领衔主演的叶派大戏《吕布与貂蝉》，话剧团也铆上排节目。当北京军区向中央军委呈报慰问演出方案、邀请邓主席和中央领导出席观看演出时，据相关人员透露，小平同志在歌舞

叶少兰多年坚持慰问基层官兵

晚会、话剧、京剧之间选择了《吕布与貂蝉》。

演出当天，京剧团的所有演职员怀着高度的责任感和荣誉感演出了《吕布与貂蝉》。叶少兰、许嘉宝等主演更是使出全身解数，全部铆上。演出一炮打响，获得了巨大成功。据当时中央办公厅的同志介绍，由于小平同志的年龄原因，他很少能一个晚上看完两个半小时的演出，总是看一半就离场，返回休息。而当晚观看《吕布与貂蝉》的演出，小平同志不但饶有兴致地看完全剧，完戏后还非常兴奋，结合着戏中的台词和王震同志开玩笑。大家谈笑风生，聊了好一会。最后，小平同志说："这个戏好，你们都要看。"于是，京剧团彻底地忙碌起来。《吕布与貂蝉》加演了若干场，李先念、赵紫阳、王任重等所有出席此次军事演习的中央和地方领导全部观看了演出，反响极为强烈。叶少兰的合作者、琴师李之祥回忆说："当时，李先念同志看完演出后，上台亲切接见演职员。当握住叶少兰的手时，幽默地学着戏中的台词，念了一句：'温侯！'在场所有人一下子都开怀大笑起来，气氛极其活跃。先念同志不住地夸奖，'这是一出好戏，演得非常好。'”

由于《吕布与貂蝉》的演出引起了轰动，军区的领导跟叶少兰商量，能不能去山上的炮位慰问基层的官兵，那里风大路险，环境恶劣，就去看看大家，和大家说说话就行。叶少兰表示，我是演员，既然是慰问，那我就要给战士们唱一段，表达对他们的敬意。慰问当天，他完全按舞台演出的要求化好妆，穿着改良靠、厚底，戴上紫金盔、翎子，顶着大风，两手攥着双翎，踩着碎石地，由团里同事拽着扶着他往山上爬。好不容易到了一个炮位，有三四名战士，叶少兰与他们握手向他们问好。两位同事拿出京胡、京二胡，叶少兰满宫满调演唱拿手杰作《吕布与貂蝉》中的【西皮娃娃调】“那一日在虎牢大摆战场”唱段，像在舞台上一样连唱带表演。战士们极其激动，感动不已。一个炮位唱完了，他们就再爬一段山去另一个炮位唱，连续唱了几个炮位。等从山上下来时，叶少兰满头大汗，被风吹得发了好几天高烧。但是叶少兰和同事们觉得做了一件很自豪的事，能为这些保

叶少兰多年坚持下部队演出，慰问基层指战员

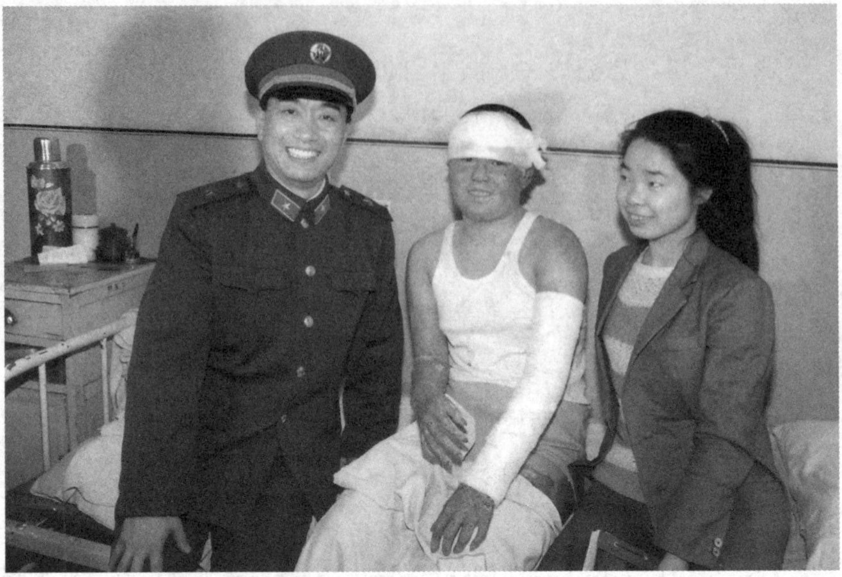
叶少兰为哈尔滨亚麻厂被烧伤的工人慰问演出

家卫国的战士做点事，他们觉得很光荣，很有意义。叶少兰一向敬重、崇拜那些为国家、为他人作出过特殊贡献的人。比如，在哈尔滨演出时，正遇上哈尔滨亚麻厂大火，很多年轻人为了保护国家财产而高度烧伤，叶少兰向团里提议去医院慰问。他一个一个病房挨着演唱慰问，特别是重病病房被烧伤的两个年轻人，让他非常惋惜，他唱得格外动情。叶少兰还曾慰问过一位五保户老太太，满怀感情地为她演唱整出的《罗成叫关》。

1982年以后的几年里，叶少兰的演出足迹真可用《谢瑶环》中袁行健的一句唱词来形容“几年来踏遍了塞北江南”。他先后慰问了北京、沈阳、兰州、南京、济南、成都、广州等各大军区。去各省军区、各地驻军部队和地方上的各省、市则更是不计其数。尤其是华北地区各省、市、县，几乎到处都留下了叶少兰的演出足迹。叶少兰那时候不管到何处演出，当地无一例外都出现多年难得一见的热烈场面。若说引起强烈反响和轰动效应，并让叶少兰现在想起都分外激动，则要数首次赴上海、首次赴天津、首次赴香港、首次赴台湾等几次演出了。

二下上海：红透了半边天

让我们首先来看一则报刊上报道1983年战友京剧团赴沪演出的盛况。

战友京剧团誉满上海

最近，被誉为“京剧劲旅”的北京部队政治部战友京剧团，应上海市文化局邀请，首次赴沪参加第二届上海戏剧节。著名叶派小生叶少兰主演了叶派名剧《吕布与貂蝉》《周仁献嫂》《罗成》《水淹下邳》。青年演员辛宝达、许嘉宝、曹剑文、冯月茹、刘金泉、郭妙娟等分别主演了《逍遥津》《失·空·斩》《霸王别姬》《望江亭》《穆桂英挂帅》等各种流派戏，还演出了《无底洞》《雁荡山》《虹桥赠珠》等武打戏。他们精湛的技艺，整齐的阵容，良好的台风，使各界观众赞不绝口，引起很大轰动。

连日来，战友京剧团所在的劳动剧场内外，出现了少有的盛况。叶少兰主演的叶派戏场场爆满。广大观众冒着寒风、通宵排队，争相购票，每晚等退票者不下数百人，有的从外地专程赶来看戏，有的看不上戏，买份节目单留作纪念。叶少兰出色的表演，激起场内阵阵掌声，观众无不为之倾倒。演出结束后，连续谢幕六七次，京剧爱好者们涌到台前，纷纷同叶少兰握手致意。散场后，上百名观众围在剧场门口，直到深夜还在畅谈观感，久久不愿离去。

战友京剧团的演出受到上海文化艺术界的重视和关注。为了进行艺术交流，上海市文化局和中国剧协上海分会举行了战友京剧团与上海京昆界的座谈会。叶少兰同志应邀向上海戏剧界介绍了怎样努力做一个新型的文艺工作者的切身体会。戏剧界同志热情称赞战友京剧团团风好，台风正，思想技术双过硬。著名表演艺术家俞振飞称赞叶少兰的表演“气度高雅，光彩照人”。上海越剧院院长袁雪芬夸奖叶少兰把京剧的表演程式与人物性格融为一体，成功地塑造了人物，非常可贵，是个难得的小生人才。京剧老演员艾世菊、李仲林等赞赏叶少兰继承了父亲叶盛兰的艺术精髓，又有新的发展。上海京剧院副院长齐英才说：“战友京剧团体现了解放军的战斗作风，很值得学习。”

该团青年演员的演出也受到了广泛的赞扬。琴师李之祥、迟彦春的精彩演奏也博得了阵阵掌声。广大观众一致反映，战友京剧团演员、乐队、舞美浑然一体，主角、配角、龙套整齐和谐，形成了独特的风格。

战友京剧团发扬了部队的优良传统作风。他们吃在里弄食堂，住在剧场，工作生活雷厉风行、井井有条。宿舍保持了整齐干净，演出前后认真清扫舞台，每天还帮助清扫剧场，处处体现了社会主义精神文明。①

当时有的报纸形容叶少兰的演出是“天崩地裂，红得发紫”、“票卖得太好”。确实，此次赴沪演出一共20多天，20多场。光叶少兰领衔主演的剧目就有十几场。《吕布与貂蝉》《周仁献嫂》《罗成》《水淹下邳》各演两场后，各地各剧种的编剧、导演，各行当的演员等云集上海，都要观摩。但是僧多粥少，很多人没买到票，戏迷观众疯狂的欢迎，欲罢不能。鉴于此，剧场方面与叶少兰商量，特烦其加演一场《吕布与貂蝉》和两场《周仁献嫂》。尤其是《周仁献嫂》，简直可以说产生了旋风般的轰动效应。多少内外行的观众看了《周仁献嫂》之后，都被感动得潸然泪下。叶少兰饰演的周仁是那么的动人、抓人、撼人，

---

① 江臣、少青：《戏剧报》1984年1月16日。

那样长久地弥放在观赏者的心田，不可磨灭。一位当时还是小学毕业生、如今已是大学老师的观众回忆道：

那时候叶少兰带着几出大戏来到上海，电视里放的《周仁献嫂》让我震惊并且痴迷了，我开始看京剧。……叶少兰整理的《周仁献嫂》就是这样一部杰作，剧中不仅能听到动听的唱腔，还能看到各种步法和技巧的展示：跪步、蹉步、甩发、抢背、僵尸，不一而足，非四功五法俱备的全才小生不能演出。特别是新创的【反二黄】："迷惘惘葬埋了我的妻，悲切切一路行来不敢啼……"周仁葬的是自己的妻子，世人却以为他逼死了嫂夫人，虽然是内心独白，却依然怕人听到，一个"妻"字唱得深情、哀婉、欲诉还休，到"悲切切"的"悲"字，声音已经在颤抖，所以，唱出来是"悲、悲切切……"，叠字和情绪天衣无缝，浑然天成；到"昏暗暗问天天不语，黑、黑、黑沉沉问地，地也无言空唏嘘"，已是天愁地惨，神人共哀了。……那正是在1984年，叶少兰完美地演出此剧，一举征服上海滩。我呢，正在小升初考试的无聊岁月里疯玩，一次次守着电视机看这出戏的

《周仁献嫂》，叶少兰饰周仁、许嘉宝饰冯素蕙

重播，看得两眼放光，欲罢不能。多少年过去了，上海电视台这场《周仁献嫂》的录像早就无处寻觅，但是那些影像和声音已刻录在我的脑海里，一闭眼就能见到。……我不由回想起自己12岁的时候在家里阁楼上，对着那台九寸的黑白小电视，竖起耳朵给《周仁献嫂》的每个场次数掌声的情景。”①

上海京剧界、昆曲界的内行抢着争着看叶少兰的戏，连越剧、沪剧等地方戏的剧团也组织演职员集体观看，周边地区的专业人士和戏迷都赶到上海，争欲一睹叶少兰的艺术风采。他的戏炙手可热，一票难求，票紧张到什么程度？我们可以举两个例子。叶少兰的夫人许嘉宝是上海人，可是就连叶少兰在上海的岳父岳母家里人都没有票，许嘉宝的弟弟、叶少兰的小舅子就是在剧场外人挤人扒着窗户缝听了一出戏。另一个例子是，傅全香、徐玉兰、范瑞娟、王文娟等越剧界的著名艺术家竟然因为票不够而大家轮流分批到剧场观看叶少兰的演出。

那时候，战友京剧团就住在天蟾舞台后台的楼上，叶少兰住在三楼。有时候，叶少兰半夜里起床，偶尔从小窗户往楼下一看，他看到了令自己感动不已，终生难忘的一幕——那时，已是11月下旬，南方的夜极寒冷，为了买第二天演出的票，观众从前一天晚上就开始排队。熬上一夜直到第二天早上9点放票的时候。观众们排的队伍已经绕着剧场围了一个圈，个个穿着棉大衣，抱着肩膀，缩着脖子，来回跺脚取暖。叶少兰越看心情越不平静，他后来回忆：“这些观众排一宿，受着冻，花着钱，就为第二天来看我的戏。观众得抱有多大的期待呀！咱们作为一个演员，要是不好好地养精蓄锐，不好好在台上使出百分的气力，不好好地服务戏迷观众，戏唱砸了，让人家失望了，这得多对不起人家。我真是无比的感动，下定决心，一定要把

---

① 孙洁：《行走在消逝中》，《灯光开得最亮的演员》，上海书店出版社2012年版，第71—74页。

戏演好。所以那段时间，我不敢乱吃乱喝，白天也不出门，极少会客，就待在屋里背戏，不敢有丝毫的怠慢，就为了晚上把戏演好。”等到第二天早 9 点一开票，排队的队伍两旁就必须要拉起两根绳子，为了维持秩序，怕有人买票不排队，加塞插队。排队买票的盛况一直持续到开演前。还买不着票的观众自觉加入了等退票的大军，那场景极为壮观，几百人等退票，人山人海。演出进行了半小时，门口等退票的人群仍久久不散。那十几场演出，卖黄牛票的也赶上了极好的“收成”。

那些等不到退票进不了剧场的戏迷观众怎么办呢？有办法。天蟾舞台一圈外墙上有几个封闭的窗户，虽然跟墙刷成了一色，但两扇窗之间形成的缝隙里却能隐隐飘出剧场里演出的声音。每晚还未开演，很多买不到票的观众就提早抢占有利地形，把窗户围得水泄不通。大家都尽量把耳朵往前凑，尽可能贴近窗户缝，站在寒风里听整整一出两个多小时的戏！还有些连窗户缝都没抢到的观众，干脆就三五成群

《吕布与貂蝉》演出结束后的热烈场景

站在剧场外，干嘛？“侃戏”！聊叶盛兰当年在上海演得怎么受欢迎，聊叶少兰哪场戏哪个身段哪个唱怎么怎么地道，聊叶派小生艺术怎么好看怎么有绝活等，总之聊京剧聊得比剧场内的观众还兴奋激动。

等到叶少兰演完戏以后，剧场外已经被围得连蚂蚁都难以通过了。观众不但谢幕时热烈叫好鼓掌，使得演员谢幕不断，看完戏以后更是兴奋不减，出了剧场谁都舍不得走，又加入到没进剧场看戏的观众的热聊中。那些没看到戏的观众就急切地问看戏的观众，看戏的观众就绘声绘色、连唱带舞地把戏从头到尾说一遍，简直就像场外又加演了一出。上百位观众都不走，要求见叶少兰。剧场方面只得请叶少兰出来和大家见面。观众们无比热情，问长问短，关心着叶少兰的家庭、身体和艺术创作的情况，叶少兰一一作答。后来，因为叶少兰每天都有演出，演完一出文武大戏后，冒着风寒，再与观众说半天话，必然会影响到他的身体和精力，为了保证休息和不出现意外生病的情况，叶少兰演出卸完妆后，剧场方面和团里的同事都不再让他出去了。叶少兰感叹道：“那时候的观众真是可爱，真是让我感动。有的观众说：‘叶先生天天这么唱这么铆上，您太累啦’。有的观众给我送来西洋参，我以前见都没见过。有的观众给我做了火腿沙拉送来，表达他们的心意。还有很多观众都想见到我，但是我又没有这个精力和时间天天会客。几十年来，我一想起就觉得心里暖暖的。”许多当年看过叶盛兰先生演出的老观众在看了叶少兰的《罗成》首场演出后感叹：“当年叶盛兰先生在天蟾剧场演出全部《罗成》的情景又再现啦！”

当时，战友京剧团和叶少兰的演出被整个上海的文艺界所热烈瞩目。文艺界的知名人士非常踊跃的到剧场看戏。当时到现场看戏的还有袁雪芬、傅全香、徐玉兰、范瑞娟、王文娟等越剧界，孙道临、秦怡等电影界，包括评弹界、滑稽戏界等众多艺术家。其中时任上海越剧院院长的越剧大师袁雪芬每场必到，并请叶少兰到上海越剧院做了一次专题讲座。上文《战友京剧团誉满上海》中提到的座谈会，上海京昆界的老艺术家、名艺术家亦是罕见的全部到齐。如俞振飞、李仲林、赵文奎、童芷苓、李玉茹、艾世菊、孙正阳、李蔷华、李丽芳、纪玉良、小王桂卿、张少楼、张文娟、童祥苓、沈金波等全部出席，人数之多、规格之高为多年罕见。

特别是叶少兰的老师俞振飞，连看数场，坐在最前边，每次演出完都要上台给叶少兰道贺并给予热情鼓励。演出期间，叶少兰常去俞老师家里，请老师批评指教。俞振飞是由衷地为这位世侄和学生高兴。他如同慈父一般，指点叶少兰哪些地方应该注意什么问题，哪些地方有点过，处理上要悠着点、收着点，哪些唱的地方应该如何唱得更好，等等。叶少兰又借这个机会，把跟俞老师学过的《游园惊梦》《奇双会》等戏，再次向老师求教，俞振飞像 20 年前教他学戏一般，一招一式地教导。

《罗成》，叶少兰饰罗成

《罗成》演出结束后，俞振飞先生上台祝贺

叶少兰的琴师李之祥回忆说："那段时间在上海，内外行都要看少兰，我像老鼠躲着猫一样地躲着同行，多少人托我买票（还不是要票），票全卖光了，我到哪去弄啊！特别是《罗成》那场，托我的人最多。我就想办法帮我们搞戏曲音乐的同行、上海京剧院的高一鸣拿了一张，还是楼上的票。《罗成》的演出现场，简直是山崩地裂，剧场外的人也听得在那儿鼓掌。高一鸣看完后，兴奋地说：'太过瘾了。'上海人看少兰的戏就像过年似的。还有个小故事，我在商场买了件衣服要退，售货员不高兴，说要收手续费三毛钱，当时退货还要填单子。她一看单子上写的单位是战友京剧团，就特别激动，说电视台、报纸天天报道你们，我虽然没看戏，但上海人都知道你们演得棒极了，手续费不要了。她把钱又退给我了。就是因为这次演出太轰动了，以后就经常和少兰去上海演出。"战友京剧团和叶少兰的演出已成为当时上海电台、电视台、报刊等媒体关注的焦点。

从许多报刊上的反映来看，他所到之处都大受欢迎。他参加第二届上海戏剧节时，仅一个月，各报刊就发表了40多篇文章，对他的艺术给予了充分肯定，并被上海舆论界誉为"德艺双优"的演员。同年，他不仅荣获了梅花奖，而且上级机关给他记了二等功。

谈到这件事，叶少兰说："《高山下的花环》大家都看了，那些烈士立一次功多不容易！咱们唱两场戏，尽了点本分就获得这么高的荣誉，我心里实在不安。"①

《罗成》，叶少兰饰罗成

摘得首届梅花奖

"祝贺你获得首届梅花奖！"

"我真没想到。每当演完一场戏，不论是我导演的，或是我主演的，自己总觉得哪儿还差着点劲……"正在战友京剧团排练场上忙碌的叶少兰抹了一把汗，回答说。

陈惠方《兰芳发沃土——访首届"梅花奖"获得者叶少兰》，《解放军报》，1984年4月8日

中国戏剧梅花奖是我国戏剧表演艺术最高奖，始创于1983年，每年一评，由中国戏剧家协会主办，是中国戏剧界优秀中青年演员的最高奖项。经历了十年"浩劫"的中国戏剧舞台萧条沉寂，演员青黄不接。为了使戏剧表演艺术重新焕发青春，由中国戏剧家协会主办，《戏剧报》（《中国戏剧》前身）以"梅花香自苦寒来"为寓意，设立了我国第一个以表彰和奖励优秀戏剧表演人才、繁荣和发展社会主义戏剧事业为宗旨

① 过士行：《"霍元甲"打不过的演员——访著名京剧演员叶少兰》，《北京晚报》1985年2月25日。

的戏剧大奖——梅花奖。

首届梅花奖提出了“五不照顾”的评奖原则。“不照顾剧院剧团，不照顾行当，不照顾地区，不照顾剧种，不照顾名演员。这个原则受到大家首肯……”[①]中国剧协和《戏剧报》的相关人员为筹备首届梅花奖的评选工作，做了一年多的调研和广泛征求意见的艰苦工作。“经过三个多月紧张繁忙的筹备工作，在这期间，编辑部收到了上千封来信，表达了他们支持此次活动的心愿和心目中的人选。在此基础上评委们召开了三次会议，对被推荐的人选，进行讨论、评比，确定候选人名单。3 月 20 日上午，在北京民族文化宫举行了第四次评委会，也是全体评委参加的最后一次盛会。待各种意见基本趋于一致后，制定了一份有 20 名戏曲演员十名话剧演员的候选人名单，最后进行无记名投票，决定获奖者。”[②]首届梅花奖获奖者共 15 位，其中戏曲十位：张继青、叶少兰、任跟心、晓艇、刘长瑜、李维康、郭泽民、谷文月、刘玉玲、王曼苓，话剧五位：李雪健、尚丽娟、刘文治、冯宪珍、蒋宝英，在文艺界乃至全国产生了很大影响。

本刊讯　全国戏剧界瞩目的首届戏剧报梅花奖授奖大会，4 月 17 日在首都政协礼堂隆重举行。习仲勋、余秋里、谷牧、陈丕显、张爱萍、王昆仑、钱昌照、朱穆之、贺敬之、阳翰笙、周巍峙等领导同志到会祝贺，并向梅花奖获得者李雪健、张继青、叶少兰、任跟心、晓艇、尚丽娟、刘长瑜、李维康、郭泽民、刘文治、谷文月、刘玉玲、冯宪珍、蒋宝英、王曼苓颁发了奖品、奖金与获奖证书。

出席授奖大会的还有各界人士李伯钊、吴作人、荣高棠、马彦祥、阿甲、吴雪、赵寻、冯牧、陆石、魏传统、李瑛、王光美、舒强、刘

① 引自郭永江：《回顾首届梅花奖评选始末》，《中国戏剧》，2013 年第 7 期，第 14 页。

② 同上。

佳、张东川、李超、任桂林、徐晓钟、李紫贵、俞琳、鲁刚、石丁，以及首都戏剧工作者和观众代表共1400余人。

习仲勋同志在授奖大会上作了重要讲话，他说："今晚的盛会表明戏剧界正在开创一个新局面。对中青年演员进行评奖，意义很大。现在各条战线都在建第三梯队，做到后继有人。今天的大会说明了戏剧界是后继有人的。……"会上还宣读了人大常委会副委员长许德珩为"梅花奖"的题词："祝青年演员朋友们在发扬祖国文化，创造社会主义精神文明的事业中，取得更大的进步。"……

大会之后，由获奖演员刘长瑜、叶少兰、张继青分别演出了京剧《卖水》《罗成叫关》与昆剧《痴梦》。①

叶少兰并没有因得奖而躺在功劳簿上松懈起来或沾沾自喜，相反，他觉得时间不够用，他觉得自己的艺术还没有达到理想的高标准，他觉得前辈艺术家的教诲和期望自己还远远没有达到。

"眼下，叶少兰正值不惑之年，他觉着有许许多多的事要做。有些事情思考过，懂得了，但还没有去实践。这就意味着今后的道路是艰难的，更潜伏着失败的可能。……他要求自己的表演创造，首先要考虑主题思想然后才是情节、人物。艺术处理和表现手段的选择，都要准确地围绕着这些。当人们能够从《吕布与貂蝉》《周仁献嫂》《罗成》等戏中受到一些爱国主义思想，或者古代人民美好道德的感染，那正是叶少兰苦心经营的目的所在。叶少兰清醒地意识到，对传统的继承是不容有半点怀疑的。他说得对，直到现在，我们对传统的理解、借鉴不能说是十分透彻，倒是需要持科学的态度继续老老实实地学。当然，学的目的绝非仅止于此，因为我们的艺术最终不是要成为

① 《首届戏剧报梅花奖授奖大会在京隆重举行》，《戏剧报》1984年第5期。

文物……在这么一种思想指导下，叶少兰这几年有过多方面的探索，且不说在剧目和表演上，仅就小生的唱腔而言，他就有与众不同的做法。小生唱腔的音域历来是高亢的，与今天有些观众的欣赏要求有距离。要想使他们接受小生的唱，就不能不解决好这一实际问题。叶少兰对此很敏感，经过不断地思考和研究，他在不失小生基本格调的前提下，对传统唱法的音域作了适度的调整，并力求增强唱腔的感情色彩，使小生唱腔所特有的美更加突出。……他说，我们的一切设想都应当想到社会的需要。老观众不是不要新内容，青年观众也不见得不要传统艺术，关键要看我们这些新时代的演员能否拿出新颖高超的艺术来。要知道，时代是艺术的摇篮，人民是艺术的母亲，我们离不开摇篮和母亲的养育啊！叶少兰爱动脑筋，善于思索，这也取决于他有着较好的文化修养。他感慨地认为，今天戏曲演员的当务之急是提高文化。叶少兰所想的正逐步在他的实践中得到体现。这些思想虽然不是光芒四射的，但多少是闪烁着一点光亮。若是我们大家都能这样，那我们事业的天地该有多么亮堂！”①

对于叶少兰来说，1984 年是其人生历程和艺术生涯上具有重要意义的丰收年。3 月，他光荣加入中国共产党，完成了全家两代人的心愿。4 月，他荣获首届中国戏剧梅花奖，成为其艺术生涯上的一座靓丽风标。随后，由于他十多年来为军队文艺事业所作出的杰出贡献，他荣立全军二等功。这一切都为叶少兰在艺术事业上的追求注入了新的动力，成为其迈向新高峰的光荣起点。

---

① 帛言：《第一届“梅花奖”获得者——叶少兰，一位善于思索的京剧演员》，《戏曲艺术》1984 年第 9 期，第 4—6 页。

三闯天津：叶少兰“打败”霍元甲

1984年4月中下旬，战友京剧团来到素有“京剧大码头”“戏窝子”之称，京剧演员又爱又怕的天津演出。梨园界素有“在天津红才是真红”的说法，因为天津的戏曲氛围极佳，全国所有的城市难以匹敌。天津的戏迷极懂戏，哪怕是名不见经传的演员，只要艺术地道，他们真是玩儿命地捧。若某个演员台上懈怠、出错，哪怕是名角，只要你名不副实，他们真是得理不饶人，喝倒彩，让演员很下不来台。所以，历代京剧界的名角在天津唱红的很多，在天津唱砸败北的也不少。因此，虽然叶少兰在北京、上海、南京、常州的演出极其成功，有信心也很有把握，但此次携《吕布与貂蝉》《罗成》《周仁献嫂》三出大戏“闯津门”，战友京剧团仍然做了极充分的准备，争取延续去年巡演的顺利圆满。

天津文艺界也为战友京剧团和叶少兰的到来召开了欢迎座谈会。天津京剧界的著名人士几乎全部到场，厉慧良、杨荣环、张世麟、李荣威等前辈和中青年艺术家，天津剧协的许多知名人士都出席了活动。大家畅谈叶少兰的表演风貌、战友京剧团的优良团风和京剧艺术的传承发展，气氛热烈，其乐融融。

当时，战友京剧团选择的剧场是天津市第一工人文化宫。天津一宫是一个能容纳两千多人的剧场，一般没有叫座能力和信心的演员与演出团是不敢在这里演出的，怕上座率不高。首场演出的时间和剧目《吕布与貂蝉》定下之后，快临近演出时，天津一宫的刘经理找到了叶少兰，提出能不能更改演出时间，延后几天。这是怎么回事呢？原来，当时天津电视台引进了香港著名近代武打连续剧《霍元甲》。刘经理说，根据他们的经验，《霍元甲》一剧红遍大江南北，在全国极受欢迎，放时可以说是家家户户、全家老少围坐在电视机前争相观看，何况霍元甲是天津人，此次在天津放映，剧场的上座率一定会受

叶少兰到厂矿演出，为基层群众清唱

到影响。而叶少兰演出的档期正是《霍元甲》热播的日子，所以，刘经理表示，剧场方面对上座率没有把握，希望是不是改改日子。叶少兰经过慎重考虑，虽有担心，但他想到在北京演出时虽然和亚洲杯决赛冲突却并没受影响的经验，还是决定不改日期，按时演出。

曾经执导《雷雨》《茶馆》的著名话剧导演、北京人民艺术剧院原副院长夏淳作为当时的一个普通观众，亲历了这次的打对台。

“十分遗憾盛兰先生在世时，未能把他的艺术精品用录像或电影记录下来。不过所幸叶派小生已有传人，在盛兰先生嫡子少兰身上见到真传，且在某些方面有了发展。少兰的戏我也是设法追着看的，少兰已是个深得观众喜爱的、受到中外名家所赞颂的表演艺术家了。一次我在天津开会，当时正是电视剧《霍元甲》热的时候，当我知道少兰届时也正在天津演出，我恳请会议的主持者无论如何也搞几张票去一睹叶少兰演的《周仁献嫂》。演出那天适为星期六，我们走在街上，刚过6点钟，好多店铺就上板关门了，街上和行人也匆匆忙忙地四处奔走，我们很奇怪，不知出了什么事，打听之后方悟是今晚播《霍元甲》。我一下子想到，少兰今晚是在天津一宫演出，一宫是个大场子，能容2400个位子，他的演出会不会受到影响？不由得担心起来。哪知我们到场一看，观众已满满当当的，场内座无虚席，整个剧场显得热气腾腾，观众一心一意在等着看少兰的杰作了，我这时很有些激动——少兰胜过了《霍元甲》。戏演出当然是非常成功的，我们上台向少兰祝贺，也为叶派艺术的得以发扬，还为我们的京剧艺术堪列世界艺术之林而感到欣慰，甚至感到自己是中国的艺术工作者而自豪。”

夏淳 《从叶盛兰到叶少兰》1994年11月28日

叶少兰的演出似乎是一种奇迹。在天津流传着“霍元甲打不过叶少兰”的话。记者问起这件事，叶少兰也笑了笑说：“那是去年4月24日晚上，我在天津第一工人文化宫演出《吕布与貂蝉》。那几天，天津电视台正播放电视剧《霍元甲》，据说一放这部片，天津就万人空巷；我们都很担心。没有想到，这个戏不仅满座了，而且门口还有百余人等退票。”要知道，这个剧场是能容纳两千多人的大剧场呀！此情此景怎能不让少兰激动。它给了少兰信心和勇气。它证明只要质量高，京剧是不愁没有观众的。

过士行 《“霍元甲”打不过的演员——访著名京剧演员叶少兰》，《北京晚报》1985年2月25日

果不其然，演出当天，剧场不但爆满，而且热烈至极，门口还有上百人等退票，不知道的人还以为剧场内出了什么事似的。当时正在戏校上学的天津青年京剧团的琴师朱建中现在说起此次观演还特别兴奋：“我就记得当时天津放电视剧《霍元甲》，这个片子轰动全国。正好叶老师来天津演出，就在‘一宫’。我们家住在天津一宫附近，我

就看到天天有人排队买票，还听人说，有人夜里披着棉被排队，等着第二天一早买票。我心想，倒要看看这个戏什么样。天津观众懂戏、挑剔戏，一般的戏看不上的。哎呀，到现场一看，那真是火呀，盛况啊，对《吕布与貂蝉》《周仁献嫂》的印象太深刻了，第一天吕布不可一世、狂傲英雄，叶老师那个扮相绝伦；第二天周仁的那种委屈憋屈，两个人物怎么反差那么大，我就觉得不可思议，没想到还有这种表演，对叶老师佩服得五体投地。之后这么多年，我有时候老梦想，什么时候再能回到叶老师演戏那时候的盛况啊。”和朱建中一样，现任天津青年京剧团副团长的李宝石，回忆起当年看叶少兰的演出仍津津有味：“我在戏校上学的时候，在‘一宫’蹭戏看过叶先生的《周仁献嫂》，印象最深。天啦，那个现场火得不得了。你想‘一宫’能坐两千多人，全满，非常火爆。那时候小，没什么鉴赏能力，就是叶先生的表演、演唱真吸引我。以前对小生的唱、表演不是特别欣赏，一看叶先生，原来这才是真正的小生艺术。我虽然是唱武生的，但是叶先生的戏真叫人喜欢看，也耐看。叶先生是我们从小到大一直仰慕的艺术大家。”

那段时间，是叶少兰和战友京剧团演出的黄金时期，演到哪里红到哪里。1983 年上海演完后，即到南京、常州演出。一路盛况，同样轰动。在南京时，当地京剧界也开了欢迎座谈会。著名艺术家沈小梅、王琴生、新艳秋、蒋慕萍、周云亮、周云霞等人出席。到了东北，在沈阳、哈尔滨、锦州一路演下去，场场满座不说，演戏的气氛极其热烈！在哈尔滨欢迎座谈时，云燕铭、黄元庆等著名艺术家也都出席，给了叶少兰和战友京剧团极大的鼓励和赞扬。

确实，叶少兰正是以他的艺术魅力和他对艺术认真执着的精神打动了热情的戏迷和观众。无论是在城市还是乡村、现代化的剧场还是田间地头，无论是对成年戏迷还是儿童观众，他坚持秉承着一条信念：戏比天大，完成演员的神圣职责。

他患有心脏病，医生再三嘱咐他：“台上不能累着，要命的戏千万别动！”但他“置若罔闻”。每到一地演出，一贴就是《周仁献嫂》《罗成叫关》；内行讲话：“哪出都能吐血”。他说：“要是光拿点歇工戏对付，对不起观众，也对不起京剧！”一次在农村演出期间，临时调他回京参加梅兰芳纪念演出。本团的后几场戏由其他演员担任。一些农民观众闻名未得见面，十分遗憾，联名来了信。少兰见信后，立即向领导要求下乡“补戏”。有人说：“何必呢？算了吧！”他说：“咱们一边喊争取观众，一边又把观众推出去，京剧怎么振兴？”于是他不顾疲劳，“二返投唐”，抱病补上了这几场。还有一次，日场为儿童演出。有人对他说：“这场悠着点吧，小孩懂什么？”他回答：“对孩子更得认真。他不懂得给他演懂了，现在京剧观众青黄不接，得从孩子们培养起。可不能让小观众倒了胃口。如果他们说句‘再也不来了’，这场戏就是做了反宣传。”他又说：“和观众要在作风上交流。

《罗成》，叶少兰饰罗成

只要认真、刻苦、热情、严肃，观众就会鼓励，京剧就有希望。”[①]

赴港演出：叶少兰首震港舞台

1988年6月、7月间，应香港方面邀约，叶少兰首次随中国演出团赴港演出。演出团队以山东省京剧院和北京战友京剧团为基础，由方荣翔担任山东省京剧院方面的团长，叶少兰担任战友京剧团方面的团长，两团演出有分有合。此外，中国京剧院的袁世海、刘长瑜、孙岳，北京京剧院的马长礼，上海昆剧院的王芝泉等也参加了此次赴港演出。此次访问演出是继20世纪60年代北京京剧团马连良、谭富英、张君秋、裘盛戎、赵燕侠、李多奎、马富禄等京剧名家访港演出之后，20年来大陆方面规模最大、阵容最齐整的一次赴港演出活动。

此次演出活动，单叶少兰参与演出的剧目就有十出之多，诸如《八大锤》《柳荫记》《周仁献嫂》《吕布与貂蝉》《罗成》《借赵云》《群英会》《龙凤呈祥》等。叶少兰感叹：“这次的赴港演出是我最成功的一次演出活动，也是我在一个地方所演剧目最集中、最多的一次。”香港媒体对叶少兰的此次演出给予高度赞誉。

龙年盛夏的6、7月间，梅花奖获得者、北京战友京剧团团长、领衔主演、叶派艺术的优异传人叶少兰首次莅港演出，引起了强烈反响。

6月9日晚，在香港利舞台，首场“打炮”，剧场内满坑满谷座无虚席，掌声喝彩声一浪高过一浪。叶少兰以最拿手之《小宴》与许嘉宝、辛宝达一齐赢得了观众的雷鸣般喝彩。“大轴”又傍袁世海先生演出了《芦花荡》之周瑜。观众无不叹为观止。香港《成报》《电视周刊》《明报晚报》等几家报道，由于，来港演出的京剧名伶，都是

① 参见晓雄：《话说叶少兰》,《打败了〈霍元甲〉》。

蜚声国际的天皇巨星。于是乎，前来捧场的香港著名人士，略一数便有：鲍方、甄妮、陈其美、恬妮、金庸伉俪、黄霑、林燕妮、新马师曾伉俪、黎小田、张之钰……任白、阿刨阿嗲、葛兰、沈殿霞、甚至青春派的罗嘉良……还有新闻界如尹怀文、李默……台湾电影界人士往观的不少且更受注目，计有，林青霞、徐枫、恬妞、岳华、杨群、俞凤至、曾江、严浩等，粤剧家则有林家声、龙剑笙、梅雪诗等。林青霞昨晚姗姗来迟，接近开场前一分钟才抵达，被问及是否喜欢京剧时，她说，喜欢，但很少看大陆演员演出的京剧，较早时更在台湾跟随过郭小庄学习京剧舞台功架。粤剧名伶林家声说，因他很喜欢看京剧，觉得京剧与粤剧有些相同之处。恬妞称，她自幼已喜欢看京戏，她是昨晚抵港，此次是专程提前来港欣赏京剧。……于是那些

《红鬃烈马》，叶少兰饰高嗣继、刘长瑜饰代战公主

《龙凤呈祥》，叶少兰饰周瑜（摄于2013年）

戏迷得闻除了有戏可睇，台上台下都有明星可看，那兴趣就更浓。而今次的京剧热潮，竟有出现戏迷向青衣、武生，如叶少兰献花之象，还以为是开演唱会。

香港《大公报》记者叶中敏在“特稿”《叶少兰小生挂头牌》一文中说：“……叶少兰可说是真正的子承父业，不但在艺术上继承了“叶派”的唱做风格，而且保持了挂头牌挑班的地位；而环顾目前全国京剧团，小生挂头牌的亦‘只此一家’而已。……”

台湾著名剧评专栏作家叶洪生在《联合报》上，也对少兰作了详尽评介。叶先生赞誉说：“他的台风、功架极佳，声腔艺术亦可直追乃父，几可乱真。唱文武小生，须特别注重‘水袖功’、‘翎子功’以及灵活运用真假嗓（即结合本嗓与小嗓）；在这方面，叶少兰成就不凡，尤以‘脑后音’之共鸣技巧，独步当世。……”该文还侧重介绍了1985年叶少兰以“富布赖特”学者身份，应邀赴美讲学情况，说：“这是中国京剧界自梅兰芳以后，所获得的唯一殊荣。”为此，这篇文章赫然以《小生叶少兰文武兼擅，传艺新大陆轰动一时》为题。叶洪生先生此次专程赴港观剧，逢少兰有戏，是场场必到，热情备至溢于言表。并曾数次设宴邀请少兰夫妇畅谈。他们以艺术为纽带，沟通了彼此感情，建立起海峡两岸艺术家与评论家的真挚友谊。

6月15日晚，叶少兰在利舞台演出全部《罗成》。是日恰为叶盛兰先生逝世十周年忌辰。演出效果强烈的鼎沸程度，台上台下均沉浸在慷慨悲壮、感人肺腑的氛围中。次日，香港《文汇报》又专发了“特稿”，对这场不同寻常的演出作了报道。文中除对演出全面评述甚多赞扬外，还称少兰为“真正是中国京剧界叶派小生的第一位，无出其右”。《东方日报》也发表文章说：“‘文革’是非颠倒，使刚直正气的一代京剧巨匠叶盛兰，过早地于六十四岁去世，做儿子的在父亲十周年忌日，在香港利舞台唱一曲‘罗家本是忠良将’，百感交集，血泪涟涟，分不出自己与剧中人。”

那么，叶少兰此行是不是仅凭“仰仗先人余荫”，而才“得天独厚”呢？并不尽然。毋庸讳言，许多港、台观众，与内地观众的心态也一样，是因盛兰先生的逝去，而更寄厚望于少兰。但能否真正满足观众欣赏需要，毕竟是要通过叶少兰自身功力体现才能达到。对此，叶少兰心中十分清醒。他深知最好的“试金石”莫过于观众对自己艺术成果的真实反应。果然，叶少兰、许嘉宝新演的《柳荫记》验证了他的真正魅力。香港《明报》热烈地称赞“叶少兰演活梁山伯”。香港《快报》则以《柳荫惊艳》为题，发表了署名陈淑贤的文章，特别推崇少兰新增的一场戏。文章论述说：“今次叶氏夫妇演出最令人感动的地方，正在于他们能准确掌握两个人物的特质，把这个爱情故事演得凄凄婉婉，而非喊苦喊悲，正好配合京剧内敛含蓄的表演方法。‘求方’之后‘病逝’，(亦即粤剧里的‘山伯临终’)爱慕之情，唱词就以‘我爱你……’开首，无奈曲终之时也就是人亡之时，但唯其因为唱词大胆，更增加山伯临死时的遗憾。山伯气绝一刹那全场灯光熄灭，这一舞台效果是神来之笔，将本来略带沉闷的戏逐步推向高潮。英台哭坟一场，墓穴打开时，又加上适量的烟雾，也收到了相当舞台效果。……种种改良与整理，加上演员控制得宜的唱腔，都叫人感到出乎意料之外的好。”香港《新晚报》发江上舟的文章也说：“曾述该剧最精彩一场是‘山伯临终’，绍兴戏的梁山伯是病死的。粤剧陈笑风唱‘临终’，也是声泪俱下奄奄一息。叶少兰处理的‘临终’一场，山伯非‘病’死，而是刺激过度‘屈’死的。看他眼见英台青丝一缕时的‘碎步’，‘甩水发’，最后‘僵尸’倒地。无‘病’态，有‘激’死也。同样的故事，不同的剧种，就有不同的处理手法。戏之所以‘迷’人矣！”其实，《柳荫记》的改革，正属叶少兰诸多拿手戏均老戏新演，有别前人的突出一例。对于京剧的继承与发展问题，《香港时报》所发黄霑先生文章，快人快语，说出了深刻的见解。文章说：“……而捧京剧的人，一味想当年，等于自绝于下一代。没有青年人支持的艺术，会有什么前途？……叶少兰演得好，单谈他如何如何好便是，干么一定要提他是叶盛兰儿子？某某某的儿子，演出之糟，令人一见难忘。爸爸好，不等于儿子好。如叶少兰这类可以把父亲一身功夫发扬光大的，我们何必一定要把他的尊大人捧出来？单说他一人，就可以了。或曰：京剧讲究传统与师承。但只谈传统，不理发展，只管师传，不提徒弟，一定自断前途。京剧界现在最重要的课题，是如何把青年人引进戏院。不把这事搞好，京剧艺术再登峰造极，也前途甚虑。所以有心人，应该放眼前途，大家保住现有的来鼓吹，不要开口埋口，都提死人。京剧，是应该活下去的！”

的确，叶少兰一向致力于更广泛地扩展观众面，特别注重调研青年观众反应，这次在香港也不例外。当他发现香港不仅有不少钟爱京剧的老戏迷，还有不少热情的青年观众也成为“叶迷”，令他十分感动。演出《罗成》等剧后，均有一些不认识的青年朋友上台献花，并向他展示拍红了的手掌。逢此时，少兰总是不顾疲劳，未及卸装，便与他们热情交谈，签字，合影，一一回答他们的问话。这样的吸引观众，“雪球”自然是越滚越大。每场演出，剧场走廊、后台化妆间都摆满了观众赠送的精美花篮、花牌和大量花簇。台湾著名影星林青霞多次莅场观剧，并到后台拜望演员。《天天日报》报道说：“看京剧之余，林青霞还到后台拜会一些京剧名伶，其中最令她欣赏的是叶少兰。”《东方日报》报道林青霞的话说：“京剧乃中国传统艺术，看京剧表演就在吸收我国文化”。不仅林青霞如此，台湾京剧界更有成批人马涌至香港，观看大陆京剧演员的演出，掀起了海峡两岸艺术交流的热潮。其中花絮和各种佳话、趣闻层出不穷。台湾《中国时报》的消息说：“据最近自港返台的演员指出，大陆演员面对台湾戏迷而特别卖力演出，台湾观众更为大陆演员的精湛技艺拍手叫好。透过中国文化艺术的共同语言，大家水乳交融，场面十分感人而奇特。……每天一看完戏，台湾演员就各自盯着本行科的宗师前辈请教，……这是海峡隔绝40年来两岸京戏演员如此公开自由的接触，……大陆京戏名角、台湾国剧演员原是一脉相传，第一次的接触立刻拉近了双方距离。”

这次由台湾而来的京剧界人士中，包括大鹏京剧团团长、台湾国剧协会会长哈元章，著名小生刘玉麟，女花脸王海波等。特别是哈元章先生，因是“富连成’科班毕业，与叶少兰自有一种特殊感情。二人见面之后，感情交流尤为诚笃。台湾著名京剧小生刘玉麟，专门带着女儿、台湾影星嘉玲和全家老少赴港观剧。一家人每场必到、对少兰的演出热衷之极。此外，香港影界巨星夏梦、叶枫等，此次亦每场必到，热烈称颂不已。尽管此次演出票价昂贵，入场券250港币一张，居历次之首；但在大量常客中，仍不仅有叶少兰的许多老朋友、老观众，也有相当多的新朋友和年轻人。听常客们介绍后，不少观众甚至因没能看到叶少兰的《周仁献嫂》《柳荫记》，而演出团因时间关系而不能“翻头再演”而深为遗憾。只好“指责”舆论宣传之“不力”，使他们未能一饱眼福。

林青霞向叶少兰学习叶派小生艺术

为了满足戏迷朋友和港台同行的热切要求，在繁忙的演出与排练的间隙，叶少兰和方荣翔还应香港中华文化促进中心每月举办的“京昆雅叙”邀请，由包幼蝶先生主持，分别作了专题艺术讲座。不仅购票人数创该社纪录，聆听者的反应也空前强烈。

叶少兰这次在香港的上演剧目，除久演不衰之拿手戏外，还有他多年未演的《八大锤》《借赵云》两台好戏。叶少兰、孙岳、王玉敏与刘金泉、王东华等演出的全部《八大锤》，令观众如痴如迷，人们惊叹：“年已46岁的叶少兰，竟能将年仅16岁的陆文龙表现得栩栩如生。真正是人物生动、功夫过瘾、文武兼擅兼精，着实了得！”相比之下，《借赵云》一剧的上演和获得好评，就属来之不易。原来，因张学津车祸未能赴港，刘备一角只好由“马派”老生朱宝光临时“钻锅”顶替。因此，叶少兰只得临时加班加点，为朱宝光说戏、排戏……终于圆圆满满地完成了任务。那天演毕，多次谢幕后，竟还有百余人涌上舞台，向少兰、宝光等热烈祝贺成功，并深为佩服他们的魄力胆量。此事，不仅在当时当地，也在内地引起许多反响。圈中人还觉得，此事或许与少兰一向对事业的谨慎、认真和稳健作风颇为不

《八大锤》，叶少兰饰陆文龙

同；其实，这种“反常”何尝不是他“艺高人胆大”的体现呢？

最后还值得提及的是，在这次演出中，与少兰同台献艺的著名梅派演员、贤内助许嘉宝在台上台下也付出了巨大的努力。香港报刊对她也多有赞美。称之为“夫妻档”、“夫唱妇随”……对许嘉宝饰演之貂蝉、祝英台、孙尚香、冯素蕙等角色，以及主演的《别姬》《散花》等戏，港台观众也十分瞩目。《香港商报》曾一连四天在“名女人世界”专栏以“许嘉宝京剧之路”等为题，对她做了报道和评述。

是的，笔墨有限，不可能把所有的热烈场景都描绘下来，我只相信，如果关心叶少兰此行演绩的内地朋友，能够看到他在港岛舞台，面对那些举着拍红了的手掌、欢呼雀跃高喊着：“太好啦，太好啦……”的观众，一定会写出比我更生动、感人的文章的。①

① 参见重阳：《叶少兰首震港舞台》，《中国戏剧》1988 年第 7 期。

《柳荫记》，叶少兰饰梁山伯

赴台演出：同文同源 血浓于水

1993年，作为大陆与台湾戏曲院团开放交流的首例，叶少兰随北京京剧团赴台进行了为期20天的访问演出。此次访问演出阵容强大，主要集中了梨园大师的后代，如梅葆玖、梅葆玥、叶少兰、谭元寿、马长礼、张学津、杨少春、裘少戎、李长春、马小曼、马崇仁等。所到之处，气氛空前热烈，观众无不为之倾倒。“4月13日中午1点，北京京剧团一行68人应台湾中华文化发展基金会的邀请，乘华航班机从香港出发飞往台北。时针指向下午2点，飞机缓缓降落。当演员们依次走下扶梯时，桃园机场沸腾了。前来连接的人群如潮水般翻起朵朵浪花。他们打着巨幅欢迎标语、彩旗，手中拿着气球和花束，不停地呼唤着演员的名字。当梅葆玖（梅兰芳之子）、谭元寿（谭富英之子）、马长礼（马连良之义子）、叶少兰（叶盛兰之子）、张学津（张君秋之子）等人刚一走出海关，人潮便把他们淹没了。欢呼声、鼓乐声、闪光灯的咔嚓声交织在一起，好不热闹。”①

此次访问二20天，叶少兰共有十多场演出。回忆起这段经历，叶少兰感叹道：“那时候我们一出戏连演两天，我和梅葆玖先生的《凤还

---

① 张梅珍、康广存：《大陆名伶闹台湾——著名京剧演员叶少兰谈访台演出见闻》，《博爱》1993年第4期，第48—52页。

巢》，我和张学津、谭元寿、李长春、裘少戎先生的《群英会》，还有《四郎探母》《龙凤呈祥》，尤其是《吕布与貂蝉》，带着后面的《白门楼》，一演就是三个多钟头连演两天，那时候真是气力足。这一是为展示大陆京剧的风采，二也是被台湾观众的热情所感染。”

每场演出开演前，剧场简直成了花篮的海洋，庆贺演出成功的花篮从剧场里的舞台两侧开始，沿着观众席两边过道的墙壁，一直排到剧场外的大厅，甚至偌大的厅室也放不下，更有的花篮排到了大门外，甚至摆放上了人行街道。离开演还有三个多小时，剧院门前已是人群簇簇，持票的观众拥在门前热烈交谈，人人脸上洋溢着迫不及待的兴奋神色。据台媒报道，前来观演的人中，有不少人是坐了好几个小时的汽车从台南和高雄专程前来。虽然此次演出的票价高达 3000 台币，合 100 美元，高出当地票价十倍，但仍挡不住人们观演的热情。黑市交易也由此大旺。“许多没买到票的戏迷们来抢购门前的黄牛票（黑市票），连续 14 场的演出，黄牛票价翻了三番，最高达 9000 台币，合 300 美元。许多警察身着制服，在门口维持秩序，以防黑市交易出现混乱。”①

进场后，在剧场观演的人群中，还能发现许多台湾政要的身影。有陈立夫、黄少谷、台湾“总统府”秘书长蒋彦士、辜振甫等。前“行政院”长孙运璇坐着轮椅，天天准时出现在剧场。张学良先生更不用说，场场必到。剧场内座无虚席，观众的热情爆棚，甚至出现了一些非常有意思的小花絮：在观看《四郎探母》时，一位坐在第四排的观众竟然举着一支 20 倍的望远镜，他盯着镜筒仔细观瞧，别人问起时，他一本正经地说：“我要把一点一滴都看得清楚再清楚！”一位从台中赶来的胡女士，由于鼓掌用力过猛，把价值几十万元的钻石戒

① 张梅珍、康广存：《大陆名伶闹台湾——著名京剧演员叶少兰谈访台演出见闻》，《博爱》1993 年第 4 期，第 48—52 页。

《凤还巢》，叶少兰饰穆居易、梅葆玖饰程雪娥

《四郎探母》，叶少兰饰杨宗保

指弹了出去，幸亏被邻座捡到。

“戏至尾声，观众的整个情绪达到了高潮，掌声几乎可以轰顶。当演员谢幕时，许多观众拥上舞台抢着和演员留影，有的写下自己的地址，非要约时间请到家中吃饭；有的拿出签字本，让演员一口气签下了十几个名字。有一位年约六旬的老大爷拿出自己珍藏了40多年的戏单，指给叶少兰看，诉说起当年他父亲如何演戏的，观众如何狂热的，每当看到戏单，老大爷都激动不已。”①

对叶少兰和众多大陆名家的倾情表演，台湾的观众又是鼓掌又是高兴，很多人还掉下了眼泪。谢幕的时候，观众中许多人自发地发出呼喊：“你们再来啊，一定要再来啊！你们什么时候再来呀？”他们对演出的肯定、对京剧的热爱，让叶少兰在感动之余深受鼓舞。

而叶少兰的表演亦得到了台湾观众和媒体的大力赞扬：

（《龙凤呈祥》）到了下半场，小生叶少兰最“拉风”（光彩、风流之意）。他所饰演的周瑜，意气风发，雄心勃勃，把自己的年龄减少

① 张梅珍、康广存：《大陆名伶闹台湾——著名京剧演员叶少兰谈访台演出见闻》，《博爱》1993年第4期，第48—52页。

叶少兰、许嘉宝夫妇与张学良将军

叶少兰与蒋纬国先生（左二）

了30岁，获得全场观众的一致喝彩。台下有观众赞叹说："叶派的小生功夫是一绝。"

叶少兰把（《吕布与貂蝉》）吕布的狂傲，周瑜的少年得志这两种不同的性格刻画得入木三分。几番打斗下来，他虽然汗流浃背，但动作仍然轻松自如。近两年，医生给他戴上了冠心病的帽子，他前台演戏，后台吸氧。谁也看不出生龙活虎的叶少兰竟靠氧气维持着场上演出。[①]

此次，叶少兰与许嘉宝合演的《吕布与貂蝉》一共时长三个多小时，在"连环计"刺董卓之后又加演了《三英战吕布》及《白门楼》。说起来，这出戏还是张学良亲点的。张学良是中国近代著名的爱国将领、政治家、军事家，是民国四大美男子之一，人称"少帅"，是一个传奇式的人物。"张学良对京剧艺术不仅喜爱，而且很有研究。他非常喜爱前辈艺术家的表演，几乎所有的名角演出他都看过。……张学良不顾高龄，提前半个小时到场，观看了叶少兰和许嘉宝夫妻演出

① 张梅珍、康广存：《大陆名伶闹台湾——著名京剧演员叶少兰谈访台演出见闻》，《博爱》1993年第4期，第48—52页。

的《吕布与貂蝉》，几乎整整四个小时，毫无倦意。”[①]

叶少兰回忆说：“我们刚一到台湾，张学良先生就邀请我们吃饭。当时一共有三桌，与我们同桌的有陈立夫、蒋彦士，旁边一桌有黄少谷，再有一桌是军界政要，其中台湾国民党原‘空军司令’王叔铭将军对台湾京剧的发展作了很大的贡献，是他成立并发展了军中的两个京剧团：大鹏和海光。”

大家谈京剧、聊艺术，言笑晏晏。席间，张学良表现出他对京剧的振兴和发展的格外关注。他表示，京剧是中华民族文化的国粹，是民族文化的组成部分，作为中国人就应该理所当然地爱京剧。京剧各种流派的继承和发展非常重要，希望后代继承人能够注重表演质量，在唱念做打上真正像流派的创始人靠拢。

说起张学良先生，叶少兰的语气里带着感佩与兴奋：“那一天张学良先生特别地高兴，吃着饭的时候，他主动地说：‘来，今天高兴，我也唱几句。’姜凤山先生赶紧将胡琴拿出来。唱之前张学良先生声明：‘哎，你们可要注意了，我的调门可高啊！’于是琴师定了挺高的调，可是张先生一张嘴，却是个低调门。老先生很有意思，唱了一段《空城计》，唱得格外认真，如此高龄，对京剧还如此热爱，真的让人感佩。当时我还录了像呢！”

后来，1999 年张学良先生一百岁生日的时候，叶少兰与夫人许嘉宝应纽约业余国剧研究社邀请，前往纽约参加庆祝张学良将军百岁诞辰活动，演出《龙凤呈祥》。叶少兰饰演周瑜、张学津饰演前乔玄后鲁肃、许嘉宝和关静兰饰演前后孙尚香。由于张学良夫人不巧得了肺炎，张学良本人并没有去纽约，但是看了录像带，非常满意。据说，这场《龙凤呈祥》的录像带送至宋美龄府时，宋美龄一看这场演出质量这么高，特别高兴。甚至抱怨道：“我百岁生日时，这儿也演了《龙

---

① 参见李大玖：《张学良与京剧——访京剧大师叶少兰》，载《侨报》1999 年 6 月 14 日。

凤呈祥》，你们怎么没给我请叶少兰、张学津这些名角呀？”

当时，除了张学良，辜振甫对叶少兰所演《吕布与貂蝉》一剧也是情有独钟。“辜振甫先生是国民党中央常委，又是当今‘汪辜会谈’的热点人物。他曾两次会见叶少兰、许嘉宝夫妇。第一次是在赴新加坡会谈之前，并亲赴剧场观看叶许演出的《吕布与貂蝉》。……从新加坡回台以后，辜先生再次宴请了叶许夫妇，还有梅氏姐弟。叶许夫妇送给辜先生一本徽班进京二百周年的画册，辜先生十分喜欢，他说要仔细地看一看。”①

对于台湾人民对京剧艺术的热爱与坚持，叶少兰十分感慨：“那时候台湾剧团的服装道具都相对比较简陋，但他们还一直坚守着京剧这块阵地，办戏校办教育，确实培养了许多京剧人才，保持着台湾的京剧氛围，非常不容易。”特别有一件小事，让叶少兰感受到台湾民众的热情。

有一天下午，张学津和叶少兰去逛一家音像书店，发现店中有张学津的演戏录像带。张学津很高兴，这些带子他一直没有。他向老板询问，老板一眼就认出了大陆的演员，于是翻箱倒柜把张学津的带子都找出来，以很低的价格卖给张学津。叶少兰问有没有自己主演的《玉堂春》和《辕门射戟》的戏带，老板又找了一番，没有找到。深夜，叶少兰正在饭店休息，老板气喘吁吁的跑进来说：“找到了，找到了。”他手中拿着《玉堂春》和《辕门射戟》的录像带送给叶少兰，说什么也不收钱。临走，老板说：“大陆的戏带在这里销路很好，见到你们是我的福气，不用客气，咱们是一家人。”一家人三个字，说得演员们心头热乎乎的。国粹架桥，两情依依。大陆和台湾，毕竟是一

① 张梅珍、康广存：《大陆名伶闹台湾——著名京剧演员叶少兰谈访台演出见闻》，《博爱》1993年第4期，第48—52页。

《白门楼》，叶少兰饰吕布

叶少兰、辜振甫在辜府亲切交谈

家人。[①]

1996年，叶少兰再次赴台演出，延续了1993年的盛况。让他终生难忘。

1996年12月，台北。被当地誉为“本世纪末京剧最佳梦幻组合”的叶少兰、于魁智、尚长荣、薛亚萍、孟广禄、赵葆秀、朱世慧、许嘉宝八大当今菊坛顶尖名角儿纷纷登场亮相，14天之内连演13场，几乎场场爆满，盛况空前。此次访台，京剧团的艺术指导、叶派小生传人叶少兰以热闹华丽的《群英会》开篇，以叶派传世之作《周仁献嫂》压轴，在13出戏中主演了8场，……到台第5天，由于日夜排练演出和水土不服，叶少兰上吐下泻，高烧不止，当晚住进医院打吊

① 张梅珍、康广存：《大陆名伶闹台湾——著名京剧演员叶少兰谈访台演出见闻》，《博爱》1993年第4期，第48—52页。

针输液。正当戏迷们关切焦急之时，叶少兰第2天便出现在《龙凤呈祥》中，依旧是那个潇洒生动、光彩照人的周瑜。于是叶少兰重艺重德的敬业美名在戏迷中广为流传。当一个多月以后，叶少兰向记者叙述台湾之行时，似乎仍沉浸在演出盛况的兴奋之中。“这次赴台演出给我留下最深的一个印象，是我在好几场演出中很多人喊出了一个声音：你们什么时候还来呀？这个声音在我1993年第一次赴台演出时就听到过。那真是一种同族同根的亲情表露，那场面太感动人了。”……这次盛况空前的演出吸引了大批青年学生，而他们又大都受父辈的影响。一些老人听着戏一边叫好一边流泪。老人中有不少叶盛兰的老朋友、老搭档以及他的弟子。这些老人都对叶派小生耳熟能详。……1979年叶少兰沉寂多年后复出，受到普遍的欢迎。在台湾的亲朋好友也颇为关注，以不同渠道购买他演出的录像带。此次叶少兰带去的《群英会》《吕布与貂蝉》《周仁献嫂》等全部为叶派传世经典之作，叶少兰登台一亮相，其唱念做之精湛，其仪态之雍容高雅，令戏迷们叹之为叶盛兰的衣钵传人，他所演的周瑜也被认为“确实不逊乃父当年。”叶少兰在当今能赢得如此高的声誉，实际上从他在台湾的所行所为上便可见一斑。由于此次赴台演出组团时间较少，以山东剧团为班底的演员有一些戏没有演过，所以到台湾后还要一边演出一边排练。作为艺术指导和几出戏的导演，叶少兰要一句一句地教给演员。常常是排戏排到凌晨1、2点，早上8点起来接着排，晚上演出。每天都是从剧场到饭店，两点一线，没有一点观光的时间。叶少兰说：“要是为了这些就不来了。一些应酬也不敢去。那样浪费了精力，在台上就会对演戏有损失。我对艺术对观众是不肯打一点折扣的，牺牲自己的一些东西也不肯牺牲艺术。这是我的人生原则。”叶少兰今年55岁了，还有心脏病、糖尿病，10余天内演8场，医生都劝他这么演是有危险的，但叶少兰说：“我代表的是京剧，不能让京剧在台北砸锅。”头场的《群英会》一上来就是一个满堂彩，接下来一场比一场轰动。

叶少兰演戏出名的认真，按说《群英会》演过几百场，闭着眼演也跟玩似的。但叶少兰每次演之前都要看父亲的电影、自己的录像，找出不足地方，然后默排一遍、实排一遍，统排一遍、响排一遍，最后才能上台演出。而且台上台下一个样。只有这样才能不断提高，就不会有停滞不前的局面。这是一种对自己、对观众、对艺术负责的态度。“敬业是人的本分。”叶少兰这样说，“敬业不是额外居功自赏的条件。是应该的、是各行各业的一个基础。现在一些年轻的演员做得不好。”[1]

恢复《壮别》：追比前贤　登攀艺巅

长时间以来，叶少兰不但整理恢复了《吕布与貂蝉》《周仁献嫂》《水淹下邳》《罗成》《柳荫记》等叶派大戏，还恢复演出了一批具有叶派小生艺术风格的传统戏《打侄上坟》《奇双会》《八大锤》《借赵云》《得意缘》《御碑亭》《玉堂春》《四郎探母》《龙凤呈祥》等，特别是挖掘创作整理了极具叶派特色或个人艺术风格的京剧折子戏《赤壁之战·壮别》《平贵别窑》《太白醉写》等。叶少兰向俞振飞学习过昆曲《太白醉写》，他借鉴昆曲的同时，根据自身条件和艺术理解创作了京剧的《太白醉写》，成功塑造了伟大诗人李白的艺术形象，增添了叶派小生艺术中“挂髯口”的人物类型，填补了京剧小生行当中“大官生”门类的空白。

近年来，少兰突出的成就，是在为纪念梅兰芳先生百岁诞辰而恢复排演的《太真外传》里，他塑造的李白的艺术形象。李白这个人物，在全剧中只出现一场，篇幅小，比重轻，与小生唱主角的昆曲《太白醉写》截然不同。为此他重点研究了剧本，分析了剧情，翻阅

---

① 杭程：《叶少兰：只要能演就不离开舞台》，载《生活时报》1997年3月10日。

了大量有关材料；又借鉴俞振飞先生在《太白醉写》中的表演，树立出京剧舞台上光彩照人的李白形象，为全剧增辉添彩。可以说他在继承、创造方面又上了一层台阶。李白这个人物很不好演，既是位驰名中外的大诗人，得有书卷气，显现出大文豪的风貌；可又是个饮酒无度、放浪形骸、不拘小节的人。演得既不能像书呆子、老学究；又不能流气、癫狂。分寸极不好掌握，少兰却掌握得很恰当，演出来不温不火，把这个人物的才气、正气、傲气、狂气，在醉态中表现出来，让观众点头，承认“确是李白”。再一个难能可贵之处是：他一个人能占满台。无论是他在舞台中间，还是在舞台一侧，演唱、做戏，观众不觉其他部位空荡，这是没有功力、缺乏火候的演员难以做得到的。[①]

《壮别》是新编历史剧《赤壁之战》中的一折，其情节是在“苦肉计打黄盖”与“火烧战船”之间，讲述的是临战前夜，水军都督周瑜密赴黄府，探望老将军黄盖，核对战前准备，并与黄盖把酒惜别，为其壮行。1959 年，叶盛兰是在摘帽右派的政治身份下，在时间紧（20 多天）、任务重（排演为建国十周年献礼的两出大戏《赤壁之战》《西厢记》）的客观条件下，与裘盛戎一道创作排演了半小时不到但却人人赞不绝口的精品——《赤壁之战 · 壮别》。演出极为精彩，享一时之盛。惜乎《壮别》虽好而时运不佳，该折戏连彩排只演了三次即被腰斩，再无与观众见面的机会。1984 年，为庆祝新中国成立三十五周年，叶少兰导演并复排了《壮别》一折，与裘盛戎先生的高足、裘派传人方荣翔合作，为国庆献礼。献礼演出在颐和园大戏台，演出折子戏均为三国题材，同场演出的还有袁世海的《横槊赋诗》，谭元寿、马长礼的《草船借箭》等。

① 吴素秋：《博学广纳 继承创新——赞叶派艺术家叶少兰》，《中国戏剧》1996 年 8 月，总第 471 期，第 26—27 页。

《太白醉写》，叶少兰饰李白

《壮别》“文革”后的首次复排演出在观众中引起了强烈反响。著名文艺家、原中国京剧院党委书记马少波，著名编剧翁偶虹等当年参与过《赤壁之战》一剧创作的人士都对演出和叶少兰所做的整理工作给予了极高的评价。包括许多老演员、老观众们觉得复原得极好，受到了观众的热烈欢迎。“1984 年在庆祝建国三十五周年的电视节目里，他们二位又把当年盛兰、盛戎合演‘壮别’的风光，重现于荧屏之上。”[①] 作为该剧的编剧，翁偶虹先生能在有生之年，再次看到自己为之倾尽心血的得意之作展现在世人前，他感到无比欣慰。首演之后的 30 年来，叶少兰先后与方荣翔、李长春、尚长荣等几位净角名家合作该剧，每次演出都受到观众的热烈欢迎，并被全国

① 翁偶虹：《翁偶虹编剧生涯》，同心出版社 2008 年版，第 334—336 页。

各院团和众多小生演员搬演。《壮别》也因此成为叶派小生艺术中的经典名作。

这样一折只演过三次、不到半小时的戏为什么会如此精彩？而精彩之戏又为什么遭到封杀，不许演出？一个戏何以让两代艺术家、几代观众为之牵挂？特别是只看过排练演出，而并没有学过该戏的叶少兰到底是经过了怎样的努力来复原该剧，并使之成为叶派表演艺术中的精品？要回答这些问题，我们还要从这折戏的由来说起。

说来有意思，当年的创作者们创作《壮别》一折，原是要给黄盖加戏的，因为《赤壁之战》是根据传统戏《群英会·借东风》增删改编而成，原戏周瑜的戏份很大，而黄盖的戏份在众多主要角色中是最少的，《赤壁之战》虽已面貌大变，然黄盖的戏份仍然不多。“要增添黄盖的戏，用独场写个人，不过是唱段而已，必须有其他人物互相陪衬，才能增色扬辉。原剧中周、黄定计一场，笔墨不多，却非常动人。尤其是这位白发将军与倜傥周郎的形象，浑如老圃黄花，春岭玉兰，更能挥发出诗意般的慷慨气氛。假若在‘打盖’以后，增写一个周瑜夜慰黄盖、互相鼓励的场面，既擢黄盖于高峰，更渲周瑜于秋水。这样不但黄盖的形象突出了，周瑜也将更为饱满。”[①]正是妙笔生花的翁偶虹以编剧者富于创造性的独异思维和胸有全剧的整体观设定了这一情节，才为扮演者在更高层面上完满地呈现周瑜、黄盖别于传统戏中的形象提供了基础。

我在构思之际，酝酿了几个方案：先上黄盖，则与“打盖”后黄盖、阚泽定计的上场合掌，何况这场戏的行动线，主动者是周瑜。还是周瑜先上为宜，可又不能像话剧那样冷寂地只凭借面部的表情，应该必须有唱，唱什么呢？在小生的唱腔中，用【娃娃调】，显拖，用

① 翁偶虹：《翁偶虹编剧生涯》，同心出版社 2008 年版，第 334-336 页。

《赤壁之战·壮别》，叶少兰饰周瑜、尚长荣饰黄盖

《赤壁之战·壮别》，叶少兰饰周瑜、李长春饰黄盖

【二黄原板】，显冷，都不合适，只得别开生面地运用昆曲。于是我选用了简练而富有慷慨气氛的【杏花天】引子，祝其端而扬其绪。【杏花天】只有两句，我填的词是“大江东去浪滔滔，描不尽英雄怀抱”。上场定了，下面接写周、黄晤面，用什么样的格律渲染英雄怀抱？叶盛兰和裘盛戎均以唱胜，写唱是必要的；但不能张嘴就唱，必须蓄势以衬，惜墨如金地写上两段，争取点睛之效，兼餍听众之耳。开唱之前，怎样衬托？怎样蓄势？用一般的白口叙述“苦肉、诈降”的重要性，等于“翻瓤子”（重述前情的术语）；想象描绘诈降的后果，又无异于开‘空头支票’；最后决定用诗句的格律写几段有含蓄性内容的对口律白，争取能够涌现出情景交融的意境……律句用五言，采取古诗的风格。在周瑜唱完【杏花天】引子之后，命亲随悄悄地请上黄盖，黄盖念：“明月照江东，破浪待长风。何期睹英姿，豪气贯长虹。”周瑜接念：“珍重百战身，斗酒送英雄。举火乘风去，将星飞太空。”黄盖接念：“狂澜须倒挽，易水走从容。踏破千层浪，只手擒苍龙。”周瑜激动地赞扬了黄盖并互相交待了整装待发的劲旅。黄盖再接念：“慷慨辞故国，含笑入刀丛。滚滚长江水，英雄血洒红。”蓄势已足，周瑜即接唱【二六】：“浩然正气冲霄汉，惊醒了星斗闪闪寒。骇浪奔涛增婉转，风叱云咤也缠绵。老将军珍重此身经百战，珍重了东风初送第一船。（转【快板】）大江待君添炽炭，赤壁待君染醉颜。漫道是

长城推在江北岸，长城却在老将肩。松柏劲骨当岁寒，你谈笑而去谈笑还。”黄盖接唱【西皮原板】：“壮志凌云白虹贯，壮哉都督赠豪言。六十年来尘扑面，今日才得洗汗颜。（转【二六】）说什么创业开基经百战，说什么鲸鲵阵里骋雕鞍。大丈夫岂能够老死床笫间，学一个丹心报国马革裹尸还。（转【快板】）我把长江当匹练，信手舒卷履平川。东风起、烧战船，应笑我白发苍苍着先鞭。烈火更助英雄胆，管叫那八十三万强虏灰飞烟灭火冲天。收拾起风雷供调遣，百万一藐谈笑间。”周瑜接唱【散板】：“大丈夫能把乾坤变，何惜萧萧易水寒。斗酒奉赠壮虎胆——”黄盖接酒，接唱末句：“这斗酒酹东风扫荡云天。”①

我们只要看看编剧者所提供的文学剧本就能感受到作为一折新编的历史剧，这折戏的文本将在京剧文学史上占有何等的地位。这一文本是真正意义上的剧诗，大部分的人物独白和对白是诗化的律白，抽取出来作为五言古诗来看亦极致出色，不但古韵绵长而且文藻驰隽。特别是周瑜和黄盖的两段唱词，真是文、质、情、采俱胜，大大推进了历史情节的铺展和戏剧情境的营造，对角色戏剧动作的安排和人物形象的塑造深有助益。叶少兰极为赞赏地回忆说：“当我向翁先生提出想恢复该戏，但找不到剧本时，翁先生虽很支持，但经过‘文革’，他也没有剧本了。于是，翁先生开始回忆，一个字一个字把剧本写出交给了我。等到与实况录音一对照，我非常惊讶又极其佩服，竟然完全一样，一字不错，不差毫分。可见，当年腰斩删除的这一幕戏，翁老有多么看重！我也从中汲取信心，倍感选择正确！”确实，这个剧本不但本身的文学欣赏价值很高，而且为二度创作奠定了极好的基础，给创作者以极大的空间和表演冲动。

当时在改编中为照顾全剧，叶盛兰饰演周瑜的戏份被拿掉很多，

① 翁偶虹：《翁偶虹编剧生涯》，同心出版社 2008 年版，第 334—336 页。

新写的《壮别》一折被认为是一场过场戏。谁知在叶盛兰、裘盛戎两位艺术大师的创造和李慕良的唱腔设计下，二人诗律化的对口韵白念得极富意蕴，将帅互敬难舍的表演精彩绝伦，两段小生与花脸的唱腔韵味醇厚、新腔迭出、脍炙人口，呈现出全剧新的高潮。翁偶虹作为当事人表达了当时自己和大多数人的感受，“许多熟识的朋友看到剧本，又知道将由叶、裘二位合演此折，都抱着‘看好戏’的信心，谆谆鼓励。通过叶、裘二位的精湛表演，果然把这场‘壮别’演得有声有色，展现了诗意的境界。在新写的场目中，当以此场为最受欢迎，其次是‘横槊赋诗’”。[①]

而这样一折妙艺神技的皮黄佳品却在“昙花一现”的冠盖风华之后偃旗息鼓，缚束高阁。“不料在演过三场之后，一位负责宣传工作的领导人，竟指令删去此场，理由是：黄盖诈降，如同今天战士的炸碉堡，全凭一鼓作气的精神，不需要他的领导再慰问他、鼓励他，如此慰问鼓励，等于扯黄盖的后腿，副作用不可不防，删去为宜。所以，《赤壁之战》在演出三场以后，观众虽然看到节目单上刊有‘壮别’的唱念词句，却看不到‘壮别’的舞台演出了。有些观众以失望的情绪纷纷询问，院方只得以‘戏幅过长而删减’来答复观众。有些知道底蕴的人都不同意这样地硬性删减，认为三国时代的黄盖、周瑜有他们的历史局限性和思想局限性，不同于今天战士的觉悟，周瑜慰问黄盖，出于古人之间的深厚感情与共同志愿，言志壮别，既不悖于历史的真实，也不致有什么副作用会影响今天人们的思想。尽管舆论如此，可是直到出版了《赤壁之战》剧本，此场仍付阙如。不仅当时的观众一致感到遗憾，直到今天，许多有志于繁荣京剧节目的同志，仍以惋惜的心情，既痛夭折于当年，更憾未复于今日。”[②] 当然，还有

---

① 翁偶虹：《翁偶虹编剧生涯》，同心出版社 2008 年版，第 334—336 页。
② 同上。

一种说法是这折戏被演得太精彩了，在新写的场次中最为突出，受到了观众的热烈欢迎。而此戏是两大院团众多名演员的大合作演出，叶盛兰、裘盛戎太过突出的表演似显扎眼，特别是叶盛兰当时的政治身份，空气中弥漫着不允许的气氛，所以，有人以全戏过长为由砍掉了《壮别》一折。

由于亲眼看到父亲排戏和演戏的整个过程，叶少兰至今还记得，叶盛兰演出该剧时在人民剧场后台化妆和演这折戏时赶妆的情景，“父亲在《赤壁之战》的前几场中戏份都是最重的，演完之后真是汗如雨下，头上是绿豆般大的汗珠，棉的胖袄全都湿透了，换装的时间很紧张，我在侧台看着他换好服装，在音乐中迈步上场”。在父亲逝世后的几年里，叶少兰常常回忆起父亲排练、演出《壮别》，甚至换

《赤壁之战》，叶盛兰饰周瑜、李少春饰鲁肃、马连良饰诸葛亮

《赤壁之战·壮别》，叶盛兰饰周瑜、裘盛戎饰黄盖

服装的情景。父亲的坚韧与劳累、文本的优美和演出的精彩、观众的热烈和《壮别》的“短命”是叶少兰挥之不去、常萦在心的思绪和情愫。该戏首演的25年后，叶盛兰逝世的六年后，叶少兰终于决定恢复这个戏，不仅仅是因为这个戏的精彩，更是父亲无言的嘱托和继承发展叶派小生艺术的责任。当时，由于经过“文革”，叶少兰没有这出戏的剧本、录音、照片等任何资料，他通过各种渠道和托人帮忙，请翁先生回忆剧本，并辗转找到当时演出的录音。听着这份录音，叶少兰有一种如获至宝的感觉，他跃跃欲试，想尽快能将该戏恢复上演。他与著名裘派花脸演员方荣翔一起研究。方荣翔说，“贤弟，我也没印象，就按你的设计来”。叶少兰仔细回忆了25年前看排练和演出的过程。凭印象冥思，根据录音苦想，一点点地琢磨，尽量还原，同时在叶派风格内进行重新创作和再塑造。以此为基础，他导演了全戏，设计了小生、花脸的身段动作组合，回忆了父亲这折戏的扮相：

二郎冠加风帽、白龙箭、绣八宝的白马褂、带三蓝绣的白素斗篷并挎宝剑。由于中国京剧院当时已找不到二郎冠，叶少兰以白将巾替代。后来找到了叶盛兰当时演出的一张照片，除了盔头的原因，其他的装束都对，再根据照片制作了二郎冠。

叶少兰说，这出戏的两个角色都是小扮相。花脸是头戴发鬏，穿挎衣坎肩、厚底的鱼鳞靸鞋，没有夹带藏掖，而小生是改良马褂、箭衣、风帽、素斗篷，扮演者需要深厚的功力和相当的火候，否则非常难演。当年，父亲叶盛兰和裘盛戎在舞台上的妙造神化，使观众感到两个人的身后有千军万马，造成了大战前箭在弦上的紧张气氛，乌云压城的沉重厚实感。比如，双方之前核查准备情况的互问，瑜问："火船齐备否？"盖答："俱已齐备。"瑜再问："敢死壮士俱都停当否？"盖再答："停当了。"瑜三问："诈降书敢保无虞否？"盖三答："万无一失。"周瑜为免老将军的后顾之忧，充满感情而坚定地言道："好，老将军的宝眷，瑜当加意照应。"两个人的这种将帅之间的友情关切，水军都督周瑜和元老将军黄盖的身份感都要通过这一问一答中的神态表情和念白的语气来表现。叶少兰在20多年的演绎中，理解愈发深刻，表演渐入佳境，到2005年CCTV戏曲频道的《空中剧院》栏目现场直播《壮别》一折时，叶少兰所饰演的周瑜真可谓到了神形毕肖的程度，功力之精纯、气质之绝胜、火候之老辣让人钦叹不已。以此三问三答为例，黄盖三次一次比一次肯定的答复，周瑜的反应截然有别，层层递进，呈现出一种越来越有信心，越来越表示赞许的情态。第一答"俱已齐备"，叶少兰的表情是"哦"，微微地点下头；第二答"停当了"，叶少兰产生了比第一次更明显地反映，眼睛一亮，有一个小的领神，本是手心冲外的双摊手的问式瞬间变为手心冲里的双握拳式，紧接着哼出一个大嗓的短暂而肯定的"嗯"；第三答"万无一失"，叶少兰没有了前两次那种带有点突然的反映，因为有前两次的回答，周瑜已经有所预期，即认为老将军果然是有经验的熟练兵家，所以叶少兰是面展微笑，目视老将军的方向，道出一个“好”字，并随着这个字微微较快地两点头。这个“好”字是大嗓念，显分量，先张嘴，虚声出字头“h”（字头延长念），韵尾“ao”重念，归韵合口有力，表示了周瑜的肯定与赞许。紧接着左手让斗篷，拱手念“老将军的宝眷，瑜当加意照应。”其中“宝眷”“加意”作为逻辑重音而重念，“照（呃）应”两字中间加虚字“呃”，是为了突出用虎音来念“应”，强调为老将军担当照顾家属的重任，让黄盖解除后顾之忧。仅此片言只语的表现，周郎公瑾之气度风貌跃然舞台，叶少兰表演之精到让人回味无穷。

那段【反西皮二六】的唱段叶少兰唱来则更是激荡人心，动人心魄。之所以能如此动人，精美的文辞、摄人的旋律和叶少兰宽厚嘹亮的声音及高超技巧固然重要，而真正理解周瑜彼时彼地的内心世界则是演唱进入深层次高境界的关键。周瑜心疼、敬重这位鬓发苍苍、为国家立下汗马功劳、晚年之际不顾身家性命还以赤子之心报国的忠义老将，江东大业确实又需要老将军做出这种牺牲。黄盖此去江北诈降，风险极大，九死一生，也很可能是最后一别，周瑜的心情很沉重。他深深地掩藏着内心深处的担心、悲怆和不忍，但是作为统帅又须以国家为重，不但不能过于伤感，还要激励老将军的报国之志。所以一番慷慨肺腑、激荡奋发的临别赠言之后，周瑜以一种战略上藐视敌方的、举重若轻的浪漫的言辞“你谈笑而去谈笑还”来表达老将军必胜的信心和祈视黄盖此去成功。但就在叶少兰唱第二个“谈笑”的“笑”字时，使用了两个嗖音，用得极妙！嗖音的出现表现的是周瑜内心中抑制不住的悲壮之情，和后面一句“何惜萧萧易水寒”相呼应。“笑”字之后紧接着的是一个掀斗篷的动作，又表现了周瑜压制伤感之情，更加抱定必胜信念。因此，以“还”字高八度的嘎调，高调拖腔，如水泻奔腾，声裂金石一般，将戏剧气氛推向了一个高潮。这段唱真正是应了苏东坡之言：“遥想公瑾当年，……雄姿英发。

羽扇纶巾，谈笑间，樯橹灰飞烟灭”。叶少兰说，他太喜欢这个戏和这段唱词，太敬佩翁偶虹先生。他认真思考，反复琢磨这段台词的意蕴，然后带着对父亲叶盛兰的怀念之情和像父亲那样对待事业的忠贞敬畏之情来学习旋律唱腔。为了使这段唱腔在音准、音高、音色上达到高标准，为了把“还”字唱得坚实、持久、饱满，他坚持不懈地练了有整整一年。

由于原来的《壮别》是《赤壁之战》中的一场，现在叶少兰要将其独立成一折完整的折子戏，所以要进行适当变化。首先要解决的就是开头和结尾的音乐。经过思考，叶少兰采用了老戏固有而三国戏中又常用的《将军令》的曲牌，作为这折戏的核心旋律，能够体现这折戏“将帅情深，壮别送行”的主题。他设计首先用大南鼓、大筛的由轻到重的敲击模拟出江水拍岸由远及近的声音，契合了唱词与环境。混合着水声起唢呐曲牌《将军令》，曲牌结束接三声水浪声，然后把开场周瑜唱昆曲曲牌《杏花天》的第一句“大江东去浪滔滔”由场上唱变为幕后唱，形成先声夺人之势。随即以模拟《将军令》曲牌的弦乐奏起，四兵士提着灯笼在音乐中上场。有节奏的迈步，表现出秘密地蹑手蹑脚地在黑夜环境中行走，给周瑜的出场烘托出了凝重而极具气势的气氛。乐末的紧密锣鼓中，周瑜疾步而上，他心情急切，秘密来探，若干身段动作表现他在观察环境，避人耳目。由于改为折子戏，结尾处几句【摇板】“大丈夫能把乾坤变，何惜萧萧易水寒，斗酒奉赠壮虎胆”。叶少兰把原来这几句一带而过的处理唱得更舒展而感情浓烈，特别是在“大丈夫能把乾坤变”之后，叶少兰给周瑜加了三次跪、起的动作和最后迅速的跪蹉，表现周瑜对老将军的敬重。原来黄盖在唱完最后一句“这斗酒酹东风扫荡云天”，二人拱手分下。叶少兰回忆说，虽然《壮别》只演过两三回，但结尾的设计曾经使用过《将军令》曲牌，后来又改为二人拱手分下。叶少兰恢复使用《将

《赤壁之战》，从左至右：李和曾饰张昭、李少春饰鲁肃、叶盛兰饰周瑜、马连良饰诸葛亮、裘盛戎饰黄盖

军令》，与开场相呼应。在曲牌中，周瑜与黄盖缓缓而有节奏地推磨[①]拱手，周瑜是深沉重托，黄盖是请君放心，黄盖重重地行跪礼，周瑜以蹉步表示急切地搀扶，黄盖拿着酒杯，周瑜托着黄盖的手腕，慢慢举起，两人亮相结束。

叶少兰饱含深情地说："尽管《赤壁之战》全剧已经有音配像播放，也包括'壮别'一折恢复，我们感慨可弥补缺憾于万一的同时，未免会想到，当年那一部群英荟萃波澜壮阔的新编大戏，其实很难再见于舞台了。当初仅演三次的《壮别》，适逢改革开放新时期，破茧成蝶浴火重生，却反倒硕果仅存。这一雄伟而大气魄的戏，这几十年前被删除、被众人惋惜的经典，挖掘、继承、加工、整理、光大之后，一定会在新时代展现万丈霞光。时隔半个多世纪，这一折戏，至今多年久演不衰，成为叶派与裘派的经典，学演与上演的人甚多。短小精悍的叶派小生力作，一定会为推动叶派小生艺术的建设、继承和发展起到重要的作用。一个行当、一个流派的光大一定要反映在艺术作品上，这也是我力推此剧的根本思想。"

① 推磨，即相对绕圈各走一个半圆弧形，调换舞台位置。

赴美讲学：文化大使与“京剧王子”

1985年3月1日，美国纽约肯尼迪机场，春寒料峭，冷风嗖嗖。机场大厅内，送往迎来的人群摩肩接踵。乘客出口处，站着一个40岁上下的中国客人，旅行皮箱在他身旁的大理石地上放置着，他浓眉微皱，脸色焦急，他双目睃巡着大厅里川流不息的人群，像是在寻找什么人。可语言的差异又使他不愿过多地向旁人发问，他就这样沉默不语地站着，等着，站着，等着……①

读者想必猜到，这个人，就是我们的主人公叶少兰了。

叶少兰此次远赴美国，并非巡回演出，也不是探亲访友，他是应美国富布赖特计划委员会的邀请，以“教授”的身份来这里进行为期一年的讲学。之所以会出现开头的那一幕，是因为叶少兰从北京飞赴美国搭乘的泛美公司班机在行至日本途中发生了几年不遇的全体总罢工，叶少兰只好转搭西北公司的班机继续飞行。如此一来，他抵达纽约的日期、航班，包括降落的机场都与原定方案不同，这也就难怪他一人在机场闷等，寻不见接机的主人了。

像很多拥有“好事多磨”开头的故事一样，“叶少兰赴美讲学”事件的起因与后续，全都带有一种传奇性的美好。

富布赖特访问学者

富布赖特计划是世界上规模最大、声誉最高的国际交流计划。而富布赖特计划委员会是美国最高的学术机构，在世界享有盛誉。该计划是根据美国前参议员、来自阿肯色州的 J. 威廉·富布赖特提出的立

① 赵晓东：《“京剧王子”在美国》，《京剧一知录》，文化艺术出版社1990年版，第127页。

法于1946年建立的，旨在“增进美国和其他国家之间的相互了解。”建立60多年以来，作为美国政府资助的旗舰国际教育计划，其为大批学术成绩优异、领导才干突出的参与者提供机会，到对方国家进行教学、思想交流、协力解决共同面对的问题。世界各国的知名学者都以能参加该计划并成为富布赖特访问学者为荣耀。每年，包括诺贝尔奖和普利策奖获得者、知名学者、政府官员、外交使节等各学科各领域的许多顶尖专家通过该计划进行学术交流活动。计划委员会在选择交流学者方面有一套极其严格的标准，对所选对象的学历与经历、专业成就、实践经验、教学成果、学者资质等方面都会进行细致入微的考察。他们所选择的艺术家都是该国某艺术门类中最有票房号召力、最受观众欢迎、最有代表性的，不仅要年富力强，更要在国际上有相当影响力，或者具有产生这种影响力的潜力。中国京剧二百多年的历史，产生过成百上千个优秀杰出的表演艺术家，以梅兰芳先生成功访问美、日、俄（前苏联）为代表，京剧艺术有半个多世纪远走五洲四海、被世界各地热烈欢迎的文化交流历程。然而一个京剧演员以“教授”身份受美国政府级学术机构的邀请前往系统讲学授课的，叶少兰还是第一人。从这个意义上说，叶少兰的美国之行使中国京剧在美国各界特别是学术界、知识界和教育界得到广为传播与宣扬，恐怕是前无古人的了。

为富布赖特计划委员会和叶少兰之间牵线搭桥的，是富布赖特计划委员会派遣的交换学者、1981年正在北京大学教授美国文学课程的赵非比女士。赵女士回忆道：

1981年，我奉富布赖特计划委员会派遣，到北京大学讲美国文学一年，上课之余，常和朋友一起去看京戏，尤其爱看叶派小生传人叶少兰先生的戏。他和许嘉宝女士的《吕布与貂蝉》，我连看过三次，有百看不厌之感。我觉得叶先生在通过唱功和做功表达人物性格和内心感情方面，有独到之处。

梅兰芳先生30年代时曾到美国演过京剧，影响深远，但时隔50年，印象已淡薄。近年到欧美表演京剧的人，又多以武打、杂技为主，使西方人产生一种错觉，认为京剧就是武打、杂技。因此，我觉得为了沟通东西方艺术交流，把京剧艺术系统地介绍给美国公众，现在该是时候了。为什么不就邀请这位当代杰出的京剧艺术家叶少兰呢？为什么不就在以文学艺术（尤其是戏剧、舞蹈艺术）驰名全美的班宁顿学院呢？①

抱着这样的想法，经好友马士沂介绍，赵非比结识了叶少兰，并在征得叶少兰同意后，于1982年返美当年就向美国驻华大使馆文化机构和华盛顿富布赖特总部做出推荐。此事引起美国大使馆的高度重视。当时，大使馆的文化参赞司里昂本人很喜欢中国民族文化，他与他的团队成员立刻开始着手搜集叶少兰的各方面资料，包括跟踪他的公演，观看他的演出状况和现场观众气氛，经过细致深入地了解和反复论证，最终，确定叶少兰以国际学者和特邀艺术家的身份，到美国佛蒙特州班宁顿市的班宁顿学院进行为期一年的讲学。

班宁顿学院是以艺术系著称的一所高等学府。据传，20世纪上半叶舞蹈在美国被正式承认为是一门艺术，就是从这所学院开始的。班宁顿学院的戏剧系、舞蹈系和音乐系在全美享有盛誉。此次讲学，美国方面非常重视。在叶少兰还未到美之前，班宁顿学院的三级领导——院长麦克 · 胡珂、教务长麦可 · 罗克、戏剧系主任勒洛埃 · 罗庚就把叶少兰的情况在全校教授大会上作了介绍，并视为学院的头等大事。这次活动的牵线人赵非比女士，考虑到叶少兰不会说英语，在演讲、教学、社交、生活各方面会遇到困难，特地在其赴美前，邀请

① 赵非比：《文化大使叶少兰》，《戏曲艺术》1986年第4期。

Fulbright Certificate

awarded to

Mr. Ye Shaolan

for increasing mutual understanding between the people of

the People's Republic of China

and the people of the United States of America

through academic achievement as a Fulbright Scholar

James B. Meriwether
Chairman,
Board of Foreign Scholarships

August 28, 1986
date

叶少兰获得的富布赖特学者荣誉证书

当时正在美国南方爱默里大学研究美国戏剧、同时译述《论语》的黄继忠教授与自己一起担当叶少兰在美国期间的翻译。黄教授熟谙中英两种语言及文史，对京剧又有一定爱好。此后一年，叶少兰、赵非比、黄继忠三人苦心孤诣、精诚合作，一起殚精竭虑地将中国京剧艺术介绍给美国人民。

中国方面，时任北京军区司令员的秦基伟上将对叶少兰做了具体明确的指示，对他的出访抱有很大期望。叶少兰本人在赴美前也做了极其周全的准备，不仅在演讲内容方面进行了深入细致的备课，带去了授课所必需的服装、道具、影音资料，更走访了相声大师侯宝林、从美国讲学回来的著名红学家冯其庸以及此前出访过美国的著名京剧程派艺术家赵荣琛，以此更多地了解美国当地的情况。

1985年春，叶少兰正式入驻班宁顿学院，受到学院领导的热烈欢迎，三级领导分别举行宴会为他洗尘。为使叶少兰能够恬静地工作和休息，学院特地以高价在校园附近的风景区派克·麦克劳花园租赁了一套幽静、雅致的住房供他下榻，每天用餐、办公、外出均有专车接送。除了赵非比与黄继忠两位教授担当翻译外，学院方面又另派了七名教授作为叶少兰的助手，帮助他完成讲学。

按照议定，叶少兰在美一年期间，在班宁顿学院开设一门京剧舞蹈程式课程，另外第一个学期面向全校师生、班宁顿市市民及附近各社区做五次公开的专题演讲，专题演讲包括六方面的内容：一、京剧的源流发展及行当，二、京剧的程式和四功五法，三、京剧的音乐和唱腔，四、京剧的导演艺术和对演员的培养，五、京剧的服装、道具、头饰、脸谱，六、京剧艺术的综合性。第二学期，应各地大学及文化机构邀请，作巡回演讲及表演。

“京剧王子”的公开演讲

1985年4月以来，在班宁顿学院和附近社区，“去听叶教授的讲座”已成了人们茶余饭后必聊的话题。印有多幅叶少兰舞台剧照的精美海报早已贴满海报栏，并被分发到新英格兰地区六个州的各大学。人们奔走相告，翘首以待。

与此同时，叶少兰和他的团队正在进行着紧张而艰苦的案头文字翻译准备工作。美国人对京剧这一陌生的艺术能否产生兴趣？此番讲学能否取得预期的效果？叶少兰心里没底。但他明白，解决理解上的障碍将是此次演讲取得成功的关键一环。然而，做到这一点并不容易。京剧中有太多的专业术语，比如表示身段、动作的起霸、趟马、走边、卧鱼、涮腰等，表示服装扮相的名词靠、蟒、褶子、髯口等，这些术语，即使是不懂京剧的中国人理解起来都有困难，更别说是远隔重洋的美国人！例如“髯口”这样的名词，有“胡须”的意思，却又不能简单地翻译为“胡须”，因为如果黑色、白色髯口听众能够理解，那么红色髯口、蓝色髯口又怎么解释呢？髯口所涉及的样式种类，诸如老生的三绺、满，花脸的扎、一字，小花脸的吊搭、四喜等，各式各样的胡子，为什么要制作成那样？台上为什么要耍髯口？这些问题，绝不是一句话或某一个单词就能够概括清楚的。而像这样类似的难题，我们得窥的只是冰山的一角。可见对于叶少兰和两位翻译来说，这是多大的一个工作量。为了使翻译的效果与演讲的效果统一，叶少兰和他的团队往往要用半个月的时间准备一次演讲。讲义中的每一个动作、每一个身段，叶少兰都要一个一个给翻译做示范。除此之外，他们准备了大量的影音资料，希图给演讲配上最好的感性直观认识，以使美国观众加深理解。

4 月 8 日，在班宁顿学院最大的玛莎·希尔剧场，叶少兰进行了他在美的第一次公开演讲，这也是叶少兰在美国第一次和公众见面。赵非比女士记录下了当天的盛况：

人们一走进剧场，跃进眼膜的是舞台上一派古雅、光华的气象。舞台的中央匀称地分布着六个陈列着金碧辉煌的京剧戏装的衣架，有龙袍，有官服，有常服。耳朵里听到的是东方的音乐：《二泉映月》《夜深沉》等，典雅舒徐。台上的银幕上放着幻灯片，映现出生、旦、净、丑各种角色的扮相，美妙而新奇。美国听众未曾听讲，耳目先已为之一新。

开讲前一刻钟，已经座无虚席，于是暂时加座，各个甬道中都坐满了人，阶梯剧场后面还站满了人，连校长和他夫人都因没有提前来而坐在甬道中。开讲时真是名副其实地挤得水泄不通。据估计达六百人之多。

叶先生风度俊逸，口才卓越，善于深入浅出地把中国京剧艺术传达给美国听众。他有条不紊地讲述京剧发展史及其作为一种综合性艺术的特点，听众丝毫不觉得枯燥乏味，因为他诙谐多趣，常使他们时而掌声四起，时而哄堂大笑。在讲述京剧的虚拟夸张手法时，他不断用开门、行路、遇雨、刮风、登船等动作举例说明。讲演还穿插着舞水袖、舞扇、趟马、起霸、舞剑、舞枪等精彩舞蹈项目。修养有素的艺术家舞蹈动作的准确、细腻、优美、脱俗，不时激起听众的啧啧赞叹声和掌声。结束时，为表现使用各种不同技巧塑造人物性格，叶先生表演了《白蛇传》中端阳醉酒显原形一段戏，把全场听众的激动情绪推上了高潮。在长达两小时的演讲中，叶少兰富有魅力的艺术形象，丰富多彩的内容以及炉火纯青的表演从头到尾迷住了美国听众，使他们全神贯注、如痴如醉地听着、看着，完全沉浸在他登峰造极的艺术之中。全场安静得连一根针掉在地下都能听到。自始至终人人精神饱满，没有一个人提前离场。演讲一结束，全体听众不约而同地站了起来，用急雷般的掌声向这位来自中国的艺术家表示敬意和爱戴之情。听众感情的真挚和高昂，实在令人感奋不已。[1]

对于叶少兰讲课的生动性，文化艺术出版社出版的《京剧一知录》里赞扬道：

不要忘了，叶少兰本身就是出色的表演艺术家，因此，在介绍当中，他时而做出优美的身段亮相，辅助讲解；时而引吭高歌，以声传情；时而进入角色，嬉笑怒骂；时而做出高难动作，令听众吃惊不已。叶少兰的介绍是名副其实的“讲演”，他的连“讲”带“演”，既具有

① 赵非比：《文化大使叶少兰》，《戏曲艺术》1986年第4期。

叶少兰在美国班宁顿学院进行公开演讲

老师启发学生的循循善诱，又带有艺术家吸引观众的熠熠光彩。[①]

叶少兰的第一次演讲震动了班宁顿校园和整个城镇，其产生的影响是空前的。演讲后的那个星期，人们一见面就谈论叶少兰的艺术。有的学生在向他人转述叶少兰的高超艺术时，因为过分激动而喜泪扑簌。班宁顿的校长胡克博士说叶少兰的艺术为学院带来了光彩，振奋了全校师生的精神。文学系教授克劳德·弗烈德立克斯称叶少兰为"真正伟大的艺术家"。美国著名女作曲家、音乐系教授费文·范曾于50年前观赏过梅兰芳在美国的演出，她称叶少兰的艺术完全无愧于京剧艺术大师梅兰芳的传统。政治系教授盖尔·罗素认为叶少兰的讲座是班宁顿最近1/4世纪中最重要的事件。

这次演讲不仅在班宁顿学院内部造成轰动，社会上各方面的人也都千方百计想办法前去听叶少兰的讲座。佛蒙特州律师学会的州例会时间因为正好与叶少兰演讲的时间发生冲突，该学会建立百年来历史上第一次破例停会，只为了满足全体律师想听叶少兰演讲的要求。

---

① 赵晓东：《"京剧王子"在美国》，《京剧一知录》，文化艺术出版社1990年版，第130页。

从此叶少兰的名字在班宁顿有口皆碑；而且不胫而走，传遍佛蒙特全州，并传到州长耳朵里，传到纽约，传到纽约州的亚尔巴尼市，麻州的哈佛大学等地；以至后来佛蒙特州州长特地寄了公函代表全州人民为叶氏把他的精湛艺术带到该州来表示深切谢意；纽约以传扬亚洲文化见著的亚洲学会邀请叶氏到该会去演说；名闻全国的纽约马布·蛮斯剧团邀请叶氏前去培训演员和舞蹈人员；亚尔巴尼市电视台来校拍摄叶氏讲课实况作为新闻报导。①

此后的四次讲座，前来听讲的人有增无减，这种场场爆满的盛况，不仅在班宁顿学院，就是在全美国各大学也不多见。在美国的大学中学术演讲频繁，每次讲座三五十人参加是司空见惯的事，久盛不衰如叶少兰讲座的，却是极其罕见的头一次。人们把听叶少兰演讲看作无上的艺术享受，前一次演讲刚结束，人们便迫不及待地延颈伫候下一次演讲的到来。“在电视专题节目中，播音员则给叶少兰加上了‘京剧王子’的桂冠。”②由于媒体的热烈报道，越来越多的人知道了有位迷人的“京剧王子”在班宁顿学院，大家见面就打听谁见过这位“王子”，他的艺术到底有多好。凡是听过讲座的人，其赞叹之情溢于言表，都以一种非常自豪的表情和语气向询问的人介绍“这是我平生听到的最好的讲座”，“这是我看过的最迷人的表演”……

仅仅通过听讲座，班宁顿的师生和市民就有不少人成了叶少兰迷，而且以此为荣——

班宁顿学院的盖尔·罗素教授是最典型的“叶迷”，她对叶少兰的艺术佩服得五体投地，每次演讲她总是第一个赶到现场，选第一排最中间的座位坐下。她还自愿当上了叶少兰讲座的义务宣传员，不仅邀

---

① 赵非比：《文化大使叶少兰》，《戏曲艺术》1986年第4期。

② 赵晓东：《京剧一知录》，文化艺术出版社1990年版，第127—136页。

叶少兰演讲时做京剧表演示范

请她的亲朋好友来听讲，更是在市内逢人便介绍叶少兰，鼓励别人去听讲座。

叶少兰住处派克·麦克劳花园的主人约翰·麦克劳先生不但在班宁顿每场必到，后来叶少兰到纽约演讲，他特地从佛蒙特州的伯森顿坐飞机赶到纽约去听讲，并且带着他的一个儿子和一个女儿，说是要他们来“大开眼界”。他的儿女都说父亲向他们传扬已久，深深感到后睹为憾。约翰先生还曾向佛蒙特州立大学等学府推荐叶少兰，促成一些单位邀请他去演讲。

班宁顿学院音乐系一位年近古稀的老教授，双腿瘫痪，坐在轮椅上，出入只能靠一位青年教师推行。即便如此，他却是忠实的“叶迷”，对叶少兰的讲座，风雨无阻，从不缺席。

一位研究希腊戏剧的学者听完演讲后对叶少兰说：“我研究了一辈子希腊戏剧，现在才知道京剧内容那么丰富，许多方面高希腊戏剧一筹。”这位60多岁的老太太表示，有机会一定要到中国观赏京剧。

此外，叶少兰的芳邻、园艺师康氏夫妇，前班宁顿学院院长、历史系教授汤麦斯·勃洛克威教授夫妇和前人类学教授韩克斯夫妇等都是“叶迷”。许多文艺界人士、剧团的导演、演员、文学艺术家也乘飞机从很远的地方赶往班宁顿，只为一睹叶少兰讲座之精妙。

班宁顿音乐系女教授费文·范的女儿华尼莎是美国著名女歌唱家，她在听了叶少兰演讲中的唱腔后，着魔般地迷恋上了京剧唱腔，认为它是世界上第一流的演唱艺术。她几次冒着大风雪开车来到叶少兰的住处向他请教京剧的唱法。为了探讨发声，她将在剧场不轻易演唱的著名歌曲唱段放声唱给叶少兰听。为了示范，叶少兰给她唱了《柳荫记》中的两句。华尼莎大为赞赏，说：“你的歌唱可以和世界上任何第一流的歌唱家媲美而毫不逊色。”她坚持要学会这两句唱法。怎奈叶少兰的活动安排得太紧，为了抓紧时间学唱，她主动担当起了叶少兰的司机，亲自开车送叶少兰去演讲，利用路上的时间跟叶少兰学习。经过叶少兰的耐心指点和反复纠正后，她终于学会，千恩万谢而去。

“小安理会班”与“洋”《挡马》

叶少兰的讲座在班宁顿学院的师生中掀起了一股渴望更多地学习与了解京剧的热潮，尽管叶少兰事先一再声明为便于个别教学、辅导，自己在学院开设的京剧舞蹈程式课程只收十名学生，然而报名者竟达七八十人，最终叶少兰收下30余人，并准许若干师生旁听。

在班宁顿学院叶少兰教授的课堂上，出现了美国大学中罕见的现象。每次上课前，学生们静坐而候，教室内肃穆庄严，叶少兰步上教室讲台时，30余名学生全体起立，行注目礼，表示对老师的欢迎和尊敬。讲演完毕，学生们总是一致起立，鼓掌相送，并说：“谢谢老师！”每堂课皆如此，直至一学年结束的最后一堂课，此礼始终不衰。这在中国学校中也许是司空见惯的事，但在强调个人自由的美国大学中，却是独一无二的现象。学院的前院长汤麦斯·勃洛克威博士告诉叶少兰说：“美国不比中国。这里的学生很随便，从没有起立、敬礼的习惯。今天，他们对你采用了这种礼仪，这是美国学生给中国教授的最高的荣誉和奖赏，是对中国京剧艺术的最大的尊重。”博士还风趣地说：“可惜，我任教几十年，还从没有受到过这种礼遇。”一位异国的艺术家真好似变成了一位皇室成员，这位“京剧王子”接受着来自人们由衷的爱戴。

叶少兰的这些外国学生，一共来自八个国家：美国、法国、英国、西班牙、希腊、印度、韩国、日本，像一个联合国的小安理会，这是名副其实的国际班。不同的文化背景，不同的艺术经历和审美经验并没有阻碍这些学生对叶少兰和京剧艺术的欣赏。不仅如此，他们从内心中生发出一种崇慕与虔敬。学生们在舞台和讲坛上早已领略过叶少兰的飒爽身姿和艺术造型，他们在欣羡不已的同时对学习身段投入了巨大的热情。而他们的刻苦学习精神，也确实令叶少兰感动。

早在第一堂课中，叶少兰就开门见山地说明，他所取得的成就是20多年勤学苦练的结果。如果大家想学到一点京剧舞蹈的功夫，也必须不怕吃苦，肯于艰苦锻炼。在说明中国戏校教学学戏的传统之后，叶少兰教了这些洋学生一些京剧的基本功，如各种腿功、各种台步、手势、打趱子、鹞子翻身、飞天十响等，对京剧中划船、骑马、开门、关门、上山、下山等带有舞蹈化的身段表演的组合，也给予了传授。学生们对中国京剧虚拟写意的舞蹈表演程式非常着迷，对叶少兰所说的“冬练三九、夏练三伏”“拳不离手、曲不离口”的中国戏谚也十分信服。班宁顿的学生们一般早上8点多起床，而早上5、6点，叶少兰的这班学生就已经起来在大草地上练功了。为了练好一个动作，他们的腿上经常是青一块紫一块。他们不但在课堂上精心模仿，课后也毫不懈怠，自发组织起来，集体练习，切磋琢磨。当时表现比较突出的有两个学生，一个是戏剧系的美国学生阿灵，他是戏剧系四年级的高材生，擅长表演，在校已演过莎士比亚戏剧、希腊悲剧及其他剧目四五十出，舞台经验丰富，对中国文化向往已久，在班上勤学苦练，还热心辅导其他学生练习。别看他个高腿长，通过练习居然能做三个倒毛钻桌子，而且钻得很溜。他学习起来如饥似渴，不知疲倦。另一位是舞蹈系的女学生安德丽亚。她是舞蹈系三年级女生中的佼佼者，体态轻盈，舞蹈基本功娴熟，也热爱中国文化。她和其他几个女学生一致要求接受和男学生一样强度的训练。比如男学生学习剑枪连“虎跳”，安德丽亚也想一起学习。叶少兰怕女同学体力不够，就给她们改成蓬头、鹞子翻身，但她们不满足，非把“虎跳”练会不可。他们俨然把中国戏校里练私功的一套也学了过去，同学之间互相良性竞争，进步神速。

外国学生们学习中国京剧艺术有如此大的恒心和毅力，这是叶少兰没有想到的。他们肯于吃苦的精神，在深深打动叶少兰的同时，也使他下定决心，要为这些学生们排一出戏。一来通过这出戏把学生们平时训练的基本动作组合起来，二来也给予他们一个上台的机会。叶少兰左思右想，选中了《挡马》。这出戏情节、人物不太复杂，表演上也有特点，稍加改动就可以使学生们比较容易地学会。为了适应美国学生不会说中国话的特点，叶少兰改编的《挡马》与国内演法略有不同。他删去了一部分对话和唱腔，把重点放在表演和武功上，他把原来用于《三岔口》中的摸黑、对刀、钻桌子、蹦桌子等技巧移入《挡马》之中。为了让学生们实践一下学到的“上下船”等技巧，他又把剧中原有的焦光普改扮马夫，为杨八姐带马的情节改为焦光普假扮船夫，为杨八姐撑船而走。这出戏的两名主演便是阿灵与安德丽亚。阿灵扮演焦光普，安德丽亚扮演杨八姐。

此后的三个月，阿灵和安德丽亚本着“只要功夫深，铁杵磨成针”的精神，苦苦锻炼、体会。而叶少兰每次巡回演讲归来，总要不辞辛劳地给学生们讲课，课外加班加点为安德丽亚和阿灵说戏排练。

这次表演，和历次演讲一样，忙坏了叶少兰在班宁顿的工作班底。

黄继忠教授仍然主要负责案头翻译工作，把这出戏的念白部分译成英文。黄教授不愧是学贯中西的学者，念白被译成英文后，念来很有韵律，令人听起来觉得挺有味儿，而且都能和身段动作十分紧密地配合。

此外，一应刀枪、马鞭、船橹以及要经得起折腾的桌椅等都是戏剧系道具专家麦可·兰珂亲自制作；杨八姐和焦光普的服装则是戏

叶少兰向“洋学生”传授京剧技艺

剧系教授丹尼·麦可生监制，据说改良靠做得很有水平，十分漂亮；舞台监督和灯光由戏剧系教授大卫·格鲁佩担任；音响由大卫·毕奇负责。音响工作十分麻烦，因为叶少兰在来美之前并没有做排戏的准备，因此也并没有携带伴奏带，这出《挡马》的音乐、锣鼓等音乐元素，完全要从他带去的几十盘录音带中抽取，诸如【四击头】【五击头】【急急风】【乱锤】甚至【一锣】等，需要什么抽取什么。抽出来后再进行音量平衡，再找长短，再合成。经过一番艰苦的努力，在各方面工作人员的大力配合下，这出戏响排了，并最终定于 12 月 9 日叶少兰在班宁顿学院的告别演讲之后，亦是其所开课程的终期考核中正式演出。

12 月 9 日，班宁顿学院的礼堂再一次被早早到来的师生们堵了个水泄不通。此时班宁顿师生中许多人都已成为叶少兰迷，对京剧艺术已有了基础知识和爱好，因此对即将看到的京剧表演在欣赏能力上有了一定的提高。班宁顿的师生看到他们自己的学生或同学表演中国京剧《挡马》，无不惊喜若狂。开演后，叶少兰亲自控制着录音机的开关。说来有趣，那金发碧眼的“杨八姐”竟能熟练地随着【四击头】【急急风】等锣鼓点或疾行，或亮相，表演和谐自然。她和阿灵在台上走边、趟马、对刀、对掌、摸黑、行船等表演，动作十分准确，顿挫有致，节奏鲜明。最难得的是他们能准确地把握锣经，【四击头】亮相又脆又帅。当焦光普成功地完成了“骨碌毛”“蹿椅子”等高难技巧时，场内的观众再也抑制不住心中的激动，雷鸣般的掌声骤然而起，久久不能平息。演出后，学院内对此次演出所展现出的高超演技，娴熟武功，以及取得的出人意料的成功无不拍案称奇，极为赞美叶少兰的教导有方和学生们的奋发努力。

此后，《挡马》在纽约和波士顿又多次公开正式演出，同样受到美国观众的热捧。在美华侨亦为美国人能成功地演出《挡马》感到震惊。一位老人说：“如果不是亲眼所见，我很难想象美国人可以演京剧，特别是可以演好程式动作这么强的武戏！”

中华人民共和国驻美国大使馆的工作人员看过《挡马》演出的录像之后十分高兴，时任驻美大使的韩叙同志紧紧握着叶少兰的手，热烈地祝贺他教学成功。韩叙说：“你为传播中华民族的文化艺术作出了巨大贡献，感谢你呀！”

叶少兰向“洋学生”传授京剧技艺

叶少兰的"洋"学生演出"洋"《挡马》

叶教授的巡回演讲

根据协议，1985 年下半年叶少兰将应各地大学和文化机构邀请前往各处作巡回演讲，传播京剧艺术。但仍以班宁顿学院为基地，每周讲三小时课。6 月间叶少兰夫人许嘉宝到美，频为巡回演讲生色。她有时唱一段《贵妃醉酒》，有时表演一段宫廷剑舞，有时舞一段花枪，频频博得美国观众的彩声。自 1985 年 9 月至 1986 年 2 月间，叶少兰的巡回演讲涉及六个州、十个城市、14 所大学或文化机构。他的随行翻译赵非比女士非常有心地记下了这一次次活动：

首先邀请前去演说兼表演的是位于伯林顿市的佛蒙特州立大学。该校戏剧系教授、莎士比亚戏剧导演爱德华·费德纳应其友麦克劳先生之邀，来班宁顿学院听了叶氏的一次演讲，大为赞赏。回去后不久就来了邀请信。9月18日前往伯林顿，该校以上宾之礼相待。约五百人参加了叶氏的演讲，反应极为热烈。演讲结束后的招待会上，听众纷纷感谢叶氏夫妇把美不胜收的中国京剧艺术带到佛蒙特州来。费德纳教授在总结中说，叶氏夫妇的光临为该校师生扩大了眼界，使他们对中国文化艺术大大增加了见识。

麻萨诸塞州波士顿市的科学博物馆当时正在举行“中国七千年工艺史展览”，这个展览会在加、美负有盛名，对传播中华文化做了很大贡献。当博物馆领导（两位哈佛大学教授）听到京剧艺术家叶少兰在班宁顿学院讲学时，立即函邀他10月5、6两日前去该馆连续作两次演讲和表演，加强对中国文化艺术的传扬。叶氏当即欣然应允。演讲听众达五百余人，盛况空前。听众纷纷表示通过展览会和演讲，深深被古老的中国文化所迷醉。

属于美国长春藤学联的普灵斯顿大学有庞大而闻名的中国文化

演出《挡马》后，叶少兰、许嘉宝夫妇与两位“洋”主演阿灵、安德丽亚合影

系，久慕叶氏之名，力邀他于11月6日前往该校用中文演讲。出席演讲的师生大多是华裔，或来自中国内地或中国台湾地区；其中也有一部分美国人，但都是学中文的。演讲厅中挤得满满的，气氛热烈而融洽。讲的人不用翻译，挥发自如；听的人对叶氏满口的地道北京话，感到十分亲切；加以丰富的内容和两位艺术家的精湛表演，听众真是心花怒放，享受无穷。掌声此起彼伏，热闹非凡。讲演结束后，大家纷纷提问，叶氏都一一作答。到会的人都对自己的古老文化自豪不已，大家觉得意气相通，一切人为的界限都不存在了，只觉得彼此都是炎黄子孙，亲如手足。叶氏夫妇的艺术魅力真大，竟把来自海峡两岸、生长在美国、南洋群岛以及其他国家的"龙的传人"，都和和熙熙地团结在一堂之中了。

离班宁顿学院约20里之遥的马尔勃罗市有一个马尔勃罗学院，就学生人数讲，恐怕是美国最小的大学了。该院在佛蒙特州文学艺术和公共事务局的资助下，展开了一个宏图：组织了一项全球各地区文化研究计划，1985年秋季正在执行这一计划第四部分：中国和东亚地区讲座，共包括九次公开演讲。主讲人和讨论人员都是从美国、加拿大各大学邀请来的有关专家、教授。对这样一项文化交流计划，叶氏于10月18日去做了一次表演，对该项交流计划作出了卓越的贡献。

波士顿的哈佛大学是美国首屈一指的名牌大学。该校有一个有名的中文系。还有哈佛——燕京学社，专门研究中国文化。他们还有一个有名的音乐系。中国古典音韵学者赵元任先生以前在这里执教过。他去世之后，他的女儿赵茹兰博士也在此教中国音乐。赵茹兰先生十分喜爱京剧艺术及其音乐，和叶氏曾有一面之缘，深仪其为人，尤其倾慕叶氏的艺术。所以，她联合了哈佛音乐、中文二系，邀请他于11月26日去哈佛作一次讲演。这次讲演和普灵斯顿那次有异曲同工之妙，因为听众懂中文和懂音乐的特别多。哈佛音乐系和中文系的一些名教授都参加了演讲会，极为欣赏叶氏的艺术。哈佛大学每天的学术演讲星罗棋布，琳琅满目，大多都是名家高士，因此每个讲座听讲的人多不过三四十人，但这次叶氏的讲座到了60多人，在哈佛实在是罕见的了。后来，哈佛大学的冠利学舍闻讯，又敦请叶氏于1986年2月21日再度到哈佛演讲一次。被哈佛大学连续邀请去做两次演讲，这是任何一位专家学者稀有的荣耀！

在美国东海岸尽头的罗得岛的首席城市普罗维登斯有个蒸蒸日上的学府，叫布朗大学，也是属于长春藤学联的。这所大学有一个著名的戏剧系，闻叶氏之名，特邀请他于11月21日前往演讲。这次参加听讲的多为戏剧系和中国文化专业的师生，对叶氏夫妇的艺术反应特别强烈。不少人以前对京剧毫无所知，听了演讲后觉得京剧是如此完美的一种艺术形式，许多地方可供西方戏剧借鉴。中国听众多来自中国台湾地区，他们都说以往虽看过京剧，但多半不大能领会其中妙处；听讲后觉得对京剧兴趣大大提高，而且懂得如何欣赏了。讲完后，这些可爱的青年人都围在和蔼可亲的叶氏夫妇身旁，问长问短，亲切无比。

许嘉宝作京剧示范，表演《贵妃醉酒》片段

美国中部印第安那州的克劳福兹市有所华巴许学院，是北京大学英语系百龄美国老教授罗勃特·温德先生的母校。华巴许学院闻知温德先生的莫逆之交黄继忠教授在美国宣讲孔学，又和叶氏合作传播京剧艺术，就礼聘他们两位于2月4、5日两天飞往该校讲演，叶先生讲京剧艺术，黄先生讲《论语》。该院院刊《学士报》上的欢迎词说："10月初来自中国的两位文化大使，叶少兰先生和黄继忠教授，将光临我院讲演京剧艺术和孔子学说。这将是我院今年校历上的重大事件。"到达次日晚叶氏夫妇在该校剧场讲演京剧艺术，出席听讲师生达三百人，在该校实属盛况空前。听众都对这一新奇而丰富多彩的艺术形式听得着了迷，对叶氏夫妇的表演艺术不时爆发出震耳的掌声。

叶氏在美国演讲的最高峰，当推在纽约市的两次演讲：一次在亚洲学会剧场，一次在三一学校大礼堂。亚洲学会是在美国传播东方文化的重要机构，资助者为洛克斐勒基金会，在全国各地设有分会，影响深远。该会主持人碧亚特·戈登女士有一次到班宁顿听叶氏演讲，

叶少兰作京剧示范，表演《群英会》"舞剑"片段

赞叹不已，当即决定请叶氏于2月9日到纽约市亚洲学会剧场讲演。那天正是大年初一，10美元一张的门票，早已售完，全场爆满，还卖了不少站票。纽约市大批华侨闻名而来，一听为快。爱好中国文化的美国朋友也不少。“美国之音”广播电台纽约市分台副台长钱孝柞女士听了之后说：“你们真不愧是到美国来传播中国文化的文化大使！”有一位研究希腊悲剧的美国戏剧专家听完后，对叶氏说：“我在希腊研究过两年希腊悲剧。今天看了你们的表演，觉得京剧的庄重和严肃，只有希腊戏剧可以和它媲美。”亚洲学会主持人碧亚特·戈登当场对叶氏表示了高度赞赏和深切谢意，并代表该会向叶氏颁赠了奖状。第二次在纽约市的大型演讲，是应该市慈善团体邀请，在市中心三一学校大礼堂举行，为老年人福利募捐。50美元一张的门票，全部售光。

美国南方名校爱默里大学位于乔治亚州亚特兰大市。该校联合可口可乐公司总部和美中协会，隆重邀请叶氏夫妇前往演讲，在爱默里大学礼堂举行。出席听讲者约300余人，由该校教务长亲自主持。爱默里大学戏剧系一位英国戏剧教授说：“你真不愧是伟大的艺术家。我很久没有得到这样美妙的艺术享受了。”次日，可口可乐公司副总裁、亚洲事务部主任约翰·乔格斯先生以东道主身份盛宴招待叶氏一行，有乔治亚州州长夫人、该公司另外三位副总裁、亚特兰大市芭蕾舞团团长等人作陪。乔格斯先生在祝酒词中说：“叶先生和夫人把京剧艺术带到了美国南方，使我们能欣赏到这一艺术瑰宝，真是感激不尽。让我们为叶先生和夫人在中美文化交流方面取得的光辉成就而干杯！”当天下午，乔治亚州州长弗兰克·哈里斯在州议会亲自接见叶氏一行，对叶氏赠予奖状，特定2月21日叶氏在亚特兰大演讲那天为“中国京剧日”以资纪念这次文化盛会。①

---

① 赵非比：《文化大使叶少兰》，《戏曲艺术》1986年第4期。

不论是班宁顿、波士顿、纽约或亚特兰大市，叶少兰所到之处，人们奔走相告，美国艺术界人士、专家、学者趋之若鹜，“听叶教授讲京剧”成为一项时髦的社会活动。

叶少兰的演讲在美国受到广泛欢迎

孩子们着了迷

叶少兰住所附近有一所北班宁顿小学。叶少兰的汽车司机盖利·吕德家的孩子们就在这所小学读书。小学生们对叶少兰的演讲闻名已久，他们也想听听叶教授的演讲。于是，小学的校长出面联系，可是，讲演大厅每次都座无虚席，哪里能加进几百个孩子呢？校长退而求其次，他请求说：“在叶教授和翻译备课时，让我们听一下，只听一小会儿，可不可以？”叶少兰感动了，他专门邀请孩子们来看他的彩排。

为了让美国的小学生们能听懂、喜欢中国的京剧，叶少兰特意对自己的演讲内容作了一些调整，力求通俗、详细，从孩子的特点出发，在讲演中充实、加强了动作示范，以使少年儿童能够从视觉上得到更直接的形象感受。演讲当天，叶少

美国观众鼓掌起立

兰的“演”讲使孩子们着了迷，赵晓东在《“京剧王子”在美国》一文中记下了这有趣的一幕：

演讲的日子到来了，校长领着全校500多名师生，迈着整齐的步伐，依次列队入场。叶少兰边讲边演，把《白蛇传》中的许仙，《群英会》中的周瑜等人物从服饰的意义、动作的内涵、表演的优长等一一详细地讲给孩子们听，做给孩子们看。真正的艺术是不受国界局限的。很快地，孩子们“入戏”了。听到许仙受法海的欺骗，与爱妻白素贞分别时，孩子们默默无语、低头垂泪；看到白素贞与许仙断桥重会，和好如初时，孩子们发出了长时间的热烈掌声。近两个小时的演讲，大厅内始终秩序井然，孩子们始终情绪饱满。与大学生不同的是，演讲完毕，他们没有礼送教授，而是蜂拥前来，把叶少兰团团围住，有的向他问好致谢，有的请他签名留念。一个一年级的小女孩不知道怎么感谢这位中国

演讲结束后，叶少兰与孩子们合影

教授，忙乱中从头上摘下了自己心爱的坠有两个小灯笼的发卡，把它送到老师手中，然后推着老师走到叶少兰面前，转交了自己的礼物。[①]

最令叶少兰感动的还是在“儿童专场”的第二天，小学校的老师受孩子们的委托，给叶少兰送来了数不清的出自孩子之手的纪念品。有深深印入孩子们脑海中的“叶教授讲演”的图画速写，有孩子们连夜赶写的稚气十足的感谢信。有的孩子写道：“我非常喜爱你们的艺

① 赵晓东：《“京剧王子”在美国》，《京剧一知录》，文化艺术出版社 1990 年版，第 133 页。

术，特别喜欢许仙，他是一个很善良、很好的人。”有的孩子说：“我最喜欢看你的骑马姿势。”有的说：“我最喜欢看你的枪法。”还有的说：“你唱得美极了。我从来没有听见过这样美的歌唱。”“我天天看电视，没有一个节目比得上你的表演。”

巡回演讲结束后，叶少兰正式完成了他在美国一年的全部讲学使命。2 月 23 日晚，班宁顿学院院长胡珂博士代表学校为叶少兰夫妇举行了盛大的欢送宴会。出席宴会的包括各系主要教授、京剧项目的全体工作人员和学生代表。宴会前胡珂校长致辞说：“将来我退休后，回顾我在班宁顿当校长任期中最值得纪念的事，必然要推邀请叶先生来校讲学这一事件了。”接着，有人宣读了佛蒙特州州长代表全州人民给叶少兰的感谢信，深切感谢他把卓越的京剧艺术带给全州人民。戏剧

叶少兰与美国友人在一起聚会合影

系主任勒洛埃·罗庚当场宣布赠予叶少兰班宁顿学院戏剧系名誉教授头衔，欢迎他随时重返该院执教。政治系女教授罗素还亲自做了一个巨型蛋糕，上面用彩色奶油写了三个中文字：“快回来！”表达了全院师生的心愿。

1986年3月8日，满载着盛誉，叶少兰及其夫人许嘉宝带着美国人民对中华文化的赞美与通过艺术的世界语凝结成的友谊，带着作为中国京剧人的骄傲自豪和对京剧事业的信念信心，带着无衔的“文化大使”和无冕的“京剧王子”的身份告别美利坚，踏上了返乡的路途。

第五章　传道授业

多年来在国粹园圃中的辛勤耕耘和无私奉献，在国内外传扬国粹艺术、传播京剧文化，使叶少兰获得了许多荣誉和鼓励。他是文职一级将官军衔，全军英雄模范代表会议代表，北京军区文职干部先进个人代表大会代表，北京军区第五次党代会代表，荣获社会主义精神文明标兵称号、荣立二等功，中共十三大代表，全国政协第八、十一、十二届委员会委员，全国政协第九、十届委员会常委，全国政协京昆室副主任，中国文联全国委员会委员，首届梅花奖获得者，“金唱片奖”获得者，全军汇演优秀表、导演奖获得者，第13届上海白玉兰主角奖获得者（榜首），中国戏曲学院客座教授、京剧研究生班导师、京剧流派班导师，国家级和北京市非物质文化遗产项目代表性传承人，美国富布赖特国际学者，享受国家特殊津贴专家。叶少兰曾多次出访美国、英国、德国、法国、俄罗斯、意大利、日本、韩国、新加坡、澳大利亚、西班牙、希腊、乌克兰、阿曼、阿联酋、埃及等国家及中国台湾、香港、澳门等地区演出或讲学，为中国民族文化和京剧艺术的传承及发展作出了突出贡献，为中国人民解放军赢得了荣誉。

政协建言：为了京剧，呐喊

叶少兰从1993年开始担任政协委员至今已有整整20个年头。他是全国政协第八、十一、十二届委员会委员，第九、十届委员会常委，自1998年起一直担任全国政协京昆室副主任。多年来，叶少兰秉承着极为认真努力的态度，不仅在京剧小生艺术的继承与发展乃至京剧艺术的传承与革新上取得了不少成果，而且作为政协委员，心系祖国、心念人民，多年来以团结和民主的精神，履行政治协商、民主监督和参政议政的职责。他时刻提醒自己，以一个合格的政协委员的标准来要求自己，坚持勤学习思考，多倾听考察，重建言献策。

叶少兰曾于1999年5月，作为文艺界的唯一代表随同时任全国政协主席的李瑞环同志访问韩国、阿联酋、阿曼、埃及，期间参与

叶少兰随李瑞环主席出访，在埃及金字塔前留影

了所有的重要国事访问活动。访问中，他深深感受到作为中国人的骄傲和作为中国京剧人的自豪。他更加感受到肩上所担负的使命与责任，在各种发言中，他曾多次谈到责任感的重要性：“我们所强调的使命感来源于责任感，有责任才会产生工作热情，对工作才可能去认真地钻研。”

叶少兰说：“作为政协委员要关注群众所关心的问题，发挥政协委员在人民群众和党中央之间沟通、联系、团结的桥梁作用。”作为文艺界的委员代表和全国政协京昆室的副主任，叶少兰特别重视实地的考察与调研工作，曾多次带团、随团考察。2009年，叶少兰参加全国政协京昆室地方戏曲艺术传承与发展考察团，进行了为期八天的对福建和广东地方戏考察的活动，回京后就闽粤地方戏曲生态的基本情况、闽粤地方戏曲的传承和发展的经验与成绩、闽粤戏曲艺术面临的问题和困难、关于戏曲艺术传承和发展的建议等四个方面，以政协全国委员会办公厅的名义向中共中央办公厅和国务院办公厅报送

叶少兰在全国政协大会的主席台上

叶少兰在分组会上发言

了考察报告。叶少兰积极参与政协的各项工作，还是以2009年为例，除了福建、广东，他还去了北京、天津、上海、山东、辽宁、吉林、四川、重庆、湖北、湖南、江苏、河北、内蒙古、河南、安徽、云南、陕西等地，并先后组织新春戏曲晚会、高校戏曲研讨、赴川渝专题考察、京剧“音配像”作品展演、“海峡两岸及港澳地区”香港论坛、向农村地区捐赠京剧“音配像”光盘等活动，为京昆艺术乃至戏曲艺术的继承与发展做了大量的工作。

从担任第八届政协委员开始，叶少兰就积极履行着一个政协委员的义务，自觉担当起政协委员的职责，服务科学发展、关注民众民生、体察民情民愿、反映社情民意。每年他都要撰写本年度的提案，并在各级别的会议上发言。他根据平时的调研和自己的思考，以实事求是的精神，以严谨务实的态度，认真准备每一篇发言和提案。2005年3月，李长春同志到全国政协参加文艺界联组会。会上，叶少兰代表京剧界做了《京剧的现状、问题和建议》的发言，陈述了他个人对京剧艺术较为全面的、整体性的思考，并提出建言。2006年，他在联组大会上做了《为京剧的改革创新、继承发展谈几点建议》的发言，继续为京剧的改革发展建言献策。为构建全社会良好的精神文明风尚，特别是加强对青少年思想教育，叶少兰曾写提案建议更多地在黄金时段插播与青少年德育、美育有关，内容生动、感人、简短、震撼力强的公益广告节目，让负担减下来的孩子在看动画片的间隙，在看娱乐节目的空当，潜移默化地接受教育。该提案提交后很快得到回应，取得了良好的社会效益。2006年5月，叶少兰向总政、北京军区首长作了题为《这是一次非常重要的学习》的专门汇报，汇报了其参加全国政协十届四次会议的学习和工作情况。此外，政协京昆室为抢救、挖掘、保护我国被列入联合国世界人类口头及非物质文化遗产名录，也是中国最有代表性之一的昆曲艺术，专门写出提案，就改变其当下衰微的生存状态一事报请支持，很快得到了胡锦涛总书记、温家宝总理、李长春同志等中央领导同志的指示，及时解决了六团一所的生存危机。在贾庆林主席的关怀和支持下，政协京昆室组织了多次振兴京昆艺术的汇报演出。多年来，在李瑞环同志和贾庆林同志大力支持与亲切关怀下，京昆室每年举办政协新年戏曲晚会，体现了中央领导同志对戏曲艺术的重视，是弘扬戏曲艺术的重要举措。叶少兰作为此项活动主要的负责人和组织者，深感责任重大，使命光荣，每次都精心策划，认真组织，尽力使晚会圆满成功，取得最好效果。2007年至2008年，全国政协就建设中国戏曲表演理论体系两次组织有关委员到各地考察，京昆室

叶少兰随政协赴俄罗斯考察，在莫斯科红场留影

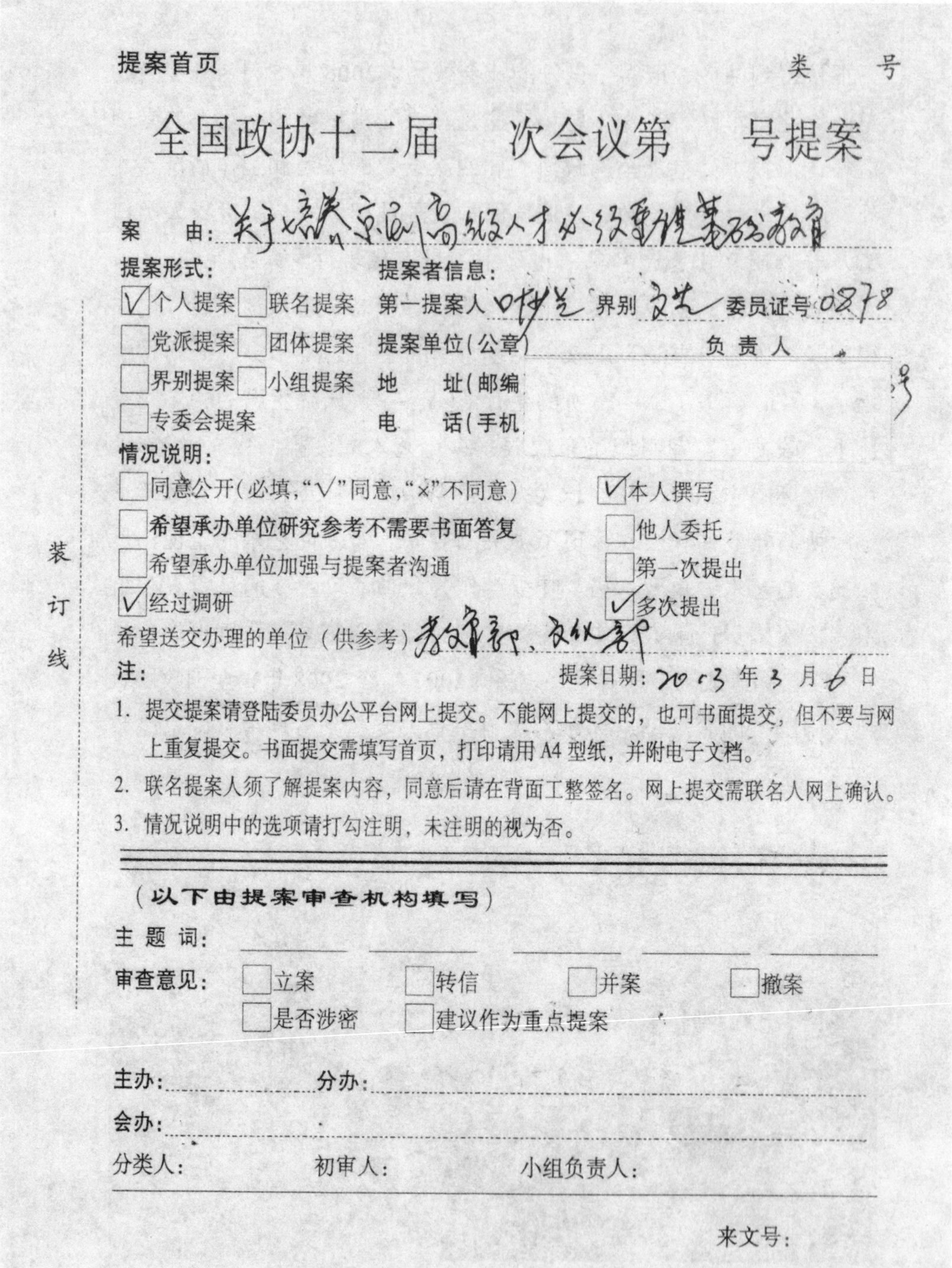

提案首页 类 号

全国政协十二届 次会议第 号提案

案 由：关于培养京剧高级人才必须重视基础教育

提案形式： 提案者信息：

☑个人提案 ☐联名提案 第一提案人 叶少兰 界别 文艺 委员证号 0878

☐党派提案 ☐团体提案 提案单位（公章） 负责人

☐界别提案 ☐小组提案 地 址（邮编

☐专委会提案 电 话（手机

情况说明：

☐同意公开（必填，"√"同意，"×"不同意） ☑本人撰写

☐希望承办单位研究参考不需要书面答复 ☐他人委托

☐希望承办单位加强与提案者沟通 ☐第一次提出

☑经过调研 ☑多次提出

希望送交办理的单位（供参考）教育部、文化部

注： 提案日期：2013 年 3 月 6 日

1. 提交提案请登陆委员办公平台网上提交。不能网上提交的，也可书面提交，但不要与网上重复提交。书面提交需填写首页，打印请用 A4 型纸，并附电子文档。
2. 联名提案人须了解提案内容，同意后请在背面工整签名。网上提交需联名人网上确认。
3. 情况说明中的选项请打勾注明，未注明的视为否。

装订线

（以下由提案审查机构填写）

主题词：

审查意见： ☐立案 ☐转信 ☐并案 ☐撤案

☐是否涉密 ☐建议作为重点提案

主办： 分办：

会办：

分类人： 初审人： 小组负责人：

来文号：

2013 年叶少兰向全国政协十二届一次会议提交了题为《关于培养京剧高级人才必须重视基础教育》的提案

联名提案人签名页

联名提案人姓名	界别	委员证号	联名提案人姓名	界别	委员证号
[illegible]	文艺	1002	[illegible]	文艺	0977
[illegible]	文艺	0985.	[illegible]	文艺	0920
朱世慧	文艺	0892	[illegible]	[illegible]	0997
[illegible]	文艺	0951	[illegible]	文艺	0932
[illegible]	〃	984	[illegible]	文艺	0962
[illegible]	文艺	0891	[illegible]	文艺	0981
[illegible]	文艺	0947	陈力	文艺	0936
王安忆	文艺	0872	[illegible]	文艺	0903
[illegible]	文艺	0953			
李胜素	文艺	0908			
王文章	文艺	0867			
陈晓光	文艺	0942			
[illegible]	文艺	0937			
[illegible]	文艺	0906			
[illegible]	文艺	0982			
[illegible]	文艺	0873			
赵本山	文艺	0957			
[illegible]	文艺	0976			
[illegible]	文艺	0946			
[illegible]	文艺	0880			

联名提案人签名页

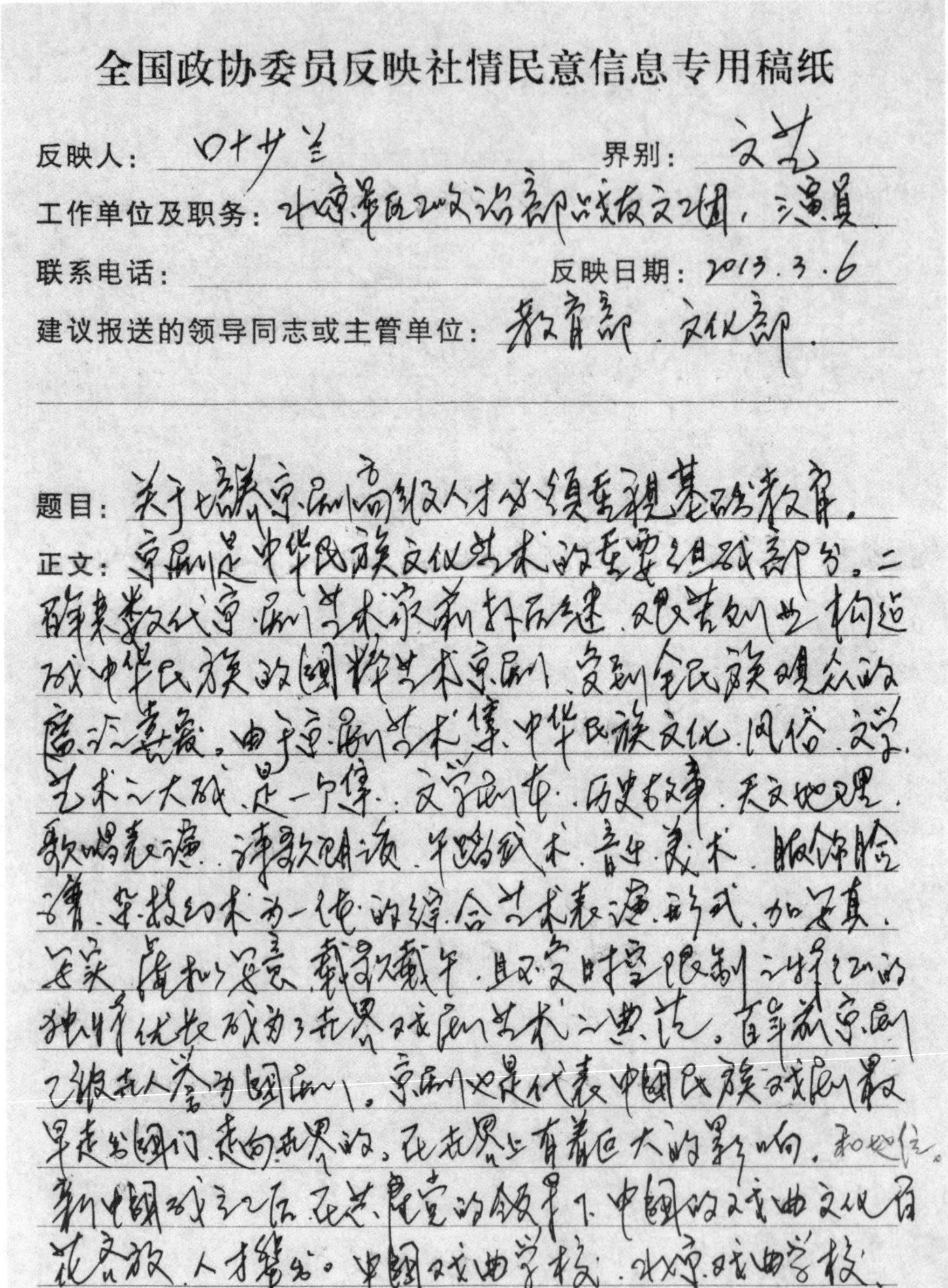

全国政协委员反映社情民意信息专用稿纸

反映人：叶少兰　　界别：文艺

工作单位及职务：北京军区政治部战友文工团，演员

联系电话：　　反映日期：2013.3.6

建议报送的领导同志或主管单位：教育部、文化部。

题目：关于培养京剧高级人才必须重视基础教育。

正文：京剧是中华民族文化艺术的重要组成部分。二百年来数代京剧艺术家前仆后继、艰苦创业，构造成中华民族的国粹艺术京剧，受到全民族观众的广泛喜爱。由于京剧艺术集中华民族文化、风俗、文学艺术之大成，是一个集：文学剧本、历史故事、天文地理、歌唱表演、诗歌朗诵、舞蹈武术、音乐、美术、服饰脸谱、杂技幻术为一体的综合艺术表演形式，加上真实、虚拟写意、载歌载舞，且不受时空限制，这样它的独特优长成为了世界戏剧艺术之典范。百年前京剧已被誉为国剧。京剧也是代表中国民族戏剧最早走出国门、走向世界的，在世界上有着巨大的影响和地位。新中国成立之后，在党的领导下，中国的戏曲文化百花齐放，人才辈出。中国戏曲学校、北京戏曲学校、

2013年叶少兰的提案

上海、天津、山东、沈阳等戏曲学校培养了一大批京剧全行当各路的优秀人才。其中很多人成为各团的中坚、领导的头牌角儿、人民拥戴喜欢的艺术家。而这些优秀人才全部是按照京剧的教学规律，从十一、二岁的儿童时期接受训练，用八年的艰苦训练，打下了坚实基础且早期实践才有了如此成功而优秀的人才成果。戏曲教育改制后中专戏校改为了大学、大专院校，京剧专科的中专戏校变成综合培训的附中，原有的有真才实学高水平的教师资源纷纷升格到大专、大学做教授，他们提高了荣誉与待遇，但是最需要这些教师的附中基础教育受到重创，授课无人，教学内容、质量明显下降，由于附中教师授课待遇低下（一课时二十元，没有交通、食宿保证。有经验的教师多为年令较大，故此对附中教学缺乏积极性）教学实力更显不足。培养京剧人才，是京剧事业的百年大计，没有了有基础、有技术、有水平功底深厚的京剧人才京剧就没有了继承和发展，京剧就没有希望。建议：一、切实重视和加强中国戏曲学院附中基础教学力量，把京剧高水平人才培养提升到一个战略的高度，遵照京剧培养人才的艺术规律制定出严格的基础教学考核标准。

2013年叶少兰的提案

二、制定一个关于强化对基础教育重要性、必要性的相关政策。三、提供京剧基础教育特别专项资金，在教育或文化部门直接监督、指导、落实。四、各京剧院团都有一批有真才实学和教学能力的演员（包括退了休、年纪尚可、有经验的艺术家）应该以合理的、优惠的，或高于大专教授的工资和工作待遇千方百计的吸引、调动有实力的教师资源，投入到基础教育中来，切实搞好基础教学，培养优质人才。

2013年叶少兰的提案

委员与教科文卫体委员共同努力，于2008年提交了《关于建设中国戏曲表演理论体系的考察报告》，刘延东同志作了重要批示，文化部多次组织专家学者召开专题座谈会进行商谈和论证，2009年4月文化部最终修订并上报了《中国戏曲表演理论体系建设（2009—2016）规划要点（草案）》。2010年，叶少兰向全国政协十一届第三次会议提交了《关于强化中专基础教育，确保京剧人才培养》的提案。2011年12月，作为全国政协京昆室副主任的叶少兰在“两岸四地中国戏曲艺术传承与发展·北京论坛”上作了题为《谈京剧艺术的传承发展》的大会主题发言。发言中他主要谈了两个问题：一、关于京剧人才的培养和建设，关键抓住基础与继承、实践与发展两个方面。二、关于京剧的改戏与创新。2013年叶少兰向全国政协十二届第一次会议提交了《关于培养京剧高级人才必须重视基础教育》的提案。《政协第十二届全国委员会第一次会议简报》第五期第10页刊载了叶少兰在第28组（文艺）分组会上谈到了道德建设的重要性：“今后的工作，确实要抓根本，坚决制止形式主义。今天的个别干部的腐败和一些群众的道德低下，主要是没有信仰，是信仰出现危机，根源在不学宪法，不懂宪法。要通过各种途径，让人人懂得国家的根本大法，要让干部群众真正地懂法，这样才会抑制社会的不良现象。有法才有社会的稳定，执法才可避免丑恶现象。要充分利用媒体，在黄金时段，用活泼生动的方式，潜移默化的宣传，怎样做一个遵纪守法、热爱社会主义国家的合格的国民、合格的公仆。”

他说：“作为政协委员，我一直努力履行政协委员的职责，参政议政，为国家建言献策，绝不辜负国家和人民对我的期待与信任。”

叶少兰在2013年政协全国委员会教科文卫体委员会会议上作了题为《培育“国粹”京剧的高级人才必须重视基础教学》，再次呼吁要高度重视京剧基础教育。

全国政协文艺21组的京剧界委员合影（左起：尚长荣、梅葆玖、袁世海、杜近芳、李世济、叶少兰）

京剧是中华民族文化艺术的重要组成部分。京剧也是一个集文学剧本、历史故事、天文地理、歌唱表演、诗歌朗诵、舞蹈武术、音乐美术、服饰脸谱、杂技幻术为一体的综合艺术表演形式，再加上京剧艺术的写真写实、虚拟写意、载歌载舞，且不受时空限制之特征，其韵味独特悠长。因此，培养一个京剧演员很艰巨，特别是培养一个有综合表演能力的演员就更不容易。

新中国成立以后，在共产党领导下，中国的戏剧文化百花齐放、人才辈出，中国戏曲学校以及北京、上海、天津、山东、沈阳等地的戏曲学校，培养了一大批京剧各行各路的优秀人才，其中很多人已成为舞台的中坚、领军的头牌，甚至是人民拥戴喜爱的艺术家。而这些优秀的人才，全部是按照京剧传统科学的专业教学规律，十一二岁时就接受训练，从小打下了坚实的表演基础，且得到了早期的舞台实践，经过八九年的艰苦基础教育训练，才有了如此成功而优秀的成果。近年来，我们的文化部门、教育部门大力推动戏曲教育改制，为培养艺术人才确实做了大量的工作，也取得了可喜的成绩。但为了使专业的人才培养更加有的放矢，我认为有些情况还是需要给予关注。

戏曲教育改制以后，专门培养京剧人才的中专戏校改成了大学的附属。专门培养京剧人才的中专戏校变成了地方戏、舞蹈、音乐、美术、影视等一应俱全的综合体，一些有真才实学的高水平的京剧基础教师资源纷纷转移到大学、大专院校去做教授，提高了级别和待遇。但是，最需要这些教师的附属中学的基础教育受到了重创，授课实力不足，教学内容质量明显下降。学校的孩子们“营养不良”，毕业后虽是好苗子，但是基本功明显不足。

我本人是50年代中国戏校培养出来的中专毕业生，7岁学习练功，10岁考入中国戏曲学校，是在一流的高师、严师的言传身教下学习了八年才毕业。至今我从艺60多年，70岁了尚可以上台表演，文戏、武戏均可担当。我感谢学校老师给我打下了坚实的基础。京剧以至所有戏曲人才的基础教育的确太重要了，以前一个专业毕业的学生在校至少要学会五六十出戏，最多的可达百余出戏；而现在的中专毕业生有些都学不到十出戏，其中有很多学生只是学会了，而没有学对，根本达不到实习演出的水平和程度，他们中一些人毕业后又重新去考大学、大专，继续学习深造四到八年，还有一些人由于不能胜任舞台工作而转行，整个戏曲教育的成才率因此而降低。就是那些继续到大学、大专深造的学生，也耽误了十八九岁的学习艺术、登台出彩的黄金时期和机会。

京剧的繁荣要看经常性的演出市场的影响，而不能只靠偶尔的电视大赛。京剧青年演员的艺术实力只能体现在舞台上，而现在戏曲圈里重视奖牌、文凭现象严重，拿奖定级之后不见演戏的演员大有人在。培养高级的、高标准的京剧人才，是京剧事业的百年大计。如果缺少有基础、有技术、有水平、有真才实学、功底深厚的好角人才，京剧也就没有了继承和发展，没有了希望。京剧是唱念做打、手眼身法步“四功五法”训练繁难的综合艺术。大家都说，台上三分钟，台下十年功。培养京剧演员的必然途径，必须集中优势的教育资源，按照专业规律，从小集中训练。京剧专业基础教育，教师是关键。教师必须是学得多、见得多、实践得多的高手，有能力才能鉴别学生、指导学生、纠正学生。教师是人才的保证，所以必须设法邀请一流、一线的教师。京剧教学是一对一的口传心授，课堂上不能群教群学，因此学校必须是专科，中专就要专，不可分散、科目过多。目前戏校因为没有好的教师，家长不愿意把孩子送来学戏，所以生源奇缺。

现在各京剧院团都有一批有真才实学和教学实力的演员，包括已退下来但身体尚可、有经验的艺术家，他们可以继续从事基础教学。但目前的教学劳务制度很不合理，一个课时只有20块钱，还不保证交通、伙食。这点钱连打车都不够，谁愿意来上课呢。现在有的大学一个教授讲一堂课都要一两万元。京剧的基础教学是口传心授的，尤其是这些有经验、年岁大了的老师，他们非常辛苦，比带研究生还辛苦，这么低的报酬肯定无法调动他们参与基础教学、培养人才的积极性。他们是宝贵的教师资源，而且是不可再生的，如果损失了是无法弥补的，所以要千方百计吸引他们投入到基础教学中来。

为此建议：一是要切实重视和加强中国戏曲学院附中基础教育的力量，把京剧高水平人才的培养提到一个战略的高度，遵照京剧培养人才的艺术规律制定出严格的基础教育考核标准。二是出台一个关于强化专业基础教育重要性、必要性的相关政策，并让我们的教育政策和建设规划更加实事求是，符合专业规律，切实可行，讲究实效，按照不同艺术门类的不同特点制定培养方针规划。三是提供京剧基础教育特别专项资金，在教育和文化部门直接监督下，指导下落实。四是各京剧院团要废除低报酬、不合理的教学劳务制度，以合理的、优惠的并高于大专或相当于教授的工资和待遇，吸引那些有真才实学和教学实力的演员，包括已退休下来但身体尚可、有经验的艺术家，投身到京剧的基础教学中来。

实现中国梦，培养艺术高精尖人才迫在眉睫。这需要我们抓住机遇，切实为社会主义文化的大发展大繁荣而努力奋斗。①

“音配像”：忠孝如今亦可慰

“中国京剧音配像精粹”是在李瑞环同志创意和指导下实施的一项宏伟的文化工程，历时 21 年，70 多个单位、3 万余人次参与其中，录制剧目 460 部。

录制京剧音配像的主要目的是为了京剧艺术的抢救、传留和振兴。这项浩繁的文化工程从 1985 年提出、研究、试录，1994 年 7 月开始成批录制，到 2002 年 9 月完成第一期工程。京剧音配像的剧目大部分是 20 世纪 40 年代后期到 60 年代前期京剧舞台上的艺术珍品，有的还追溯到 20 世纪初，涉及京剧各个行当、各个流派，基本囊括了近代京剧黄金时代大部分名家的代表作。从 2002 年 9 月开始，在第一期工程的基础上，进行了二期工程的录制工作。二期工程是对一期工程的必要补充、完善和丰富。它扩大了录音主演人选，补充录制了一些名家剧目。这项重在建设，贵在积累，功在当代，利在千秋的文化艺术创举为祖国的文化事业留下了一份极为宝贵的财富。

叶少兰是较早参与音配像工程的艺术家之一。早在 1994 年第

① 叶少兰：《培育“国粹”京剧的高级人才必须重视基础教学》，《教科文卫体委员会通讯》，2013 年第 1 期（总第 14 期），第 18—21 页。

"音配像"《御碑亭》录制后，叶少兰（左四）、谭元寿（左三）、梅葆玖（左二）等合影

二次试录的三出剧目中，叶少兰就与袁世海、张学津、薛亚萍等参加了《四进士》的录音、录像工作。叶少兰回忆道，"第一个正式的'音配像'是四个折子戏，其中一个就是我为父亲叶盛兰配的《罗成叫关》，这也是我配的第一个戏。从一开始参加'音配像'，我就非常的珍惜、非常的重视，总觉得时间宝贵，应该争分夺秒。导演、全剧演职员、摄像师反复录制，大家都挺辛苦，为了争取时间，我上午排完了，虽然很累，为了不让大家久等，我就不卸掉脸上的妆，到饭店吃饭，下午再来，就在休息厅找个长条板凳，裹一件胖袄躺会儿，饿了就吃点馒头。张君秋先生看到了以后，很受感动。"在十几年的音配像工作中，他在李瑞环同志的领导和同仁们的共同配合下，担负了国家京剧院（原中国京剧院）叶盛兰、李少春、袁世

海、杜近芳等艺术家的配像和上海京剧院周信芳剧目的配像组织实施工作。除亲自为其父叶盛兰、老师姜妙香配像外，还指导弟子为叶盛兰、为自己早年录音配像，经手剧目共40余出。其中，叶少兰为父亲叶盛兰配像《群英会》(两版)《罗成》《罗成叫关》《吕布与貂蝉》《周仁献嫂》《柳荫记》《辕门射戟》《白门楼》《临江会》《白蛇传》《赤壁之战》《奇双会》《借赵云》《打侄上坟》《金田风雷·审奸》《西厢记》《桃花扇》《玉堂春》《得意缘》(两版)《黄鹤楼》《游园惊梦》《玉簪记》《桃花村》《蝴蝶杯》《飞虎山》等，为老师姜妙香配像《奇双会》《御碑亭》《凤还巢》(两版)《龙凤呈祥》《四郎探母》《玉门关》《监酒令》《穆柯寨·穆天王》等，指导弟子为叶盛兰配像《雅观楼》《佘赛花》《十三妹》《白毛女》《九江口》，并为自己20世纪80年代的演出实况录音《吕布与貂蝉》《周仁献嫂》配像。

叶少兰在回忆起音配像的工作时，深有感触："中国京剧音配

"音配像"《桃花扇》，叶少兰饰侯朝宗、杜近芳饰李香君

像精粹这个宏伟工程如果不是瑞环同志来抓、来策划，这件功德无量的事情谁也做不了。因为瑞环同志熟悉、热爱京剧、戏曲，深谙传统文化。不客气地说，他当年看过的大艺术家的好戏比我们很多当今的著名艺术家都要多。他太爱戏了，他非常珍惜爱护传统京剧，对民族戏曲有深厚的感情和广深的研究。由于瑞环同志卓越出奇的领导才能与智慧科学的工作方法，凭借他的崇高威望和与京剧界同仁们亲密无间的关系，音配像工程才能取得宏伟的成绩，才能高质量、高水平的完成。他搞音配像，不偏重哪一行当，也不偏重哪一位艺术家，只要能够挖掘出来的合乎标准的剧目统统配像。可以说，对每一出戏，瑞环同志都是亲自部署，具体把关，付出了极大的心血。从我个人来说，我是音配像很大的受益者。瑞环同志对我非常培养信任，除了为父亲和姜妙香老师配像外，我还参与了组织实施的工作。我非常感激感恩瑞环同志。我父亲录音资料很多，但除去《群英会》这部电影外他没有任何影像资料，非常遗憾。瑞环同志了解这个情况和我父亲当年的遭遇，所以，他跟我说，尽量挖掘你父亲的录音，你父亲的录音挖掘一出，咱们录一出，要全部把它保留下来。瑞环同志的话对我的鼓舞非常大，使我感到特别欣慰、温暖，更使我加倍的努力。所以我对'音配像'工程心里有四个字：敬畏、感恩。我敬畏前辈艺术家创造的这些艺术财富，我对瑞环同志充满了感恩。所以说，瑞环同志真是高瞻远瞩，'音配像'越往后越能看出这份财富的厚重和价值。今天来看，条件再好，很多戏已经录不了了。比如张君秋、袁世海、小王桂卿、景荣庆等先生已经离世了。包括我们，现在再录也没有十年、二十年前的状态了。说这项工程是功在当代，利在千秋的宏伟工程再恰当不过。"

音配像工程对于参与者来说实际上是一项细致、繁杂和艰苦的工作。首先是前期收集录音的准备工作。在李瑞环同志的具体指导下，从各单位、私人处直至海外收集来了许多稀世的珍品录音。很多录音是得之不易的，比如李少春与叶盛兰的《打侄上坟》，两位大艺术家一生只合作过这一次，而李少春一生也只演过这一次。说起这个录音，还有段小故事。在文革末期，一位名叫翟迎春的部队剧作家曾在天津人民广播电台支左[①]，他熟悉电台内部的京剧录音，知道有这出《打侄上坟》，便告诉了叶少兰。叶少兰非常惊讶兴奋，诚恳地托他打听，看看这份录音还有没有。翟迎春通过电台的朋友进行仔细搜查后发现这份录音竟然还在。那一时期，传统戏已经全部禁演，更别说是传统录音资料的随便外传。叶少兰通过关系，经过非常曲折的过程，终于复制了一份盒带。他如获至宝一般，反复聆听，直到这盘磁带磨平。时隔20多年后，在他的建议下，从天津电台找出了这出戏的原始录音进行了配像，成为了一份极珍贵的精品。当时音像店卖音配像，一碟十元，一出两三碟的戏一般卖20、30元，唯独这出《打侄上坟》的音配像定价为72元，可见其价值。“尤其是瑞环同志，他看了《打侄上坟》以后特别高兴，也说，听这个录音

“音配像”《金田风雷》，叶少兰饰韦昌辉

① 支左，指“文革”中，工人和人民解放军支持当时被称为左派群众组织的行动。

《打侄上坟》，叶少兰饰陈大官、马长礼饰陈伯愚

都能听出戏。他还说：‘什么叫大师？什么叫表演艺术家？就是不一样！’《打侄上坟》之后，我还录了几出戏也得到了瑞环同志的肯定。不管是一块配像的老艺术家、工作的同仁，还是戏迷观众觉得我配的戏是有谱的有质量的。瑞环同志对我非常鼓励，觉得我很认真负责任，非常珍惜重视，还说：‘我这里接到很多的信息，对少兰给他父亲的配像是一致肯定的。今后，叶先生的戏都由少兰来配，姜先生的戏，少兰学过的也多配一些。’”

进入到真正的录音制作阶段，工作内容更加繁复。全出的实况录音，创作团队必须一块听着录音回顾、研究整出戏的唱念做打、舞台调度、服装、化妆、道具、舞美等。比如，根据锣鼓的变化推测把子的套路，通过锣鼓风格而判断出是哪一流派。特别是那时的实况录音多半是电台所录，在播放时只保留了大部分唱念，像过场戏、武戏、上下场、行弦等的音乐、锣鼓都被删剪，使得录音很不完整。后期做录音时，第一是除噪降噪。20世纪三、四十年代的录音效果一般较差，音响剪辑师需要下很大功夫来进行编辑调整。“我录的我父亲和程砚秋先生的《玉堂春》，是1945年父亲在上海天蟾舞台的演出录音，这个资料非常宝贵。用的是钢丝录音带，一是不清楚，二是声音太小，另外还有金属声。我们做录音的时候非常艰苦，一字一字、一句一句的调音。先把音提起来，提大以后噪音也更大，完了再去噪，做到既要去掉噪音，还不能让演员的声音失真。现在再听，还会觉得跟今天的录音相差很大，可这已经是千方百计费了很大功夫。”第二是补充缺少的锣鼓、唱念和音乐。补的原则是修旧如旧，尽量恢复当初的风貌。比如，在原戏或相同时期的戏中找出合适的锣鼓，根据此戏的要求进行编辑，或者是大段的场次进行全部的补录，要求演员的唱念、音乐锣鼓等都要与原录音和谐协调。比如杜近芳、叶盛兰的《白蛇传》录音是20世纪50年代的唱片录音，其中“酒变”“逃山”“说许”等场次没有录音，所以叶少兰、杜近芳就得补录。“我父亲跟杜近芳的《白蛇传》，现

“音配像”《玉簪记》，叶少兰饰潘必正

在听‘音配像’的录音，和剧场实况一样，那可是多少张唱片接成的！当年录唱片不可能全剧都录，而是以唱和主要的念白为主，这样的话，有些锣鼓比如上下场的、武打的，还有念白多的场次就被掐掉了，像其中的《盗仙草》《金山寺》，这两场除去前面白蛇和法海的对话念白外，没有什么唱，结果整场的录音就没有，‘游湖’的结尾，‘结亲’‘说许’‘逃山’唱片中都没有，还得由杜近芳老师和我补录。可又要做到尽量听不出来是后补的，这就要自己去下功夫。好在我见过父亲是怎么演的，也跟父亲学过，对父亲的念、唱，我有一定的把握。可是，即便这样，我还是得反复听父亲的录音，领会念白的劲头、语气、感情，声音、声调的轻重缓急等等。剧目不同，念白也不同，得从人物出发、从剧情出发。为了补好一段录音，我要不断地用功、反复地训练。”而从配像的情况来看，这出戏无论声音、表演都达到了乱真的程度。

叶少兰为叶盛兰配全部《罗成》，录音是上海的演出实况，其中缺罗成的起霸、上下场和衔接的音乐。比如长锤的锣鼓，就截取录音中其他地方的长锤锣鼓的一小节，掌握好这一小节的尺寸、节奏，尽量保持一致协调，不露痕迹，反复复制到足够的长度。为了保证锣鼓的效果和长短，叶少兰得在录音棚里反反复复做诸如起霸、甩发、打把子的身段，配合校准。其中罗成与李天寿开打中的锣鼓“撕边”就是从最后一场“淤泥河”中截取过来的。因为音响师需要一点点地接，一点点地组合音乐，叶少兰只能反复做相同的身段，一天下来常筋疲力尽。最终，在音响师与主演的双方配合下，按照现在所能还原当年现场演出录音的最高水准完成了全剧录音的制作。此后，叶少兰开始系统地练功并熟悉录音，紧接着一遍遍地对音排戏，直到严丝合缝，最后再开始录像。“比如，全部《罗成》这出戏的武场多，也缺音乐锣鼓，演员和乐队都得先把这个戏吃透。对我来说，比如这个起霸有多长、我父亲当时是怎么起

“音配像”《西厢记》现场，张君秋先生与叶少兰交谈

的，那个四击头打在什么动作上、动作是怎么走的……了解了以后还要练准确，然后再去补锣鼓。补锣鼓不能是在录音棚里弄一个大概齐，按四击头的程式走一个动作、打一个锣鼓就行，配像演员得能走出与老艺术家当年演出一样的动作，锣鼓也得是当年的样子。所以，补出一段完整的录音，无论是演员、现场的乐队还是做录音的技师，都要一遍遍地反复打磨。我记得《罗成》这个戏，就一个起霸，大小动作反反复复，我在录音棚里走了有50多遍才接好这一段录音。”

叶少兰说，“‘拨乱反正’之后，刚恢复传统戏的时候还是老生或武生代替小生，又一段时间之后才恢复小生。我为了重振叶派艺术，真是争分夺秒、日以继夜地干，尽力让自己多演戏，多培养接班人。但是，如果没有‘音配像’，我再怎么努力也演不了‘音配像’中的40多出戏，也没有机会让我演这么多。我演不了，这些叶派的代表剧目就不能跟观众见面，后面的接班人也无从学起。我录的这些戏，原来都学过，但有的没演过，有了‘音配像’，我就能穿上、戴上，全本全出地演下来。‘音配像’对我们配像演员来说受益匪浅，对于青年演员来说更是难得的学习成长提高机会。所以，我父亲的戏，我也请我的学生录了几出。《佘赛花》是李宏图录的，现代戏《白毛女》是江其虎录的，《十三妹》是宋小川录的，《雅观楼》是靳学斌录的。这对他们是一次锻炼，是接触叶派、理解叶派的好机会。当然，每录一出戏，我都先辅导，讲解每出戏的艺术要点和风格特点，还有表演、动作、舞蹈、位置，以及唱、念的技巧。瑞环同志希望我承担更多的剧目，也主张说如果学生的条件很好，有相当的水平，在老艺术家的指导下，有适当的剧目也可以录，特别是有的艺术家年岁大了，形象不如年轻演员好，可以让学生来录。我的这几位学生，条件都很好，也很努力，他们都在戏中发挥了各自的特长。像《雅观楼》这出戏，我父亲当年在人民剧场作为展览演出的时候，大家伙儿都站起来鼓掌，连李少春先生都站起来，就这么精彩。我虽然学过这个戏，父亲教过我，茹富兰先生也教过我，打下了挺扎实的基础。但是我当时快60了，虽然也能踢腿、能扳腿，但是说还跟20多岁时一样不太可能了，还是让自己的学生录更好一点。靳学斌就很适合，因为演这出戏得腿功好，身上得利索。录之前，除了我教他又请了茹元俊先生精心的加工指教。”

叶少兰为其父叶盛兰的配像被公认为是京剧音配像中质量最高的配像之一。中国社会科学院的近代史专家、著名京剧票友张伯昭当年曾在现场看过音配像中许多剧目的实况演出。他据自己所见录音者和录像者“两种演出”版本的经验做出了判断。“京剧的音配像作为一项传世工程，成绩是有目共睹的。我个人认为，其中最为成功的是孙明珠为尚小云的配像、叶少兰为叶盛兰的配像和张君秋弟子为张君秋的配像。叶少兰演武小生，英俊不亚乃父，也是一位“活周瑜”。演文小生，其风流潇洒则超过了演《雅观楼》出身的叶盛兰。而且，他无论是演主角，还是演配角，都能全力以赴。”（张伯昭：《多给青年些机会》，《戏剧电影报》，1999 年 5 月 3 日）

叶少兰配像的质量上乘主要体现在以下四个方面。一、外观相貌上的形似。这是基于血缘与遗传的因素和家学中的化妆、穿戴等的习惯传统。二、技术技巧上的完整。说明叶少兰艺术基础的深厚扎实，以及他对最大程度上的溯本还原和对叶派艺术不丢不落的配像原则的坚持。三、气质表演上的神似。这得益于其父叶盛兰先生的承传教导，是个人长期耳濡目染浸淫出的具有相似性的舞台风采的结果，更重要的是叶少兰个人的敏而好学，勤于思考，反复钻研以致熏习悟化出“盛兰在世”的感觉。这反映出叶少兰在长期的广泛学习、表导演实践和课徒教学中，几十年如一日的思考、分析、研究、体会，确实使他在表演艺术上达到了很高的层次。四、意味境界上的妙契。这种感受是在前三个方面都达成的基础上实现的。观者看叶少兰给叶盛兰的配像，不再觉得这是两人的黏合，常常灵光乍现地感到这分明是一个人。无论是唱腔、念白、扮相、神气、身段、武打等皆契合无间，而妙造自然。不能不说，近 20 年音配像的配像、组织和实施的工作过程，是叶少兰充电、回炉以致蜕变、提升的重要阶段，不但配像越来越渐入佳境，在其个人的演出中，其表演也进入了艺之老境。所谓老境，不是老练、沉稳和苍衰，而是成熟与天全的融洽，绚烂与厚重的谐和，苍莽与古朴的同一，由巧反拙，稚拙中透露可爱，平和中渗出潇洒，从心所欲不逾矩，追索着内外、心神、天人的合一境界。所谓“画之老境，最难其俦”。叶少兰以四功五法为笔大作“国粹之画”，我们分明能从,60 岁以后所饰的《凤还巢》中穆居易听说要与程家小姐当晚成婚的无奈、为难、惊诧等的神气表情，《四进士》中毛朋念状时，其所饰田伦的惊恐、震颤、急切的表演，《群英会》中“对火字”的周瑜阻挠鲁肃、算计孔明，欲盖弥彰，欺左瞒右的表演，《玉堂春》中王金龙与潘刘二位大人指桑骂槐、含沙射影的交流表演和几次相异的笑，特别是《西厢记》中张君瑞长亭送别的出场、四句摇板、一段娃娃调唱腔以及和崔莺莺离别时的表演中，都能让人感受到一种大象无形、大音希声、大美不言的境界。其每次演来，无不让观众动容。

音配像不仅仅使叶少兰为京剧事业尽忠，为父辈和师辈们尽孝，更为他自身的艺业精进提供了高深奥妙的取法之源泉和以身临摹的实践之所在，在推进其艺术水准的提升方面产生了独特而重大的影响。

花甲之作：《洛神赋》与曹植

梅兰芳先生的《洛神》作为梅派新编古装戏的代表作在20世纪50年代被摄制为电影留存于世，成为梅派之精品圭臬。然戏之篇幅稍短，梅大师生前未能排出全本亦是憾事。2000年，北京京剧院在全国范围内遴选主创人员，排演新编历史剧《洛神赋》。编剧戴英禄、导演石玉昆、唱腔设计朱绍玉、作曲指挥谢振强等一批一流的艺术家加盟主创团队。梅葆玖、姜凤山任艺术顾问，张洵澎任艺术指导。

由梅派传人董圆圆饰演甄宓、当代小生艺术的领军者叶少兰扮演曹植，曹操的扮演者是国家京剧院的著名京剧表演艺术家、铜锤架子武花脸三门抱的净角前辈景荣庆，曹丕的扮演者是上海昆剧团的头牌老生、南昆名宿计镇华。可以说，院团领导眼光独具，选择此三位当代京昆艺术本行当中的前辈名宿和造诣精深、出类拔萃的表演艺术家分别饰演三曹父子，真是风云际会，每个角色在当时都不作第二人想。罗长德饰演曹彰、郎石林饰演杨修、黄德华饰演老仆人等，由这些成熟的京剧艺术家担当主要配演，保障了演出的高质量。

所以，这样的演出阵容和主创团队确实保证了该戏的舞台呈现效果和艺术水准。

《洛神赋》以甄宓与三曹父子各异的情感纠葛为背景，展现了曹丕与曹植兄弟阋墙，立储即位恩怨情仇的惨烈冲突场景，展现了“水做成的”绝代佳人——甄宓和“性情中人”建安才子——曹植旷世的叔嫂之恋，更集中地凸显曹植恪守情感家园的真实自我而走向毁灭的悲剧结局，进一步探讨了“权欲”“情欲”作为人性欲望追求的复杂性和难以救赎。

制作人谈叶少兰的创作、演出

现任北京京剧院副书记、时任梅兰芳京剧团团长的王桂生是《洛神赋》的制作人之一。他谈起叶少兰参与此戏的全过程，如数家珍，

《洛神赋》，叶少兰饰曹植、董圆圆饰甄宓

至今感佩不已。

《洛神赋》从2001年3月中下旬建组，排了一个半月，5月初首轮演出。叶少兰老师的戏份与董圆圆差不多，而且叶老师本人艺术造诣极其深厚，舞台上光彩照人。当时，叶老师的夫人、母亲都在生病，叶老师来排戏的时候，情绪非常的低沉，因为心里还在挂念着母亲和夫人。剧组建好之后，日程是非常严格和紧凑的，牵一发动全身，轻易不好更改。叶老师几乎每天都来，到了排演场马上进入状况，神采飞扬。当时这个戏排得非常顺，剧本基础好，导演案头工作做得好，包括乐队、舞美、群众演员都非常给力。整个戏唯美大气，雍容华贵，端庄典雅，演员非常整齐，演出效果非常好。

因为这个戏是一个爱情戏、感情戏，虽然叶老师长董圆圆一辈，但丝毫没有让人感到年龄差距，无论排练、演出两人配合得都非常默契，一方面叶老师保养得好，妆画得好，但最主要的还是叶老师的气质佳、表演技法高。比如，谢幕时，叶老师跑动中蹦起来一下，哪像六十的人，就是青春少年。你看，叶老师的曹植和景先生的曹操、计老师的曹丕之间，你能感觉到高手过招的感觉，配合默契，十分有戏。

以前排戏，我经历过主创之间产生艺术，甚至是人事上的矛盾。我作为这个戏的制片，我是特别惊讶的，这个戏集中了这么多优秀的艺术家，但是却格外地和谐，关键原因是这几位艺术家在做人和艺术上都有极高的修养，互相尊重，大家以艺术为标准。你看，叶老师就是一位有文化、有思想、有创造力的演员，他本身就是一位资深导演，他在按照导演要求完成自己的角色创造和表演编排之余，向导演提出建议和修改方案，还帮助董圆圆分析人物性格，设计表演身段，包括对群众演员、乐队提出建设性的意见。所以说，叶老师是全身心地站在全剧的高度搞创作，而不是狭隘地只管自己的戏精彩。

这么大的艺术家，居然排戏的时候，从来没有说咱们走个路子走个数，正式演出什么样在排练场就是什么样，不管搭架子、草排、联排、响排全是一个样，下跪、跪蹉、圆场都走出来，这个戏有很多撕心裂肺的情感戏，叶老师排练的时候就像台上一样是真的投入。叶老师不但曹植演得精彩，而且这种对艺术严谨、精益求精、高度负责的精神还带动了整个剧组。所有同台的不管主配演、群众演员，包括乐队、舞美都很感动，本来没事的演员都在犄角旮旯聊天，一看，不敢聊也不好意思聊了，排起戏来都很认真，这就是受到了感染。叶老师也说，剧组排戏的气氛真好。我想，这都是互相的，主要还是前辈艺术家起到了榜样的作用。排完戏以后，叶老师跟我说，“桂生，要好好总结这个戏的经验。”

当时，由中演公司接洽，西班牙的演出商在看了几十出戏之后，挑中了《洛神赋》，他们还派了十几人的队伍特地从西班牙到北京来现场看戏审戏。最终决定，西班牙艺术节邀请《洛神赋》演出，一共六场。叶老师全程担纲曹植一角。我印象很深的是，叶老师从来不以大艺术家自居，也从不提要求，非常随和，出国的吃住行都和大家一样。有一次演出，极其惊险。我们在去剧场的路上，正好赶上当地出现爆炸，全城戒严。演出团的全体人员在马路边焦急地等待着，足足等了几个小时，叶老师也跟大家伙一块坐在马路边等着。等戒严解除赶到剧场，已经9点半了（当地是晚8点开演），一看剧场，观众一个没走。大家赶紧化妆，要求必须在半小时之内化完穿完。这次情况特殊，我们就特别担心几位主演的妆，叶老师一向严谨，每次开演前都是提前几个小时化妆，这次毫不含糊，以最快速度半小时完成。最后全部演员都是在半小时左右完成化妆，对于京剧扮妆来说，这是奇快的了。晚10点准时开演。叶老师当时也是年过六旬了，台上不减不懈，极其饱满，演到12点，观众热烈极了，演出非常成功，谢幕十几次。

《洛神赋》在第三届中国京剧节上获得了金奖，叶少兰老师也获得了优秀表演奖。南京演完之后，我们顺道在上海演出。我在叶老师不知情的情况下，向第13届上海白玉兰戏剧表演艺术奖组委会申请，报了叶老师和董圆圆参评。结果叶老师获得了第13届白玉兰主角奖，名列榜首。这再一次证明了叶老师的艺术造诣和艺术功力。

《洛神赋》，叶少兰饰曹植

叶少兰谈《洛神赋》与“曹植”

我在这出戏里扮演二号角色曹植，但是戏立起来以后，除去政治斗争色彩的戏之外，从人物关系和角色表演上看确实像一个生旦的对戏。比如像《白蛇传》的白素贞和许仙、《西厢记》的崔莺莺和张珙或是《柳荫记》的梁山伯与祝英台等。但《洛神赋》这个戏的第一号人物还是甄宓，立意是通过甄宓的命运来贯穿全剧。这出戏非常的深沉和耐人寻味，处处给人以震撼。

包括我在内的所有演职员排这个戏，是一个提升文学修养的过程，它需要去思考，用思想来排戏，用心塑造人物。这个戏很成功，演出后反响非常强烈，主创团队排这个戏都很兴奋，我也是如此。确实，这个戏有排头，只有研究作品，遵循京剧的艺术规律，以排一出观众爱看的戏为目标，集中优势力量排精品，才能真正推动京剧艺术向前发展。也只有为观众创作、排戏，戏才能保证上座，才能落得住。另外，我感到文化修养决定艺术表演的创作思想。排这个戏一定要让自己沉浸到故事情节中，去创造有血有肉、有个性、生动的人物形象，必须具备相当的文化修养，才能够理解人物和舞台上的戏剧呈现，这是排《洛神赋》和排其他新编历史剧很不同的一个方面。

人物设计与角色塑造

我是抱着对梅兰芳大师的《洛神》和曹植这个历史人物的敬畏心理来排这个戏的。对于这出戏的创作表演和曹植这个独特人物形象的塑造，我有三点体会：一、我运用了新的创作方式，在艺术技巧、表演方式即唱腔、身段、表演、形象塑造上力求集京昆小生表演艺术于一身。这和我以往排的新编历史戏、传统戏不同。根据曹植的人物年龄、剧本情节和导演要求，我不断琢磨曹植这个人物的个性、性格和思想，反复进行构思。曹植是一代文豪和大诗人，应该说是文武全才，以小生行当来应工，不能单一地将其归入雉尾生、扇子生、穷生、官生、武小生、娃娃生等小生某一类型化的表演，而应根据需要来取用和选择，以上小生类型化的表演我都仔细地选择运用了，但都有所变化，要符合曹植这一角色。包括运用了很多昆曲的表演元素，特别是在身段、动作和神态上。这戏不同于其他的任何一出戏，不能简单地套用。

曹植是20多岁的年轻人，年轻人本身就是挺拔、朝气蓬勃的，作为年轻的曹植，在人物风貌上更要着重表现的是他的灵气（才气）和风骨，正如剧中，曹操称其为“绣虎”和“天人”。他提笔成文、出口成章，而且有思想。那么，如何体现？要表现出他的淳朴、热情，他的红日乍出、朝气四射的感觉，这都超出了台上程式化的瞪眼和提神的要求，曹植是极富内在韵致的，他清纯的气质要由内而外地弥发，也就是“外在之形内在出”。具体来说，不论文场武场，在曹植的人物形象和身段动作上，我大体在小生本行内选动作，但在有些地方却非出于本行当，为什么？比如腆胸，常常表现的是武气、英姿，特别穿软褶子时，一般不提倡腆胸。但是我为了表现年轻曹植的才气横溢，在不使拙劲和凸显功架的原则下，使他的形体具有斯文和典雅的直和挺，但又不是武行的粗气和野气，避免抠胸等是免于曹植的形象出现酸腐气。再如，子午相一般使人感到武气，而曹植的年轻、热情和朝气的形象就不能避免地要用到子午相，但在处理上又不同于周瑜、吕布、陆文龙，而是展现一个独具灵气风骨的有武艺的才子形象，这就要求准确拿捏。在这当中，我还选用了娃娃生（借鉴使用了一些《岳家庄》中岳云的神气动作）的身段来特别表现曹植的纯情。当时我已经60岁，但是要演20岁的曹植，我就必须在表演手法上下功夫，在内外两个方面贴近舞台上曹植的形象。再如，我在设计曹植脚步的出步时，改变了传统戏勾脚面的方式，而是斜着靴底出脚，表现他的潇洒自然。

曹植向甄宓抒发感情的戏，无论是喜或悲，都是这出戏最难把握和不好演的地方，但也是最出彩的地方。比如两人交流时，曹植爱甄宓又敬重她，曹植不放荡放肆，没有心术野心，有抱负却没有真正懂得政治的残酷与复杂；作为一个杰出的书生才子，他对甄宓的爱慕激烈无比而不能自拔，而他又有思想，懂得分寸，纯净朴实，典雅真挚，而又正直善良。所以，我在表现的时候，直挺着身体，略略岔开膀子往后背一点，但很放松，偶然还有一些天真的稚气，显得年轻活泼。我特别注意克服抠胸、叉腿、正着身子等姿态，避免使这个人物显得衰老呆板。所以，我对曹植表演定位的两个基本点：分寸，可爱。也就是，让观众能够接受、认可、喜欢他，达到这点也就成功了。比如，第一场，子桓子建铜雀台前比诗的情节。我在设计的时候，曹植一听说要比诗，他毫不犹豫，手抬得很高很直，招呼侍卫拿笔纸来，动作爽快利索，抬手就来，极爽快地以子午相直着身子掭笔，掭完笔，快速高抬手一举笔，身子很正，形成一个独有的造型，以此表

《洛神赋》，叶少兰饰曹植、董圆圆饰甄宓

现他思索，实际胸有成竹，然后写得很流畅，快节奏，表现他文思泉涌，下笔成章，写出了人物的品质和性格。这一设计并不是表现他的狂妄自大，而是他作为纯真、满心欢喜的年轻才子，比诗他极有信心。诗作完后，曹植欲呈父王，曹丕极有心术，挡住曹植，接过他的诗呈献父皇曹操，而曹植没有心术和城府，他的反应只有一个停顿，潜台词是“哦，你给父王，好，给你。”所以，就这一个细节的表现，两个人物的个性都出来了。

曹植在荷塘和甄宓见面，要非常柔情。在表现他的这种情怀和热情的同时，要表现曹植的正派。爱情戏的交流中也要体现它的风骨和品质，也就是常说的，叶派表演风格“儒而不俗”。这一场凑近的动作很多，两人同坐一块在回忆，要掌握好分寸感。这里有很多地方的表演，他内心里恨不得要拥抱甄宓，但是曹植没有这样做，要让观众看出曹植的理智和节制，要演够和演足。

再如七步作诗的表演。曹丕要曹植七步成诗，甄宓向前欲阻止曹丕，曹植下意识地紧跟甄宓，大太监在旁边数着说："123456，只差一步啦！"曹植这一跟就走了六步，在第六步刹住，曹植极端痛苦地念出《七步诗》。我在设计时，就运用了京剧韵白和话剧朗诵相结合的方式来念，表现曹植激动哀伤、恐惧控诉的情绪和文思敏捷的才势气魄。我的念法是既规则又自由，既整齐又破句。头一句是带着惊恐，"煮豆燃豆萁"，第二句"豆在釜中泣"，文与心同步，在心疼心痛的同时出句，让观众也能感受到心痛、震撼。前两句再重复一遍，一句比一句激动。第二遍"豆在釜中泣"中的"豆"字拉长并带着颤音，表现曹植的极端痛苦、失望和难过。第三句"本是同根生"，提起调门托足底气念"同根生"，用高亢的朗诵方式表现极端激动。第四句"相煎何太急"，"相煎"重音强调，一个气口，"何太"长调门拉长音，"急"字要有声传千里之外、刺破宇宙、穿透心腹的感觉，产生出惊天动地的震撼之声。

结尾要造成仙境之感，仙气环绕，清风扑面，柔情似水，漂浮云端。这一场要充分发挥表演的柔美、温情和浪漫，调动圆场、水袖、步法等的程式身段，同时又融合柔美抒情的舞蹈，水袖在翻动之间飘舞起来，边唱边舞，从而出现仙境的环境感和气氛。我设计时，视像一定表现出在仙界中，所以眼神要透亮发光，视野宽阔，眼睛中的内容很具体，让观众感受到纯情的火一般的爱。

唱腔：应该说，这出戏集小生唱腔之大成，昆曲皮黄，唢呐吹腔，各种板式：【娃娃调】【唢呐二黄】、昆曲牌子、【西皮】【散板】【原板】【二六】【吹腔】等。其中的大段【反二黄】借用了《柳荫记》中"病逝"一场的【反二黄】，但又根据不同的唱词进行变化发挥。哭腔受《伍子胥》中老生的唱“爹（咦）娘”的启发，进行衍变。再如，兄弟对酒的原板唱腔后，有一段流水腔借鉴了《桃花扇》中的李香君“感谢情郎一片心”，这是杜近芳老师设计的【流水板】唱腔，当然，在这个基础上又改变发挥，效果非常好。曹丕登基后威逼曹植，在情感处于激烈交锋的时候，曹植唱了一段【反西皮二六】唱腔。这是借鉴了《金田风雷》中的唱，表现他的失望恐怖、不解无奈和痛苦激动的情绪。所以说，前辈留下了多少取之不尽、用之不竭的宝贵财富和丰富可取的素材。我们需要博采众长，不断积累，提高修养，创作时才有艺术手段。

音乐：有些新的唱腔设计，没有跳出京剧唱腔范式，还是民乐配器，加了埙等烘托气氛的乐器，保持三大件。用京剧本体的方式，这也是这出戏成功的条件。

服装：这个戏设计了新的服装，基本骨架还是传统的。水袖、髯口、盔头、靴子、勾脸等都有。绣法、工艺、制作有新的，但没有离开传统的规范，服装与京剧表演的创作保持了一致。

时有剧评曰：“叶少兰塑造的曹植，神飞魄动鲜活丰满，让人强烈感受到传统京剧艺术语汇的活力与生机。一方面，举手投足、眼神身段、行腔韵律、吐字规范无不是叶派小生的正宗神采与格调，占尽形式美的‘鳌头’。另一方面，这一切都和对人物典型与悲剧命运的准确精到把握，复杂微妙的内心体验丝丝入扣的切合在一起。从第一场挥毫作赋恃才傲物的恣意纵横，到最后一场人神相隔枉自嗟叹的空灵寂寥，都不是类型化的‘单片儿’，而是‘和声式’的多重组合。所谓传统表演程式给非戏迷观众造成的‘陈旧感’和‘距离感’，在叶少兰这等档次的表演艺术家塑造的全新舞台人物形象面前，几乎是不存在的。”[①]

---

① 刘福民：《让流派经典重现时尚辉煌——北京京剧院新版〈洛神赋〉观后》。

历代创作者和各艺术门类书写演绎古今中外的历史人物之热情历久而弥新，然而，政治家、军事家、革命者、社会活动家易写，而文学家和学问家却最难于塑造，无论是小说、影视、还是话剧、戏曲。艺术种类作为创作载体的局限性尚在其次，创作者本身的瓶颈难于突破更在主要，即难于理解创作对象的作品、思想和精神、境界，或与创作对象存在霄壤之距，更莫要奢求主客的共鸣。在21世纪初，京剧《洛神赋》和曹植艺术形象塑造的成功，不能不说是京剧艺术和叶派小生在表现文学家的题材方面又向前迈出了坚实步履。叶少兰以花甲之岁重塑史上的一代文心，为京剧艺术画廊又增添一个新的艺术形象，为京剧叶派小生艺术在新世纪的开拓与延展又推进了一层。

课徒传灯：迈前贤而开后学

叶少兰从1962年留校任教一直到后来丁关根同志倡导的中国京剧优秀青年演员研究生班、中国京剧流派艺术传承班的教学，不管期间的工作和身份有何种变化，他教学课徒的工作几乎从没有停止过。他是一位有着50余年教龄的老教师，向他求教过的学生到底有多少，恐怕他自己也算不清楚。多年来，他有教无类，桃李满园，很多学生已经成为全国各院团的骨干力量，使得京剧小生和叶派艺术承传不止，薪火相继。叶少兰先生为京剧艺术的传承作出了重要的贡献。

（以下被采访者按拜师先后排序）

宋小川（国家京剧院艺术发展中心主任、文化部全国青年京剧演员评比展演一等奖、第一届全国青年京剧演员大选赛“优秀表演奖”获得者、第三届中国京剧优秀青年演员研究生班毕业生）：

1978、1979年的时候，叶老师在中国戏曲学院代课，教过我。说实话，上别的老师的课会打瞌睡，上叶老师的课特别有精神，特别吸引人，他会告诉你为什么这么处理，让你知其然而知其所以然。那时，我们是追着看叶老师的戏，才知道原来小生能演成这样，真是太不一样。从此以叶老师为标杆，从心眼里特别敬重叶老师。中间通过很多老师帮着跟叶老师说，想拜师。直到 1986 年，与江其虎一块儿拜师，终于得偿夙愿。拜师时既很简朴，一杯茶，鞠躬礼，又非常隆重，被誉为北京的小生大会，北京的小生几乎全到了。拜师之后，我立志要学好小生艺术。师父有一个很好的思想，“剧团需要什么戏，先学什么戏”，也就是学完了必须得上台演，不实践不行。在剧院排《佘赛花》《断桥》《平贵别窑》《龙凤呈祥》《凤还巢》，我都请师父来把关，或者我和其他主演去师父家。叶老师说戏一招一式，一板一眼，掰开了揉碎了，分析人物个性和性格，而又能让你领会。那时候，跟叶老师学戏，一学就是一天。路途比较远，先骑车、再坐公交、然后步行。师娘许嘉宝老师对我们非常好，常常做好吃的给我们学生。那时候，我在团里演出机会比较多，叶老师常常嘱咐我说，“在中国京剧院要好好演戏，老师这么带你、看重你，这是机会，要珍惜。”

叶老师的艺术观非常开放，从不保守，他认为表演和细节上的改动，符合剧情和人物就是合理的。当年，参加 1987 年中央电视台大奖赛。按叶老师的意见，我把《小宴》改成《周仁献嫂》。因为比赛的时间有限，我按照叶老师教戏时给我分析的人物情绪和人物的心理活动，在【娃娃调】那段中加了甩发、蹉步等技巧，表现纠结的情绪，尽量展现自已唱念做打方方面面的技巧。这一改动得到了叶老师首肯，给了我极大的鼓励。

20 世纪 80 年代末 90 年代初，我特别想去国外发展。所以，那段时间我非常不好意思跟叶老师说我要出国，请师娘向叶老师递话传情。师娘跟我说，叶老师说了，“年轻人有年轻人的想法，我们不干涉”。过了三年，国外没去成，我就感到非常不好意思再去见叶老师。我通过许嘉宝老师，想去看叶老师，并给叶老师写了一封长信，表达我的追悔和一时的冲动。老师非常宽宏，一笑了之。“让小川来呗。”见了师父，师父说：“没事，你回来就好，好好学戏吧。”我非常感动，师父对待我们学生真是既教技艺，又以他的言传身教告诉了我们一个德艺双馨的艺术家是怎么成长、奋斗和磨炼出来的。师父永远是我们学习追求的目标和榜样。

江其虎（国家京剧院一团主要演员、文化部优秀专家、梅兰芳大赛金奖、第一届全国青年京剧演员大选赛“最佳表演奖”获得者）：

我记得，最早看师父的戏是1983年。戏校老师提前订票，带着我到上海看了《吕布与貂蝉》《周仁献嫂》《水淹下邳》《罗成》，再从上海追到南京看。老师的戏给我的震撼太大了。看《周仁献嫂》，我跟着一起掉眼泪。观众太热情了，没见过有这样的掌声，剧场简直像要被掀掉一样。我买了好多盒带，找内部人把当时剧场的实况录音全部录下来了。直到现在，尤为珍视。我这才第一次真正了解什么是小生艺术，居然有这么大的魅力。在南方的时候，对小生是有误解的。那段时间的观摩演出，把我带入到了小生艺术的高层次舞台审美境界，对我增强对职业、事业和小生行当的信心，追求小生艺术的高标准起到了至关重要的作用。那个时候就想，要是能够和叶老师学戏就太好了。

演出期间去宾馆拜访师父，他非常和蔼可亲。我向他表达了学戏的愿望后，师父说，“回去之后，把你的录音资料寄到北京来，我听一听。”1985年到中国戏曲学院进修，和师父的距离就近了。江世玉先生就建议，根据我的条件应该学叶派，最好能拜叶少兰老师。毕高修老师也说，你需要在更高的一个层次深造。叶老师第一次收徒非常慎重，要考察艺术水平和人品。1985年，叶老师到天津看了我的《罗成叫关》《小宴》。回北京以后，我正式表达了拜师的愿望。江世玉、夏永泉、毕高修等老师帮着说情推荐。叶老师后来决定1986年收我和宋小川为徒。拜师是在人民剧场贵宾室，习仲勋同志的夫人齐心，文艺界的吴祖光、袁世海、杜近芳等出席，高朋满座，十分隆重。能拜叶少兰老师为师，当时非常的激动兴奋。

后来，我就跟着师父学戏，看师父排戏。那时候，只要师父演出、排练，无论刮风下雨追着看。骑车、坐公交去西山八大处的战友京剧团。师父说戏非常仔细、准确，方法科学，能点透我。师父文化底蕴极深，无论唱念，总是循循诱导，因材施教，而且有针对性。师父对艺术一丝不苟，非常严谨，极其敬业，也教导我们排练必须百分百地投入。我觉得师父为人处事的原则和认真严肃的艺术态度等方面对我影响很大，使我受到潜移默化的感染。特别是他的这种艺术修养所形成的艺术气质，是我们永远学之不尽、取之不竭的源泉。师父常常教导我，在国家京剧院要有敬畏感，就是以师爷的艺术为标准，立下了标杆。作为再传弟子，我是战战兢兢，永远把师爷、师父的艺术作为我终生追求的目标而奋斗。

李宏图（北京京剧院梅兰芳京剧团常务团长、中国农工民主党中央委员、中国戏剧梅花奖获得者、享受国务院政府特殊津贴）：

我接触叶派艺术是在河北艺校。我最早听叶盛兰先生的录音和看《群英会》，只觉得好听、精神。1979 年，中国戏曲学院请叶少兰老师代课，我第一次有机会和叶老师有所接触。因为有学校的渊源，我后来去八大处向叶老师学习。叶老师并没有因为我没有拜他就不用心教我。在家里，他一丝不苟地、毫无保留地教我，让我很感动。实际上，是跟叶老师学戏才让我更深地喜欢上了小生艺术。

通过这么多年跟叶老师学戏，我更感觉到叶少兰老师是一位真正的学者型演员。虽然我也接触过很多小生老师和各流派的艺术家，真正能达到像叶老师这样知其然而知其所以然的艺术家很少。实际上，真正让叶派艺术得到更广泛的传播和多方面的传扬的，正是叶少兰老

《蝶海情》，叶少兰饰真如

师对叶派剧目的演出实践和传承。叶老师引领了小生艺术的一个时代，让更多人认知、了解了京剧叶派艺术是这样的舞台呈现。包括内行和很多观众，都是通过师爷叶盛兰、师父叶少兰喜欢上的小生艺术。比如，叶老师分析《罗成叫关》中罗成的叫板“嗬，马来。”这句话要给第一次看戏的观众这样一个感觉：在夜深人静之际，罗成一个人遍体鳞伤、忍饥挨饿、与敌人杀了三天三夜，他人困马乏，好似一个孤魂野鬼，这是一声悲凉的哀叹。在这里，就要深挖人物的情绪。我们在学这句时，除了一遍一遍地跟着叶老师念这句，他还让我们闭着眼睛去听他念，去感悟是不是这种感觉。所以我觉得，叶老师教给我们的是塑造和刻画人物的方法。除了师爷创作的那些不朽之作，叶老师在原来叶派的基础上都注入了时代的活力，有新的内容和思想，适应现代观众的要求。要感谢老师这么多年在舞台上的实践和楷模作用，由此带出了一大批学生，使得叶派小生艺术能够在不同的阶段有不同的影响，得到更大的传承，这是叶老师的一大贡献。从 20 世纪 80 年代初到今天，几十年来，我从老师身上确实学到了许多做人、演戏的道理和方法，这些将使我终生受益。有时候我自己静下心来想，我现在做到的可能连老师的一半都达不到。比如老师上台那种感觉、那种气场，身上那个漂亮，那种规范，我达不到，但我努力去追求。老师不点拨，我可能就领悟不了。老师给我指出往前走的方向。

我有很多的梦想和追求，这些都是老师给予我的灵感。我很庆幸我们还能跟着老师学习，我们这些叶派的弟子真的是幸运儿。而且我更幸运的是，这几年老师传帮带，带着我演戏。我可以切身感觉到，我学到了很多东西。这几年，尤其我搞创作，把师父请来，亲自参加《蝶海情》的艺术指导，实际上叶老师承担了大部分的导演工作，包括唱腔的选择、念白的运用、服装等。比如，《洛神赋》，那是叶老师的杰出创作，所以在舞台呈现上才得到观众的认可。这是一出北京京剧院这几年不错的戏，因为有叶老师把关，这是非常非常重要的。

我父亲过世，在河北老家办的丧事。叶老师乘早班车赶到河北送我父亲一程，这是让我非常感动的一件事。这么多年，从我的角度，我回报师父什么呢？就是不给叶派小生丢脸，尽最大努力照顾好师父，不遗余力地去做一些艺术的传承工作。

朱　福（云南省京剧院副院长、第六届 CCTV 全国青年京剧演员电视大赛金奖获得者）：

我开始学戏学的是老生，学了一年多改小生。20 世纪 90 年代初，看过叶老师的《吕布与貂蝉》《八大锤》。看完叶老师的戏就崇拜得不得了，觉得叶老师表演真的太棒了，我学小生学对了。结识叶老师是在 1999 年，为参赛向叶老师学习《周仁献嫂》。叶老师利用晚上休息的时间给我说戏，一学才知道自己差得太远了。学了整整三天，收获相当大。后来一有机会就去北京找叶老师学戏，每次收获都特别大。叶老师一丝不苟、不计报酬的精神让我这个小学生非常感动。2006 年，在省里面的策划下，把叶老师接到昆明，给我排了《吕布与貂蝉》与《周仁献嫂》。同时，我实现了拜叶老师为师的夙愿。当时的省委副书记、现在中国文联副主席丹增书记亲自出席参加了活动。那天我非常激动，上了台想照着稿子念，刚把纸打开我情不自禁地就哭了。太激动了！就觉得多年的梦想终于实现了。一哭我就看不清字了，脑子一片空白，我就把多年的心里话说出来了。从我和叶老师接触以来，给我最大的触动不光是艺术，还有叶老师的为人、修养，生活中的点点滴滴，谦虚、谨慎、博学、大度的胸怀，包括看问题的深度，我无一不崇拜。我真是觉得叶老师是一个太完美的人了。我说，能拜在这样的一个老师门下学戏，对我不光是艺术，对我整个人生的成长都具有重大的影响。当我在给叶老师鞠第一个躬的时候，我真的是控制不住情感，我就扑通跪下给叶老师行了磕头礼。叶老师马上过来搀我。我俩手握得特别紧。后来我上研究生班、流派班，跟叶老师学戏就更加具体细化，目标明确，有一个长期的规划。

叶老师来过昆明好多次，光演《罗成》这个戏就来过三次。第一次待了 17 天，最短也要待十天。第一次来昆明排《吕布与貂蝉》《周仁献嫂》，从早上 9 点一直排到很晚，最早也是夜里 12 点半，有时候甚至到凌晨 1 点半。他排完戏之后，我们全院演职员自发地长时间鼓掌，被叶老师那种艺术的全面的掌控能力感动，感染。他对其他行当、流派的了解熟悉，真的太全面了。像叶老师这样全面的、能够掌控全局的，从音乐、舞美、导演等各方面都能说在点子上的艺术家，在京剧界、在戏曲界屈指可数。比如说乐队，像《周仁献嫂》中【反二黄】前面的腔、牌子，全部是叶老师亲自设计、参与创作的。叶老师会告诉我们，哪里是笛子腔，哪里是唢呐腔，在哪儿下这一拍，什么锣鼓、第几个音符上进入。他给我们从群众到主演说全堂，所以我们跟叶老师学戏就学得特别瓷实。他给我们团饰演严年的花脸演员王侃说戏，王侃就特别服叶老师。叶老师分析三个戏中的严年、严嵩、董卓的脚步怎么走，甚至叶老师还可以自己走出来，脚步、神态，我们在旁边看都佩服得不得了，受益匪浅，个个都竖大拇哥。从那次排戏以后，叶老师每次来，掌声迎，掌声送。这是我们请过的其他老师都没有过的。

金喜全（上海京剧院主要演员，第五届 CCTV 全国青年京剧演员电视大赛金奖获得者）：

从小学戏的时候我就学的小生，第一次听小生的时候听的就是叶老师的录音带，“那一日在虎牢”那段，觉得那个声音太震撼了，叶老师就是我学习、奋斗的目标。但直到我毕业去上海京剧院了，2002 年底叶老师来上海演出时，我才敢于上去和叶老师打招呼。叶老师说：“我知道你”，一点架子都没有，特别爱惜后学者。我说我特别想和您学，他说，“好啊，你来学啊。”2003 年下半年，院里排《西厢记》，我扮演张珙。到北京，上来叶老师就和我讲张珙这个人物。我听完，就感觉以前自己的理解“一切都是浮云”。叶老师每次说戏都是这样，把这个人物说得很透，琢磨得很到位。现在，我与任何人谈戏，就用叶老师的话，没有不信服的。叶老师说，细节的动作怎么设计都可以，但必须固定好。文戏也得有准谱，这样才能把戏给做足。跟叶老师学完《西厢记》，在文小生这一块有一个质的变化。叶老师说戏也有导演思维，统揽全局。比如，叶老师和李国静在上海演《白蛇传·断桥》。在后面青妹要走，白蛇挽留的时候，叶老师停止排练，说，这时节奏应该是往下撤不是往上催，音乐越来越轻，先是京胡停奏撤出，然后京二胡撤出，三弦撤出，最后剩月琴，这时白蛇深情地高声再叫“青妹”。现场的演职员包括乐队没有不服的。所以，我就感到我们京剧界缺的就是像叶老师这样的导演。

还记得和叶老师学《罗成》。那是 3 月份“两会”的时候，叶老

《罗成叫关》，叶少兰饰罗成

师非常忙。他用开会的间隙，不休息，拿着剧本一边看录像，一边给我说戏。那时，我就感到老师与生俱来有种书卷气，文人气，做事情极有规律，有条不紊，有涵养，把好的东西能给你做得更好。比如叫板“来也”，叶老师没挑剔我嗓子，就说你方法要对，要勤练。就在家里面，带着我念，高声地念“来也”“马来”，就像小时候学戏一样，带着你上调门喊嗓子。叶老师对长辈的孝顺也是我们学生应该学习的。学戏时，师奶奶身体已经很不好了。叶老师边说着戏，边叮嘱家里的保姆：“早上喝水没有”，“鸡蛋羹煮了没”，一件件事特别缜密，不停叮嘱。叶老师家里的负担也很重，但他很少有愁眉苦脸的时候。老师是真的军人风格，特别坚毅、刚毅、果敢。

叶老师在艺术上可以商量，但不会降低标准，对我们学生严格要求。叶老师教我们真是不遗余力。教我《群英会》的舞剑，说得全身上下衣服裤子全湿透了。说《九江口》是在他排练的间隙，给我唱出来，我用手机录音，老师还自己写个条，告诉我，“我给你唱啊，这里有几个地方你要注意啊。”说《柳荫记》“访友”的下场、上马，一个小趔趄、小蹉步，真漂亮。当时教我的时候我在旁边就觉得像真的似的，太精彩了。这几年我的每一点进步都是叶老师教导的结果，我从心里由衷地感谢老师为我付出的心血。

焦鹏飞（天津京剧院主要演员，第七届CCTV全国青年京剧演员电视大赛金奖获得者）：

我1992年考入山东省戏曲学校，学小生。有一次学校组织看戏曲节目，看到了叶老师的《小宴》，那太震撼了，浑身起鸡皮疙瘩，叶老师从此成了我的偶像。毕业实习后分到青岛京剧院，院长看我有条件，说我给你介绍一个好的老师吧。我说谁啊？他说我给你找找叶老师吧。我一听简直太高兴了。院长通过关系找到了叶老师，叶老师欣然答应。到了北京，从下了出租车开始我都不知道怎么上的楼，心里十分紧张。我现在想起来那时候都是蒙的，知道要见到叶老师了又有点不敢相信。在市领导的促成下，2006年11月20日我拜叶老师为师。那半年我真是过得太开心了，就跟没有腿似的，整个人都是飘着的，极其兴奋。拜师仪式后演出《平贵别窑》。演出结束后，我把老师送到宾馆。我搬把椅子让叶老师坐下了，我恭恭敬敬地磕了三个头。我说，“师父，这我算进门了。”2008年，我进了天津京剧院，离老师更近了。2008年的“青京赛”，由于某些原因我错过了。当时叶老师也很遗憾，安慰我说：“不要紧，下一届只要你努力，你一定成。咱这四年老老实实学习叶派，把基础打好，绝对没问题。”这对我也是一个很大的动力。

2012年的“青京赛”，叶老师给我定的《柳荫记》和《群英会》，分别是文、武小生中最有代表性的戏。我记得，决赛的时候，正好赶上师父跟政协出国去莫斯科，我说您一出国我心里一下没底了。演出前我就一遍一遍给师父打电话，我说师父台窄啊，我横着出来行不行啊？师父说你把具体的和我说说，然后我再细说。我说了两套方案，就为了出场先迈哪个脚步，出场三步我站不站住。我说师父您选一套方案，师父就帮我分析，最后说，你演完出给我打电话啊。我再和他说有人给我提了建议，您看可不可以。师父采纳了。等比赛完了，我给师父打电话，我说师父，总分第一。他说，好啊，那我睡觉了。我一听师父这么说，非常感动，也感到温暖。我不是沾沾自喜，我是要向师父汇报，我努力了。我没辜负您的心血。师父对待我们是严师加慈父，艺术上高标准，不容打折扣，而在其他方面对我们非常关心。比如说我前几年开车，每次打电话他都问，你怎么来啊？我说师父，开车去。慢着点儿啊，他总嘱咐我，特别心细。

叶老师排戏，院里只要没事的演员都爱坐那看。每次院长都会请叶老师总结。很多次，我听到旁边一些旁听的演员都在说："哎呀，艺术家就是艺术家，不一样就是不一样。"我觉得师父的脑容量太大了。我猜想我连他百分之一的记忆能力都没有。我每次演出前都给他打电话。前一段我演《飞虎山》，我给他打电话说师父我要演《飞虎山》了。他说，这个地方你换服装想办法怎么解决，哪儿要缝上，赶不及怎么办，虎皮要缝到箭衣上，穿的时候要快，咱们老的是穿什么，现在你要穿什么……考虑得太细太全面了。每次师父都会非常快地给你把所有需要注意的细节说出来，这与他常年的舞台实践是很有关系的，经验太丰富，素养太深了。学戏时，师父常说，"你师爷当初要求我的时候就是做一个明白的演员，不要做一个糊涂的戏匠。鹏飞我告诉你，要多看戏，多看人家的优点。现在很多演员看戏就爱给人家挑毛病。你看了人家的优点，你记下来，用到自己身上，慢慢你会越来越完美。"

王　铭（湖北省京剧院主要演员，第七届 CCTV 全国青年京剧演员电视大赛金奖获得者）：

我上中专的时候，听叶老师的盒带，非常崇拜。毕业之后，在山东省京剧院工作了十年。2006 年的一次演出，叶老师正好在台下看戏。演出完我偶遇叶老师，壮着胆问好，请老师提意见。老师非常和蔼，第一次见面就给我在表演上说得特别仔细，给了我很多鼓励。我问老师要了一张名片，老师说可以随时打电话请教他。当时我拿着名片，真是太兴奋了。这简直是一种荣幸，非常激动。

我当时求学心切，没过多长时间就给老师打电话，这样来到北京学了第一出戏《小宴》。那时候很紧张，但是学的真是瓷实。因为老师对艺术非常严谨，真是掰开了揉碎了，直到明白了为什么这样表演为止，一个出场可以说十遍、几十遍。叶老师不仅是名师，还是明师。老师教戏全是无偿的，老师甚至连水果都不让买。老师的关怀让我很温暖，给了我极大鼓励。这出戏我后来汇报演出了，人们都说我有了质的变化，会表演了，进步很大，反响不错，这更奠定了我的信心。紧接着又学了《壮别》。比如，老师示范周瑜那三番问给我印象特别深，老师一边念我浑身鸡皮疙瘩就起来了，身临其境。跟老师学戏真的是一种享受，他能把你带到那个情境里去，仿佛此时此景就该是这个表演。通过这出戏的学习，我一招一式规矩了，知道了身段和台词怎么配合，知道怎么样的尺寸能达到最好的效果。虽然我还不能完全表现出来，但我明白了。

我在事业和工作上非常困惑的时候，给老师打过电话，诉过苦，讲了讲我内心的苦、我那个时候的现状。老师说，千万不能着急，有货不愁客，一定要挺住这个压力，一定要再好好地去学习、深造艺术，到时候终会有一个机会、有一方舞台让你展示，但是前提是你一定要认真地、踏实地去学习、去提高。老师给我说了很多鼓励的话，我才挺过那艰难的一年。

2009 年，我在湖北跟老师学了全部的《群英会》和《平贵别窑》，这也是我“青京赛”的两个比赛剧目。师父教我们这个戏，是一边放着师爷爷的录像，一边给我们分析，再一边谈他演出的体会。放一点，说一点，讲解一点。学了 20 天，我收获太大了，简直把这出戏一个字一个字、一个眼神一个眼神地全学了，细腻入微。《别窑》这个戏老师费了极大的心血，我学得瓷实。通过这个戏的精加工，不管是从人物还是气质上，我的确是有了一个质的变化。我觉得如果没有师父对我们那么严格的、精益求精的要求，是不会有这么好的呈现的。“青京赛”我取得了一点成绩，老师首先是表示了祝贺，但更重要的是给予了我新的要求：这才是一个起点，离艺术高峰还差得很远，一定要更加的努力，更加的虔诚去学习叶派小生艺术。要踏踏实实做人，老老实实演戏，这现在也成为我的座右铭了。

2012 年拜师那天我真的很感动。从心里面感谢我的师父，感谢师父这几年对我这么一个孩子、一个年轻的演员那么无私的毫无保留的教导，让我在舞台艺术上成长了很多。那天，给师父磕头的时候我哭了。其实我一直压抑着、控制着自己的情绪，我就怕情绪失控。但是再三压抑也压抑不住，就在我跪下来的一刹那，我的眼泪就止不住地流出来了。我就觉得这么多年的夙愿，还有老师这些年对我的悉心教导，好像在那一刻一起都升华了。我觉得碰到了这样的恩师真是我的福气。没有老师的鼓励与教导，根本就没有我今天的一点进步。

吴长福（湖北省京剧院主要演员、国家一级演员）：

1977 年，剧院组织看《群英会》电影。看了叶盛兰先生饰演的周瑜，觉得“哎哟”这就是小生，很过瘾。《群英会》连看了三次，对小生有了初步的印象。当时就由老生转小生。后来到北京学习，在学校期间看了叶老师的《吕布与貂蝉》《罗成》《群英会》，大家都说，哎呀，真漂亮，这才叫小生呢，印象非常深刻。2006 年湖北省京剧院在长安演出，张慧芳演全部《玉堂春》，请叶老师来演王金龙。朱院长说，叶老师来演《玉堂春》，机会很难得，你在下面要好好看。我就先在后台傍着叶老师然后看戏。2006 年，叶老师在台下看了我和万晓慧演的《望江亭》，叶老师很鼓励我。后来，开始跟叶老师学戏。

先学的《奇双会 · 写状》。老师首先从剧情和人物开始分析，非常深入明白。2008 年学《壮别》，我感觉这个戏很震撼，一下都不能松懈，台上的分量很重，灌满全场。叶老师一示范，他的气质、气场就灌满了，大气磅礴，非常震撼，我感觉我以前的戏都白学了。那时候，江世玉老师跟我说，“我虽然拜的是姜先生，但是我就是喜欢叶派。”他说：“小吴啊，你不知道，叶派实在是美死了、美死了、美死了，啧啧啧。”那时候体会不到，看了《群英会》电影并和叶少兰老师学了戏，现在体会到了。和叶老师学舞剑，抠身上的劲头和叶派的份儿，那真是帅、脆、美。叶老师台上气场大，他一上场旁边其他人都看不见了。我们要学习甚至达到叶老师的那个气场太难了。2012 年，我终于拜了叶老师，得偿夙愿。叶老师跟我说，“拜师不能只是镀金，不能徒有其表，要真学真练，把叶派传扬下去。既然拜了叶派，就要有崇拜感、敬畏感。包括你的为人，你的艺术，一点一滴都要往叶派上靠，要往叶派上努力。”我理解，叶派在小生行里是至高无上的，必须千方百计达到叶派的水准，才能称叶派。我都快退休了，但是我要把损失补回来，踏踏实实跟老师认真学习叶派艺术，多学多练。确实，通过叶老师手把手地教，现在知其然也知其所以然，学明白了，知道做一个表演身段是为了什么，豁然开朗了。

我牢牢地记住师父的话，并努力践行，那就是：“演戏要认真，较真，咱们就闷着头练，抓紧时间练、学。不要听别人说你什么或者怎么讽刺你。该学该练就得学、练，没错。”

第六章　知情者说

“大家”谈少兰——名家访谈录

叶少兰常说：“我是一名文艺老兵。”是的，作为一名年逾七旬的著名京剧艺术家，他的人生经历、艺术经验该是多么的精彩丰富，他又有多少台前幕后不为他人所了解的喜怒哀乐。于是，我们采访了一些“知情者”。这些“知情者”既有比叶少兰年长的前辈名宿，亦有合作多年的同辈精英和仰观其人其艺的菊坛后进，有文艺界的领导与剧院团的管理者，也有长期关注其艺事的理论家和戏迷。他们从各个方面和不同的视角描述了他们心中的叶少兰，表达了对叶少兰其人其艺的感受和想法。

（以下被采访者按年龄排序）

张春华（叶盛章先生的弟子、叶派武丑的主要继承人、著名京剧表演艺术家）：

在我小的时候，有两个人是我的偶像——叶盛章、叶盛兰。我那时在稽古社，非常用功，就喜欢武生，天天晚上扎靠穿厚底练功。尚和玉先生看我刻苦，指点我说："小子，咱没个，听我的，厚底别练了，咱练矮子。"我说："开口跳是配角啊？！"尚先生说："配角？你看过叶盛章吗？"后来，等盛章先生来天津演戏，我一看，哎呀，太绝了，回来我就哭，这么好的艺术我上哪学呀？师父（叶盛章）、四叔（叶盛兰）真是没办法，那台上的艺术，看哪儿哪儿好。那时候，早上起来，我在各剧场练功，那些个扫堂的，个个学叶盛兰的唱、念，还有小生的笑，大家就迷成这样。我记得，四叔在天津北洋戏院演《雅观楼》时，前五排拴椅子，观众拿绳子自个儿拴的，不让卖票，就为自己能看到叶盛兰。所以说，一个武丑一个小生，唱大轴不说，还挑班，确实是拔了头筹。

《群英会》，叶少兰饰周瑜

少兰今年71了，他1943年出生，我拜叶盛章先生为师就是在1943年。我记得我上盛章先生那学戏的时候，他还在玩弹球呢，按说，我是看着他成长起来的。我们戏曲演员有两个基本条件：一个是自然条件，个头，扮相，眼睛（眼神）；一个是艺术条件，就是基功、基础、师承。少兰具备了这两个条件，他不是一招鲜，不是光有嗓子，他是有传承，有准谱，下过苦功，比如怎么用眼，怎么动作，水袖怎么用，周瑜怎么演，吕布怎么演，而且他还不光是武小生，我还看过他的《打侄上坟》的穷生戏，他的《周仁献嫂》，非常全面，演得很精彩。这一看就是老师要求严格，这个跟他的严父叶盛兰是绝对有关系，拿我的东西差一点儿也不行，不敢乱来，也不会乱来。前些日子，我在电视上看少兰《群英会》的周瑜，我有些恍惚，我想，这是盛兰啊还是少兰呀？分不出来。我觉得叶派啊，说形似，达到动作哪儿都像，已经很难了。还有一个更难，就是神似，由内到外，由神造形。叶派的这个气质，太难了。少兰的好多戏不单是形似，而且是神似，这很难得，一看就是抠出来的。所以，叶少兰学、练这方面就不说了，就说他看他父亲演戏就看了多少年呐。叶少兰是个了不起的叶派接班人，没想到啊，又出了个“小叶盛兰”。翁偶虹先生在一篇文章中谈到，说“我酷似叶盛章先生”，是个小拷贝，今天我拿翁老的话来形容少兰，真是酷似叶盛兰，我觉得是准确的。这和他生在叶家有很大关系。说叶少兰是流派接班人，我觉得，他是当之无愧的，是一位既继承传统，又勇于革新的艺术家。

迟金声（马连良先生的弟子、现代京剧《沙家浜》的导演、著名京剧导演艺术家）：

从当今来说叶少兰先生是最好的小生，是一位非常难得、在现在很难再找到的小生艺术家，可以说是文武昆乱不挡。小生要达到文武全才很难。他的家学好，基础扎实，赶上了他父亲年富力强、在舞台上最好的时候，比较完整地继承了其父叶盛兰先生的叶派表演艺术。从今天来说，叶少兰在叶派艺术的继承上是非常原汁原味的。我一直认为，流派的继承不可能完全复制，一模一样，这是不符合客观规律的。我觉得继承至少有这样两个现象：一、不自觉的变化。学习的时候是亦步亦趋。但人和人是不一样的，哪怕是父子，这是生理条件决定的，所以表现出来的一定是同中有异，哪怕不同的地方极其细微。二、自主的变化。这个变化就是高层次的了，就是根据对流派的深刻掌握和理解，根据不同的戏、不同的时代、不同的个人条件进行变化，但是还在派别的范畴之内，同时被承认。少兰这两个方面的变化都有，特别是他注意到了时代在发展，随着艺术经验的累积和不断地艺术探索，他在叶派表演艺术上是有所变化的，被人承认，而且还是叶派。你看，他表演的语言性更强烈，在表演的关键部位他会更强调一些，使观众更注意到戏剧性和人物性格的表现。这就要说，很重要的一点是他系统学过导演。1965 年，我们是中央戏剧学院戏曲导演进修班的同学，而且我们还住一个屋，他是上铺。那时候我们赶上了一批好老师，后来其中几位都当了院长，成为权威专家。我们的学习是正规、系统的。学了洋的东西，比如系统学习前苏联的斯坦尼斯拉夫斯基体系的导演理论。当时的这些理论、名词术语，我们都很陌生，学习起来挺费劲，但是确实下了功夫，对我们后来的艺术实践和艺术创作打下了很好的基础。

后来，我们一起搞“音配像”“像音像”的工作，我印象比较深的是他配全部《罗成》。文的、武的，配得非常好。我们还共同导演过天津市青年京剧团的《西厢记》。少兰也是一位非常称职、出色的导演。演员出身的导演要躲着点做示范，不要用身段和形体来束缚演员。导演要出构思，以启发性为主，帮助演员找到准确的情绪，塑造人物。少兰就是这么做的，而且做得很好。我希望少兰保重身体，在身体精力允许的情况下，多带学生，把艺术传下去。

谭元寿（谭富英先生的公子、当今谭派艺术掌门人、现代京剧《沙家浜》中郭建光的扮演者）：

我们谭家跟叶家既是亲戚（我的一位姑姑是叶盛长先生的夫人），又是世交。我的父亲谭富英先生在富连成科班坐科，我也在富连成科班坐科。我一出科，大约是1948年、1949年的时候，正赶上叶盛兰先生以小生挑班。我叫叶盛兰先生四叔。他点了我作为二牌老生，陈永玲三牌旦角，梁慧超四牌武生。我们去南京、上海演出。我还记得在南京总统府附近的剧场，头天打炮戏《群英会·借东风》，叶四叔饰演周瑜，我演鲁肃。第二天《八大锤·断臂说书》，四叔演陆文龙，我演王佐。就这两出戏，我服了，太好了。我特别佩服四叔的《八大锤》。我在陪马连良先生演《赵氏孤儿》、饰演孤儿赵武的时候，我就借鉴了很多四叔武小生的东西，收到了非常好的效果。所以我非常感谢，我当时刚出科20岁，就能够和叶四叔这样享誉全国京剧界的第一文武小生合作，太幸运了。对我的成长太重要了。

我和少兰贤弟很早就相识了。他得到了四叔的真传，文武昆乱不挡，非常全面。我们一起合作过很多戏：《群英会》《龙凤呈祥》《四郎探母》《御碑亭》《赤壁之战》，“音配像”《赤壁之战》《打侄上坟》《断臂说书》《御碑亭》等等。如果说叶盛兰先生是京剧小生界挑班第一人，是京剧小生的大师，那么在当代称小生泰斗的，非少兰贤弟莫属。这是实至名归的，也是实事求是的。我和少兰贤弟给四叔叶盛兰先生、我的老师李少春先生配音配像《打侄上坟》，配的非常好。少兰贤弟的穷生演得非常到位，可见他非常全面，不光文、武小生好，穷生也好。所以我一直说有机会要和他唱一次《打侄》，可惜一直未能如愿。现在我已86岁了（2013），很难再有机会合作了，想到此非常遗憾。

谭元寿先生的次子谭立曾先生补充说，少兰叔一出来就觉得不是一般的角儿。他不是渐渐地显出好来，而是一出来就是那么好。当时我们看他的《吕布与貂蝉》非常兴奋，这个小生太好了，说他是叶盛兰附体。如果不是“文革”十年的话，少兰叔还能跟许多老艺术家合作。少兰叔做事认真，一丝不苟。有一次在霸州演出《群英会》，我父亲让我到后台取一双靴子给他试一试。我到后台拿了靴子，看到整个后台空无一人，只见有一个化妆室是亮的。进去一看，少兰叔正在化妆呢。我问：叔，您怎么这么早就在这化妆啦？他呵呵一笑，说：我是笨鸟先飞。每次合作演出的时候，少兰叔都上我父亲的化妆室，管我父亲叫“大哥”，问候一下聊一会。同台时，我父亲说按少兰叔的调门，少兰叔又赶紧说按我父亲的调门。老一辈这种互谦的精神非常值得学习。少兰叔颇有家风，待人处事谦和，参加任何活动从不讲条件。但凡纪念我祖上谭鑫培、祖父谭富英的活动，少兰叔都参加，从不讲条件，怎么安排怎么来，没话说。他提携过孝曾和正岩，给孝曾讲当年和我父亲合作时我父亲的演法，给说过戏。总之，他是我们非常尊敬的一位长辈。

欧阳中石（奚啸伯先生的弟子，中央文史研究馆馆员，著名书法家、教育家）：

叶家对戏曲的贡献是了不起的，特别是创办的富连成科班。我跟叶盛兰先生是比较熟的，他跟我谈过许多叶氏一门的来路。那么，唱小生的很多，为什么又单出了一个叶派小生？我记得盛兰先生跟我们说过：“你们都想不到，我是在谁那得来的气质上的东西？”他说是德珺如。因为德珺如是前清皇族，是王爷而热爱戏曲艺术，所以在扮演一些高规格、高层次的小生形象时，比如官宦、名士、才子，叶盛兰先生取法于德珺如的气质很多。其实，很早之前，大概20世纪60年代的时候，我就看过当时还名叫叶强的叶少兰在戏校时候的戏。是什么戏呢？《贵妃醉酒》中的裴力士（这是为萧长华先生祝寿的演出，雪艳琴的《贵妃醉酒》），这是一个配角。但是当时，我坐在台下，就觉得这个青年气质特别好，扮得俊，身上边式，念白讲究，很像叶四爷（叶盛兰），就觉得不是“凡品”。一问旁边一块儿看戏的，说是叶强就是盛兰先生的公子。哦，我这才恍然大悟，怪不得觉得有叶派的感觉呢。所以，为什么后来叶派了不起，独树一帜，我一个总的感受就是独特的气质，这个很重要。很多人演了一辈子戏也没有自己的气质。

说起来，我和少兰在台上合作过。有一年，我为了纪念我的老师奚啸伯先生，组织了一场《龙凤呈祥》，请谭元寿、叶少兰等几位艺术家参加祝贺演出。我是前乔玄后鲁肃，所以“闯帐”一场，我的鲁肃和少兰的周瑜，同台演戏。当年，我看过叶盛兰先生分别和马连良先生、奚啸伯先生演出的《龙凤呈祥》，特别是“闯帐”，盛兰先生曾经给我说过，要点在哪。所以，我和少兰这戏，没怎么对就演出了。台上非常严实，彼此坐锣的情况都非常清楚。我一看，少兰不但台上眼神、表情、劲头和盛兰先生一样，而且极具盛兰先生的气质，把盛兰先生的很多表演、眼神更加突出出来了，非常难得。你比如，台上，有些念白身段，我是在运动中，少兰时而跟着我，时而是背躬戏，表情和内心活动都很丰富。不像现在的年轻演员追着你，生怕自己不入戏。这就是表演的高层次，而且继承了老辈的东西多，不一般。这个戏，我和很多人都合作过，但是就是跟少兰合适，我们不用互相就合，而且很舒服，戏也出来了。所以，能看出少兰的师承、家学，在戏校的用功程度和自己的丰富积累，又开了小生的先河，应该说推进

《龙凤呈祥》，叶少兰饰周瑜

了叶派小生艺术的向前发展。当然，少兰的戏很有人物个性特色，而且是在叶派特点这个共性上的个性，非常吸引观众。

演完之后，我答谢各位艺术家，当我感谢少兰时，少兰说的话令我非常感动。他说：“您这话太远了，这个活（指饰演《龙凤呈祥》中的周瑜）不应当是我的，是我父亲的。”盛兰先生也跟我说过，他和奚啸伯先生感情非常好。我举一个例子。盛兰先生说，“我第一次和马连良先生合作，扮好了戏，去马先生那问候下，看看还有什么不合适的。那么，等到第一次和奚啸伯先生合作时，我也准备这样。还没等我扮戏，奚先生就上我这来了，我很感动”。所以，少兰这个话是家里人的话，是家里人之间的看待，继承了两代人的感情。所以，一个艺术家的成功既需要艺，更需要德，要德艺双全，少兰就是这样的一位艺术家。叶派的戏脉不断，现在他也带了不少学生，这就是一个重要的传承。祝贺他的成就。他的身上还有很多东西应该好好传给学生。

杜近芳（王瑶卿、梅兰芳先生的弟子，著名京剧表演艺术家，现代京剧《红色娘子军》中吴清华的扮演者）：

我与叶盛兰先生和叶少兰同志是两代缘。我很早就和叶盛兰先生演过戏，那是在新中国成立前。那时候围城，叶先生已经挑班了，哪儿都客满，声望很高。后来新中国成立，文化部成立了戏曲改进局京剧实验一团（中国京剧院前身），叶盛兰先生是一团团长。后来我也参加了一团。叶先生非常培养我，凡我不够的地方，叶先生都会告诉我谁谁好。叶先生表演是绝的，艺术上是认真谦虚的。因为叶先生是旦行改小生，所以他对旦行戏非常熟悉，是我小生的老师，也是我旦行的老师，不但指点我，而且经常给我说戏。我的《木兰从军》就是他给我说的。中国京剧院成立后，我们就长期合作了，几乎是一年一出新编戏。在我的艺术人生道路上叶先生是很培养我的，是我重要的合作者。

那时候我常去叶先生家谈业务和排戏，对少兰很熟悉了，那时候他还叫“叶金泰”呢。1979年，纪念田汉先生排《谢瑶环》，我是力主少兰来演袁行健，那时候他还叫叶强呢。好多人不同意。我说，我保证叶少兰的嗓子出来，否则枪毙我。少兰有天来问我，杜姐，怎么这里还有什么枪毙？我说，你别管，练好嗓子排好戏就行。我给他讲了我的经验和方法，请他去同仁医院找我熟悉的一位喉科大夫那儿检查。头一出戏，我降调门，给他加了一段唢呐。我说，你一唱这唢呐腔，人们就会说叶盛兰回来了。

我很羡慕少兰，现在70岁了还能唱，还能在舞台上演出。前段时间（2012），战友京剧团复排我的《谢瑶环》，少兰提携我的学生丁晓君，合作非常成功。我说这是三代缘，当年叶盛兰先生带着我演戏，后来1979年我带着少兰演《谢瑶环》，现在少兰又带着我的学生丁晓君演出《谢瑶环》，确实缘分不浅。这就是我们京剧的传承精神，传帮带嘛！少兰继承了他父亲的艺术。我希望叶派艺术代代相传，这么好的小生艺术绝不能断。

李世济（程砚秋先生的义女、全国政协常委、著名京剧表演艺术家）：

少兰的父亲叶盛兰先生，我叫他四叔，很相熟的。少兰是世家子弟，条件得天独厚，对艺术很有研究，对父辈们的艺术和整个富连成的经验，他总结得很清楚。

“文革”之后，港台音乐、电影、话剧等其他艺术形式开始风靡，如何寻找京剧新的出路成为那个时代京剧人所要思考的问题。我总结了一条：年轻人不喜欢含蓄，他们喜欢感情奔放，淋漓尽致。周总理说：流派要随着时代的发展而发展。我整理、改编程先生的戏来满足时代的要求，我觉得少兰也是这样的。在艺术上我们很默契，他不是停步不前，他是一个善于改革的艺术家，因为他演人物、演戏从头到尾，全部精神始终都集中在里头。我们合作《玉堂春》，他的王金龙开始是试探的口气，知道是苏三之后马上态度改变，要把身份隐藏起来，感情表现就不一样了，在台上随时都很注意潘大人的反应，怎么与潘、刘二位大人周旋应对，少兰在这些地方处理的非常好，我认为一般演员没有做到这种默契。而且他不间歇，他始终是全神贯注倾注在这个人物里面的。少兰有这个特点，在台上一分钟都不懈，在台上不惜力，把观众的注意力始终抓在手里，这一点上我和他有默契。最后，我和他两个人在台上的交流非常好，情感都表达出来了。他把叶盛兰先生的东西又往前推了一步，人物更细致。

叶少兰军装照

后来他一直受着军队的正规教育。他政治上非常认真、谨慎、严肃，在政协常委会上或在政协会组里发言很认真，每次开会他都有条有理地写好一篇篇发言稿。他当政协常委时，开会我总要问少兰坐哪，因为我眼睛不好，我们坐一块交流说话方便。在一起工作了很多年，后来他不当常委了，我很不习惯，经常找他。

瑞环同志很信任他，京剧“音配像”工程把少兰请去，小生的配像基本是少兰在抓，还有青年京剧团的戏也是少兰在抓。开始是去教康健，后来在青年京剧团导戏，实际就是艺术指导。他还常常到国外去讲学，到香港、澳门很受欢迎，大家都很喜欢他。他也是人们的偶像。

他得到了他父亲的真传。少兰不满足小生的唱法，他的声音比他的爸爸宽厚。他想把小生之小改掉，不要有小气的那个声音。有一次我给他提，你的声音过于宽厚，显得口型稍大。他说，我用的是虎音，我现在追求的是用龙虎音。少兰这句话，我想了很久，渐渐我有所理解，他要改变小生扭扭捏捏的唱法，转变中必然要下猛药。要改变一个东西先要放，然后再往回收。少兰的这些探索改变，我比较理解他。

梅葆玖（梅兰芳先生的公子、当今梅派艺术掌门人、著名京剧表演艺术家）：

我们梅、叶两家都是梨园世家。叶春善先生是富连成科班的班主，我父亲梅兰芳年轻的时候曾经在富连成带艺坐科，搭班唱戏。我父亲和盛兰先生也同台合作演过戏。后来成立中国京剧院，我父亲是院长，盛兰先生是一团团长。我年轻时是经常看叶盛兰先生和杜近芳师姐排戏、演出的，也经常见面。现在我和少兰经常合作演出，并参加各种活动，虽然上了年纪，有时候还是在一块演出，而且我们的学生也在合作演出。所以说，我们梅、叶两家是世交，几代人的感情，应该说是一段梨园佳话了。

我和少兰贤弟开始合作，估计好多人都不知道，那是在“文化大革命”的时候。传统戏不让演，搞革命样板戏《转战沂蒙》时，少兰做这出戏的导演，我做音响师。我从小喜欢弄机械，所以对音响特别有兴趣，正好得这机会过过瘾。我和少兰合作得很好，配合非常默契，他直夸我音响弄得好。

“文革”后，恢复传统戏了，我作为承传梅派艺术的传人，开始承担恢复演出的任务。旦角是离不开小生的，无论从艺术基础、艺术理念和台上的经验火候，还是年龄岁数，少兰和我都非常合适。同时，他也是在恢复演出他父亲叶盛兰先生的戏。我们演出、配像过很多剧目，比如《凤还巢》《奇双会》《太真外传》《御碑亭》《龙凤呈祥》《四郎探母》等。我们都是梨园后代，父亲的标杆在那儿呢，顶着招牌呢，所以我们演出排练都不凑合，一定在台下把戏说好排精，台上认真演，保证演出质量。我们台上合槽，心气一致，都能想到一块，互相都感觉合适，观众看得舒服。少兰对艺术很较真，台上从来不惜力。

还有很有意思的事，我教过少兰学开车，我真是严格地教，少兰也真是认真地学，但是少兰没我胆子大。

他是非常认真的一个人，办事认真，注重仪表，丁是丁，卯是卯。现在我们年岁大了，最重要的事就是要把艺术传下去。少兰也很注意叶派小生传承，教了很多学生。我希望少兰保重身体，多带学生，多要求他们，多把他的艺术经验和叶派剧目传承下去。这都是为了京剧事业的繁荣发展。

尚长荣（尚小云先生的公子、中国戏剧家协会主席、著名京剧表演艺术家）：

我们是世交，父一辈子一辈的交情。我的父亲尚小云先生和几位叶先生都有很深厚的交谊，和叶龙章、叶盛章、叶盛兰都很熟悉。从小的时候我就非常崇拜叶四叔，常听他的唱片，特别是《罗成叫关》，还是粗纹唱片。不管是前面的【唢呐】【二黄】还是后面的【西皮娃娃调】，如同圭臬，我还会唱。新中国成立前，在老长安戏院看过叶四叔的《鸳鸯泪》，还看过我父亲和叶四叔的《奇双会》，之后看过叶盛兰、裘盛戎先生的《壮别》。1959 年，老叶先生一个月“钻”三个“锅”——《赤壁之战》《西厢记》《桃花扇》，而且都是精品，非高人所不能为。可以说，叶盛兰先生是京剧小生艺术的全才大家。要弘扬富连成的精神，我先后学习的三位老师陈富瑞、苏连汉、侯喜瑞都是富连成培养出来的名净，包括和孙盛武、孙盛文等先生学习。

我和少兰弟是神交已久。第一次看他的戏是《群英会》，当时是袁世海先生的曹操。我们合作过很多戏，《群英会》《龙凤呈祥》《九江口》《飞虎山》《壮别》《凤还巢》《四进士》等。1984 年，我们在上海录制《九江口》的时候，一气呵成，一遍过。现场的录制人员不住夸奖，我们也感到艺术上合作的愉快。我们一块儿演出的时候，都是台上无二戏，严格要求自己，使戏严谨好看，艺术上我们的目标是一致的。我们都是门里出身，名门之后，这些给予我们压力，更是一种鞭策和动力，不能给祖上摔牌。我们舞台上竞争，私下都是好朋友，经常一起合作演出，包括清唱。我们闲暇的时候经常聊天，有很多共同的回忆，常常聊椿树二条、棉花胡同一带梨园聚集地的风俗，一聊就好像回到了童年。

要发扬这种角捧角、讲义气，私下的友谊牢固，舞台上争奇斗艳的作风。这都是现在的青年演员应该学习的，这就是梨园之精神。

少兰弟尊崇叶门的风范，舞台上中规中矩，一丝不苟，认认真真全身心地献身于京剧舞台，从艺有侠胆之风。少兰文武昆乱不挡，比较全面，是全才的演员，是继承的楷模，享誉艺坛，得到了同行间的尊崇。他台下温文尔雅，艺如其人，人如其艺，继承了老叶先生精湛的艺术和耿直的为人，是梨园艺坛的骄子，我们太爱他了。

孙毓敏（荀慧生先生的弟子、北京戏曲职业艺术学院名誉院长、著名京剧表演艺术家）：

叶少兰不是一般人，是大师的后代，正在向大师进军。他所做的贡献对得起他的父亲。他学过导演，不但导别人的戏，而且导自己的戏，这是他比别人强的地方。他不仅仅是认真继承了叶派艺术，有发展叶派的雄心，也可以叫志气。如果仅仅是停留在他继承父亲的艺术的水平上，恐怕对他也是一种局限性。他恢复排演了大量叶派剧目，比较全面，小生的各个类型都擅长，常常参加强强联合的大型演出活动。我很尊重他，他最大的特点就是认真，极端的认真，无论是演戏、写文章、搞创作、写提案、还是当“音配像”的导演，包括他导演李瑞环同志整理改编的五出戏。他做导演不会出现这块儿像地方戏，那块儿像现代戏，都是尊重京剧艺术的规律，很见水平。他不仅是小生行当里的领军人物，也是我们京剧界做人为艺的楷模。认真达到极致，就一定会成功，而且很有成果。就像跑步到最后两分钟，你坚持得住不歇劲不放弃，冲过去就是冠亚季军，关键就在最后的咬牙，少兰有这样的精神。有次飞机误点，少兰坐那不急不躁。我挺着急的，跟他说，飞机误点了。他说：“我有些不悦。”戏词儿出来了。他有他严肃的一面，熟了之后就感到他也有幽默的一面。他非常认真，在各种会议上，每次发言，他一定是面前一摞纸，做了充分准备，全部手写出来。政协开会时，我偷偷地瞄过他的稿子，字写得好，发言的理论水平很高，出口成章，方方面面听着都可以，建议发言大家能接受，非常有政治智慧，超过了他的父亲，也为叶家争了光，是一位有思想的艺术家。

刘长瑜（荀慧生先生的弟子、国家京剧院艺术指导委员会主任、现代京剧《红灯记》中李铁梅的扮演者）：

我们都是老中国戏曲学校毕业生，他是 1962 年毕业，我是 1959 年毕业，我们中间还隔了一班，因此我和少兰在上学时接触不是很多。后来工作以后，特别是改革开放之后到现在，我们在各项工作、活动、各个场合有接触有合作。所以，我就想谈谈对他的印象。

我觉得他非常鲜明的特点就是规矩正直、认真严谨而且有责任感。他是在京剧世家成长起来的，是第四代了，对京剧的感情非常深。从小在家庭环境熏染下，他比较中规中矩，有充分的自信。演吕布、周瑜，没有自信是演不好的。这些条件为他的艺术事业提供了很重要的基础。他办事非常认真。1992 年成立了中国艺术基金会，我们都是第一任就当理事了。后来我担任理事长，每次开会少兰都非常认真，真是直言不讳，积极出谋划策，而且思路都非常正确。理事是没有报酬的，应该发扬这种精神。基金会后来搞京剧中青年师资的培训活动，首先就是请他作讲座。少兰认真准备，他把他自己所学所感所悟毫无保留地传达给他们。少兰是很负责任的，他对基金会也起到了非常大的推动作用。第一次举办新年京剧晚会，就是从基金会的角度举办的，有意思的是，我和少兰当主持人。再如，他这些年在政协，年年交提案，都是围绕中华民族传统文化的传承，我很赞赏的。尤其是他持之以恒地在政协上提提案，不厌其烦，有非常坚定的信念。

叶少兰在法国巴黎凯旋门前留影

他有很坚定的学习精神和广纳博取的学习意识。他上过中央戏剧学院的戏曲导演进修班，如饥似渴，复习消化课堂内容，经常学到夜里两三点。他那时候还年轻，就这样用功上进，所以他导戏才能把握全局。一次《杨门女将》去法国演出，当时我俩没有跟团巡演，留在巴黎，住在大使馆里。给我最大的印象就是他那种渴望开阔视野的精神，他觉得来到了巴黎，就一定要尽可能多参观，多学习。他说你也一定得去，你得给我照相，所以凯旋门、卢浮宫、巴黎圣母院是我给他照的相。去年我们去香港开理事会，他把去欧洲访问的收获传达给我们，欧洲把艺术家放在政治家之上，认为民族文化是神圣的，是持久的。他处处渴望着去多学习、多见闻，再反过来思考我们应该怎么做，我认为他很了不起。有的人觉得少兰有点较真，但这是很难得的品质。现在大家都有点太急功近利了。

《得意缘》，叶少兰饰卢昆杰

关于他的艺术。少兰是世家出身，听的多见的多想的多，从事京剧60多年，他有很深的感悟。在舞台上，他非常严格规范，一招一式，一定是到位的。他的亮相不是光变脸，而是整体配合。运用程式规范塑造人物是京剧最有效的一种艺术手段，少兰在这一方面太突出了。他演戏有时候我在台底下有点紧张，他只要上了台就是满宫满调，太不惜力。我和少兰是在大联合的时候合作多。比如，合作过《拾玉镯》《得意缘》《银空山》《龙凤呈祥》等。最满意的合作就是《得意缘》，我觉得他演得真好，我们合作很愉快，特别默契。我通过和少兰合作和我的感受，把人物关系理顺了，即在事变当中强化了夫妻的感情。这个戏我们是互相促进、互相感染。

他对于继承和创新关系的处理。我觉得少兰除了严格的规范以外，他对小生突出的贡献是在小生真假声的结合方面。他把真假声统一起来，结合得那么好，不露痕迹，体现了年轻的、生机勃勃的、有壮志的青少年的声音。我觉得很了不起，给小生以生命力，是在京剧的夸张、写意、虚实结合的法则中的突破。叶盛兰先生的戏我看过，我觉得少兰不是违背了父辈，而是在小生声音上面有了很大的推进。包括他塑造的不同人物的起霸、出场都有不同的处理。他中规中矩，但并不保守，大胆的创新没有离开京剧艺术的法则。这是很难得的。

杨春霞（现代京剧《杜鹃山》中柯湘的扮演者、著名京昆表演艺术家）：

我们在20世纪60年代初就认识了，那时候他到上海和我们老校长俞振飞先生学习昆曲艺术。那时候我们不熟，对他的印象就是整天拿着两杆枪在练功房里练功，在电梯间里碰到也是拖着两杆枪，非常用功。那时候在上海，我对叶派小生艺术不熟悉，就觉得少兰功底好，身段漂亮，有英武气，感到挺新鲜的。后来我们合作过《奇双会》《凤还巢》《游园惊梦》等戏。我感到少兰对待艺术认真严肃，台上的一招一式都很规整、讲究。比如《奇双会》，我本想少兰也是有成就的艺术家，肯定有自己的想法，排起来可能需要磨合。但是他非常谦虚，见了面就说，“《奇双会》是俞老的代表作，你跟言慧珠、俞振飞两位老师学的时间长，按你的来”。所以，《奇双会》合作过多次，我们演不再是仅仅模仿前辈，而是渗透着自己的体会和思考。少兰把叶、俞两派的精髓体现得好，糅合得妙，自成风格。所以你看他武的好，文的也好，有书卷气，我们合作很默契很愉快，彼此都觉得合适满意。

叶厚荣（天津市第十一届政协副主席、市委统战部部长）：

叶少兰同志和我很熟，我们在一起曾戏称四同：同姓、同乡、同龄，还有同病。他祖籍安徽太湖，我是安徽合肥人氏。我们都是1943年出生，属羊。我们都有一些心病，不是心理上的心病，而是生理上的心病。及至后来我们又有了第五同——同级，他是我军将军级人物，我也最后挤进了省军级。

少兰同志在“音配像”中的贡献特别大。他是李瑞环主席在京剧“音配像”工程中所倚重的艺术家之一。2001年7月13日，李瑞环同志就指出：“叶盛兰、杜近芳等名家合演的戏，由叶少兰负责。”他非常认真负责，较早较好地完成了任务。2001年10月9日谢国祥同志去世以后，李主席要我负责“音配像”具体工作。李主席知道我对京剧不如谢国祥熟悉，特地嘱咐少兰同志和中央电视台的阎德威同志多加帮助。我和少兰同志一起研究待录剧目，一起到李主席家汇报请示，一起赴上海推动工作，少兰同志给了我很多支持与帮助。

少兰同志很有才华。叶盛兰先生在“音配像”工程中34部戏基本上全部由少兰同志配了像，且基本达到叶盛兰先生当年演出的水平，充分展现了叶派小生的风采。少兰同志还为姜妙香先生不少剧目配了像，同样受到京剧界人士的充分肯定。少兰同志的才华还表现在推动天津市青年京剧团的艺术建设上。他是很有艺术追求的京剧舞台导演，天津市青年京剧团的几个重点剧目，包括《西厢记》《刘兰芝》《楚宫恨》《韩玉娘》等都是经过他或他与迟金声等老师共同导演加工打磨出来的精品。少兰同志还是当今活跃在舞台上的京剧表演艺术家。在2006年10月，天津市青年京剧团“百日集训”二十周年纪念活动演出中，他在《西厢记》最后一场《长亭送别》中出场。他通过炉火纯青的表演将张珙的心理刻画得出神入化，受到人们高度赞扬。

少兰同志还注意提携青年人才。在“音配像”工程中，他还起用了李宏图、靳学斌、江其虎、宋小川等青年京剧人才为叶盛兰先生和叶少兰同志本人的剧目配像。少兰同志的工作精神也是值得称道的。他自己身体不好，而且夫人许嘉宝同志也身患疾病，老母亲又长期卧病在床，可是他一旦工作起来，仍就兢兢业业、孜孜以求。同时，他对母亲和夫人都特别精心地照顾。

刘连群（天津艺术研究所名誉所长、著名戏曲理论家）并转达方伯敬（天津市中华民族文化促进会会长、天津市文化局原局长）、高长德（天津市中华民族文化促进会副会长、天津市戏剧家协会主席、天津市文化局原副局长）的意见：

我和少兰老师是同龄人。1984 年，我就在天津看过他的戏，那是他们战友京剧团到天津市第一工人文化宫演出。那次演出非常成功，我看了《罗成》《周仁献嫂》，在我的印象里也是少兰在“文革”后第一次作为主演在天津亮相，大家对他艺术上评价很高，也很受观众欢迎。我看的两出戏都是盛兰先生的代表作，当时观众和京剧界对他都评价很高，觉得很难得，在盛兰先生去世之后又有这么优秀的传人来传承叶派艺术。后来天津市文联还为他的演出举办了座谈会。

我和少兰老师认识是1986年，那时候我已经调到文联，协助《剧坛》杂志为创刊五周年组织演出。约请的北京演员是袁世海、萧盛萱、叶少兰、李长春等和天津的马少良、杨乃彭等，演了两场戏《群·借·华》《连环套》，阵容很强。在天津一宫演出非常轰动，少兰老师在《群英会》中饰演的周瑜使大家看到了盛兰先生当年舞台的风采。我就是在 1986 年演出当中和少兰老师认识的，我记得当时是在天津安全局的招待所。那时候少兰刚从美国讲学回来，他谈了很多在美国讲学的情况，给我感觉他不只是一般的京剧演员和叶派传承人，他眼光比较长远，那么早就进行了中外文化交流，在美国讲课的反响非常强烈。那次美国讲学，他对京剧艺术的理解和认识更加深刻，同时对京剧艺术和民族文化更有信心。

正像天津的方局长和高主席说的，少兰老师除了他本人的演出以外，跟天津发生关系最密切的有三件事：参加中国京剧“音配像”工程、天津市青年京剧团“像音像”工程和导演李瑞环同志改编的五出戏。京剧“音配像”工程，他为盛兰先生和姜妙香先生精心配像，特别是盛兰先生的几出代表作的配像达到了很高的水准。比如《打侄上坟》

有若干版本，但是从领导到京剧界普遍都认为，谭元寿、叶少兰老师为李少春、叶盛兰先生配的《打侄上坟》是最好的。这说明他得到了老师真传，根基深厚，水平高超，有自己的深刻理解，并非简单的模仿秀，能够做到形神兼备，这点很可贵。他不光是为前辈配了像，而且发挥的还是骨干作用。特别是在2001年天津负责“音配像”的谢国祥同志因病去世了，而当时正在启动第二期工程，正处在“音配像”没有全面完成的关键时刻，瑞环同志对少兰老师更加依靠，充分发挥包括少兰老师在内的几位艺术家的骨干作用，使这个工程能够走向胜利，得以完成。继“音配像”之后的又一项振兴京剧艺术的宏伟的文化工程——“像音像”。这个工程的二期刚在天津启动。少兰老师很早就投入了这项工程，第一期的三十几出戏，他和迟金声、杜近芳等老艺术家担任着导演和指导的工作，后面还将继续指导，作出了很大贡献。同时，李瑞环同志改编的几个剧目，少兰老师多年来也倾尽了心血。这回“十艺节”在山东举办，再一次修改加工了的《楚宫恨》，在艺术节上获了奖，这里也有少兰老师的贡献。少兰老师不单纯是一个只管唱戏的京剧名家，他对京剧有深刻的思考认识。我和他经常一起开会，听他的发言，他在京剧传承和发展、京剧本体的艺术规律等方面有真知灼见。这也反映在他的舞台演出和他所投入的工作当中。

一个流派能够传承，关键得有人，如果没有出色的、能够代表流派艺术风貌的传人，这个流派的传承就会受影响。所以说在传承叶派上，也可以说在小生艺术的传承上，少兰老师在“文革”后起到了中流砥柱的作用。一个是在舞台上传承叶派小生，还有他带了很多的弟子，这也是叶派小生在今天能够发扬光大的强有力的保证。我现在经常想，如果少兰老师有一天因为年龄的关系不能登台了，他的学生们还能不能达到少兰老师的艺术高度和舞台效果，尽管他的几位学生都很优秀。就《群英会》的周瑜来说，少兰老师那真是不二的人选，无论是唱、念、做，舞台上的气度、火候，应该说再传弟子们与少兰相比还是有一定差距的。他对艺术有精益求精的精神，有一个细节，他家里沙发对面有一张叶盛兰先生扮演周瑜的剧照，他说他老端详这张照片，反复琢磨父亲怎么能够做到既是优美的又是自然的，没有一点表演痕迹的亮相的。尽管现在演周瑜没有人能和他比，但他还在钻研不止，求索不竭，所以他才能取得今天的成就。而这种意识和精神是今天的京剧人非常需要的，已经到了要把少兰老师身上珍贵的叶派艺术如何保留下来作为课题进行研究的时候了。他在舞台上取得的成就和传承叶派艺术的贡献，实际上就是对京剧的贡献。他为小生行的承前启后，起到了重要作用。

赵景勃（中国戏曲学院原副院长、京剧研究所所长，著名戏曲教育家）：

叶派在京剧流派传承上是一个特殊的现象，值得总结。从现在的情况来讲，叶派小生确实发展的最好。为什么独独叶派小生能有今天这样发展的局面？我觉得叶派能有今天这样好的发展趋势，有两个原因：一是事在人为。没有叶少兰老师弘扬叶派的话，叶派恐怕绝对达不到今天这个局面，达不到现在的水平。任何流派的传承，没有举旗人不行。二是叶派适应时代的审美。今人的审美，可能倾向于阳刚一点的风格。时代对叶派的认识和呼唤，叶派风格对时代的适应，这是客观原因。人们生活的节奏快了，人们需要壮丽点的艺术。同样的演出，叶派的气场和鲜明的表演，观众很欣赏。

我们需要理解少兰老师成长的几个因素。第一，他的家学渊源没的说，谁也比不了。叶家创立了富连成，存在一个大的脉络，而这个脉络在几十年里几乎是主脉，包括他父亲叶盛兰先生在内的那么多亲朋长辈，根深叶茂，资源丰厚。那么少兰老师的艺术生命和生理生命是高度融合的。第二，叶家在传承一事上做的非常好。比如，茹和叶，一直是不可分离的一种关系。从叶盛兰先生起就经历过茹富兰先生的指导，叶少兰又是茹富兰开的蒙。茹先生的规范严谨是最大特色。从内在的气、意，到外在的形、力，都有交代。从内到外，叶派今天贯穿了这个东西。比如叶派拉一个山膀，你会感觉他有运气力透纸背之感。看叶派小生的紧，基本上任何动作，从腰里的发力，到行肩跟背，一直拉到了指端，你感觉到力的体现，有一种力度美。现在这些少兰老师保留得很多。他比较讲究内外结合，一定是内意、外力，气意合操。另外茹先生讲究人物、功架感，和叶老师很相似。第三，还有一个重要的因素就是他毕业以后留校任教、做导演。1965年，叶老师去了“中戏”导演班进修，时间不长，但从他后来成就艺术的高点来看，这一步是有作用的，通过学习他山之石就认识了自己。这段学习在他身上积淀了不少东西，在思维上是一种开发，这主要体现在他今后对戏和人物的处理上、对节奏的把握上。当时20世纪80年代还有一篇文章，说叶少兰是由土到洋，严顺开是由洋到土，但是都成了大才。我感觉到他回来以后，把他原来在民族艺术上的积淀可能又做了梳理、提升。紧跟着他就排戏了。比如说，排《沙家浜》，他排好几个班。那时候我在61班，我发现那时候他就有粉丝了。排戏的时候坐在他的后头，听他说，有学生就开始拿笔记录。我留心一听，还真不一样，名词也有变化。

进了战友京剧团以后就排戏、导戏、搞创作，这一阶段的导演实践对于他来讲是积淀。后来他演的所有的戏几乎都经过处理了，是由给别人导到给自己导，戏变得更凸显，更精练，更讲究气势，很突出明了地表现出来，使人看了之后很满足。另外，他虽然是宗叶派，但实际上其他流派的东西也融合在他身上，比如说姜妙香先生、俞振飞先生的艺术。所以他对叶派，在继承中有发展。好像袁世海先生在少兰老师恢复舞台演出之后有文章发表过，说“有超过其父之势”，有人不接受，但我接受这个观点。不论如何，他的面貌跟上了21世纪。

他实在是转益多师，多种营养源促成了一个叶少兰。他对叶派的呈现是小心翼翼，但并不是亦步亦趋，有他自己的理解，把纵面的传承和时代的横面融合起来，这大概在别的流派上还达不到。叶老师既有举旗的作用，也有对叶派的推进的作用。叶派并没有出现“丢”的情况，比别的流派传得好。另外我觉得他自己演戏，对艺术之认真，是很难得的。《四进士》他演过田伦，人家都重头，头里引子卖范儿。但是在毛朋读状纸的时候，他坐在台上就没闲着的时候，身上全是戏，也不搅戏。这时候观众看的是人物，敬佩的是叶少兰。

在丁关根同志策划的“两赛、两班和一院”（“青京赛”、“学京赛”、研究生班、流派班和 CCTV 空中剧院）的过程中，叶少兰老师等两三位艺术家是特别受倚重的，建议比较多，对整个工程的结构起到了策划的作用。他们的智慧是集思广益的，反映了很多艺术家的要求，反映了很多基层状况。他们深深知道角儿对京剧的引领作用，角标志了这个时代的京剧水平。他们站在了宏观的队伍建设和京剧的发展上，起到很多积极的作用。他们身上既有传统的继承、又有时代的新思想，这一点深深打动了丁关根同志。

为什么说少兰老师的传承能和学术研究相结合呢？因为他在教戏的时候和一般的先生不一样，他能说得出来，而且说到点子上，这和他的文化修养、理论底子有关系。可能在他教学的过程中有很多自我发现，对他自己的修养有很大提升。而且叶派小生的传承质量高，梯队建设合理，这和叶少兰老师所下的功夫和责任心是分不开的。

李之祥（北京军区战友京剧团著名琴师、叶少兰多年的合作者）：

叶少兰老师不光是艺术好，个人品德、职业道德都好，确实是一个非常有责任心、责任感的人，是非常优秀的好演员。我跟他一起接触的场合很多，觉得少兰不像个演员，而像个大学者，私底下说话办事特有学者的风范，说话恰到好处，办事周全圆满。他对人非常尊重，讲礼仪，从不阿谀奉承，很讲原则。

叶老师的业务是没得挑，更重要的是修养和道德好。第一，他做导演时从来不颐指气使，摆出导演架子。主演特别尊重他，有什么想法，都是一起讨论。他博学多才，有很多艺术手段，包括乐队的音乐常常启发我们。他在艺术上严格要求，但从不强求别人，从不想压过谁，与大家互相包容，切磋技艺。比如排全部《罗成》时，“连杀四门我的力已尽”后的过门，他提出这儿来一个“双的”行不行？当时我没反应过来，我就当着整个文武场说：“这样就乱了啊。”叶老师一点儿也不跟你较劲，没半点不高兴，或者说你没理解，还是接着往下排。后来休息时，我仔细一想，“单的”确实平淡了一点，就和弹月琴的同志说我们按少兰说的试试，月琴一弹果然比原来精彩，后来再排就按这个方案演奏，效果很好。

他在艺术观念上非常开放，从不埋没别人的才干。比如《小宴》“与桃园兄弟论短长”后面的几个花过门是我按照这段的情绪设计的。我原想会不会长了点，没想到在过门当中他设计了与貂蝉互动的身段反而把这个过门托起来了。比如《平贵别窑》，唱念做表都是叶老师亲自设计的。他一直在不断地精益求精，对于好的艺术建议非常虚心。那时第一稿的《平贵别窑》我们排的很快。薛平贵上来是【唢呐二黄导板】【原板】，进窑之后变【西皮】，窑外是【二黄散板】。1997年赴港演出时，变成第二稿，窑外改成【二黄跺板】。等演出回来半月左右，又要再次演出《平贵别窑》。我当时觉得窑外唱【二黄】，劲不够。到了少兰那，我就跟他商量，窑外的唱用【西皮】更贴切，这么改唱能更给劲。少兰有些犹豫，他觉得这出戏已经唱得这么熟了，要改的话风格适合不适合，心里没底。他就说：这样吧，你把你要改的给我唱唱，我听听合不合适。我当时回家就把改的腔拉出来录下来，拿给少兰听。他一听，觉得确实比原来的效果好，当时就定板了，变为现在的第三稿。他这个人不保守，善于吸收别人好的意见。

这是因为有较高的艺术标准，绝不固执。但是，他改戏也非常慎重，每出戏都经过反复打磨。比如《平贵别窑》第二稿演出效果已经非常好了，香港邀约战友京剧团演出就专门点了这出。少兰对于艺术是永远不满足的，好上还要更好。

叶老师排戏的思路让我感觉特别可取。不管排什么戏，比如《罗成》的武打，他的原则，不求打太多。演了若干场，看哪几个地方观众特别欢迎，就把精彩的留下来，不吸引观众的就把它去掉，就把最精华的部分保留下来，不拖时间。叶老师有后来的成功不是轻轻松松的，他对艺术有决心、有恒心、有信心。最早在团里叶老师主要做导演的时候，下了班就来我们这儿吊嗓，利用一切零碎时间，比如每天11点50到吃中饭之前，也就20分钟，他几乎坚持不断天天吊。功夫就是这么持之以恒地练出来的。

他的责任心是非常强的，为任何人演出都一丝不苟，不分演出对象，即使是清唱一段也是极其认真地对待。这也非常感染我们。我和鼓师冯洪起与叶老师一合作就是40年，这太不容易了，老辈、同辈中合作这么长时间的很少。我们能和叶老师合作非常幸运，感到非常的愉快。第一，我们艺术上是知音，互相欣赏，互相学习，互相包容。第二，我们在为人处世和做人做艺上有共同的原则、共同的理想与和谐的交流状态。40年了，我们从没在工作和演出的时候红过脸。所以我们的合作非常愉快，只要身体状况允许，我们还会继续合作下去，继续为京剧事业做点力所能及的工作。

张关正（中国戏曲学院表演系原主任、京剧研究所副所长，著名戏曲教育家）：

我们都是中国戏曲学校的毕业生，我和少兰相差一班，所以他算我师兄。同时，我和他的夫人许嘉宝是老同学，都是上海人，同学关系很密切，所以我和少兰老师的联系是比较多的。

我以为叶盛兰先生创立了小生叶派，但是那时，小生基本上是叶、姜、俞三足并立，三位前辈开创了小生艺术繁荣的局面。新中国成立一直到“文革”，叶派艺术的创建，特别是小生挑班唱戏，突出以雉尾生为主体的小生一号人物的地位，是叶盛兰先生不朽的功绩。从20世纪80年代初一直到如今的30多年，叶派艺术得到了充分的普及、发扬，由三足鼎立到独领风骚、人才辈出，这里有少兰老师的功劳。当年小生只有叶盛兰能挑班，现在不但少兰老师在战友京剧团是挑班的领衔位置，而且他的学生们大有扩大这种形势的趋势——江其虎、李宏图、金喜全、朱福等都有这个趋向。无疑，这种格局的出现，对于小生艺术的发展和叶派小生在京剧诸多行当流派中地位的提升起到了积极作用，少兰老师功不可没。

有一件事，少兰老师给我印象极为深刻。1991年，山东电视台第一次在潍坊现场直播名家荟萃的京剧《群·借·华》，我被请去做舞台总监。少兰老师那时已经是公认的出色的艺术家，而且《群英会》是他演的次数最多最熟的一个戏。我没想到的是，就这样一场戏的普通响排，他别着一个小的录音机和无线话筒，把排练的情况录下来，一场下来，别人在聊天，他却在听前一场排戏的录音。这让我悟到，叶少兰所以成为叶少兰，除了他有世家基因和先天条件之外，还有就是他超过一般人的勤奋。这也是我在讲课时一直举的例子。这件事体现了少兰老师的勤奋和充分利用科技手段来加速艺术的成熟发展，使得他在较短的时间里，以超过一般人成长的速度在飞跃。

他之所以高速发展：一，天赋、遗传。二，刻苦、勤奋。三，向一个学者型表演艺术家的目标奋进。比如1965年，他参加中央戏剧学院导演进修班，收获极大。他能更深刻地认识已有知识、认识京剧艺术、认识小生和叶派。理论联系实际，学理论多实践，在红卫兵剧组做导演，在战友京剧团做导演，艺术修养得到全面提高，他的艺术理念、表导演水平产生了一个大的飞跃。第四点，少兰独有的优势：

师承、世家。首先，中国戏校给他打了好基础，他向叶盛兰、姜妙香、俞振飞、茹富兰等学戏，得到真传，转益多师，所以文武兼备、昆乱不挡、表导兼而有之。“文革”后的迅速崛起与杜近芳、袁世海的提携有极大关系，这是少兰老师快速提升的一个重要阶梯。

叶少兰在排练中

少兰老师在艺术上不拘一格，没有门户之见，转益多师，广泛吸收。他的表演，以盛兰先生的艺术为主体，融合了很多姜派、俞派甚至于很多非京剧艺术的一些元素。他没有把自己困在原汁原味中，而是学其精髓，并有诸多丰富、突破和发展。少兰老师的成长是我们后人正确传承、继承的非常好的榜样。

丁关根同志倡导的若干京剧工程，少兰老师都是积极的参与者，也是不可或缺的专家和骨干，他的作用不仅是教几出戏，而是京剧智囊团中的高级参谋。既是一个领域一个行当一个流派的导师，又是整个京剧发展战略部署、策划、实施过程中的专家。比如“青研班”，少兰老师从给学生定计划，到每个戏的加工、合成，他不顾年龄和身体都是亲力亲为。比如在云南省京剧院，不但管这一个学生，他还要关心整个戏的排练，实际就是排戏、做导演和艺术指导。他把老中国戏曲学校、中国京剧院老一团和战友京剧团那种严谨的作风带过去，我明显的感受就是极大的责任心和追求完美的态度。另外，在艺术上他绝不打折扣。当我几次和他商量“青研班”小生教学安排时，他强调上了“青研班”的演员要以小生领军人物的规格来培养，必须先从《群英会》的周瑜开始学，以此来立标、定位，再学反差极大的穷生戏《打侄上坟》。由此可看出他高度的责任感和科学的育才理念，以及他教学的系统化。他除了教授剧目之外，还给研究生班的每一班都做了大课讲座，他的讲座是最受欢迎的大课之一。

由于他的勤奋，坚持舞台生活，所以还能在身体不是很好的情况下保持有今天这样好的舞台状态。舞台艺术生命的延长不光是自然条件决定的，也是拼搏出来的。这也值得现在的演员学习和效仿。

李维康（中国文联副主席、著名京剧表演艺术家）：

我和叶少兰老师有一些合作演出。《玉堂春》一折是在怀仁堂新年京剧晚会演出的。20 世纪 90 年代初，纪念田汉先生，组织上安排我们演全部的《谢瑶环》。《四郎探母》我们也演过好几次，我记得还有一张和他在后台的合影。少兰说：“维康，咱俩得照一张。”我说：“好啊。”另外就是拍摄数字电影工程，我们一起参加了《龙凤呈祥》的拍摄。还有一次《凤还巢》是因为葆玖老师病了，北京京剧院梅兰芳剧团请我救场，他们那一场都是岁数比我们还大的艺术家参演，我后来就演了“洞房”那一场，和少兰老师合演。此外，我们有一些对外的演出，很多都是名家荟萃的大合作，经常和少兰老师一起参加。少兰老师对艺术是特别地认真负责，一到后台，穿得很整齐，化妆很有秩序有步骤，自己找个地方开声，然后胡琴吊嗓子，认真惯了。这一点我非常佩服，一生得演多少场戏呀，他每场都是这样一丝不苟，几十年如一日地认真对待每一场演出。我们也是，就是怕对不起观众，哪怕有一点儿差错，就有一种内疚或者遗憾等很不愉快的感觉。我很理解少兰，我觉得他一生都能这么认真很不容易，因为这样很累。他对工作的这种兢兢业业、认真负责的精神给我感受非常深。

还在戏校的时候，我和叶盛兰先生学过《木兰从军》。后来看叶盛兰先生的一些戏，台上确实光彩照人，身上好像有光，气场特别大。少兰老师有家学，叶家也是梨园大家，家学上的熏陶对他艺术上的成长也非常有好处，从他身上也看到了他父亲精湛艺术的痕迹。少兰老师在台上不惜力，比他父亲还要夸张强烈，尽了最大努力在追求叶盛兰先生在台上的那种光辉。另外小生的主演剧目不多，也是李瑞环同志组织“音配像”，给了这些流派传人一个很好的自我丰富、重新学习的机会，同时借这个机会也为自己的祖上传承流派。少兰老师得到了很好的机遇，所以他给很多的小生剧目配像，在配像的过程中认真研究他的祖上和其他前辈的艺术，这对他绝对是有提高的。他一是有机遇，又肯用功，嗓子一直也保持得很好，身体也不错，所以他在改革开放以后为全力挽救叶派小生作出了贡献。他有很多学生，这些学生也是条件都不错，叶派还挺兴旺。研究生班、流派班使他很好地为叶派艺术做了工作，自己也得到了发展，叶派也得到了传承。如今他 71 岁了，这次拍《龙凤呈祥》的电影，我觉得他很不容易。他只要出现都是整整齐齐，非常注重仪表，见了大家总是笑容可掬，很少看到他正面地和别人冲突。我和少兰老师这么多年，艺术上各有理解和追求，但都互相尊重。合作了那么多戏，那么多的大场合在一起，互相尊重，关系融洽。总的来说，我觉得他很勤奋，为人也谦恭，在不断演出的过程中也不断地学习总结，在事业、表演等方面都做出了公认的成绩。嘉宝姐去世以后他一个人，想起来真是不容易。

耿其昌（著名京剧表演艺术家）：

少兰这个人给我印象最深的是认真，他的认真体现在各个方面。

首先是他对艺术认真，不管他是演大戏还是配演、是清唱或平时有什么活动，他都非常严谨，从扮戏开始，清唱则穿戴齐整，在后台溜嗓子，酝酿情绪，这是他常年的习惯。他为人处世，很讲礼仪，这可能与他从小所受的家教有关，对长辈很尊重，对平辈很客气。说到《奇袭白虎团》一剧的排演，当时戏校希望以此剧培养我们文武兼备的能力，当时我们一看，学校安排叶老师给我们排《奇袭白虎团》，那时候我才 16 岁。少兰也大概 20 岁出头。我觉得他毕业后虽然没直接当演员，但他的这一段导演的经历，对他以后演出、排戏、导戏都大有好处。导演得驾驭全剧，分析各个人物、分析全剧的脉络等，他就比一般的演员在这些方面更强一些。几十年来，我们共同出席各种会议，他在大会上的发言总是很有条理，分析人物很清晰，做导演对他以后的业务的发展起到了很大作用。另外，少兰讲政治，有政策水平。他政协的发言、各种会议发言都非常认真地做准备，严谨谨慎，在符合国家大的政策的前提下，提出自己的一些看法。

叶少兰清唱

此外，改革开放以后少兰对小生的发展和坚守小生的阵地，确实起到了很大作用。“文化大革命”当中，小生这一行当基本就被“枪毙”了。恢复传统戏后，小生的戏仍然很少。随着杜近芳老师带着少兰演戏，到后来少兰逐渐地恢复他父亲的叶派戏，他一直在坚持，非常用功，一步一步把小生的地位和气势立起来了。由于他的坚持，很多人也学叶派，小生现在很兴旺。在挽救小生这一行当、振兴小生方面，少兰功不可没。

他继承叶派在台上大气的艺术风格，不像有的小生演得酸腐气多一些。他演的即使是文小生，也绝没有那种媚气，而是显出阳刚和大气。叶派艺术让人感觉很阳刚，他继承叶派的风格还是很有特点。从业务上来说，他允文允武，扮相、身段等都非常全面，这跟中国戏曲学校的培养与教育分不开。他受到了茹富兰先生的很多教诲，所以他的身段漂亮大气。他有深厚的家学条件，再加上中国戏校的氛围，剧目课、文化课、把子课、曲牌课、武功等等，得到了全面的培养，所以基础就扎实。同时，他自己本身又很坚持。坚持特别重要，他并没有说达到一定的水平慢慢就满足了。综合各方面因素，才能使得他在发扬叶派的艺术上取得很大的成就。

朱世慧（湖北省京剧院院长、湖北省文联副主席、著名京剧表演艺术家）：

我和叶少兰老师认识很多年了，非常熟悉。我对他有四点印象很深：一、叶少兰老师条件极好，扮相大气，个头适中，继承了叶盛兰先生的优秀遗传基因。特别是他的气质独佳，有一种小生演员难得有的英气，全面继承了叶派小生艺术。二、叶少兰老师的戏好看、耐看、经看，不管是雉尾生、褶子生、官生、穷生都有独到的魅力，而且给人的感觉是非他不可。三、舞台上极其讲究。一招一式讲究而不僵化，程式化得非常合适。无论是扮戏，头上、身上干净利索，即使清唱也很整洁整齐，气质非凡，从来没见他随便邋遢过。四、极端认真执着的艺术态度和深厚传统功底上的革新意识。但凡谈到京剧艺术，叶老师都特别地投入，在继承和传扬的道路上毫不动摇，同时也绝不保守。比如，他执导的一些戏如《孔雀东南飞》，在舞台调度处理上绝不墨守成规，而是勇于根据戏情戏理变化出新。

我与叶老师合作过很多戏，比如《群英会》《周仁献嫂》《打侄上坟》《四郎探母》《龙凤呈祥》《玉堂春》等，我就感到被他一股子的角儿的劲头所感染，被他细腻的表演所带动，舞台上、排练中丝毫没有懈怠，从内到外精气神都是饱满的。比如《群英会》的排戏，叶老师不知演了多少场了，凡演必排，而且排一定是满宫满调，哪怕是一个小锣经也不放过。我记得1996年赴台演出《群英会》，山东省京剧院的班底，他们缺龙套的白大铠、中军的白开氅，叶老师坚决不凑合，亲自回到战友京剧团去挑服装，并让自己的服装师傅拿着带往台湾。给我印象比较深的是，叶少兰老师雉尾生是相当精彩的。在台湾我和他合作演出《打侄上坟》，穷生也独具一格，行话叫就是那个样儿和劲儿，不得不服。

叶老师是桃李满天下，我们湖北省京剧院就有吴长福、王铭两位叶老师的徒弟，叶老师在他们身上倾注了大量的心血。教他们《平贵别窑》时我在现场，叶老师亲自示范，科学教戏，细致讲究，对他们极其严格，使他们受益匪浅。

陈少云（当今麒派艺术领军人、著名京剧表演艺术家）：

我和少兰老师相处时间很长，在台上配合的戏也多，《四进士》《群英会》《龙凤呈祥》《玉堂春》等都合作过。我非常敬佩、崇敬少兰老师的舞台艺术。他文武都唱，而且非常全面，演周瑜和吕布，同为雉尾生有不同的表演。周瑜运筹帷幄，那种儒气和风度，吕布则比较骄横、狂傲，这个表演区别很大。我跟他同台合作，一点不夸张地说，跟他学到了不少东西，被他的艺术所感染，我们心悦诚服。所以我非常愿意、很荣幸跟他合作。他对人物的把握，对戏剧节奏、全场演出的把握能力很强，在台上能调动我们的情绪，跟他演戏非常过瘾，他能够左右整个舞台的节奏。比如《龙凤呈祥》，我们的“闯帐”，他在台上把我的情绪都带动起来了。比如说，我们俩的对白，我能受到他的感染。比如《玉堂春》，潘、刘二位大人说，“告退”，王金龙说，“请便”。他就说有一种表演，潘、刘两人出来一对视，念“真正岂有此理”，两人一笑下场。这都是他告诉我的。我一听，不错，后来我就给运用到舞台上了。尤其是《群英会》，鲁肃要保孔明，周瑜要杀孔明。我大段念白当中他的反应，包括他的念白，节奏把控，高低的衔接、处理，真是恰到好处。

他在上海京剧院做艺术讲座，谈他对艺术的理解，对艺术的处理，都是放之四海而皆准的真理，我们学老生的也应该学习他这种表演的节奏和他对戏的处理的方法。而且他的为人特别好，台下没有一点架子，你有求教他的，他倾囊相授。我们几十年的交往，他待人很谦恭。我们那时候老看他的戏，后来有幸与他合作，我们非常激动。

冯洪起（北京军区战友京剧团著名鼓师、叶少兰多年的合作者）：

叶少兰老师是京剧界德高望重的、极具典型极具代表性的人物，是当今京剧界艺术上的领军人物，不是简单的代表流派和行当。他对整个博大精深的京剧艺术的把握以及在带领我们传承发展京剧艺术上是作出了突出贡献的。叶少兰、李之祥和我合作了 40 年，也得到了京剧界和观众的赞誉、美谈，从我个人来讲是感到特别高兴的。我们和少兰长期合作，是老战友、好战友，大家互相赏识，艺术上志同道合。我们要看到，“文革”之后，是叶老师把小生和叶派大大地树立起来的。我们赶上了，有幸能和叶老师合作，参与到了京剧叶派小生艺术传承发展的历史重任中。叶老师是名门出身，本身身负着艺术发展的职责。我们也是深受名师教育，也是有着艺术的抱负。大家能够互相关心理解，为了相同的目标努力，在艺术上有互补和相容的地方，这才成就了我们的 40 年合作。只有长期合作才能形成流派的稳定风格和特点，我感到我们合作所孵育的成果是非常美妙的。

我们战友京剧团在外界的影响上，还是以叶老师的名望为重，他对战友京剧团的发展起了很大作用。叶少兰老师对待艺术的认真细致已经成为他的习惯，这是追求艺术高度的人必备的艺术状态和思想，就像少兰总是早到剧场化妆，在上场前要开声。当他在排练中或者在演出前的艺术创作中有什么新的想法、新的艺术感觉，他基本上能以最快的速度和思维把它完成，一定会及时地、很快地与我们沟通。所以也形成我们和他的合作当中非常注重细节以及舞台的“一棵菜”的风貌。

我印象很深的是叶少兰老师在1988年恢复武小生戏《八大锤》。这可以说是武生、武小生的基础戏和看家戏，它的技巧难度很大，对身上、对腰腿的要求也很高，一般过了50岁的演员演这个戏就比较有困难了。叶老师那时候已经45岁了，特别是经过“文革”前后十几年耽误了他宝贵的艺术青春。应该说，作为步入中年的小生演员，再拿这个戏，是需要非凡的勇气、扎实的功底和超出一般人的执着的精神的。他也深知这出戏的分量，但是他还是有信心、有毅力，因为他的基础扎实，在戏校时就演了《八大锤》，这是他的拿手戏。他为了这出戏，又像当年在戏校时一样，天天练功，耗腿、压腿、各种枪花，像在舞台上一样地吊眉、穿戴齐全了拉戏。终于，他在台上完美地把这出戏展现给观众。特别是在香港演出的那场，无论是腿、腰、枪花、打四将、圆场，那迎面花[1]真是风雨不透。“说书”一场的念白、表演的神气太好了，哎呀，太完美了，我打的也舒坦、碰心气。香港的观众看得都疯了，轰动一时。这展现了叶少兰艺术的全面性与他的艺术功底和艺术表现力。他是文武俱佳，全才的小生表演艺术家。20世纪80年代他在上海的演出，内外行多少人都说，可以和前辈艺术家去上海的盛况相媲美。这绝对是他艺术家的艺术魅力。

叶老师是个非常耿直的人，坚持原则。可以说，他涵养极好，德

① 枪花的一种。

艺双馨，是一位承前启后的艺术家。我以我能和他这样的艺术家长期合作而感到骄傲。

张建国（国家京剧院三团团长、当今奚派艺术的领军人）

叶老师是梨园世家出生，在其身上流淌着二百年来京剧艺术的传统精髓和根脉精神。我第一次知道叶少兰老师是在“文革”期间，叶少兰老师当时还叫叶强，在河北省军区排现代京剧《杜鹃山》，别人跟我介绍才知道他是叶盛兰先生的公子。20世纪80年代初我在现场看过叶老师的《吕布与貂蝉》，非常令人震撼。无论是看叶老师舞台上的表演，还是和叶老师同台合作，我的感触都很深。我很有幸和叶老师同台合作过《群英会》《龙凤呈祥》《四郎探母》《玉堂春》等，近距离的能感受到叶老师文而不温、武而不火、儒雅兼备，舞台上的火候功力比他年轻的时候更加厚重有味道。所以我感到，一方面，叶老师因为家学渊源，传统的基础非常深厚，另一方面，他注重戏曲理论知识的滋养和导演的实践，后天的修养很深，所以，他用活了程式，塑造了鲜活的艺术人物，每个艺术形象都立得住，富于内涵，这是叶老师成功的关键，是区别于一般演员的地方，也是我们这一代需要用心揣摩和师法的方向。

叶少兰老师对艺术有一种执着的艺术精神，和叶老师接触，我觉得他的为人处事特别稳健。他是一位真正的艺术实干家，在艺术的创作、排练和演出中，对于其他事不多言语，而跟艺术相关的事则知无不言，言无不尽，是把艺术作为毕生的追求和事业来从事的，不是现在部分人的功利化、工具化的狭隘思想观念。不管是排练、说戏和演出，横平竖直，极其虔诚，这种艺术态度和精神是值得我们学习和效仿的，深深感染着我们。

李少波（天津市青年京剧团团长）：

我和我爱人张艳玲原来都在河北省京剧院工作，与许嘉宝老师的关系非常好。我从 1979 年开始看叶老师的戏，《群英会》《罗成》《周仁献嫂》《吕布与貂蝉》等，我们在现场非常震撼。那时候我们拿到一张叶老师的票真是攥在手里，宝贵得不得了。他经常在工人俱乐部演出，我们在珠市口就买退票。我从 1979 年学小生就开始接触叶少兰老师，所以，我虽然没拜师，但也是叶少兰老师的学生。

我首先想谈谈我个人与叶老师的交往。1984 年，我在河北演了一折《小宴》。演出后，祝元昆老师给我提意见，“我与桃园弟兄论短长”一句中的“长”字的指法值得商榷。我一听，好嘞，当晚连夜坐火车去北京，第二天凌晨 6 点多到了叶老师家里。一敲门，叶老师穿着睡衣正在刷牙呢，他很惊讶，问：“你怎么这么早就来了？”我把情况一说，叶老师说：“嗨，先吃饭。”边吃，叶老师边说，为什么这么指，我心里就有底了。最使我感动和温暖的是，说完戏，我要回河北，他送我到 334 路苹果园的汽车站，还送了我十块钱。那时候，20 世纪 80 年代初，七块钱可以坐火车，三块钱可以下馆子吃顿饭，那时候一只扒鸡就一块五左右。其实我回想，我一生当中挣过很多钱，但是对这十块钱我一生不忘。我曾经想过，我应该还老师一万倍。叶老师给我说戏的时候，都是他在排戏的空隙，抽出时间、争分夺秒地给我说戏。

另外，他对同行、前辈的尊敬令我感动。比如 2011 年，河北戏校的小生教育家祁荣文老师 83 岁去世，叶老师第一个来到八宝山，非常令人感动。

我接下来谈谈叶老师与天津市青年京剧团的不解缘分。我认为，张君秋先生当年是青年团艺术总顾问，而叶少兰先生就是继张君秋先生之后青年京剧团的艺术指导、顾问和导演。由李瑞环主席亲自改编的《西厢记》《金断雷》《韩玉娘》《刘兰芝》《楚宫恨》这五出大戏，都是叶老师亲自导演、执排的。叶老师对青年京剧团付出了极大的心血，他高度的责任心和精湛的艺术受到全团演职员的爱戴和尊敬。

比如《楚宫恨》这个戏作为“十艺节”展演剧目，虽然不参评，但压力很大，因为它必须要展现出代表性与示范性。经李主席反复修改，精益求精，仅2013年就三次修改，由原来的两小时50分钟压缩到现在两个半小时。作为导演，每次叶老师都是反复阅读剧本，研究如何运用程式，唱腔怎么设计，在保留原剧精华的同时，所有行当都做了较大的重新设计，在设计中体现流派风格、行当特色。叶老师从头至尾地把握整体风格，倾注了大量的心血，全部的力量都投入到戏里。唱腔设计出来之后，我们请叶老师先听，不行再修改，反复多次。每次演出后，都请叶老师看盘，再提出修改意见，和李主席沟通汇报再修改。包括舞美，这次的舞美不同于2004年，是按照京剧现代的审美特点和京剧在舞台上的要求全新制作的，突出历史感、环境感和时代感。为了排戏叶老师常常双休日和“十一”长假不能休息，每天都吃着各种药，比上班还累。有一次还住院了，病在团里，打完吊针，拔了针头，再到排练场排戏，再去打吊针。我记得，为这个戏，有一次叶老师一天没休息，连着指导，往返京津少说有十趟。叶老师作为表演艺术家，他转换角色做导演为演职员服务，亲力亲为，率先垂范，是我们的楷模，我们全团都很感动。

我们团从文武场到演员和他感情都很深。他有权威性、亲和力和凝聚力，在批评别人的时候很讲究方式，从不拿架子。他对几乎所有演员的脾气、性格、台上的火候了如指掌，对待各个主演的方式是不一样的，非常讲究。我在排练当中深有体会，他把握分寸特别好，一人一策，能掌控全堂，这是很了不起的事。我接触过很多导演，能做到叶老师这样的很少。他虽然不是团长，但是他把很多团长的工作都做了。青年京剧团之所以到现在广大的戏迷观众觉得越来越成熟，戏越来越精，跟以叶少兰为代表的老艺术家的言传身教有很大关系。大家亲历了叶老师创作、导戏、排戏、说戏和演出的全过程，近距离地受他感染，对我们团的整体影响非常大。叶老师是德艺双馨的艺术家的代表人物，他做人有准则，做事有规范，对艺术精益求精，我觉得这样的老师真值得我们好好学习。

于魁智（国家京剧院副院长、艺术指导，当红京剧老生表演艺术家）：

我是叶少兰先生的兄长、著名京剧杨派表演艺术家和教育家叶蓬先生的弟子，是梨园叶氏的门徒，少兰老师应该算作我的师叔。虽然我与他的行当不同，但是我在与叶少兰老师的演出排练、观摩交流中受到了很大的启发教育，在他身上能感受到传统美德的光辉。听他谈话、聊京剧艺术、说梨园掌故，是一种享受。

叶盛兰先生是京剧发展历史中一位承上启下的艺术大师。在京剧艺术的灿烂星空中，他也是一座光彩夺目的时代星座，至今映照着京剧艺术的不朽前程。几十年间，恩师叶蓬先生对我付出了辛勤的教育和苦心的培养，直到现在，叶老师堪称诲人不倦，让我刻骨铭心，感恩戴德。在多少次的同台演出中，叶少兰先生对我都是倾心提携和不吝赐教，我亲眼目睹其舞台风采，感受其为人之谦和，台上台下美不

叶少兰便装照

胜收。这两位老师都是叶盛兰先生的哲嗣，也是当今京剧界有口皆碑的教育家、艺术家。他们兄弟二人秉承祖辈、父辈的高尚艺德和良好家风，严谨做人，诚实待人，为人师表，也让我领略不少有关叶盛兰先生的人生经历和艺术探索。

少兰老师是梨园叶氏的后代，是富有京剧传统精髓基因的艺术家，是一位具备深厚功底和丰厚素养的艺术大家。他台上的气度风貌，他台下的言谈举止，他对艺术的虔诚执着，他对事业的坚守严谨都是我们这一代演员的学习榜样。无论是艺术、人格，或是学识、修养，他都是一位具备教科书般性质的艺术家。少兰老师提携过我，我非常有幸与他合作过《群英会》《凤还巢》《四郎探母》等戏。他台上塑造人物的独特性格，那种艺术美有口皆碑，不用多说。就看他排练的时候，那一招一式、举手投足，哪怕是小范围的对戏，无论身上、嘴里、眼神等都与台上一般无二，满宫满调。这种艺术的技艺和一丝不苟的精神——我愿意将它称为京剧精神，已经融入其血液中，能感觉到他对这门艺术的爱，对这份事业的真诚。

“文革”十年，小生艺术所受到的戕害最大最深。而“文革”后，叶派小生的重新崛起甚至是小生行当重新树立而焕发出艺术的青春光彩，跟叶少兰老师的努力继承和审慎发展有绝大的关系。如果说师爷叶盛兰先生开创了叶派小生艺术的先河，那么叶少兰先生就是叶派小生艺术当仁不让的举旗人。他对京剧叶派小生艺术的贡献和京剧传承发展的贡献是有目共睹的，他的继承发展创新是与时俱进的，是符合现代人的审美要求的。他把京剧小生艺术和叶派艺术推进到了一个崭新的历史高度和艺术境界上。多年来，他培养了如江其虎、李宏图、宋小川、金喜全等一批优秀的叶派小生传人，对叶派艺术的弘扬和传承作出了历史性的贡献。

作为中国京剧先驱者的叶氏家族，他们勤业敬业、继承发扬、开拓创新的精神，将继续滋养着我的艺术前行。

杨　赤（袁世海先生的弟子、大连京剧院院长、著名袁派花脸）：

在少兰老师最辉煌的时候，他的戏我们都看了。他一直是我们这代演员当中的楷模，无论是他的艺术水平、他的事业心还是对京剧艺术的热爱。特别是他这些年逐渐进入高龄，但是他在台上还是那么认真、那么一丝不苟，尽量把他最好的状态奉献给观众，这种精神首先值得我们这代人好好学习。这些年来和少兰老师一起合作演出，我觉得很是受益，他的精神感染我们。确实，现在京剧艺术有时候不是太景气，剧场不上座，但是在这方面少兰老师好像没受什么影响，他在舞台上始终保持那种非常旺盛的艺术状态，我觉得这非常难得。可以这么说，为真正地把他父亲叶派的艺术继承下来，把叶派的经典剧目很好地传下来，发扬光大，少兰老师实实在在做了很多工作。大家都知道小生这门艺术确实是很难的，它以真假声来塑造角色，最难的一点就是拿捏分寸，过了不行，不到位也不对，怎么才能恰到好处？在这一点上，少兰老师确实是做得非常到位，是我们的榜样。《九江口》我和少兰老师合作，虽然没有机会真正在台上与他合作，那次只是清唱，但感觉不一样。首先在气场上就不一样，劲头、尺寸、火候确实不一样。我是正当年，他已经七十高龄，但是在台上还是那么有光彩，非常难得。我真的希望我们这代演员，包括下一代，好好地把少兰老师的艺术、为人、事业心学习继承下来。京剧艺术要想振兴、发扬光大、传承下去，必须要有少兰老师这种精神。

孟广禄（著名裘派花脸、天津市文联副主席）：

叶少兰先生是为京剧小生行当的承上启下、叶派小生表演艺术的继承发展和小生人才的培养锻造作出了巨大贡献的大艺术家。从我学戏的时候开始就非常崇拜叶先生，看他的戏，非常震撼，有味道。后来有机会和叶先生同台合作，非常荣幸，演出过《群英会》《壮别》。因为叶老师和我的恩师方荣翔先生以及许多花脸名家合作过这两个戏，再加上他看得多、学得多，非常博学，不但精于本行当和本流派的戏，对于其他行当和流派也非常熟悉。所以，两出戏里的黄盖这个角色，叶老师给我说了很多细节的表演、神气和与同台其他角色的配合，在人物塑造、身段表演上，我受到很大的益处和启发。演出《壮别》时，我年轻、嗓子冲，叶老师说："你用你的调门，"并没有强求我和他统一调门，台上能理解人，爱护我们，不埋没青年人。叶老师可以说是我们青年京剧团的艺术指导，常来排戏，指导全团的艺术业务工作，与我们的感情非常好，也可以说，我们团艺术水平的整体提高离不开叶老师的付出，各行当、各流派的演员都受到了教诲。叶老师不但在艺术上是我们追求的目标，而且在做人做事上、在艺德方面更是我们的楷模。他待人非常谦和平易，无论排戏、演戏还是各种社会活动，执著严谨认真，对我们年轻人有很大的教育意义，让我们感受到了什么是大艺术家的风范，德艺双馨的艺术家是一个什么标准，京剧界的优良传统是什么，如何在继承老一辈艺术家造诣精深的艺术基础上继承和发扬他们的梨园精神、个人美德和职业道德。所以，我非常庆幸能向叶少兰先生这样的大艺术家学习，得到他的教益。

尹晓东（中国儿童艺术剧院院长、国家京剧院原副院长、中国戏曲音乐学会副会长、著名戏曲音乐家）：

在我年少的时候，第一次看少兰老师的戏是在电视上，放的是他和许嘉宝老师演出的《吕布与貂蝉》，那时能看到录播的京剧是非常珍惜的。我对这个戏印象很深，特别喜欢《小宴》的【娃娃调】唱腔，那时候还没有录像机，我就拿录音机对着电视机把唱段录下来，自己反复欣赏，完全被少兰老师的表演魅力所吸引。那时少兰老师刚刚恢复演出传统戏，嗓音可能还没恢复到最佳状态，但他特别能扬长避短，他不是以调门的高低来博取观众的掌声，而是以他传神的表演、细腻的人物处理来演绎这出戏。我觉得少兰老师出色的表演和他学过导演有关，能看出他在表导演方面的修养不同于一般的演员，这是非常强的一个感受。所以他的戏好看。

后来，我在北京上学，特别是毕业后在文化部艺术司工作，跟少兰老师有了更多的接触，经常邀请少兰老师参加文化部一些重要的演出活动，让我印象深刻的有这么几件事：

那时，少兰老师每年都要参加一年一度的怀仁堂京剧晚会。我们跟他商量演出的安排，他从来没有回绝过，总是尽力配合，非常和蔼，而且做事极为认真。后来，他还作为主持人，为中青年艺术家们主持晚会。那时主持最多的是他和刘长瑜老师。叶老师每次总是提前要解说词，非常认真地准备、背词，其实拿着念也可以，但他每次都把词背下来。由于他是京剧门里出身，所以他主持京剧晚会用词都很准确，从没出现过错误。他身上有一种特别严谨的作风，从不推辞工作。

还有一次，天津青年团排新戏《郑和下西洋》，由我担任作曲。当时，天津方面邀请一些艺术家看戏并提意见。少兰老师不仅在表演上艺术精湛，在导演上也很有造诣，他提了许多很宝贵、极有价值的意见，包括剧本结构、音乐、表演、导演的处理等方面。这部戏经过不断地加工修改，在第五届中国京剧节上荣获了金奖，这其中也凝聚了少兰老师的智慧。

再有就是《龙凤呈祥》电影的拍摄。整个过程中，少兰老师一直秉持着严谨的艺术创作态度，和大家一起研讨。这次的《龙凤呈祥》是一个大合作的戏，在讨论过程中，少兰老师服从这部戏整体艺术呈现的需要，或者说某种程度上他还牺牲了个人表演的一些精彩的段落。到了这部戏最后拍摄的时候，由于时长的限制，对有些段落进行了调整和修改，少兰老师也是从整个艺术大局的角度出发，没有计较自己的戏是不是什么地方被剪了或者变短了。他艺术上的严谨和服从大局的做法，给我的印象非常深。尤其是整个戏的拍摄过程非常辛苦，有时候一个镜头可能准备了一两个小时，化妆、勒头、扎靠，可拍这一段的时候也就几分钟。拍完以后，要重新布光，重新调整机位，演员在此间隙又不能完全卸妆，有时候拍到很晚。可对那样一个特别紧张艰苦的拍摄过程，叶老师毫无怨言，这点让大家十分尊重。

对国家京剧院的业务建设、剧目建设，少兰老师也是非常关心。这和他与中国京剧院有特殊的情感很有关系，因为他的父亲叶盛兰先生是剧院建院的元勋，所以他有这份情感。剧院在有些剧目的排演上也会邀请他参加研讨会，听取他的意见。比如2011年复排《柳荫记》，就请他到现场进行把关、加工修改。2013年李胜素和江其虎拍摄舞台艺术片《柳荫记》，他也提了很多很好的意见，保证了这部戏能够回归到当年叶、杜的表演风貌上。

少兰老师的父亲叶盛兰先生的确是令人尊敬的艺术家。他曾经受到不公正的待遇，那是历史造成的，这些并没有影响到少兰老师对党、对京剧艺术的热爱。他的德和艺有乃父的遗风。少兰老师对党和国家有一颗赤子之心，对京剧艺术怀抱挚爱，是一位令人尊敬的艺术家。

崔　伟（中国戏剧家协会副秘书长、著名戏曲理论家）：

叶少兰老师是当今京剧界非常值得尊重和尊敬的前辈和小生艺术家。如果说，叶盛兰先生将自身条件与京剧小生艺术相结合，用小生塑造了更多的人物并使得京剧小生艺术得到历史和艺术的飞跃，那么叶少兰老师则是在继承他父亲创造发展的雉尾生的流派和表演技巧的基础上，把京剧小生全面的表演和塑造人物与反映时代审美结合在了一起。在艺术上和生活中，他都能给人不落伍、不过时、不虚伪的感受，他的时代感和文化感，改变了很多京剧艺术家的形象。他文质彬彬的人生态度和为人的作风，不仅在小生行，在这一代的京剧界可以说都是独树一帜、非常典范。

我认为少兰老师有其特别可贵的地方。

第一，他非常的敬业，他对艺术的态度非常认真。我最佩服少兰老师的一点就是认真。我见过他排戏，一旦排起戏来，他的那种投入、忘我、钻研的劲头真让人肃然起敬，真是认真之极。他每遇开会发言讲话，从来都是事先准备稿子，深思熟虑。他既是艺术大家，也懂政策，还懂得人情，总是让人感觉到很温暖。可以说，少兰老师是我最崇敬的老艺术家之一。

第二，他的思考和艺术非常的慧颖，他的艺术思维和创造非常实在。这是他的优点。在展现人物的深度上，他继承了叶盛兰先生的艺术精髓，比如“活周瑜”“活吕布”，两代艺术家都称得起。少兰老师的表演绝不让人物囿于行当和流派，他塑造人物的那种准确性令人钦佩。比如我们最初接触他是他跟杜近芳老师“文革”后演出的《谢瑶环》《白蛇传》，我们从过去聆听老叶先生的唱的神往、神迷，到看见少兰老师用一种立体的方式将这个人物活脱脱地再现在舞台上，而且愈发的炉火纯青。他发展了叶派小生艺术，将其时代化了。2012 年我看他在七十高龄演出《谢瑶环》，真是如入化境，前人的成功和精华成为他创造的元素和手段。今天的袁行健，极为精彩。《吕布与貂蝉》《水淹下邳》《周仁献嫂》等我都看过，无论是穷生戏、雉尾生戏、官生戏都很精妙。最近看他的《玉堂春》，那站姿，挺拔中又有一种儒雅，让观众看出京剧的讲究，现在很少有人能演到少兰老师这个高度。他一演就美，一看就是高度的艺术创造。

对于以前老先生形成的表演模式和技巧，少兰老师不仅仅是继承，而且做了梳理，条理化、规范化的同时审美化了，并在教学中系统化地教授给自己的学生。可以说他让这些京剧知识学术化并且传播得非常的规范。这次拍《龙凤呈祥》的电影，我感到少兰老师这次的表演在将来存留下去的艺术价值是非常珍贵的。现在谁还能把雉尾生在一个大行当中的一个门类的特点那么有传承、有创造、有美感地体现出来？少兰老师的艺术谁继承？如果少兰老师的艺术只能由学生部分地继承，那就等于是把少兰老师在盛兰先生基础上发扬光大的叶派小生艺术或者京剧的小生艺术又给淡化了，叶派整体的艺术高度就很难体现了。这是值得担忧的问题。

我跟少兰老师曾经共同担任过学京赛的评委会、监委会的负责工作。那是我第一次当评委会主任，心里没底，丁关根同志让我不要有畏难情绪，他特别钦佩少兰老师懂大局和为京剧事业的奉献精神，便去请少兰老师出山，请少兰老师带着我。那两天少兰老师原本在安徽有纪念他祖父的重要演出，但他却调整了时间。他深知学京赛对培养优秀青年京剧人才的意义，所以他几乎每天都在现场，一坐几个小时。老师忙，岁数也大，有时候下午的彩排未必都看，但他每回来了都向我询问演员的表演水平和情况，真的特别负责任。我很有幸能够跟少兰老师合作，可以说他也是我的一个老师，言传身教，真正地教诲了我影响了我。领导对我的信任和这些老艺术家们无私地对我的支持、提携、教诲，让我觉得我身上有一份责任，这是我由衷的感想。

赵秀君（*张君秋先生的弟子、著名张派青衣*）：

我在戏校的时候就看过叶老师的戏。那时候觉得叶老师在台上太有光彩、让人眼前一亮，看叶老师的艺术就很兴奋。在舞台上叶老师是艺术家，在台下给我们导戏，是个特别好的师长，我们都很尊敬叶老师。叶老师在我们团花的心血是最多的，导一出戏他得费很多精力，从演员、舞美、乐队到最后的舞台呈现，特别费心思。叶老师不仅得启发演员，还得做示范。比如说《韩玉娘》这出戏，叶老师不仅要指导我，还要管石晓亮，要给他设计身上、线路、表演，打造出了精彩的形象。我感觉叶老师创作这几个戏是有一个脉络的，他既尊重传统，又有新意。他是著名演员，所以对京剧的理解非常准确。比如《西厢记》这出戏以前有断点，现在这出戏的戏剧冲突就比较明显密集，使这出传统老戏又有了新的光彩度。叶老师给我说崔莺莺的人物形象，首先要求我在身形上、在穿衣打扮上先塑造出来。他说，年轻的女子一定要挺拔，在声腔上要有莺歌细语的感觉。像少兰老师又能够表演，又能够导演，又能够说戏，我觉得像这样的前辈，真是不可多得，让我们非常尊重。

叶老师在《西厢记》“送别”中的表演真是超凡脱俗，马上就让我进入到戏的情境当中。在没上场之前，叶老师就开始酝酿情绪，一上场，非常飘逸。他在台上的时候我就在侧幕看，更能感受到叶老师对这个人物深层次的理解，他把张生演的很有内涵、很可爱。很多次的演出，我都会忍不住眼中有泪，大家也都会为叶老师叫绝。诸如离别的一场戏，两人擎着水袖，叶老师跟我说，要慢慢往后走，水袖抖动，然后“啪”的一断，要把观众的心也给提起来。真的很多观众看到这儿就落泪了。像叶老师上马那几句念，我在台上听得连汗毛都立起来了。排《玉堂春》的时候，房志刚演红袍，他特有体悟，他跟我特感慨地说：“哎哟，你看叶老师讲得多么细致！把小生与红袍、蓝袍之间的关系，那种语气，每句都给我们说，马上就对人物的理解感觉就不一样了！这老师真好。”

叶老师在身段上给我们很多启发。比如《韩玉娘》第三场的身段都是他设计完告诉我的。叶老师的案头工作做得是很细致的，比如水袖怎么用，这点儿用什么技巧，为我搭起了间架结构，我再进行二度创作。这次《楚宫恨》有两段唱都是叶老师设计的。一段是出场【摇板】改成了【流水】，显得靓丽、年轻，既符合张派的味道，也符合这个人物。最后李主席加了四句词，叶老师给设计唢呐唱腔，效果非常好。我觉得叶老师的创作又符合规矩性但又不拘泥于规范，让人有新颖感。

叶老师做事相当严谨，追求完美，要求严格。他做一系列的工作给你指导完了，因为你自己的疏忽做错了，他会很不高兴。比如说前些日子我们拉幕漏出人来，他就非常严肃地说，这个必须要认真。因为知道老师非常严谨，所以我自己也会很注意，回家自己必须把功课做足，这种严谨的作风也被训练出来了。叶老师排练的时候靴子、戏服都穿上，我也是每次都全副武装，跟着老艺术家养成了好的艺术习惯。这也是艺术态度和艺术精神的传承。

叶老师也是个很有生活情趣的人。比如和我们一起出国演出，叶老师与我们一起照相，特不怕累，还逛街去，还劝我："小赵，去吧。"我说："我不去了，我都累了。"他还给孙女买衣服、买鞋。叶老师家庭很和睦，和儿子儿媳感情都非常好。排《楚宫恨》时，小孙女还给叶老师打电话，"怎么样呀，爷爷？"叶老师说，"我挺好。"叶老师特别开心。我们跟叶老师逛街，在一间很时尚的店里，遇上了叶老师的戏迷要与叶老师合影。那些人很年轻，说父母特别喜欢叶老师的戏，要和他照相。叶老师每次都憨憨一笑说，照吧。即使是演出很累，戏迷要拍照，他态度也很和蔼，很有修养。

丁晓君（杜近芳先生的弟子、北京军区战友京剧团团长、青年旦角艺术家）：

叶老师是当代没有争议的第一小生。我作为一个年轻演员，非常荣幸在排练和演出中和他同台合作已经有十次了。同龄人很难有这种机会。

第一次合作是在 2006 年，战友京剧团演出《小宴》，叶老师点我演貂蝉。1998 年我来团里后很少有机会见到叶老师，这次我觉得特别幸运。排戏的时候我很紧张，《小宴》中有很多眼神的交流，对视的时候都不敢看叶老师，叶老师跟我说，你看我、看我，我脸红的都不敢看。最后，叶老师想出了一个办法，让我看他的脑门，我就稍微好一点了。

《谢瑶环》的演出，叶老师给我的感受是最深的。叶老师提携我、带着我演出，这让我的舞台艺术水平有了一次质的飞跃。本来叶老师先说只演《花园》一折，在排练的时候他觉得自己状态很好，觉得我也很好，于是决定演全的。我当时特别激动。排戏时，我经常向叶老师请教，叶老师都毫无保留，总是耐心细致地给我说。有时，他给我和他的学生排戏，他坐那儿的稍微一示范都比其他演员铆足劲的演高出许多。他能把人带进去，传过来的那个电流就是不一样。比如《柳荫记》，梁祝第一次见面的时候，祝英台在世上第一次见到一个陌生的男人，而且两人一见如故，叶老师给我做示范，我一下子就觉得是第一次见面，这个梁山伯特别可爱，他的表演怎么就那么精彩！他对人物情感抓得相当准，讲戏非常透彻深刻，非常有条理性。我觉得他是一个学者型的艺术家。叶老师很绅士，很儒雅，很有品位，是京剧人中很少有的非常有修养的一位艺术家。

在台上叶老师就像一棵大树一样，给我很大的支撑。他对人物把握得特别好，一下子就把我带入剧情，一下子就入戏了。我记得长安大戏院《谢瑶环》的那天演出，当时台下观众都疯了，气氛太热烈了。这个感觉我之前从来没有体验过，终生难忘。叶老师在舞台上的朝气，那才真的是袁行健，焕发出了人物的真正光彩，一点儿也不觉得他是七十高龄，就是少年的状态，这堪称京剧界的奇迹了。有一张照片拍的是他正要抓我水袖的时候，他的眼珠仿佛就要掉到水袖上。他的每一个动作都很凝神，都很漂亮，和其他人演没有这么强烈的感觉，和叶老师演戏真的太过瘾了。很多人跟我说，叶老师在京剧界的气场是最大的。这出戏，师父杜近芳给我说得瓷实，我演过很多次，所以还是有底的。还有很重要的一点，就是被叶老师感染，人物情绪带出来了，我得以超常发挥。所以很多人说没觉得我台上弱下去一块。这得感谢叶老师的提携与指点。

台下，叶老师艺德高尚，排戏从来都是一丝不苟，满宫满调。每次都能把我带进去，达到演出时的饱满效果。所有演职员都被叶老师的表率作用感染着，都全力以赴地投入排练工作。一次给中央领导演出，他从外地赶回来，立马就排，还是满宫满调，直到结束。当时我们大家都很担心，因为第二天晚上就演出，结果演得非常好。

《谢瑶环》中，叶老师有一个新的创造，让袁行健抚慰灾民之后又回来与谢瑶环见面。这个设计非常好，杜老师当时都挺惊讶的，觉得他这个设计加的非常妙，这就看出叶老师的导演功力。叶老师也跟我说过，杜老师的那种古典美，是当时的旦角很少有的，她传袭了梅先生的古典气质，让我多多体会。往常我演出后，杜老师都会给我指出很多问题，让我改进。那天她看完我和叶老师演的《谢瑶环》之后，在路上一直没说话。我就问师父，您给我说说哪还不行，她还是没说话。后来她说了一句："我现在明白了，当初那些老先生带我，我怎么能提高得那么快的。今天你都对了。"叶老师带着我演，让我少走很多弯路，一下子点醒我，让我豁然开朗，表演有质的飞跃。我深深地感谢叶老师。

方薏清（资深叶派戏迷）：

我在少年时代曾在北京看过叶盛兰先生现场演出，"文革"后又在南京、上海多次看过叶少兰先生现场演出。多年来，我一直关注叶少兰先生的艺术发展历程，我把叶先生的艺术发展分为四个阶段：

一、1979年、1980年"文革"后复出，演出的有《谢瑶环》《群英会》《白蛇传》等，只有一个感觉——太像他父亲了。扮相、嗓音都像，与其父相比唱念的虎音更突出些，台风、表演处处神似。袁行健这个人物叶盛兰先生没演过，可少兰演的就是我心目中的叶派。出场时头部微微一晃，拢目提神的做派活脱一个"小叶盛兰"。那段【摇板】和【二黄原板】极有韵味。他演的周瑜也气度不凡，虽没有后来的成熟，但一看就是个好角。

二、到了1981年底演出了《吕布与貂蝉》，电视上一放，我就有了"士别三日，刮目相看"的感觉。首先少兰嗓子的高音又冲又亮，而且感情充沛，气力特别足。那段"小宴"的【娃娃调】荡气回肠，更可贵的是他把吕布的个性刻画出来了。我认为至今还没有谁在吕布这个人物的演绎、这段唱的声韵夺人上能达到叶少兰的水准和效果。之后演出的《水淹下邳》《周仁献嫂》《罗成》，一出比一出难度大。我有幸看了他这一阶段的剧场演出，他的三出大戏，我认为这是他的黄金阶段，不管是唱腔、表演、功架、武功都能处处见好。这个时期他闯出了自己的路，在似与不似之间。说似，手、眼、身、法、步，唱、念、做、打都是叶派规范；说不似，唱腔、念白、表演都比其父更夸张一些，更强调感情色彩，按现在的话说更有时代特征。叶少兰在台上的演出一向非常卖力，全身心的投入，处处体现一个“紧”字，能带人入戏。曾看到不少看《周仁献嫂》的观众看的泪眼迷离，看《罗成》时全场沸腾的掌声。这一时期虽然演的都是叶派老戏，但每个人物都与其父有许多不同，有他自己的理解和塑造，有许多真实可信的一面，所以也可以说是有所创造的。

三、1987 年到 1994 年进行京剧“音配像”前这一时期，叶少兰广开戏路，把小生的所有门类的人物都演了：梁山伯、陆文龙、赵云、卢昆杰、赵宠、陈大官、薛平贵，还有挂胡子的李白等。这些人物演来个个都有精彩之处，足以看出他的功底深厚，继承全面，表演精湛。扇子生温文而雅，武小生功架漂亮，官生博采众长，穷生入木三分。这些人物都能演出不同的个性来，这在当代小生行是独一无二的。纵观与少兰同辈及后辈的演员，都不能把小生的各个门类的角色演好，总有或多或少的缺陷，可见出个小生人才太不易了，而少兰这一时期的演出又一次证明了他的实力。看少兰这阶段的演出在刻画人物上下了功夫，在把握分寸上也恰到好处。如吕布、周仁、周瑜等人物也比前演的更精到了。

四、1994 年开始，少兰为其父和姜老的许多戏配了像。比较而言，他的配像是所有配像中最成功的之一，得到了观众的认可。尤其是叶盛兰先生的戏，不管是演过的没演的，都配的细腻传神，姜先生的几出戏也配的很得体。细想一下，这配像口型、身段、锣鼓点等许多都要跟上，也是要下一番功夫的。配像与舞台演出不同，更见一个艺术家的功力。有时看他的“音配像”比舞台演出有更多的回味之处。这时期少兰演唱的《九江口》《飞虎山》等选段，演出的周仁、陈大官等人物堪称精品。近年来演的周瑜、曹植还是那样神采飞扬，非一日之功也。

下辑／谈戏说艺

“做明白的演员，不做糊涂的戏匠”

——叶少兰的继承与发展

叶少兰说，叶派小生表演艺术的总体艺术风格是清新健美。其涵盖雉尾生、扇子生（文小生）、官生、穷生、武小生等多个类型，以“文而不媚，武而不粗，穷而不厌，儒而不俗”的艺术法则来框定各类型的艺术规范，其唱以龙音（高亢的立音）、虎音（浑厚的胸腔共鸣音）、凤音（柔婉的调和音）三音俱臻为标准。念白大小嗓交替，在换声点上下功夫，即真假声过渡自然，不露痕迹。身段、功架要求圆而紧。其父叶盛兰的天赋条件之优厚、基础功夫之扎实、艺术修养之高深、舞台实践之丰赡、创新理念之前瞻，为后辈人立下了不断求索的艺术高标。

几十年来，叶少兰始终记得父亲对他艺术上的谆谆嘱告，特别是“做明白的演员，不做糊涂的戏匠”，这句话让其铭记了一辈子，也思考了一辈子。叶少兰知道，提高技术水平的同时要提高自己的艺术修养。他仔细学习、回忆和研究父亲的创作手法、习惯、原则，揣摩和悟觉父亲的艺术修养，他要探寻父亲艺术修养所陶冶的叶派艺术真谛。他感到叶派艺术是在体验的基础上进行体现，选择合理的技术为人物服务，动作身段有根据，情绪始终贯穿，艺术形式生动，技术水平高妙，努力恢复、使用和调动京剧本体，行当本工的艺术精华，使观众看着精彩而亲切。叶派艺术的特色是不放过每一个细节，用生动合理的细节表现不同的人物个性。“懂得了技术与修养合为一体，体现在舞台上，才是明白的演员。”

叶少兰说：“沿着父亲毕生为提升京剧小生艺术水平的方向，勇往直前地走，这是我首要的继承目标。”

新中国成立以后，京剧舞台艺术出现了新的风貌，涌现了大量的新剧目，如《野猪林》《白蛇传》《杨门女将》《赵氏孤儿》等。同时，以往的京剧传统剧目和流派剧目经过当时的“戏改”运动也呈现出了新的风貌。20世纪五六十年代所上演的京剧与三四十年代已大不相同。不但由“听戏”进入了“看戏”的时代，而且观众对剧目整体的文学艺术水平有了越来越高的要求。“文革”十年，全中国的艺术舞台上只有八个样板戏。十年之后，观众的欣赏态度和审美习惯又有了新的变化，对艺术作品有了新的要求。叶少兰分析说，有两点特别突出：一是要求有完整的故事情节和明确的主题思想。二是要求有激情的、立体的人物性格。比如“文革”刚刚结束后创作或复排的《红灯照》《闯王旗》《逼上梁山》等，从以往传统戏和流派戏的标准来审视，或多或少都有些走形，都不同程度地受到“样板戏”表演风格的影响。明显的特征就是创作更多考虑的是内容的问题而不是形式上的问题，往往是从人物性格情绪和戏剧情节冲突出发，强调人物个性的激情，而不是以往的从京剧本体、流派的典型的身段唱腔出发。比如，青衣、花衫等旦角的表演没有了原来的含蓄，突破了传统规范。当然，传统的规范还有一个转换恢复的过程。叶少兰当时就注意到了这些变化，并进行了深入的思考。他认为，当时创作新戏和整理复排老戏，必须要满足剧本完整、主题明确、人物更突出、情节生动合理、矛盾冲突更尖锐、突破单纯的技艺表现等要求，这样的表演才能更有的放矢，“承认不承认都进入了这个时代”。

叶少兰根据自身学习、教戏中的体会感悟和站在导演立场上对剧目的审视与思考，根据新时期恢复整理排演新编历史戏的创作主体的追求以及新时代观众欣赏习惯、观演态度和审美水平的变化，对叶派表演艺术中几出代表剧目进行了整理、加工和提高。他对艺术创作的基本原则是保留叶盛兰所有的表演精华部分，对于有损艺术呈现或与剧情、人物、表演不相干的场次、唱念等进行合理删减，按照叶盛兰未及实现的设想和叶派表演风格进行整理加工，力求使主题鲜明、情节完整、矛盾突出、形象生动、戏剧性强，适应新时代的观众审美需求，让叶派表演艺术老树新枝，根深叶茂，焕发出强劲的艺术生命力和感召力。叶少兰强调艺术的整体性美，要求舞台全貌呈现的观赏性强，要求主演配演抱成团，红花绿叶“一棵菜”，演、音、光、服、化、道协调合力，追求艺术的极致和完美。

继承与发展的典范之作

——《吕布与貂蝉》

《吕布与貂蝉》取材于元代杂剧无名氏《锦云堂暗定连环计》、明代传奇王济《连环记》及《三国演义》第八回。这出戏讲述的是汉末董卓专权，义子吕布为虎作伥，骄奢跋扈，仗其骁勇，擅杀大臣，使朝野共愤。司徒王允欲除之，苦无良策。府中歌姬貂蝉，见允日夜忧心忡忡，深为感动，自愿献身除贼。王允乃与其定下连环美人计，将貂蝉先许吕布、后献董卓，致使董、吕二人反目成仇，自相残杀的故事。

王瑶卿首创了一出剧目叫《貂蝉》，是以花衫行当应工的旦角戏。全剧有29场。叶盛兰在新中国成立前，以小生行当挑班演此戏，易名为《连环计》，成为一出旦角和小生并重的合作戏，最早由叶盛兰饰演吕布，陈永玲饰演貂蝉，颇受观众欢迎。后来，有些旦角为了显示自己技艺全面，既能演旦角又能反串小生，始在《连环计》中饰演貂蝉，《白门楼》中反串吕布，两剧连演。新中国成立前，叶盛兰挑班演出时也曾两剧连演，饰演吕布一角到底，但在大多数情况下，两剧单演。后来《连环计》易名为《吕布与貂蝉》，以吕布为主，逐渐地使该戏转向成为一出小生的优秀代表剧目。1993年，叶少兰应邀赴台湾演出，应张学良将军等的要求，演出时《吕布与貂蝉》带《白门楼》。一晚两剧连演，三个半钟头，连演两场，轰动宝岛。据剧作家吕瑞明介绍，20世纪50年代初，中国戏曲研究院曾经组织整理了一批传统剧目和流派代表剧目。当时最核心的要求就是，要寻找当代演出该剧目艺术水平最高的艺术家，以他们的演出本为蓝本来进行整理。当时吕瑞明被指派整理《吕布与貂蝉》一剧，蓝本就是叶盛兰的演出本。

叶少兰向其父叶盛兰深入学习该戏是在1963年，当时他毕业后留在中国戏曲学校任青年教师，正在教授《吕布与貂蝉》一剧。叶盛兰在说戏的过程中指出，该戏在很多地方需要加强、充实和整理。特别提出《小宴》是这出戏的核心，这一场要充分运用表演唱念来表现连环计的实施和效果，而恰恰这段情节展开得不丰富，不能突出地表现吕布的个性。1979年，叶少兰参与中国京剧院一团复排的《谢瑶环》《白蛇传》《群英会》的演出后，杜近芳邀其合作排演《连环计》。由戴英禄、邹忆青根据杜近芳的一些艺

《吕布与貂蝉》，叶少兰饰吕布、许嘉宝饰貂蝉

术设想和叶盛兰的《吕布与貂蝉》演出本进行整理。由于种种原因，排演没有完成。

1980年，北京军区战友京剧团决定以叶盛兰在中国京剧院一团的演出本为依据，排演《吕布与貂蝉》。叶少兰饰演吕布并担任剧本整理、舞台导演和唱腔整理，许嘉宝饰演貂蝉，曹剑文饰演王允，刘金泉饰演董卓。辛宝达、朱宝光也曾一度饰演王允。1983年，八一电影制片厂将该剧拍摄成彩色戏曲电影《吕布与貂蝉》，使其传扬海内，受到更广泛的欢迎。

叶少兰挑选吕布的四个贴身侍卫，首先要求身材相近一边齐，基本功扎实，有主演整出大戏或是折子戏的能力。他进一步要求化妆时以一个人的底彩为基准，使颜色相同，要勒网、上水纱、吊眉，同时四人作为吕布的贴身侍卫要拿出《战马超》中的马超和《三岔口》中任堂惠的精气神。包括董卓的校尉等群众演员要化妆、服装相同，身段动作一致，拿出积极状态，这样演出时才能水涨船高，红花绿叶，满台生辉，达到非常好的艺术效果。经过仔细研究和慎重取舍，叶少兰砍掉了与剧情和表演没有关联的枝蔓场次，将全剧改为九场戏。头场王允二幕上唱“董卓专权令人恨……难想良谋扭乾坤”。开门见山，直入主题，紧接“人头会”。“人头会”是一个热场，气氛紧张，凸显出了董卓专权，吕布残暴，父子把持朝政，为后面连环美人计的必要性奠定了基础。

第一场“人头会”上场前，幕内叫板：“马来呀！”这三字不仅仅是嗓子好、劲头足，而且要火药味十足，带着杀气。吕布在【四击头】的锣鼓中上场，有两次勒马的动作。刚上场，吕布急冲冲报信而来，赤兔马急如星火，快到太师府前，吕布紧急勒马，边勒边往后退几步，表现由于飞马奔腾，好似跑过了太师府，得勒住急驰之马。这是第一次勒马。紧接着以马鞭压右翎子，调转马头，再次勒马。这一勒马之时，吕布眼睛高看，表现太师府门高大，已在近前，同时微微晃动身子，好像大树被风吹动一般，表现吕布的杀气腾腾，带着怒气勒马。进门之后，吕布的念白神气要表现出急和恨，“参见相父”急念，董卓：“罢了。”“谢相父”挂着火念，与众臣拱手见礼时念“列位大人”，同时眼神在搜寻反臣张温。当见到张温时，以仇恨的眼神逼视他，并扔穗表示仇视。当董卓得知吕布有机密大事来报之时说：“你且讲来。”吕布思考着念“这个”，他心里想，“当着众人说吗？不行。”于是念，“相父附耳上来”，向董卓报告张温谋反细节。叶少兰的这一系列念白处于节节高的态势，扬调门，催节奏，使用了叶派的龙虎之音，小嗓结合着大嗓掺着念，使吕布的人物性格和形象在身段、念白中逐渐鲜明、生动地凸显出来。当吕布将张温谋反的信件交给董卓后，董卓说，“奉先。”“在。”“斩！”叶盛兰的表演是在董卓说出“斩”字的同时，以极快的速度拔剑横抹。这一表演非常形象，传达出董卓吕布的杀人不眨眼的默契手段和草菅人命的态度，让观众感受到惊悚恐怖的现场氛围。叶少兰在原有的基础上对“斩张温”这段作了丰富，他把斩的一个动作变成三下，改为极速的一抹、一砍、一劈，同时，张温运用“僵尸”的技巧倒地。斩完之后，吕布毫无表情，抬起左腿，冷酷地在脚上抹剑上的人血，此时，王允不由自主地呼出“张大人……”，吕布一惊，落脚横剑，猛回头，在【四击头】的锣鼓中让剑袍，左手掏翎子，平转让剑袍，剑指王允亮相，调门高拉长音咆哮般地哼出“嗯”，以“狼音虎色”般的态势威慑王允，震慑全场，全部朝官都有战栗的反应。这一处理更加具体地突出吕布的残忍嗜杀和甘心情愿为董卓做鹰犬，使人物形象更立体，表演更到位，也强烈地表明设下连环美人计铲除董吕二贼的必要性。这场戏中吕布的下场也是一个典型形象的典型行为。吕布在【急急风】的锣鼓中双掏翎快圆场像一阵风一样左右两番欺身朝官，以势压人，所有朝官皆拱手低头，吕布再快圆场回到台中回身上马。叶少兰强调人头会的上马，眼睛高看，必须标定马高（因为是赤兔宝马），伸手试马鞍松紧，手波浪式捋马鬃。上马之后，叶少兰在【四击头】的锣鼓中使用了一组身段：绕马鞭、涮翎子变方向、抬右腿勒马、出鞭压右翎子平转、掏左翎起蹦子、双手绕马鞭和翎子亮相。叶少兰的这一系列身段符合人物感觉而漂亮边式。这组身段的意思是吕布上马勒着桀骜之赤兔马扭头转了一圈，实际是表现吕布携威势与煞气的状态，好像以藐睨之姿环视群臣。当群臣齐说“送温侯”，吕布配合放翎打马勒缰的身段，用大嗓嘣出一声“免”后紧随一锣亮住，打马左右各一步，勒缰盘腿，带着威势煞气迅疾下场。“免”字粗狂、凶悍而低沉，显示出分量和威傲，体现出潜台词“谁不服就掉脑袋”。

第一场“人头会”是“扬”，第二场“定计”则是“稳”，谓之一起一落。老本中第二场是貂蝉小锣打上，打引子、定场诗、开唱，去花园焚香祈祷。叶少兰觉得与第一场的气氛不衔接，且过于传统程式，于是将其改为二胡曲起乐，营造夜深人静的环境，这时，王允思索着踱步上台。幕内，貂蝉唱【吹腔】“国家无宁日，何日得太平”。王允疑惑下。接【四平调】的过门，貂蝉随着音乐过门上场，唱【四平调】。改成【四平调】的板式适合于貂蝉忧国忧民、哀叙祈祷的行动和心绪。这一处理使两人共处同一环境，引起后面的情节，合理紧凑而有意境。叶少兰为貂蝉安排了一段【西皮流水】：“自古忠良万民爱戴，奸贼误国似狼豺。青史忠奸有记载，兰艾怎能同盆栽。董贼专权天下遭害，百姓涂炭苦难挨。老爷与董卓同朝宰，如履薄冰要防祸灾。任凭奸贼施狡猞，必须要忍辱负重免去疑猜。屈节事则为留青山在，待时机除国贼扫尽阴霾。”既表明了貂蝉的深明大义和心系国家的巾帼之心，提升了貂蝉忠义的人物形象，同时快节奏的行云流水又使节奏紧密而观赏性强。

第三场“小宴”。叶少兰在整理研究该戏时感到，“小宴”是连环美人计得以实施的第一环和开始，为计谋的达成起到了奠基性的作用，是整出戏的戏核。这场戏在唱腔表演上要加强，不能成为过场戏。原本中“定计”之后吕布的坐场和王允差人送来金冠的情节比较程式化，只是交代情节的过场戏，显得拖沓散漫，对剧情的推展、人物的塑造和表演的效果起不到直接效用。于是叶少兰将其删减，直接接“小宴”。叶少兰的这个出场气势赫赫，夺人耳目，紧承了“人头会”的余威，同时又显示出吕布在虎牢关战胜刘关张，又得王允赠送金冠的擎功自傲、不可一世、洋洋得意的状态和情绪。场上起【长锤】，四个侍卫器宇轩昂地上场站门，【长锤】切住起【撕边】，吕布迈步上场在九龙口站定，领神一亮，右手拧腕、叼袖（不大甩膀子而使动作幅度过大），翻右腕背手的同时出左脚亮靴底短暂一顿，紧接走软趋步。然后左手拧腕、叼袖，翻左腕背手的同时出右脚亮靴底短暂一顿，走软趋步至九龙口双抖袖接唱摇板。叶少兰强调，吕布的抖袖要显出力度和气势，臂膀、手腕和手呈一条线并对准水袖折叠的褶，切忌扬腕，手型呈刀状，开阖幅度较大。这一组身段亮相亮出了吕布的威与傲，由内心中的睥睨外化到形态中的背手软趋步，把吕布携威自重的心理凸显了出来。特别是软趋步，看似简单，实则颇有难度，不但要基本功扎实，而且内心活动要充盈准确，并通过适度的表现力展现出来。功夫和理解不够，就很难达到叶少兰既淋漓表现又适度恰切的效果。

原来这折戏中没有【娃娃调】，是唱【摇板】。叶盛兰在挑班演出时曾经请人临时写了一段【娃娃调】，唱词没有经过推敲和润色，叶盛兰虽然当时按这一唱词唱却又不太满意。叶少兰由此反复地琢磨，怎么才能够更准确生动地表现吕布的思想态势和性格特征。叶少兰把原来只在王允面前唱【娃娃调】改为当着貂蝉和王允两人面唱，这一改看似不经意，实则对戏剧性的增强、人物性格的描摹和演员表演的发挥起到至关重要的作用。王允设美人计，应及早让貂蝉与吕布见面，才能更好地实施计谋。而吕布在貂蝉面前唱，他的夸功自傲、卖弄炫耀才能尽情暴露。叶少兰借鉴了戴英禄、邹忆青整理的《连环计》中为吕布写的一段词，也就是今日已经脍炙人口，享誉海内的这段【西皮娃娃调】唱段："【西皮导板】那一日在虎牢大摆战场，【原板】我与桃园弟兄论短长。关云长挥大刀猛虎一样，张翼德挺蛇矛勇似金刚，刘玄德舞双剑犹如天神降。怎敌我方天戟蛟龙出海洋，只杀的刘关张左遮右挡，俺吕布美名儿天下传扬。"这段唱词非常符合吕布的身份形象，很能体现吕布此时的心态，比原词有格调但又不是文人才子的口吐莲花，而是一个莽夫粗人为了夸耀而遣词造句，再搜肠刮肚的刻意表现也脱离不了有"文才"的莽夫粗人的层次。它用了很多形象化的比喻，为演员的表演和做戏留下了很大空间。演员的表演不光是表现吕布的性格和心情，更重要的是推展情节：吕布要上套，连环美人计要渐渐发生效果。王允请温侯把虎牢关大败诸侯之事讲说

《吕布与貂蝉》，叶少兰饰吕布、许嘉宝饰貂蝉

一番，当说到“虎牢关”时，吕布面露喜悦脱口而出“哦”，欲说却又故作矜持装装样子。问：“小姐面前怎好夸口？”这就充分表现出了吕布的表里不一。待到貂蝉说：“愿闻。”吕布就像点火就着一样，声音放宽，调门提高，节奏加快，紧接着念：“如此大人，小姐，听了。”其中念“小姐”比“大人”要稍微轻缓一些，表现出亲近献媚、调情挑逗的语气。“听了”两字，音放宽，放长音，表现不可一世、狂傲之极的状态。

叶少兰说，父亲叶盛兰反复强调这个地方要充分配合锣鼓和过门把戏做足找俏头。叶少兰将其比喻为像温度计一样，念白表情、身段动作、锣鼓过门要统一地往上升，过门、锣鼓都不能放空，使表演和人物内心活动的外化连贯一致。叶少兰对这句【导板】的演绎极大地体现了叶派的风格和艺术的整体效果与细节处理。锣鼓起【导板】头子，单皮鼓“嗒台”时，起双手至面颊前，不同于一般的在胸前，起手高，挡住脸，第一锣“仓”时，使腕子大抖，双袖几乎与肩平齐，同时变脸，提神亮睛，立腰立耳，突然放光，“嘟哰起台”时，水袖勒回至胯部。第二锣“仓”时，抖出双袖，这一抖比前一抖要小一些，与胸腰平齐。我们把叶少兰的这两抖袖称之为“蝴蝶袖”，即两抖前大后小，像蝴蝶的主翅和副翅。第三锣“仓”时，两脚稍微蹬劲，水袖往回收。铙钹“才”时，欠屁股坐在椅子上同时只抖一下，使水袖复位。欠屁股坐与收袖在同时完成，惟妙惟肖地以动的形态显示出吕布的急不可耐、非我莫属的激动欲说的情态。叶少兰的这一表演极为生动鲜明。双手圈着上举整冠，举过顶时头部有一个领劲，表现吕布得意地准备夸耀的情绪。随着音乐起硬【撕边】，这时双手向下捋穗，同时立身拔背，气往上升，意念向上长。然后，松穗子时两手原地硬撒。吕布转睛见到貂蝉在聚精会神地望着自己，得意地用右手掏单翎，右肩欺向貂蝉，同时眼睛瞟着貂蝉，将翎子送至貂蝉脸部左下方松手，翎子划过貂蝉面颊，以此调戏。综上所述，抖袖整冠表现“狂”，往下捋穗表现“傲”，以翎挑逗是“媚”，这些表演反映出叶派小生艺术独特典型的以美的方式来表现丑的行为的表演手法。

叶少兰这段脍炙人口的【娃娃调】享誉海内外，被无数人传唱。如【导板】“那一日在虎牢大摆战场”情致浓烈，每次唱来剧场效果极佳。叶少兰说，这句【导板】要款式以显示炫耀，不同于《白门楼》《辕门射戟》等其他戏，润腔、节奏都有特殊的处理。比如“在虎牢”的“牢”字，推一下，托腔卖弄、得意，再用了一个“嗖音”来强调夸张，再用轻重的对比来显示出吕布的骄功，低音时掉根针都听得清，高音时声可裂帛。“在虎牢”唱完之后，不但是戏中的吕布把王允和貂蝉的情绪调动起来了，同时戏外叶少兰的演唱也深深感染着、引领着台下的观众，每次掌声都非常热烈。“大摆”尾音的归音稍强调一下，轻轻一落，表现出卖弄。唱“场”时要提音量推节奏，直到最末一个腔前缓气凝神提气，最后控制住催起来再展开如排山倒海之势，放音到达顶峰。这一句是全段的起使句，只有按照以上标准来行腔演唱，才能总领全段并体现人物形象和规定情境的内容。【导板】完紧接【四击头】，“嗒嘚”拿起酒杯，“仓仓”两下分别向王允、貂蝉举酒，随着末一锣“仓”，打袖遮脸仰脖一饮而尽，动作迅速而干脆。未及放袖，压着锣鼓的硬【撕边】嘹亮放音“干”，显示出吕布的痛快、兴奋。叶少兰说，任何情致浓烈的表演都要掌握度，不能跃出小生的行当和叶派的表演风格，过于夸张就会滑向花脸和丑行。叶少兰强调，叶派表演艺术的一个重要特点是艺术的连贯性，即使是在音乐的过门中也情绪不断，而且叶派长于在演唱间隙的音乐过门中发挥表演能力，以舞台动作呈现角色间的交流，从而塑造个性形象。比如【娃娃调原板】的第一句“我与桃园弟兄论短长”结束时的过门中，吕布随着音乐起身，视线慢慢滑向貂蝉，观察貂蝉的神态反应。看着貂蝉在仔细地聆听，随着过门音乐扬起，吕布右手抓袖绕袖背袖，左手捋穗，笑眯眯地目视貂蝉亮相停顿，潜台词是：“怎么样，喜欢听吗？”貂蝉有一个佩服接受的表情，吕布随即兴奋地反绕水袖，再打出去。剧场演出至此，配合着胡琴的花过门和叶少兰的身段神气，观众每每于无唱中响起热烈的掌声。

再如，当吕布得知金冠乃貂蝉所做之时，急不可耐地提出请小姐出堂，把球踢给王允。“但不知大人你，哎，意下如何啊？”“你”字扬起来，“哎”的同时欠身手搓桌，表现吕布的阴坏，又是逼，又是急不可耐。当王允同意时，吕布惺惺作态道：“我冒昧了。”家院说：“有请小姐出堂。”吕布又有反应，由内而外、不由自主地喜上眉梢，殷勤地与王允觥筹交错。这时貂蝉出场，唱三句【摇板】，吕布与王允来回两番喝酒，待貂蝉踏步进门时，吕布身姿由左侧移向当中，正要喝第三杯酒时，先看见貂蝉进门的脚，迅速由下而上打量貂蝉，当绝色的面庞进入眼帘时，吕布一惊一激灵，对于演员来说是一提神，身体稍抬即落，痴呆状地死死地盯着貂蝉。叶少兰说，“当年父亲叶盛兰在演到貂蝉出场迈步入厅之时，死死地盯着貂蝉的神态举止能带动全场的观众都看着貂蝉。”其表演的感染力可见一斑。吕布的眼睛一直盯着貂蝉到唱完第四句【摇板】“深施一礼站一旁”，随单皮鼓“哒哒哒”地敲击，吕布第二次提神，迅即放酒杯起身离位，以左手掏翎，转身，右手扶椅背亮相，随着锣鼓情不自禁地由内而外地发出一声赞美、惊叹的肺腑之音“呀”（深沉而忌轻浅，不能太短）时，是第三次提神。这是以一种夸张渲染的方式来表现吕布的惊讶，从而体现貂蝉沉鱼落雁之绝色。叶少兰说，在做转身、背身等一系列身段时，心里劲和脸上的神气都不能懈断，仍要有一种饱满充实感。他强调，见貂蝉的过程要完成“三提神”，这样才能表现出貂蝉的绝色、吕布的好色，为以后剧情的推展和美人计的达成积累必然性，奠定基础。然后吕布非常干脆地左右各一个抖袖，表现其心思全在貂蝉那。唱两句【摇板】“举目不禁神魂荡，云鬓花颜一红妆”。唱之前的锣鼓、音乐过门和唱中的伴奏速度快、节奏催，而这两句唱特别是第二句却是尽情渲唱、缓缓行腔。叶少兰指出，这是京剧中紧打慢唱的典型例证，用这种方式来体现吕布感到惊艳震动的心里活动。这一处理的好处在于快速的伴奏造成富有张力的气氛，使观众注意力集中并注意到这是戏剧的重点部分，而坐实的演唱则是演员抓住关键表演的重要手段，有道行的演员往往要在这里出彩。“举目不禁”是原尺寸，“神魂荡”开始撤节奏，特别是叶少兰唱到第二句时，“云鬓花颜”进一步撤节奏，其眼睛始终打量着貂蝉，唱“一”字时伸出右手食指，心里的劲是要去触碰貂蝉的脸。唱“红”字用夸张的揉音，随着揉音以右手食指不由自主地画圈，头部也微微地随着晃动，腔、手、头协一配合。突然胡琴疾峰突起，吕布失神踉跄（有一种若无桌挡，几乎就要冲出去的感觉），面露呆色，“妆”字的腔像是下意识地从心里滑到嘴边再流露出来。由于经过“三提神”的累积，这个时候吕布被貂蝉美色所吸引而失魂落魄的夸张表演才连贯自然而有基础，观众不会觉得过了，反而被深深地吸引住了。等到王允向貂蝉介绍：“儿啊，这就是你平日敬慕的吕温侯”时，吕布本来端详着貂蝉，突然听此言语，内心一喜，转向王允以表情来传达潜台词：“哦，小姐平日老念叨我呀？”然后欣喜地点头转向貂蝉。互相见礼之时，王允让貂蝉给吕布把盏，貂蝉双手作害臊状。吕布佯谦说道：“不敢劳动，不敢劳动！”第一个“不敢劳动”，吕布面向王允，双手做不敢状。等到第二个“不敢劳动”，貂蝉往吕布方向欺身，意为准备要与吕布侍酒把盏。“不”字时吕布转向貂蝉，“敢”字时看貂蝉手，轻浮地以已双手触碰貂蝉的左手，貂蝉一缩，吕布用眼睛瞟王允，观察王允的反应，挑起地念“劳（呃）动”字时，转向貂蝉，左臂在外，右臂在里从下往上，使腕子将右水袖弹出至貂蝉面颊前，挑逗之，放出一连串由低到高、由徐至疾的狂喜满足的笑。以上这段表演，叶少兰把吕布被美色陶醉的情态和吃豆腐占便宜的好色之徒形象生动地刻画了出来，惟妙惟肖，令人拍案。

《吕布与貂蝉》，叶盛兰饰吕布、杜近芳饰貂蝉

再如，“小宴”这场的上马下场与“人头会”的上马下场形成了极大反差。“人头会”是在桀骜、睥睨、煞气中上马使身段，而这场是在喜悦、得意、故作矜持中上马使身段。特别是王允示意貂蝉抓住吕布马鞭的穗子，娇滴滴地像呼唤情郎一般地呼出“温侯”两字时，叶少兰在相同的情景情境中，有过多种不同的表现方式。有先感到突然转而为喜悦的神气身段，有一惊转为特别心满意足、得意扬扬的前后晃动的神气身段，还有被突如其来的娇声媚音挠抓得在马上左右晃动，坐立不稳而赶紧勒缰的神气身段。每种设计韵致不一，俱见精彩，而都自有道理，自圆其说。这让我们感到作为艺术创作者的叶少兰不断琢磨揣度人物心理，塑造准确合理的艺术形象，追求艺术完美至美更美的艺术理想。接下来随着喜悦的京胡曲牌，吕布与貂蝉两人的身段动作在动与静、行与停之间让人感受到京剧之舞的画面感和美

感。比如貂蝉擎鞭走云步、与吕布持鞭慢退的动态，貂蝉使水袖亮矮相拜别吕布、和吕布调转马头上步、背手抖鞭亮高相的静态画面，吕布边绕鞭、边退边凝望貂蝉的动态画面，吕布压翎背鞭、抬腿勒缰、恋恋不舍地回望貂蝉由动而静的画面等。

“小宴”过后，紧接第四场“大宴”，使连环美人计一环扣一环，层层推进，紧凑。紧接第五场“过府辩理”、第六场“梳妆”、第七场“凤仪亭”。第八场“眉邬”时，叶少兰借鉴了晋剧要翎子的表演来表现吕布为夺妻之恨而怒不可遏。特别是静场，蹲裆步，左右手分放在前腹后腰，梗脖子，渐渐地抬头慢慢地使一双翎子笔直竖起，呈一柱擎天之状。叶少兰低着头根本看不见翎子，但是准能在翎子最笔直竖起时停住并保持住，每次都赢得如潮的掌声。这就是通过长期训练而得来的感觉，是为一绝。

第九场“刺卓”，原来是王允和群臣先上，等董卓上后，一齐在【扑灯蛾】锣鼓中大骂董卓，并举剑砍杀。叶少兰感到气氛不够，节奏有些拖沓，便给王允写了一段【西皮导板】转【快板】转【散板】的唱腔。“【导板】连环之计安排定。【快板】满朝文武齐同心，横戈持剑朝门等，专候董卓奸逆臣。貂蝉女，实可敬，挽民救国献义身。为除奸贼把忠心尽，【散板】学貂蝉保汉朝共灭贼人。”王允内场【导板】，上场后接【快板】，戏剧气氛又紧张活跃起来，使戏始终处于饱和状态而不致松散。

叶少兰说，父亲的《吕布与貂蝉》，其唱念做打无一处不讲究精彩，处处给人留下了极其深刻的印象，而在表演水平上层次最高端的是他的“神气”。神气亦即神态、眼神、表情、精气神等，“神气好”意谓其人物感受准确、心理活动充实而表现力极佳。叶盛兰是以神气来驾驭四功五法，统领人物性格，神气是第一位的，身段是第二位的。身段要求规矩边式、有意义指向和内容，但身段要真正发挥效果必须以神气来统摄。因此，神气是珍贵的表演遗产中最精华的部分和最能拿人的高端表演。叶少兰说，这出戏中吕布很多念白的最后一个字和尾音都是挑着念。比如《人头会》中“再有谋反者，张温就是榜样”的“样”字、“还有书信一封，相父请看”的“看”字,《小宴》中的“岂敢”的“敢”字,《过府辩理》中的“王司徒，某非视我宝剑不利么”的“徒”、“么”字,《凤仪亭》中的“小姐”的“姐”字、“你问俺做甚？”的“甚”字,《眉邬》中“大人有何计教我？”的“我”字等。叶少兰进一步强调，按照武小生这个行当范畴和吕布这一角色身份性格扬着念这些字，体现吕布“蛮”的性格特征，但要在行当流派和人物情绪之中，而不能离腔离调和粗野。

叶少兰说，掌握小生艺术和叶派表演艺术风格是一项长期的工程，要使观众接受并喜爱小生艺术就要下功夫研究与思考。以常常为人们所诟病的小生的笑为例，他说，小生演员要力避不在情绪中的、概念化的笑，力避以往二三路旦角串演配角小生的老派的笑。要研究和使用男性小生的笑法，根据情境、情节、情绪准确找到和展现不同人物个性的笑。《吕布与貂蝉》这出戏中，吕布有若干笑，演员只有理解了角色在规定情节中的情绪和心理，才能配合表演身段，使每一次的笑准确、生动而富于个性。比如，“人头会”中杀完张温后残暴狰狞的笑，过府一见王允时虚与客套的笑，吕布接受王允摆酒招待时受用赏识的笑，触碰貂蝉手后狂喜满足的笑，以翎子扫貂蝉脸颊后谄媚挑逗的笑，与王允商定娶貂蝉之吉期后得意开怀的笑，刺死董卓前杀意已决、妻恨得报的笑，殊为不同，各尽其妙。

变不离宗　新不露痕

——《周仁献嫂》

《周仁献嫂》源出明人传奇《忠义烈》，20世纪40年代，由著名剧作家翁偶虹根据晋剧改编而名为《鸳鸯泪》，由当时中华戏校的毕业生李玉茹、储金鹏、王金璐等首演。新中国成立后，翁偶虹在原剧本的基础上又进行了加工整理，叶盛兰按照整理后的剧本在中国京剧院排演了这出戏，并易名为《周仁献嫂》。叶盛兰饰演周仁、杜近芳饰演周妻、马永涵饰演杜嫂、李洪春饰演王四公、萧盛萱饰演凤承东、王玉让饰演严年。这出戏讲述的是明嘉靖时，严嵩当权，忠良杜文学遭陷入狱，杜文学托妻于义弟周仁。严府总管严年，垂涎杜妻貌美，授意同为杜文学义弟的凤承东用计唤周仁入府，强予官职，并以杜文学生死为要挟，迫周仁献出杜妻。周仁夫妻不屈从权势，周妻毅然代杜妻上轿，谋刺严年，未遂，自刎而死。老汉王四公误会周仁卖友求荣，闯入周家暴打周仁，后得杜妻说明缘由。杜文学发配中遇海瑞，携其随军效力，并立功及至鞫讯全案，始真相大白。罪魁凤承东、严年伏法，周氏义行，遂得彰著。

20世纪50年代，叶少兰经常看父亲叶盛兰演出《周仁献嫂》。1963年，为完成中国戏曲学校的教学任务，已是青年教师的叶少兰向在家养病的父亲深入学习了该剧。

教戏时，叶盛兰首先讲述这个戏的来龙去脉，然后讲授这出戏所要使用的技术技巧，比如，“吊毛”、“抢背”、“僵尸”、“屁股座子”、“甩发”等，并要求叶少兰先练功，反复练习这些技巧，直到练瓷实。叶盛兰并没有按序从头说戏，而是从“打周仁”一场开始教起，教授周仁、杜嫂、王四公三个人的表演。这一场戏技术运用非常合理而精彩，但又极难演，是全剧繁难技巧最集中、表演难度最大的一场，特别是甩发、屁股座子。比如屁股座子有三种，一种是跑动中的高跳的屁股座子，跳起来一腿直、一腿盘，要求直起直落，两手不许摸地，水袖一个平翻一个高翻；一种是走动中的滑步出溜的屁股座子，表现人行动不稳，滑跤跌倒，两手同样不许摸地；一种是原地起范儿的干拔高屁股座子。再比如，甩发功有提柳、转灯等。叶盛兰介绍了秦腔中这出戏的一个特有技术——变脸。水袖里放一个包着香灰的小纸包，用特殊的包法包好。在转灯甩发的时候，一锣停住后起【垛头】的锣鼓，在背身面朝底幕的时候，从袖中拿出纸包，手一捻露出香灰，低头甩发垂地时，一吹，香灰扑满脸呈圆形，此谓变脸。紧接着继续在【垛头】的锣鼓中转身，同时甩发平转，甩到正前方时一低头，直甩甩发朝天，立脖梗一使劲，直直的扬起甩发呈一柱擎天之状，刹那甩发一松，像开花一样自然散开来，圆着裹围住演员的脸、脑后、耳旁，同时起屁股座子，在最后一锣上落地亮相。这一技术谓之直甩一炉香，是甩发技巧中难度最高、最不易练成的一个技巧。这个技巧对甩发的材质有很高要求，必须是“倒栽柳”，又长又粗，发梢部一茬齐，分量均匀。叶少兰也曾下过苦功进行练习，但他表示要达到父亲那个水平真是太难了。这一技巧最重要也是最难驾驭的就是劲头的掌握与控制，特别是腰、脖梗的劲头，要以天赋之身下万般苦功从而形成独特的艺术感觉，行话叫“范儿”，最终才能在舞台上呈现出百试不爽的神妙一技。叶盛兰在演出时使用过这一技巧，但是不吹

《周仁献嫂》，叶盛兰饰周仁

香灰，而是改为使水袖，左右各一个，整个技巧一气呵成，身段极漂亮。每次演出到这个地方时，台底下观众叫好声和掌声像炸雷一样。确实，这一连串技术技巧的运用，鲜明地表现出了周仁在遭到暴打和极度恐慌时面无血色、披头散发、惊魂失措、委屈悲苦的情态。

剧中周仁的行为与人格彰显出为朋友间的手足之情而舍生忘死、忍辱负重的情操美德。心酸的情节和叶盛兰淋漓精彩的演绎，强烈地震撼着台下叶少兰的心灵。尤其王四公打周仁这一场，每每使年幼的叶少兰暗暗落泪，为周仁不平，为他感到委屈。在学这出戏的过程中，叶少兰越发地感觉到，周仁做出如此惊天动地的仁义之事，是多么的可敬可叹！为尽朋友之义，情愿以自己的妻子替仁嫂赴死，还要佯装笑脸，眼睁睁地看着结发妻子当面而亡。这时的周仁，受到多么巨大的心灵创害和精神刺激，而剧中在葬妻后就直接接“打周仁”一场，叶少兰觉得这个中间缺了点表现周仁内心的过程，应该有点抒发激愤、苦楚、哀伤之情的唱。还有一处，严年、凤承东以做官利诱，强迫周仁穿戴官服，回家献出杜嫂，否则就杀了杜兄。叶少兰觉得此时周仁又要救杜兄还要保全杜嫂，他面临着一个突如其来的矛盾，不知如何是好，又无可奈何，他进行着强烈的思想斗争，在感情上是一种撕肝裂肺、非常气愤、激动、为难、无奈、痛苦的表现。从人物性格和情感的展现、戏剧性的加强和京剧艺术特色上来说，这两个地方都应该突出表现一下。叶少兰说，“当时自己并没有多少理论分析，就是在看戏和学戏的过程中产生这种感性的想法。”在学这出戏时的某一日，父子俩聊天，当聊到1958年在北京西单剧场看叶盛兰演《周仁献嫂》时，叶少兰把自己的想法告诉了父亲，还聊到当时看戏的时候，前面还垫了《花蝴蝶》等一些小折子戏，再增加一些内容就够一个晚上的整台大戏了。叶盛兰听了之后，稍作思索，说：“你这个想法挺好。我是没机会演这个了，将来你们要是演倒是可以。这个戏是翁偶虹先生的作品，将来要演，你可以去请教翁先生。”

1981年，北京军区战友京剧团决定排演《周仁献嫂》。由叶少兰饰演周仁，许嘉宝饰演冯素蕙（周妻），白荫棠饰演严年，贾琦饰演凤承东，纪秀云饰演杜娘子，朱宝光饰演王四公。

排演该戏的计划定下以后，叶少兰亲自上门请教翁偶虹。翁偶虹听完叶少兰的想法之后极为高兴，说：“你想得太好了！”甚至有一种不谋而合、引为知音的喜悦。他说：“这不是为唱而唱，的确有这个必要性。这个戏要是这么一唱一演，就更增色了。”随后，翁偶虹就和叶少兰具体探讨开了，问叶少兰的具体想法，需要什么台词内容，唱什么板式。叶少兰说，周仁穿着官服，手捧凤冠，面对突如其来的事件，他激动、愤怒、矛盾、无奈，翻来覆去，心里像开了锅似的，最好是有一段被逼得生不如死、撕心裂肺的【西皮】唱腔。叶少兰每说完一层意思，翁偶虹就在纸上写两笔。叶少兰娓娓道来，翁偶虹伏案着墨。叶少兰特别强调周仁在残酷的现实面前要唱选择、唱立场、唱感情，要展现出周仁的独特品质和卓异人格。同时，在唱腔的板式、旋律、辙口、节奏等方面和表演身段上，叶少兰也有很多具体的想法：要唱【娃娃调】，使用一些独特的旋律，唱段的后半部分要催起

《周仁献嫂》，叶少兰饰周仁

来唱，要使用水袖、搓步、踏冠的技巧等等。待到叶少兰说完，翁偶虹就已经把这段唱的大意和框架写出来了。

经过后续的研究和完善，这段词定稿了。唱词和板式是："【西皮娃娃调导板】狼狈贼施伎俩逼人太甚，【原板】肮脏的乌纱帽玷辱我周仁。依仗他严府冰山峻，威胁利诱逼我献上了嫂夫人。文学兄他与我有手足情分，我岂能下井投石丧尽了良心。倒不如携妻嫂暗暗逃遁，【快板】严府爪牙密如林。弄巧成拙丧性命，仁嫂还要受欺凌。除非有人来替混，叹我不是女儿身。女儿身，假冒真，哪里去找这样人。越思越想心不定，【散板】实实急煞我周仁。"这段唱词叙事、抒情、思索皆有，便于演员设计唱腔、安排身段和演绎表演，恰如其分地体现了此时此境中角色的思想和行为。

在【导板】前，叶少兰的设计表演匠心独运，非常精彩。接过凤承东抛过来给杜嫂戴的凤冠后，周仁心乱如麻，拖着步子走到台中门口的位置，缓慢地抬腿亮靴底表现他心情沉重迈不出步子。出门之后往下场门一望，一看方向不对，转身往上场门方向，表现了他心中纷乱，晕头转向，走投无路，不辨方向。等到了上场门九龙口一望，起【脆头】的锣鼓，双指颤抖指向上场门严年、凤承东离去的方向，就似怒指着二贼的后脑勺，表示周仁的激动愤怒之情。突然一看到凤冠，更加痛苦激动，起硬【撕边】的锣鼓，双蹉步至上场门台口，在“叭嗒仓”的锣鼓中放下凤冠，痛苦坚决地拂袖，表现他绝不能再碰玷辱自己、残害杜嫂的脏物。在【脆头】的锣鼓中，突然感到头很沉，在“仓才仓”的最后一锣“仓”中一摸乌纱帽，瞪起两眼，显示出极其痛苦的表情。在“叭嗒嘚”的锣鼓中握拳，在“仓仓仓”的三锣中对这个肮脏的逼命的乌纱帽狠砸三下，表现强烈的憎恨与厌恶。随着“叭嗒嗒仓”的锣鼓摘下乌纱帽交左手，起【凤点头】的锣鼓，转圈，右手抓水袖（就像攥拳一样），背手亮相，唱【导板】。这一系列的身段动作和表演显示出了周仁激动、愤恨、痛苦之情。在【导板】“狼狈贼施伎俩逼人太甚”中的“俩”字的最后拖腔上，叶少兰随着唱腔激烈颤抖双指，加强表现周仁的痛恨愤怒，每次剧场演出都有强烈效果，引人入胜，观众被深深地带入了情境之中。叶少兰分析，戴不戴乌纱帽意味着救不救杜仁兄，救不救杜仁兄又关系到献不献杜仁嫂，所以周仁处于两难之境，陷入了极其激烈复杂矛盾的思想斗争之中。因此在【导板】之后叶少兰又设计了系列身段，除了进一步强化周仁的愤激的情绪之外，又增加了一层人物内心矛盾、纠结、斗争的表演。【导板】之后，起【脆头】的锣鼓，周仁往下场门台口挪步，为后面的表演让出舞台空间。在一锣“仓”上把纱帽扔在地上，转【乱锤】的锣鼓，周仁的视线盯着纱帽，边后退双手边向里外反复双翻水袖，由缓至疾，抬左腿，以右腿快蹉步后退，表现站立不稳、昏昏沉沉。速度越来越快，表现激烈的思想斗争。当退至台中，随着锣鼓“哐才仓”，两臂以腕力快速绕袖背手，落左腿站稳亮相，表示自己镇定一下。一看见纱帽，双眼放光直直地盯着，表现愤恨的神态。随着几个“叭嗒仓”，一步一步迈向纱帽的方向。此时起硬【撕边】的锣鼓，双腿快搓步向前，表现越想越气，越思越恨的心情。等逼近纱帽，“嘣噔仓”的锣鼓中站住抬左腿，“嘟仓嗒”的锣鼓中脚重重地踩下，意为踏冠。这一系列的水袖、蹉步、踏冠的技巧极生动形象地表现出周仁翻腾的内心世界。

随后，起激烈的【原板】过门，配合旋律左右各两个有力度的抖袖，表现激动之情。叶少兰在和翁偶虹商量时，就提到要突出周仁与杜文学结义兄弟之间的深厚情感。周仁的真挚、仁义、讲感情，是这段唱词的又一个层次。所以，翁偶虹把“文学兄他与我有手足情分”这句放在【娃娃调原板】的第四句，而第四句正是【娃娃调原板】的核心和运用特殊大腔的一句。于是，叶少兰在设计时，“情”字是作重音处理来突出表现，在“分”字上使用了以往【娃娃调】所没有的叫“三起楼”的一个高难度拖腔，极充分地表现了周仁对朋友的真挚情感。“倒不如携妻嫂暗暗逃遁”，“遁”字拖腔表现他思索。“遁”字后，叶少兰设计了一套水袖的表演，表现他在拼命地思索，千方百计，想方设法看如何逃脱严府的魔窟。在锣鼓中，周仁走一个小的圆场回到台中，耷拉水袖双手右翻袖，抬双手左转袖，左抬腿左手单翻袖，右抬腿右手单翻袖，右转身，右翻袖背手，左手翻袖一亮，叹气“哎”，转【快板】。这些水袖的交替使用是表现他在思考多种方案，水袖的肢体语言显示的内容是想到一种方案，好像不行，那改成另一个办法，这样也不好……左右为难，进退无路，心情非常紧张，有步入绝境之感。这段水袖是心理活动的外化，用得合适而有感染力。“除非有人来替混”中的“除非”两字用高腔，表现他痛苦地思索，却又感到无计可施，极其无奈。“女儿身，假冒真，哪里去找这样的人”是在为后面定计周妻替杜嫂上轿的内容做铺垫。“越思越想心不定”中的“定”字用“嘎调”的高腔，表现出纷乱焦躁、着急紧张的情状。

唱完之后，周仁念白“哎，思来想去还是一筹莫展。有了，不免回得家去，与娘子商议便了。”周仁无可奈何地叹气跺脚，一指纱帽，走过去捡起，回身把纱帽往头上一扣，回身的动作表现他是勉强地暂且戴起来。然后往凤冠的方向无可奈何地叹气、跺脚、一指，走到上场门台口捡起凤冠，由于非常激动脚底不稳一个趔趄，撩褶子右腿一软跪下，右手托盘，眼睛窥视远处，表示别让人看见。随着“叭嗒仓”和【撕边】的锣鼓点，由徐而疾地跪蹉，至下场门九龙口起身，随着【撕边】快绕袖，“嘣噔仓”的锣鼓中跺脚，硬拧身亮住，下场。这个下场表现了周仁翻江倒海、生不如死的内心活动，跺脚、硬拧身又表现出一种恨的情感。

原来老本对周仁接过凤承东抛过来的凤冠后的处理是无可奈何、很沉痛地下场，接着旦角上场念两句对，周仁【乱锤】上来到家门口。比起原来，这段【西皮娃娃调】的添加和前后表演的处理与下一场周仁【乱锤】上场，与妻定计要衔接的紧密得多，在戏剧气氛上起到了推进和加强的效果。观众不但享受到了一个戏剧表演的小高潮，而且随着剧中人的情绪纠心紧张起来，并有急切欲知下一步情节发展的审美期待。因此，叶少兰每演到这里，剧场的效果都非常强烈。

叶少兰还设计了《周仁献嫂》的开幕曲、上轿的音乐和葬妻回家的上场音乐。叶少兰感受、分析和思考规定情境的气氛和人物彼时彼刻的心情，深入到人物的内在心理层面，设身处地，精研深挖，来创作和设计这几段音乐。他设计好之后，哼唱录制下来，然后请音乐作曲者记谱、编谱、配器。对于开幕曲，叶少兰要求起到概括全剧故事的效果，要能点题，使人进入情境并有回味。开始是大筛出一锣“咚”的音，轻轻的但又很沉重，造成深沉和阴森的感觉。然后弦乐淡入轻进，缓慢而悠扬，间歇地有大筛的锣音，造成悲剧气氛。再如周妻替杜嫂上轿的音乐，原来使用的是传统曲牌【哭皇天】，叶盛兰的表演也非常精彩。但后来叶少兰感到这个曲牌对于生离死别、难舍难分的悲怆的戏剧氛围营造得还是不够强烈，应该要配合周仁疯癫般地表演：“仁嫂，花轿进门，请来上、上、上轿！”因为明知妻子有去无回，但又不得不割心忍痛送她上轿。“轿”字拉长音，声型抛物线式地最后弱下来，紧接着胡琴快弓和唢呐强音进入。叶少兰要求胡琴拉出板胡的效果来。一段幽怨呜咽的旋律之后，弦乐强烈地进入，周妻穿戴着凤冠霞帔低着头痛苦地踩着重音琵琶的节奏从下场门步出。周仁看到周妻是从脚开始看起，两人同时一望，随着强烈的音律，周妻双腿一跪，向周仁施诀别礼。第二个强烈音律，周仁扑跪过去，这时音乐进入高潮，两个人推磨（面对面各走一个半圆弧形，调换舞台位置），难舍难分，造成剧中人分离的悲怆气氛。

叶少兰在拜访翁偶虹时，把当时和父亲叶盛兰的聊天情况告诉了翁先生，并说父亲特别明确地说，一定要去请教翁先生，请翁先生写。翁偶虹很高兴，听了叶少兰介绍后，觉得给丧妻后的周仁加一段唱的想法非常好。恩爱夫妻霎时生离死别，一个善良文人经受着巨大的精神刺激，确实有必要表现一下角色当时的内心世界。叶少兰进一步谈想法：葬妻回家时，周仁肯定有千言万语但又不能让别人听见，忍受着人们的唾骂和误会，承受着极端的痛苦，是一种极其悲痛凄凉的心境。叶少兰表示一定要用【反二黄】的板式，并把自己设想的一些唱腔旋律哼给翁偶虹听。经过翁偶虹的妙笔生辉，唱词酌定为：【反二黄散板】迷惘惘葬埋了我的妻，【原板】悲切切一路行来不敢啼。低头遮面过闹市，十目所视，十手所指，都对我冷眼横眉。世间哪有真情理，世人哪有真是非。我夫妻生离死别报知己，莫非说此情只有苍天知？【散板】昏暗暗问天天不语，黑沉沉问地地也无言空唏嘘。难道说，【跺板】九天之上，九地之下，包罗万象，尽是鬼蜮，【散板】闪得我此恨绵绵无尽期。”在以往的小生唱腔艺术中，从没有过大段成套不同节奏的【反二黄】唱腔。《周仁献嫂》中新加的这段【反二黄】唱段经过叶少兰的精心设计，抒情极致，脍炙人口，大大丰富了小生唱腔艺术。

为了烘托戏剧气氛和为角色出场做好铺垫，叶少兰设计了葬妻后回家的周仁上场的音乐。音乐旋律缓慢凄凉，好似呜咽哀鸣。周仁面无血色（这场的上场前要大扑粉，然后刷粉，使面色惨白），耷拉着水袖，精神恍惚地走直步，走到台中有一个小败步（退后一小步没站稳，再控制住）。【反二黄】的过门是一个长音符，胡琴轻轻地进入。叶少兰强调这段唱要先感动自己，然后以声带情，以情托声，来感染观众。唱“迷惘惘葬埋了我的妻”的“妻”字时轻的好似哭一样。“悲切切一路行来不敢啼”的“悲”字重复两次，表现他控制着自己的悲不能言，泣而无语的心情。第二个“切”字拖着以颤声唱，很沉很重。“啼”字之前过门的琴音如哽咽一般，“啼”字用共鸣的虎音，表现控制着自己的哭，越往后越慢，最后的尾腔用顿音唱，表现控制不住哭了出来。在过门中，突然周仁惊恐地一开双袖，原地转身，右袖搭左肩，左袖翻到脑后。周仁的这一身段反应使观众仿佛看到有路人在用石头砸他，斥责谩骂他的贪图富贵、卖友求荣。此时的周仁非常紧张害怕，惊慌委屈，也是为后面“十目所视，十手所指，都对我冷眼横眉”的唱词做铺垫性的表演。“世人哪有真是非”的“非”字拖腔，后面的高音有些半音的感觉，表现周仁的委屈与辛酸。随着音乐过门，周仁悲伤地将甩发往后一甩，悲伤地带有追问地呐喊地唱“我夫妻生离死别报知己，莫非说此情只有苍天知？”“生”字高唱强音，“离”字低唱弱音，形成对比。“死别”快速连唱，表示周仁的痛不欲生、哀难堪言。“报知己”激动地唱，转向追问的意思。“知”字使用高腔，最后的拖腔中有一个嗖音，表示悲泣绝望。然后接唱“昏暗暗问天天无语，黑沉沉问地地也无言空唏嘘”，从“昏暗暗”开始转【散板】。【原板】当中转【散板】是一种比较新颖的处理。“天”字拉着唱表示强调，“天不语”轻轻地唱，表示失望。“黑沉沉”中“黑”字重复，表示无解无奈，“地”字放声唱表示强调。这两句有一种似唱似说，如泣如诉的感觉效果。“难道说……”后面是跺着唱，节奏的加快表明情绪的激动，实际是追问找不到答案，自己来回答——

天地昏暗、世道炎凉。“闪得我此恨绵绵无尽期”的“期”字使用高腔，表示最后的呐喊，好像全身的力气都用完了。第二次反复唱“此恨绵绵无尽期”的“无尽”之后有大阮的两声“咚、咚”，然后接唱“期”，表现了周仁此时的身心俱疲，有气无力，昏昏沉沉地走到自家门首。原来老本中的处理是周仁上场念两句对，然后来到家门口。叶少兰用前文所述的这段【反二黄】唱段的演唱表演予以置换，情感浓烈，憾人肺腑，意境邃远，技、戏、情合一，在观众的心弦上挥洒弹奏，使观众为之动容潸然。

在叶少兰之前，无论是晋剧还是京剧，《鸳鸯泪》还是《周仁献嫂》，都是按照穷生戏的标准来演出，虽然演出受到观众的欢迎，但是由于行当门类所限，戏的格调品质和周仁的人物形象均浮在较浅的层面上，甚至有所贬损。经过叶少兰的加工整理，这出戏中周仁的外在形象和人物内涵显得更为丰富深刻。其兼含文武技巧即唱念、做表和翻跌，亦可以说是“文戏武演”、“技为戏用”。其跨文小生、纱帽生、穷生的三个表演范畴，从而跃至了全面、综合、整体性地以戏剧情节的发展和角色形象的塑造为旨归的创作表演层面。这种不出传统范式而自出新意，不脱行当流派而妙化活用，不离戏剧人物而极致渲绎，变不离宗，新不露痕的创新，是真正的忠实继承上的成功发展。

文小生艺术的巅峰之作

——《柳荫记》

梁山伯与祝英台的爱情故事，在中国流传久远，可谓妇孺皆知。从元代以来，这个故事曾被全国33个剧种搬上舞台。1952年，著名剧作家马彦祥将川剧中描绘梁祝故事的《柳荫记》移植进入京剧，由"京剧小生挑班第一人"叶盛兰和著名京剧表演艺术家杜近芳合作创排。该剧的剧本由马彦祥亲自执笔整理，剧中所有的唱腔则由著名戏剧家、教育家、京剧表演艺术家王瑶卿亲自设计。经过大家的努力，该戏完成了剧种上"质"的转变，成为一出独具京剧特色、能够充分发挥京剧表演风格的新编古装戏。自当年6月演出以来，轰动京城，以后遂成为京剧小生与旦角的经典剧目。在叶少兰看来，该剧运用现实主义与浪漫主义相结合的手法，通过梁、祝这一对纯情恋人的追求、抗争及其"归宿"，表现了强烈的反封建意识，具有强烈的人民性和深刻的社会穿透力，是一出难得的精品、绝品，其艺术实力与艺术基础都非常雄厚。

1986年，叶少兰与北京战友京剧团的相关团队合作，对《柳荫记》这出戏进行了重新整理与排演。这出戏也是叶少兰从美国讲学回

《柳荫记》，叶少兰饰梁山伯、许嘉宝饰祝英台

国后排演的第一出戏，叶少兰说："我们希望通过排演这出戏，尝试和实践对京剧艺术的、对流派剧目的继承与发展，进一步探索谨慎的、负责任的创新与保持京剧本体之间的关系。"探寻《柳荫记》继承与创新的历程，或许我们可以悟出许多道理。

继承与发展的思路

叶少兰作为当代叶派小生执牛耳者，一直对京剧剧目的保存与发展有一种紧迫感。他常担忧，"随着一批前辈名家的脱离舞台和相继去世，不少过去常见的好戏现在并没能很好保留下来，有些已属罕见。"和流派戏与传统戏的情况相似，作为新编古装剧的《柳荫记》

又何尝不是面临如此的境况。大师们斯人已逝，如何继承发展父亲的这出叶派小生剧目，成为叶少兰排演前反复思考的问题。

叶少兰认为，认真地、完整地继承是京剧流派艺术得以继续发展的第一步。“我并不认为因袭前辈，故曲重弹，就是多么轻而易举的事。特别对流派艺术，不得真传实授、没有刻苦训练，绝难被观众承认。”当年，为了在中国戏曲学校的教学实践中给学生排演这出戏，叶盛兰曾一招一式地将整出《柳荫记》教与少兰。多少年来，叶少兰将父亲实授之艺牢记于心，每每刻苦练习，对原本《柳荫记》的表演艺术已打下了扎实的基础。

当然，叶少兰并不满足于此。虽然照搬前人楷模自可驾轻就熟地省却不少力气，但叶少兰于此有清醒的认识：“我们在高度评价前人功绩之后，仍必须看到一个事实：恰因前人的功绩所致，使得在当时很新、很得内外行公认的创作方法，后来是得到了推广普及、蔚成风气的，现在均已不是太大的难事。我以为这样看、这样想绝不意味对前人有何低估，恰恰是为我们今人明确了开拓进取的方向，不致躺在前人身上，而是站在前人肩上，摘取再新一些的果实。”“现实已要求我们不能仅止满足于单纯的‘多会、多演几出戏’，或‘继承流派不走样儿’。仅做前辈名家的‘传道者’、‘守业人’还是与时代节拍不合的……时代越发展，越应该也越能够显示它对各种艺术手段的包容能力。路，就在我们自己脚下，理应越走越宽。”

近年来，“老戏新演”并不乏成功者。对于《柳荫记》这出“老戏”的“新演”，叶少兰也有自己的体会。他认为，“老戏新演”的关键在于要头脑清晰，有理有据，看准了再下手。在继承的基础上，弄明白了再去增删取舍。要杜绝那为“新”而“新”、“不是一个味儿却硬往一块儿扯”的现象。他说：“‘老戏新演’不是说可以把老的抛在一边，甚至不学不问，不知老的为何物，故意另搞一套就算你‘新演’了。老与新是对立统一的辩证关系。‘老’，并不一定就要不得。

'老'字与'旧'字并非同义语。我们需要的是分析、比较，客观地对待前人和遗产。许多在今天看是老的，是过去时代的，但在当时很可能就是新的，是走在前面的。”实际上，在叶少兰看来，“老戏新演”从观众审美心理的角度讲，就是既要让老观众能感觉“这出戏”仍具有原剧风范，不失流派特色，技艺未衰，又具有充实的新东西，给人以耳目一新、别开生面之感，以适应和争取新观众，特别是青年观众。“老戏新演”的目的，无非是希望不同年龄、不同层次的观众都乐于接受。正是为了京剧艺术的流传、发展、光大，才需“老戏新演”。

因此，当我们反观叶少兰重新排演的《柳荫记》会发现，这出戏从整体风格上无不是以保持原剧风格的和谐完整为出发点，剧中每一处的增删取舍无不是在以“老戏”为后盾的基础上，经过符合实际、时代需要的客观分析而进行的恰当剪裁。

此外，重视全剧的整体构思，也是叶少兰排演《柳荫记》对合作团队的要求和主导思想。在1986年《柳荫记》的重新排演中，叶少兰本人既饰演剧中主要角色梁山伯，同时也是全剧的导演。该剧由袁小海担任副导演，由张志高负责剧本整理，由冯洪起、李之祥负责音乐唱腔整理，此二同志还担任了司鼓、操琴的重任。由张春生负责舞美设计，李留奎负责舞蹈设计。这是一支配合默契、人员精悍、各司职守的艺术创作队伍。叶少兰在谈到对这支团队的想法时说道:“这支人数不多的艺术创作队伍，可以说是艺术生产必不可少的组织保证。只有发挥了每一个部门、每一个人的艺术创作力，互相配合，形成稳定、协调的统一步子，才能使全剧富于整体美、完整性。对整体结构问题，不能只考虑局部，只强调某一面、某一个角色、某一个演员、某一件服装、某一个场景、某一项技巧。好演员固然不可缺少，但其他诸种因素在综合艺术中的力量发挥，是必须通盘考虑的。我们在排演之中非常强调发挥整体、集体的力量，但又不失导演权威性的指导。对剧本、音乐唱腔的整理加工，舞美、舞蹈的设计，演员、乐手，乃至每一环节的同志，都要求各司职守，互不脱节。”这种整体性的意识，在叶少兰的眼中也是创排一出好戏的重要因素。

唱腔与音乐革新

从某种程度上来说，《柳荫记》是一出以唱为主的戏。情感借唱流淌，故事依唱铺陈，人物的内心世界亦在唱中婉转显露，尤其是在梁山伯与祝英台两大主人公身上汇聚了大量的唱段，这与全剧浓郁的抒情格调是相适应的。

当年马彦祥在创作《柳荫记》剧本时，在唱词上运用了不少长短句的句式，王瑶卿据此而设计出了许多颇具新意的唱腔，特别是里面包含有许多新的板式。叶少兰举例分析道：“比如在‘访友’当中，梁山伯有一段非常动听的【反西皮】的唱腔，这在京剧小生的唱段当中，以致在其他行当的唱段当中，是从来没有的，是非常新颖的。它不单

《柳荫记》，叶少兰饰梁山伯、许嘉宝饰祝英台

有京剧的特色，属于京剧本体的东西，而且又有新的创新与发展。这些唱腔不仅在当时是一个创新的精品，即使在今天，这些唱腔经过历史的、观众的、时代的考验，仍然堪称绝妙。”因此，重排后的《柳荫记》忠实地继承了这出戏的唱腔。

但是，在叶少兰看来，纵然我们今天已经拥有了王瑶卿设计的绝妙好腔和前辈艺术家所留下的音频资料，仅限于模仿地学习却是不够的。叶少兰强调，对前人的艺术创造，得其神韵、深究其理是尤为重要的。任何腔要唱出味道，悦耳动听，必离不开对人物感情起伏跌宕和词意的深刻理解。比如，在“结拜”和“相送”两场中，祝英台的唱腔也很有些内在讲究。一方面，饰演祝英台的演员在这两场的唱腔中都要以青衣唱出扇子生的韵味，另一方面，“结拜”中“从此好似出笼鸟”需要突出的是豆蔻年华的祝英台心中明快、畅悦的心情，而“相送”一场中则要在“弟兄”分手“梁兄情义实难忘”的唱中加些言外之意，在【南梆子】对唱、【南梆子】转【二六板】、【流水板】、【摇板】等板式演唱中，欲露还羞地、含蓄地展现祝英台的女儿痴情，唱出与倾心爱慕之人依依惜别时内心的无法明言的踌躇之绪。

除了对主演的唱腔提出更高的要求外，在重排的《柳荫记》中，对几个配演角色的唱腔叶少兰也给予了新的处理。这与他一贯强调的舞台上的“一棵菜”精神是一以贯之的。他认为：“准确地把握人物个性，无论主演、配演同样重要。绝不可因角色分量不重就以为无关宏旨。”因此，这些唱腔上的变动，也都是因循着人物的性格特征来构思、表现的。

比如，“书馆”一场，在剧本和唱腔上就都做了重新编排。在叶盛兰与杜近芳的演出中，“书馆”这场戏重点突出在梁、祝二人身上，而对塾师和另几名学生，则戏份不多，点到为止，且基本采用念白，没什么唱腔，在表现手法上比较单一、平板。在改编本中，观众则会发现，老塾师的课堂增加了弹性的韵律，不仅德高望重的塾师与青春顽皮的学生之间形成有趣的对比，剧中的对联亦极富文采与机趣。在这里，叶少兰为孟继轲与梁、祝，与众学生之间添加了一段【二六板】转【摇板】接【流水板】的对唱，烘托了师生对课时兴味盎然的学堂意境。剧中的对联也采用了唱腔处理，以助声色。为了展现梁、祝之师是德高望重、学识渊博的一代名家，叶少兰特别选择了战友京剧团的杨派老生演员李崇林来担任孟继轲这个“不太显眼”的角色，借杨派稳健、苍老、韵致十足的唱念风格来凸显人物。

再如，“说媒”一场中，原剧本邱嫂上场有一段“自我画像”式的【数板】，对这一段，叶少兰不仅改变了唱词，更丰富了形式。叶少兰解释道：“任何剧中人自身的性格发展逻辑，即便是坏人，也不必一出场就自己骂自己，把‘自己’说成‘坏种’，这实在是简单化、概念化的。所以，我们循着这一人物应有的个性特征写了一段新词，既勾勒出这种社会渣滓的丑恶嘴脸，又不失身份。运用【数板】中夹念夹唱的形式，很夸张、又很准确地表现了邱嫂的贪婪、无耻，塑造了一个坏而不脏、工于心计、于达官殷富之家能够应付裕如的‘高等’牙婆形象。”对于祝公远与祝安人争执的一段戏，两位演员亦改变了过去的【散板】对唱，而采用了【原板】接唱【原板】再转【流水板】的板式，唱词内容也做了相应调整。这样，既加快了唱腔节奏，又以节奏的推进改变进一步强化了人物间矛盾冲突的尖锐性，给予了演员发挥唱功表现力的空间。

又如，祝公远第一次上场是全剧的开端。为使剧情提早展开矛盾，祝公远一改过去小锣打上、念诗、表白的套路，改用“阴长锤”、唱上方式，【摇板】转【流水板】，并大胆糅和了马派的韵味。叶少兰认为，这样的处理在听觉上既舒展、款式，又柔中带刚；既能体现其身份，又略带冷峻、肃杀之感，为女主人公的上场做了很好的铺垫。

在剧中，与声腔艺术既可互分、又有联系的是气氛音乐。在音乐方面，1952 年叶盛兰演出该剧时，就已经开始在唱腔之外运用了一些

《柳荫记》，叶盛兰饰梁山伯、杜近芳饰祝英台

京剧民乐作为气氛音乐、情节音乐、幕间音乐和开幕曲，在乐队中增加了中胡、南二胡、低胡等。叶少兰举例说："比如在'访友'那场戏'许与了马'时，观众可以听到有低沉的悲哀的单音，包括结拜的时候，'待我问来'，那段很悠扬的音乐是用京二胡伴奏的。再如'书馆'一场，表现刮风时也有一些轻轻的音乐伴奏。这些都是表现情节的、抒情的地方，在那时候觉得很新鲜很合适，这也是创新、革新的一种。新编古装戏音乐的创新是从《柳荫记》开始的，在当时很被观众喜欢，是比较出新的成功的创作。"对于1952年的这一创新，叶少兰认为这也是时代的、观众的需要。他分析道，20世纪80年代京剧"样板戏"之后，京剧在新编古装剧和现代戏方面有了相当的实践经验。观众见得多了，认识得广了，因此更有了高层次的审美和视听要求。经过十年，观众回头再看传统戏和新编戏，对剧团、演员、音乐、舞美，在继承和发展创新方面要求更高了。所以新中国成

立初期像《柳荫记》这样在唱腔、音乐、服装等方面都有些变化的戏，会格外受观众欢迎。

1986年《柳荫记》重排时，叶少兰和其团队在原有音乐的基础上进行了一定的加工与丰富。“我们在乐曲的创作整理上掌握了一个原则：保持全剧音乐的风格统一，层次分明，注意整体和谐。如英台别家时欢欣下场的乐曲，采用了【南梆子导板】的音型，予以变化发展，曲意欢快。在‘结拜’一场的末尾，梁、祝并马而行，我们创作的乐曲与锣鼓‘抽头’和谐、明快、流畅地结合在一起，烘托了梁、祝的兄弟之情。再如‘思兄’一场，英台唱【二黄散板】接乐曲，曲意如泣如诉、与唱腔衔接自然，与‘锣鼓’也接得很巧妙，深化了英台的思兄之情和抗婚之愤。另如‘哭坟’加入的上场音乐，及‘化蝶’等音乐的创作，都有力地渲染了主人公的悲愤心境。”

布景灯光服装的革新

过去的京剧舞台在布景方面并不非常讲究。作为虚拟的、夸张的、舞蹈化的舞台艺术，京剧可以给观众创造不受时空限制的、视觉上“千里江陵一日还”的无限想象空间。通过演员的表演，“景”随人走，以虚代实，具体的实物布景反而会影响作为京剧主要特色的虚拟性。1952年《柳荫记》的演出亦是如此，舞台上除一桌两椅以外，并没有其他的布景。叶少兰回忆道：“那时候没有布景，只有守旧的中心绣了个团花，下面底边绣了花草，其他都是素的。底色是玉灰色的，加上中间的团花和下面的花草，非常好看素雅。桌围椅帔根据天幕的绣法同样绣着很雅致的花鸟的图案。”随着时代的发展，随后出现的许多新编历史剧，开始在舞台上尝试一些新的进化和包装，并有了成功的先例。

1986年重排《柳荫记》时，作为这出戏的导演，叶少兰在要不要和怎样运用舞台布景这个问题上，和舞美设计张春生经过了多次讨论和细致的切磋。通过分析，他们认为，虽然京剧不可滥用布景，但表现梁、祝题材可另作别论。由于这出戏的人物动作多是平缓、轻柔、富于生活气息的，没有硬“亮相”或很夸张繁复的程式身段，加上每一场戏人物基本都处在一个相对固定的典型环境中，且这出戏所独有的浪漫主义的神话色彩，这一系列主题、情节、人物、表现形式、典型环境等都赋予了他们可以大胆实践一下的根据。

经反复筛选，在借鉴《白蛇传》用网子、平片而尽量不用立体的、实景的东西布景的基础上，《柳荫记》有了画框式的、装饰性的舞台布景，布景的位置有意识地被安排在舞台里侧。叶少兰重申了他的创新思路，“我们突出了这样几点：天幕幻灯以写意的山水画点染江南景色，而中景则采取写实的风格。轮番出现的翠竹、柳荫、桃花等景，均要求画得细致逼真，有色彩，有气氛，有环境，既是放大、夸张的，又具真实感。所有布景都很注意色泽的准确，形状的古朴，强调质感、美感，并强调布景风格、色调与服装、头饰、道具的协调统一。”

为了与全剧的典雅格调和优美的江南景色浑然一体，与布景的色彩相得益彰，叶少兰重排的《柳荫记》在服装设计上也做了尝试与创新。他与战友京剧团的李宗花、李世谦等曾多次往返剧装厂，与剧装厂的师傅们一道开动脑筋，在传统设计的基础上，又在用料、刺绣、色调、花样上让服装更细腻、雅致，做到了既继承前辈精华，又有大胆出新。有意思的是，在“相送”一场，观众会发现在梁山伯小生巾的两边多了两个小红穗子。叶少兰介绍道，这是借鉴了越剧的使法。京剧小生巾再加穗子再加火样叫武生巾，一般用于傅鹏、卢昆杰等人物，梁山伯本不该用。但考虑到他演梁山伯的时候已经40多岁了，和人物年龄跨度比较大，因此加上小红穗子，主要还是为了使梁山伯显得年轻活泼一些。

《柳荫记》，叶少兰饰梁山伯、许嘉宝饰祝英台

可以说，在完成所有这些创新的同时，叶少兰丝毫没有忘记京剧本体性的特点。他知道，服装、化妆、脸谱、头饰的装饰性色彩亦是京剧表演艺术的重要组成部分，而京剧所惯用的白光是与京剧表演讲究色彩的特点相符合的，用平片、网子的布景设计亦是为不影响色彩考虑。如果像现代舞台一样照顾到布景的立体和透视，那么演区光和演员服装、化妆就可能发生变色，就会影响演区、影响表演，影响舞台上要突出的东西，喧宾夺主。因此，在演区光的运用上，叶少兰和他的团队仍然尊重京剧的用光方式，坚持了白光的运用，未让五颜六色的灯光“吃掉”鲜艳的服装色彩，同时又体现了景物的质感、透视感。他说：“将身着古典彩装的剧中人物与现在设计的画框性布景结合起来看，会感到很和谐，仿佛时时处处都很像一幅幅工笔彩绘的人物

画卷，于动于静均成雅趣。这正是我们所预期追求的。”舞台气氛的一经渲染，在烘托全剧上取得了很好的效果。

人物塑造上的再打磨——关于“病逝”一场

重新排演的《柳荫记》，在对人物的塑造和表演上，叶少兰对自己提出了更高的要求。为了使梁山伯这一人物形象更加丰满，叶少兰新增益了“病逝”一场。对于自己设计这一场戏的初衷，叶少兰言道：“‘病逝’是梁、祝分手后的合理延伸，是顺理成章、合于个性的。这场戏是梁山伯这一人物激情的最强烈迸发点。让主人公死于明场，惨状不堪，对于全剧悲剧性主题的加强亦能起到很好的助益作用。”

“病逝”一场的亮点之一，是它仍然着重突出了全剧以唱为主的特点。梁山伯因情而殁，留在人世的最后声音又怎能不尤为撕肝裂胆、颤人心弦呢？他的哀怨、愤懑、呐喊、绝望，都以唱这一抒情方式淋漓尽致地表现出来。这一场除四九念了一句：“大爷，您让我去找二爷求取的药方，我给您拿来了！”便没再安排其他“白口”，而仅这一句也与唱有机地联系，起到了替梁山伯叫唱【闷帘导板】“朦胧间忽听得四九声响”的作用。叶少兰将梁山伯“吐血而亡”（即可属因情急而暴卒一类）作为安排唱腔、强调唱功力度的合理依据，编排了很多颇有新意的唱腔，他举例说：“为表现山伯见到了英台的一缕青丝掀起的感情波澜，我们编创了一段在小生行仍属鲜见的【反二黄】成套唱腔，共十四句。词句既富于美感，有些欣赏意味，又直抒胸臆，符合山伯此时心境。特别是其中四个‘我爱你……’排比句的行腔运字，表达了山伯对恋人发自心底的真挚爱慕和对英台品格高洁、傲抗严霜的充分信任感。而后的‘恨马家与你父勾串结网，密层层不胜防，财势相强、三纲五常，有情人空余幽怨哀伤，我忧郁成疾心绝望’一大句唱，则以唱腔的垛字句处理，深沉有力地表现山伯对黑暗的封建礼教发出抗争的呐喊。”

此外，该场还运用了“水袖”、“甩发”、“蹉步”、“跪蹉”、“软僵尸”等技巧动作来充分表现出山伯极度悲愤的心态。”①

① 本文参考叶少兰著、张志高记录整理：《〈柳荫记〉排演体会》，《戏剧报》1987年4月，总第359期，第50—52页。

细微之处见精神　平常之地显神奇

——《白蛇传》

《白蛇传》中的许仙是一个善良、诚朴、纯真的市井上的布衣青年，他不是舞台上的书生、才子，因此他在舞台上，头戴百姓的鸭尾巾，足穿薄靴底的福字履，走快步、碎步，不走亮靴底的八字步。

"结亲"一场，叶少兰说，父亲叶盛兰的表演处处合于人物、情境和情节。这一场显示出许仙作为一个药铺伙计和市井小民，并未见过眼前的红楼，所观所闻都很新鲜。小青说"你们就拜见了吧"之后的换礼服、行婚礼、入洞房时，许仙很木讷、朴实，对这些非常陌生。穿婚服时，以神态来示潜台词："这是给我穿吗？怎么穿？"表现喜悦中的新鲜感和不知如何是好。正系扣时，突然一个大红喜字出现，一打水袖，很惊讶，心中活动："这是怎么回事？"拜天地时，许仙完全是被小青提醒着并学着白素贞的样子。特别是送入洞房时，许仙木头桩子似的愣在那，因为他不懂也没见识过，没有经验，也是在小青的提醒下，搀着白素贞进了洞房。叶少兰说，父亲叶盛兰就是这样的有戏，就是如此深刻地理解角色。每演到这场，台下极为热乎，观众兴味盎然，笑声掌声好声交错掺杂。所以，只有在认真分析思考的基础上，配以恰当准确生动地体现，才能达至真正的塑造角色，在看似没戏的地方找俏头，在没人注意的角落更深入地体现角色的个性性格。如果只是形式、套路的表演，就会既没有了风趣也没有真实性了。

“酒变”这场，叶盛兰饰演的许仙一上场，走到九龙口微微的有点醉步，略略地一晃，动作幅度不大，但让观众感到许仙喝酒了。叶少兰说，父亲的这个出场美极了，同时是为后面对白素贞不停劝酒的一个铺垫。因为许仙与白素贞是恩爱夫妻，他不是故意劝酒来试探白素贞会不会现原形。许仙有点醉意，很兴奋，才会不太周到，想不起白素贞身怀有孕而不断劝酒。所以这部分戏的表演要拿捏好分寸感，掌握好表演的度，否则就容易演成许仙怀疑白素贞而故意试探，人物形象就走向了反面。当白素贞因饮酒而体力不支时，叶盛兰的反应极强烈，用手搀着，急切地说，“娘子，怎么样了啊？娘子，不要紧么？”表现出许仙惊诧、关心、懊悔的神态，这是许仙人物性格和本质的自然体现，只有这样才能避免观众产生许仙试白素贞的误解观感。叶少兰说，语气对了（节奏变化、轻重变化），神态就对了，表演也就出来了。他说，父亲叶盛兰紧跟细搀慢撩帘，等把白素贞让

《白蛇传》，叶少兰饰许仙、杜近芳饰白素贞

《白蛇传》，叶少兰饰许仙、许嘉宝饰白素贞

进去，合帘的时候有背身戏了，要让观众感觉许仙担心的心绪，等慢慢转身的时候念白，表现反省自责的意思。“……这便如何是好？有了，我不免去至药房，调制一杯醒酒汤与她解酒便了。”“便了”两字着重，表现的潜台词是“我真糊涂，真不该！”在唱“许仙做事欠思量”时，边唱就快速进侧幕拿醒酒汤（京剧艺术不受时空的限制，与主线情节无关的内容一笔带过），稍一小停顿，就拿着碗以更快的速度上场接唱“不该劝妻饮雄黄”，“饮”字着重拖长唱，“雄黄”两字连唱，还是表现懊悔。“……上前拨开红罗帐。”边唱边急切向前欲撩帘，等手一摸帘子，随着“叭嗒台，仓”的锣鼓，在“仓”上快速一立腰长身，许仙的鸭尾巾倏然一抖，表现倒吸一口凉气，慢慢后退两步转身，视线下行慢慢探着步走，表示思索，唱“猛然想（啊）起事

一桩”，小心翼翼地唱“猛然想起”，垫字“啊”用高唱放音，表示突然地想起法海说白素贞是蛇妖，有点害怕，而“桩”字的尾韵“ang”则用顿音渐弱直至游丝无声的方式来唱，表示许仙真的开始害怕了，心颤不止。唱腔音落，剧场此时的效果是鸦雀无声。许仙念出自己的心理活动，“那法海对我言道，我妻乃是千年的蛇妖所化，若饮雄黄，必现原形。如今，她吃的如此大醉。呃哎，想我妻乃是贤德之人，怎说是妖孽所化，呵（哼），休听那法海胡说。”前面几句念出内心思索的味道，其中“醉”字挑起念出犹疑的语气，“呃哎”念出自我否定的语气，“贤德”重念突出，“妖孽”的“妖”字用颤抖吸气的念法表现心里有些害怕，又要控制，给自己壮胆，但还是难消疑虑。“胡说”很干脆，同时伴以小刁袖轻轻一摺。这段念白体现出了许仙的思考、犹疑、自我否定、嗔怪的意味。“……待她醒来，再与她赔罪不迟。”念完，乐队行弦，许仙慢慢踱步到下场门方向的椅子转身坐下，然后有一个轻轻舒气的神态，表现他松了一口气。突然乐队行弦长调加快，换把变奏，许仙在快速迅疾的弦音中突然想到了什么，左指右指，左看右看，在一锣“仓”上欠身掸袖干坐，表现出慌乱，手一摇，心说不对。再唱摇板，疑虑加深，“那法海他几次对我言道，道我妻她本是千年的蛇妖。本当不把香梦扰，这一点疑心怎能消。（白素贞帐内痛苦呻吟：“喂呀！”许仙急白：“娘子，怎样了？”）端起汤儿把贤妻叫。”“年”字放长，“这一点疑心怎能消”是重点语句，“这一点”后有一小间歇，“疑”字揉着唱表现矛盾，“心”字拖腔中重归韵，表现情绪的起伏，“怎”字拖腔，唱出疑问句的感觉，“能消”唱的紧而干脆。“叫”字攛起来，表示白素贞的痛苦让许仙急切而慌乱，同时也是为自己壮胆，表现纷乱如麻的心绪。这几句【西皮摇板】，快慢、轻重、长短、繁简、顿连等的运用，充分地表现出许仙心中翻腾的状态和疑惑又不愿相信的复杂心理。“叫”唱完后，冲向帐子留有距离，念“娘子，不要难过，卑人与你解酒来了”，同时伴以脚尖点地，抖动着向前蹉着走，一边说“来了”，一边走到罗帐前一撩，一声惊厥惨叫“哎呀！”表示受到巨大惊吓，并迅疾以扔杯、快速转身、僵尸来表现许仙被吓死了。所以，“酒变”这一场的许仙有许多层次分明、反差强烈、开阖细腻的唱念和表演，考验一个小生演员体验角色情感、刻画人物性格和塑造艺术形象的能力与修养，是小生演员表演成熟度的重要试金石。同时，该折对于《白蛇传》一剧起到逆转的关键作用，应予以重视。

“观潮”这一场的表演，叶盛兰上场时目视前方，但是低视，愣着神地在回忆，而上中下三层楼的观众都能够看清理解叶盛兰的表演。他展现的是许仙沉思着的眼光的特殊角度，牢牢地吸引着观众。这个上场没有炫目的技术铺垫，而叶盛兰就凭着他有内容的眼神和表演抓住了观众。这一段【四平调】唱段是以回忆的情态来演唱的，叶盛兰的每一句唱，眼神中都有视像，心理活动是充盈的。唱“用手儿

《白蛇传》，叶盛兰饰许仙、杜近芳饰白素贞

拨开红罗帐”时，伸双手做掀帐的动作，表情神态仿佛又看到了当时的情景一般。唱完这句，在一锣“仓”上右水袖耷拉着轻微地颤抖，表现哆嗦，内心的活动是想到当日情景时的害怕，带着这种情绪接唱“吓得我三魂七魄扬”。叶少兰说，父亲叶盛兰唱的是人物的内心，表演毫无火气，把握艺术的度非常精准，越是看似平淡的地方他处理得越有味道，越是微小的细节他打磨得更是出彩，这是真正的表演艺术家。

“逃山”一折，许仙求小和尚的表演要体现其诚恳、善良、忠诚的特点。例如与“我要帮（娘子战法海）”念白同时的攥拳欲走的动作，要表现出拙滞朴实的感觉，不能为了身段漂亮而让人有许仙会功夫之感觉。这场“帮助我那妻子”“方便方便吧”等的念白语气极为重要，念白要充分显示出许仙对白素贞的浓烈诚挚的情感。“断桥”一折，许仙幕内叫板“走哇”并不是如一般地挑起来亮嗓子，而是快速果断地，表现出他急于见到白素贞的心情。叶少兰说，父亲叶盛兰上场的身段动作并不多，与许仙当时心急如焚的心情和人物身份匹配，特别是当看到白素贞时，叶盛兰的神气极佳，潜台词是“哟，我

《白蛇传》，叶少兰饰许仙、杜近芳饰白素贞

可找到她们了！”有踏破铁鞋终觅见的神态，投袖撤步的时候目不转睛，视线一直不离开白素贞。叶少兰在唱到“我害得她姊妹不周全”时，有一种非常诚恳的态度，并且在“周”字上稍加强润腔的时值，强调许仙的自责悔愧。当唱完“不顾生死把贤妻见”时，叶少兰说，父亲叶盛兰在锣鼓“哐才哐才仓”中坚定紧行着迈前两步，突然又慢下来迈步，表现出一种惭愧情怯之态，既合于人之常情，又进一步使许仙的人物形象更深化了。叶盛兰在唱“先只想拜佛早回转”【西皮流水】唱段时，让人有一种发自肺腑、极诚恳的感受。当白素贞念：“只是此去不可提起金山之事，”父亲边点头，边念：“那是自然。”许仙在放松的情绪下有一股憨厚劲、踏实劲、可爱劲，对白素贞还有一点爱和哄着的感觉，与之前的表演形成大的反差，表演极其传神，这四个字常常能要下好来。

“合钵”一场，叶少兰说，我父亲抱孩子又是一绝。白素贞要把孩子递给许仙，许仙一看，哦，让我抱孩子进房，伸出手时就开始僵着劲，表示这个老实的许仙从来未抱过孩子。待到接过孩子时，特别认真、仔细，好像屏住呼吸一样，探着步子慢慢地往外走出两三步后，好像感觉抱稳了，再轻快地下场。每次演出时都是满堂的好。

叶盛兰的表演真可谓之：细微之处见精神，平常之地显神奇。

附 录

叶少兰学习、演出、导演剧目一览

（据不完全统计）

向阎庆林所学之剧目：

《祭塔》 《穆柯寨》《枪挑穆天王》《十三妹》《罗成叫关》

《岳家庄》《玉堂春》《花田错》 《打严嵩》《御果园》

《双狮图》《棋盘山》《银空山》 《春秋配》《打龙袍》

向萧连芳所学之剧目：

《鸿鸾禧》《打侄上坟》《九龙山》《拾玉镯》《八大锤》《蔡家庄》

《得意缘》《借赵云》 《取洛阳》《破洪州》《双合印》《虹霓关》

向姜妙香所学之剧目：

《凤还巢》 《群英会》《龙凤呈祥》《连升店》 《四郎探母》

《玉门关》 《监酒令》《小显》 《辕门射戟》《黄鹤楼》

《临江会》 《奇双会》《白门楼》 《飞虎山》 《玉堂春》

《御碑亭》 《翠屏山》《四进士》 《雁门关》 《宇宙锋》

《贵妃醉酒》《贺后骂殿》

向叶盛兰所学之剧目：

《辕门射戟》《白门楼》《临江会》《群英会》《雅观楼》
《八大锤》《奇双会》《借赵云》《打侄上坟》《战濮阳》
《佘赛花》《罗成》《桃花村》《周仁献嫂》《白蛇传》
《吕布与貂蝉》《柳荫记》《十三妹》《飞虎山》

向茹富兰所学之剧目：

《石秀探庄》《八大锤》《雅观楼》《战濮阳》

向俞振飞所学之剧目：

《游园惊梦》《太白醉写》《奇双会》《百花赠剑》

向江世玉所学之剧目：

《评雪辨踪》

向赵桐珊所学之剧目：

《拾玉镯》

向毕鑫茹所学之剧目：

《天水关》

向张盛禄所学之剧目：

《取荥阳》

向雷喜福所学之剧目：

《挡谅》

向贯大元所学之剧目：

《碰碑》

向耿世忠所学之剧目：

《鱼肠剑》《搜孤救孤》

演出剧目（含“音配像”）：

《吕布与貂蝉》（饰吕布）

《白门楼》（饰吕布）

《群英会》（饰周瑜）

《临江会》（饰周瑜）

《龙凤呈祥》（饰周瑜）

《飞虎山》（饰李存孝）

《周仁献嫂》（饰周仁）

《白蛇传》（饰许仙）

《奇双会》（饰赵宠）

《打侄上坟》（饰陈大官）

《金田风雷·审奸》（饰韦昌辉）

《蝴蝶杯·藏舟》（饰田玉川）

《谢瑶环》（饰袁行健）

《石秀探庄》（饰石秀）

《拾玉镯》（饰傅鹏）

《连升店》（饰王明芳）

《玉门关》（饰班超）

《评雪辨踪》（饰吕蒙正）

《银空山》（饰高嗣继）

《玉簪记》（饰潘必正）

《辕门射戟》（饰吕布）

《战濮阳》（饰吕布）

《黄鹤楼》（饰周瑜）

《赤壁之战》（饰周瑜）

《雅观楼》（饰李存孝）

《罗成》（饰罗成）

《柳荫记》（饰梁山伯）

《八大锤》（饰陆文龙）

《借赵云》（饰赵云）

《佘赛花》（饰杨继业）

《西厢记》（饰张君瑞）

《桃花扇》（饰侯朝宗）

《平贵别窑》（饰薛平贵）

《玉堂春》（饰王金龙）

《得意缘》（饰卢昆杰）

《四郎探母》（饰杨宗保）

《监酒令》（饰刘章）

《游园惊梦》（饰柳梦梅）

《御碑亭》（饰柳春生）

《洛神赋》（饰曹植）

《蝶海情》(饰真如)
《太真外传》(饰李白)
《岳家庄》(饰岳云)
《枪挑穆天王》(饰杨宗保)
《十三妹》(饰安骥)
《鸿鸾禧》(饰莫稽)
《破洪州》(饰杨宗保)
《凤还巢》(饰穆居易)
《春秋配》(饰李春发)
《穆桂英挂帅》(饰杨文广)
《天水关》(饰小王子)
《宇宙锋》(饰秦二世)
《双狮图》(饰薛蛟)
《挡谅》(饰康茂才)
《搜孤救孤》(饰程婴)
《取荥阳》(饰刘邦)

《虹霓关》(饰王伯当)
《九江口》(饰华云龙)
《穆柯寨》(饰杨宗保)
《罗成叫关》(饰罗成)
《打严嵩》(饰常宝童)
《九龙山》(饰杨再兴)
《双合印》(饰董洪)
《四进士》(饰田伦)
《桃花村》(饰卞玑)
《祭塔》(饰许仕林)
《贵妃醉酒》(饰裴力士)
《辕门斩子》(饰杨宗保)
《取洛阳》(饰刘秀)
《鱼肠剑》(饰伍子胥)
《碰碑》(饰杨继业)

叶少兰导演剧目：

《五童闹海》 《抢伞》 《沙家浜》 《奇袭白虎团》
《智取威虎山》 《杜鹃山》 《佘赛花》 《柜台》
《审椅子》 《楚宫恨》 《转战沂蒙》《格斗》
《小刀会英雄传》《连升三级》 《烽烟口》 《出发之前》
《初晴》 《大喜的日子》《八一风暴》《鉴真大师》
《吕布与貂蝉》 《周仁献嫂》 《白蛇传》 《水淹下邳》
《罗成》 《柳荫记》 《西厢记》 《风雨龙山》(合导)
《韩玉娘》 《刘兰芝》 《金山寺·断桥·雷峰塔》
《草原英雄小姐妹》(合导) 《稻草问题》

跋

谢柏梁

一

人民政协组织精英荟萃，名家云集。政协委员是各族各界各行各业的翘楚，大多具备丰富的阅历和历史经验，将一部分卓有成就的委员生平写成传记，无疑是一件有意义的事情。

早在1959年4月29日，时任全国政协主席周恩来召开茶话会。他说："在分组会上听了几位老先生的发言，很有感触，觉得有必要和大家谈谈工作安排的问题，希望过了60岁的委员都能把自己的知识和经验留下来，作为对社会的贡献。这是从已故的程砚秋同志那里得到的启示。程砚秋同志的艺术修养很高，解放后在政治上和作风上也有很大进步，但总还是有点孤僻。在旧社会，他是孤身奋斗出来的，养成了洁身自好的习气，不大收徒弟，因此他的唱腔也就流传不广。解放以后，我曾劝他收徒弟。今年纪念他逝世一周年时，算了一下，他的徒弟不过十几个。程派唱腔又难学，徒弟们还没有学得好，他就去世了，录下来的唱片也不多。从这个问题联想到，凡有一技之长的老年人，总是多给社会留下一些东西好。"他还说："陈毅同志喜欢用《秋江》里的一句台词，说过了60岁又是一个新花甲。老道理新解，很好。"这篇讲话两次提到戏曲话题，并就程砚秋英年早逝联想到，凡有一技之长的老年人，最好要多给社会留下一些东西。这篇题为《把知识和经验留给后代》的讲话，开创了人民政协的文史资料工作，许多政协委员和社会知名人士，纷纷向政协组织提供富有“亲历、亲见、亲闻”特色的历史资料。50多年来，政协组织征集的各类史料汗牛充栋，蔚为大观，在“存史、资政、团结、育人”等方面发挥了独特的作用。

中国政协文史馆每年选择一批德高望重的委员，组织专门力量帮助他们收集、整理个人资料并以传记形式出版。首批传主选定为全国政协委员中德艺双馨的京昆表演艺术家梅葆玖、谭元寿、李世济、叶少兰、蔡正仁。2013年2月22日，全国政协副主席孙家正参加“中国政协文史馆委员传记工作座谈会”。6月25日，孙家正等又参加了在国家京剧院举行的“济世为民·艺术人生——李世济艺术传承暨传记写作座谈会”。在这两次会议上，孙家正深入阐述了为京昆艺术家撰写传记的意义。他指出，中国有着文学艺术等方面丰厚的文化资源。戏曲艺术是文学艺术的综合性载体，京昆艺术作为人类口头与非物质文化遗产代表作，又是雅俗共赏、中外同尊的艺术瑰宝。通过对首批入选李世济等五位京昆艺术家璀璨人生的展示与宣扬，可以在一定层面上形成热爱艺术、热爱艺术家的社会风尚，让更多戏曲爱好者及社会热心人士来关注戏曲、热爱戏曲，并投身到戏曲艺术传承发展这个光荣的工作中来。

为有效推动首批传主的撰写工作，中国政协文史馆与中国戏曲学院合作，共同负责戏曲界委员传记丛书的撰写出版工作。

二

纷繁历史，因人物而精彩；梨园天地，赖优伶而生存。

从唐代的梨园开始，美妙绝伦的中华戏曲艺术至少存在了漫长的10个世纪。千百年以来，戏曲艺术一直蓬勃发展，成为中国人民雅俗共赏的奇葩和民族文化中的闪亮名片。

较早对优伶进行分类撰述的史书，是宋代欧阳修的《新五代史》。该书包含分类列传四十五卷，殊为难得。曾被收入到中学教科书的《五代史·伶官传序》云：“《书》曰：‘满招损，谦受益。’忧劳可以兴国，逸豫可以亡身，自然之理也。故方其盛也，举天下之豪杰，莫能与之争；及其衰也，数十伶人困之，而身死国灭，为天下笑。夫祸患常积于忽微，而智勇多困于所溺，岂独伶人也哉！”欧阳修本想说明祸患乃多方面原因累积爆发而成，但还是给伶人带来了较大的负面影响。

西方世界中对戏剧艺术家的看法与中国迥异。晚清以来最早睁开眼睛看世界的中国人，是那些在西方世界出使、考察或者读书的官员士子。当他们瞻仰西洋剧院的建筑艺术之华美绝伦、内部装饰之金碧辉煌后，由衷地生出赞美之情，感叹西洋剧院“规模壮阔逾于王宫”；特别是舞台上的机关布景之生动逼真，变幻无穷，“令观者若身历其境，疑非人间”；至于西方的戏剧艺术家地位之高贵，更是令国人叹为观止：所谓“英俗演剧者为艺士，非如中国优伶之贱”，“优伶声价之重，直与王公争衡”！

三

我国历史上最先高度评价戏曲艺术家的文人，是元代的钟嗣成（约1279—约1360）。这位祖籍大梁（今河南开封）的人士长期生活在素有天堂之称的杭州城。他先在杭州官学读书，师从于邓文原、曹鉴、刘濩等名家宿儒，又与对戏曲有着共同爱好的赵良弼、屈恭之、刘宣子、李齐贤等人同窗攻书，其乐融融。

钟氏名传青史的著作是为中华民族有史以来第一代剧作家描容写心、传神存照、树碑立传的《录鬼簿》。《录鬼簿》上卷分为三类：“前辈已死名公有乐府行于世者”“方今名公”“前辈已死名公才人有所编传奇行于世者”。这三类名公才人之情形，乃其友陆仲良从“克斋吴公”处辗转所得，故“未尽其详”。下卷分为四类：“方今已亡名公才人余相知者为之作传，以【凌波曲】吊之”“已死才人不相知者”“方今才人相知者，纪其姓名行实并所编”“方今才人闻名而不相知者”。这上下两卷书大体依据时代先后加以排列，一共记述了400余种剧目以及152位元杂剧及散曲作家的基本情况。

元杂剧作为中国戏剧史上第一个黄金时代，需要进行认真的归纳和总结。从此意义上言，钟嗣成在中国的地位，甚至可以与西方的大学问家亚里斯多德等人的《诗学》等书相提并论。有明一代，在贾仲明所增补的天一阁蓝格钞本《录鬼簿》之后，又附有约成书于洪熙、宣德（1425—1435）年间的《录鬼簿续编》一卷。该书直接受到《录鬼簿》的影响，以相同的体例记述了元、明之间一些戏曲家、散曲家的大致事迹，接续前贤，踵事增华，令人欣慰。

与《录鬼簿》蔚为双璧的元代重要戏曲典籍，是生于元延佑年间、卒于明初的华亭（今上海松江）人夏庭芝所撰的《青楼集》。前书论作家，后者集演员，正好勾勒出元代戏曲艺术家中两个重要部类的旖旎景观和绰约风采。《青楼集》作为第一部比较简练而系统的表演艺术家史传，对研究元代演剧、表演艺术、演员行迹与时代风尚等，都具有非常重要的史料价值和文化价值。

与明清以来关于戏曲剧作家的记录相对寂寥的研究局面不同，类似明代潘之恒《鸾啸小品》之类关于演员与表演艺术的文献相对较多。表演艺术家的优美声容与较大的社会影响力，受到较多的关注和充盈的记载，就在情理之中了。

清代的演员记录蔚为大观。《清代梨园燕都史料》中所收录的《燕兰小谱》《日下看花记》等几十种书目都对演员予以了主体性的关注。比方小鐵笛道人序其做传源起云："唐有雅乐部。宋时院本始标花旦之名，南北部恒参用之。每部多不过四、三人而已。有明肇始昆腔，洋洋盈耳。而弋阳、梆子、琴、柳各腔，南北繁会，笙磬同音，歌咏升平，伶工荟萃，莫盛于京华。往者，六大班旗鼓相当，名优云集，一时称盛。嗣自川派擅场，蹈蹻竞胜，坠髻争妍，如火如荼，目不暇给，风气一新。迩来徽部迭兴，踵事增华，人浮于剧，联络五方之音，合为一致，舞衣歌扇，风调又非卅年前矣。……录成一稿，名之日《日下看花记》。梨园月旦，花国董狐，盖其慎哉。余别有《杨柳春词》一册，备载芳名，以志网罗无俾遗珠之叹。凡不登斯录者，毋怼予为寡情也。噫！”这段序言，既有史识在，又见人情浓，令人为之莞尔首肯。

民国以来，报刊和图书出版业勃兴，关于演员的记载、评选和评论蔚为大观，广受社会关注。王芷章（1903—1982）的《清代伶官传》（中华书局1936年版）辑录曾在清宫内当差演剧的演员、乐师、检场、衣箱等人的小传；由徐慕云编著的《中国戏剧史》（1938上海世界书局版）卷一专列《古今优伶戏曲史》，以编年体形式纵述自先秦直到民国戏曲演员的历史脉络与知名演员，颇具史家眼光。

北京学者孙崇涛、徐宏图等人合著的《戏曲优伶史》（文化艺术出版社1990年）和上海学者谭帆的《优伶史》（上海文艺出版社1995年版）先后问世，丰富了中国历代演员事迹的研究。

四

中华人民共和国成立后，戏剧艺术家的地位得到了前所未有的提高。在全国人大代表和全国政协委员的席位中，戏剧家特别是戏曲表演艺术家都占有一定名额。

关于戏曲表演艺术家的各种传记资料陆续出版并受到广泛重视。最富盛名的自传性著作是梅兰芳的《舞台生活四十年》。记录盖叫天行传的《粉墨春秋》，也激励过业内外的诸多读者。20世纪末到本世纪初，关于戏曲艺术家的传记蔚为大观，但也还存在着收录偏少、体例不全的遗憾，随着新资料的发掘和新人物的涌现，社会各界迫切需要一套相对系统、完整的戏曲人物传记资料。

中国政协文史馆提倡并主持为戏曲界别的委员们写传记，我所在的中国戏曲学院积极参与。政协委员中的戏曲艺术家的系列评传，从一个侧面托举出中华文化中戏曲艺术家的辉煌群像。

戏曲艺术家们在舞台上创造了富于美感的各色人物形象，但在生活中却是一位凡人，或者往往是一位烦恼更多的凡人。如何使得生活中的凡人和舞台上具备各色美感的佳人才子、英雄豪杰和各色人等有机地对接起来，更是亟需在传记写作过程中不断探索的难关。

戏曲天地，风云变幻，梨园人间，名家辈出。区区一套丛书，尽管编者力图使之相对完整系统一些，但挂一漏万、沧海遗珠的现象，还是会在所尽有。即便收入本丛书中的名家大师，由于历史的某些误会以及材料的相对匮乏，错讹之处在所难免。尚求方家不吝指正，遂使学问一道，代有传承；梨园群星，光芒璀璨。这也正好呼应了马克思的人物传记理想，那就是写人物应当从感情气势上具备“强烈色彩”“栩栩如生”，力求达到恩格斯关于人物形象应当“光芒夺目”的审美理想。

尽管为梨园界的艺术家们作传，从理论上看厥功甚伟，但是要做好任何事情却常常会举步维艰，甚至梨园界的一些同仁乃至某些传主的家属学生，也都会存在着不一致的想法。尽管前路漫漫，云雾遮蔽，坎坷难行，但是坚定的追求者和行路人还是会历经千辛万苦，抹去一路风尘，汇聚文章锦绣，迎来晨曦微明。

彼时彼刻，仰望戏曲艺术的长天之上，那一颗颗晶莹的晨星正在深情地闪烁着动人的光华。晨钟暮鼓响起，无限芳馨远播，那正是全体传记写作人和得以分享传记的读书人，以及关心本套丛书的戏迷和社会各界朋友们的无量福音。

（谢柏梁：中国戏曲学院戏文系主任、国务院政府特殊津贴专家、中国戏剧文学副会长、国际剧评协会中国分会副理事长）

2014 年 5 月 28 日

后记

经过近半年断断续续的写作，书稿即将付梓。提笔写下这最后的文字时，不免回想起自己与京剧、叶派结缘的点滴。从小时候开始我便对京剧各行当、各流派“朝三暮四”，俱甚欢喜。大学时的机缘巧合下，突然听到叶盛兰先生《白门楼》中的【西皮二六】和叶少兰先生《吕布与貂蝉·小宴》中的【西皮娃娃调】唱段，感到原来不受听的小生唱腔怎么突然变得很有味道。我开始尝试学唱脍炙人口的“那一日在虎牢大摆战场”，那是2004年。自此之后，便痴迷于叶派和叶盛兰、叶少兰先生。屈指算来，十年追慕。2013年，我极其有幸，又颇感到压力，忝为叶少兰先生传记的著者，多次向叶先生请教，听他谈自己的艺术人生，有时候一谈就是一整天，如沐春风，受教良深，感触益多。对叶先生了解得越多，就越使人肃然起敬，就越感到自己责任的重大。如果说，这本书能让大家看到一个真实可感的著名京剧艺术家的人生艺术形象的话，那都要归功于叶少兰先生的人格力量和艺术成就。若书稿有任何不尽如人意的地方，都是我个人能力贫弱所致。

在多年关注京剧叶派小生艺术、追慕叶少兰先生表演艺术的过程中，常有点滴感受萦绕于胸：表演案头工作的两个重要环节——“我进角色”即体验的准确、完全而深入，“角色进我”即以京剧、小生、叶派的艺术手段来塑造艺术形象；艺术创作过程中传达出对体验与表现、形象思维与逻辑思维的悟化与妙用；体验情感的绝对真实、真挚，真听真看真感受，此三者是其表演之基。对情感的感知敏感而准确，不放过情绪的细节和层次，以符合京剧的写意、虚拟、程式性的特征对表现的情绪与内容予以适当巧妙的放大，舞台反应迅疾，对于程式的熟练使用使之既能长袖善舞又能短平快，最终给人夸张的表现，而又达至超越写实艺术之上的写意艺术的真实感和美感；突出特点——通过神态变化和情感注入使装饰性程式、祈使性（示意性）程式逐渐转变为语汇表意性程式，使每个程式都有具体内容和准确意指，一方面演员有抓手和准谱，心理视像明确，便于运用程式表演，另一方面观众易懂，便于欣赏；表演中形、神、意贯穿始终，没有表演的空白点，内心始终充盈，内紧外松与外张内弛两种表演状态自由转换而高度谐和；当曲种、行当、程式和剧本（客观）等因素造成戏剧枝蔓冗余外溢的状况时，因之有技之精熟、术之圆妙、情（真情实感）之贯穿的表演呈现，所以这时的表演不但不削弱戏剧的完整性和合理性，甚至更能因这种客观的延宕而强化艺术形象和戏剧冲击力；表演中的“形”与“状”——叶派表演形（叶派小生艺术规范、规律、法则等所生发出的独特气质）的法相谐一与状（内在心理的外化表现）的千变万化，使表演达到了“万状而无形，气质乃王道”的高点，很难参透；表演中的技艺之弥散，又统摄到境界之完型，最终以艺术境界取胜……这些碎片化不成系统的观点是我的由衷感受。尽管本书对叶先生舞台艺术和代表性剧目有所论及，但限于篇幅和体例，原本与叶先生商榷并设想的一些剧目和内容没有纳入，期冀以后有机会再深入续作。像叶少兰先生这样具有时代代表性的艺术大家，需要有识之士进一步对其艺术实践与艺术经验进行系统梳理和全面总结，与音像资料互为参证，为后人留下学习阅读、研究生发的不竭知识资源和文化艺术探索实践的宝贵财富。

写作的过程中得到了多方人士的帮助和关心。感谢谭元寿、梅葆玖、杜近芳、李世济、张春华、欧阳中石、尚长荣、迟金声、刘长瑜、孙毓敏、李维康、耿其昌、杨春霞、朱世慧、陈少云、尹晓东、于魁智、张建国、崔伟、刘连群、赵景勃、张关正、李之祥、冯洪起、叶厚荣、方伯敬、高长德、李少波、王桂生、孟广禄、杨赤、赵秀君、丁晓君、朱建中、李宝石、李鸣、洪军等艺术家、领导，江其虎、李宏图、宋小川、金喜全、朱福、焦鹏飞、王铭、吴长福等叶少兰先生的弟子热情接受我的采访。感谢叶金援、谭立曾、褚秋艳、方薏清、孙洁、周瑞、王培、李春来、何晓敏等对我写作工作的热情支持。尤其要感谢我的爱人陆蕾，没有她在精神和写作上给予我的支撑与协助，我是完成不了这项工作的。祈愿读者方家的批评指正。

二〇一四年一月于北京护国寺

图书在版编目（CIP）数据

根深叶茂叶少兰 / 张正贵著 . —北京：中国文史出版社，2014.8
（政协委员传记丛书）
ISBN 978-7-5034-5272-7
Ⅰ . ①根… Ⅱ . ①张… Ⅲ . ①叶少兰—传记 Ⅳ . ① K825.78
中国版本图书馆 CIP 数据核字（2014）第 195581 号

责任编辑：王文运　梁　洁
装帧设计：白雪飞扬

出版发行：中国文史出版社
网　　址：www.wenshipress.com
社　　址：北京市西城区太平桥大街 23 号　邮编：100811
电　　话：010-66173572　66168268　66192736（发行部）
传　　真：010-66192703
印　　装：北京温林源印刷有限公司
经　　销：全国新华书店
开　　本：16 开
印　　张：27.75
版　　次：2014 年 9 月北京第 1 版
印　　次：2014 年 9 月第 1 次印刷
定　　价：49.80 元
